Werner Gross

Sucht ohne Drogen
Arbeiten, Spielen, Essen, Lieben …

Fischer Taschenbuch Verlag

2. Auflage: Oktober 2003

Überarbeitete Neuausgabe
Veröffentlicht im Fischer Taschenbuch Verlag,
einem Unternehmen der S. Fischer Verlag GmbH,
Frankfurt am Main, Januar 2003

© Fischer Taschenbuch Verlag in der S. Fischer Verlag GmbH,
Frankfurt am Main 1990, 2003
Satz: Pinkuin Satz und Datentechnik, Berlin
Druck und Bindung: Clausen & Bosse, Leck
Printed in Germany
ISBN 3-596-15215-1

Inhalt

Vorwort zur überarbeiteten Neuausgabe   11

I. Sucht – was ist das eigentlich?
1. Sucht ohne Drogen – gibt es das?   15
Endorphine – Suchtgedächtnis – Ekstasetechniken
2. Suchtziele und Drogeneffekte   20
Rausch und Sucht – Sucht bei Tieren – Drei Mechanismen –
Stadien des Bewusstseins – Sechs Thesen
3. Stoffgebundene und stoff*un*gebundene Suchtformen   27
Gemeinsamkeiten und Unterschiede – Suchtdreieck
4. Vom normalen zum süchtigen Erleben und Verhalten   30
Gebrauch – Genuss – Missbrauch – Ausweichendes/
abweichendes Verhalten – Gewöhnung – Abhängigkeit –
Sucht/Suchtkrankheit
5. Was ist das Süchtige an der Sucht?   33
Alltagsbegriff – Fachsprache – Kriterien der Sucht

II. Spielen
1. Russisch Roulette – Wenn Spielen zur Sucht wird   37
Die Spielbank – das Mekka der Zocker – Automaten – das
Roulette des kleinen Mannes – Spielend in die Sucht – Spieler-
typen/Spielerkarrieren – Spielerkriminalität – Die Gewinner
im Spiel – Spielerkrankheiten – Zwanzig Fragen zur Spielsucht
– Quiz-Shows
**2. Psychotherapie und Selbsthilfe für Spieler
und Angehörige**   57
Professionelle Hilfe – Psychoanalyse / tiefenpsychologisch
fundierte Psychotherapie – Verhaltenstherapie – Stationäre
Behandlung – Selbsthilfegruppen – Angehörige von Spielern
3. Potenzierte Spielsucht: Zocken an der Börse   66
Börsenfieber: Nach dem Crash ist vor dem Crash – Nervenkitzel
pur – Gefahr Börsensucht – Der Börsen-Kick: Info-Overflow
und Arousal – Beratung: Wertpapieranalysten, Sterndeuter und
andere Massenhysterie-Experten – Die Wall-Street-Ratten-
fänger – Profitsucht: Das Credo der Gier – Selbsthilfe

III. Essen
1. Die Last der vielen Pfunde – Der alltägliche Umgang mit dem Essen ... 75
Idealfiguren – Ess-Stile, Ess-Ziele – Volksweisheiten – Belohnungs- und Frustfresser – Kalorienüberschuss – Gesundheitsrisiken – Reizüberflutung – Übergänge
2. Das Selbstverständliche als Problem ... 83
Essstörungen – Ursachen
a) Ess-Sucht (Adipositas): Kummer mit dem Kummerspeck
b) Ess-Brech-Sucht (Bulimie): Essen bis zum Erbrechen
c) Magersucht (Anorexie): Seelenhunger
3. Sinn und Unsinn von Diäten ... 96
4. Psychotherapie und Selbsthilfe für Menschen mit Essproblemen ... 97
Ambulante Psychotherapie – Stationäre Therapie – Selbsthilfegruppen

IV. Arbeiten
1. Arbeiten, um zu vergessen – Der Job als ehrbares Suchtmittel ... 99
Karriere im Laufschritt – »Economic animals« – Arbeitslust und Arbeitsfrust – Workaholic-Storys – Zahlen und Zeiten – Arbeitssucht-Typen – Eigenschaften der Arbeitssüchtigen – Arbeit und Freizeit – Ursachen der Arbeitssucht – Auswirkungen der Arbeitssucht – Phasen der Arbeitssucht
2. Die seelischen Kosten der Karriere: Ist Arbeitssucht nötig, um sich nach oben zu boxen? ... 121
The only way is up – Karrierekosten – Die Leiden der Leitenden – Karrierefrauen – Gehälter – Karrierekrankheiten – Chronisches Erschöpfungssyndrom – »Karoshi«
3. Arbeitssüchtige und »Zwangsarbeiter« – Der Nutzen für die Gesellschaft ... 132
Arbeitslosigkeit und Arbeitssucht – Problem Arbeit
4. Psychotherapie und Selbsthilfe für Arbeitssüchtige ... 137

V. Lieben
1. »Du bist meine Sucht« – Der Mitmensch als Droge ... 141
Geschlechterkrieg – Symbiotische Beziehungen – Ist Liebessucht eine Sucht? – Co-Abhängigkeit – Stalker im Liebeswahn
2. Die schwarze Schwester der Liebe: Eifersucht ... 151

Formen der Eifersucht – Eifersuchtsverdrängung – Untersuchungen – Das Beziehungsdreieck – Eifersucht – ein Kulturgut? – Eifersüchtig auf alles und nichts – Der eifersüchtige Zwiespalt – Eifersucht – eine Sucht? – Ursachen – Eifersucht – ein Gefühl aus der Steinzeit? – Hilfen

3. Porno, Peepshow, Perversionen: Sex-Sucht   **170**

Sex-Suchtcharaktere – Hörigkeit – Moralische Normen – Untersuchungen – Die Last der schnellen Lust – Übergänge und Stationen

4. Psychotherapie und Selbsthilfe für Liebes- und Sexsüchtige   **177**

VI. Andere süchtige Verhaltensweisen

1. Aufgepasst, zugefasst! – Diebstahl und Kleptomanie   **182**

Zahlen – Der Stolz der Kleinbürger – Zufallsdiebe – Jugendliche Diebe – Lustklau und Frustklau – Kleptomanie – Schuldfähigkeit – Klauen: Ursachen – Hilfe für Kleptomane

2. Kaufrausch – Konsum als Trostpflaster   **194**

Markenbewusstsein – Penny-Power – Born to shop – Vom Konsumterror zum Konsumrausch – Kaufsucht – Untersuchungen – Symptome – Checkliste: Bin ich kaufsüchtig? – Selbsthilfe für Kaufsüchtige

3. Auf der Suche nach dem »Kick« – Extremsituationen als Lebenselixier   **204**

Bergsteigen und »Freeclimbing« – Auto- und Motorradrennen – Wenn daraus ein Beruf wird: Stuntmen und andere – Grenzerfahrungen und ihre Grenzen – Das Jogger-High – S-Bahn-Surfen – Feuerlaufen – Extrem-Bügeln – Inflation von Suchtformen

4. Die Suche nach dem kosmischen Schauer: Okkultismus, Esoterik und Sekten   **212**

Okkulte Praktiken – Sekten: Vergiftete Paradiese – Was kostet Erleuchtung? – Von Helfern und Heilern – Übergänge: Vom Milieu zur Sekte – Bedingungslose Hingabe – Grade der Mitgliedschaft – Suchtanteile – Wunsch nach Erlösung – Personen auf dem Psychomarkt – Spirituelle Gruppe oder gefährliche Sekte? – Der Ausstieg – Hilfe für Sektenmitglieder und Aussteiger

5. Der Körper als Suchtpartner: Von Hypochondern, »Operationsfreaks«, »Schnipplern« und »Amputationspersönlichkeiten«   **230**

Hypochondrie – Münchhausen-Syndrom: Operationsfreaks –
Schmerzvolle Erlösung: Selbstverletzendes Verhalten –
Esoterische und religiöse Hintergründe – Psychische Störungen:
Ich blute, also bin ich – Therapie – Amputationspersönlichkeiten:
Das Fremde im eigenen Körper – Transsexualität: »Raus aus
meiner Haut!« – Blutspenden als Highmacher

**6. Computer- und Internetsucht: Versunken im
Info-Overflow**   238

Renovierung der Wirklichkeit: Medien, Computer und Co. –
PC-Junkies – Schlaraffenland Internet – Die fünf Säulen des
Internet – »E-Mail für dich« – »Smalltalk« und »Blind Dates«:
Distanz schafft Nähe – »Rapid intimacy« – Cybersex – Internet-
sucht: Gefangen im Netz – Ist Surfen eine Sucht? – Suchtkriterien
– Faszination WWW – Betroffene – Hilfe und Selbsthilfe –
Werteverfall?

VII. Gibt es eine Suchtpersönlichkeit?

1. »Syndrom-Shift«: Symptomverschiebung   256

2. Suchtpersönlichkeit   257

Genetische Faktoren – Konstitutionelle Faktoren – Frühkindliche Situation – Familientradition – Peer-Group – Lebensstil –
Kritische Lebensereignisse – Kulturelle Bedingungen

3. Stadien der Sucht   261

Die Einleitungsphase – Die kritische Phase – Die chronische
Phase – Die Frage der Schuldfähigkeit

VIII. Die Alltäglichkeit der Sucht

1. Die Ausweich-Gesellschaft   266

»Horror vacui«: Die Angst vor der Leere – Im Nebelpalast
der Wünsche

2. Die »Versüchtelung« grassiert   269

Innenweltverschmutzung – Immer mehr Genüsse – immer
weniger genießen

3. Was kann man tun? – Vorbeugung   273

**4. Live fast, love deep, die young: Von den positiven
Seiten süchtigen Lebens – Versuch einer Ehrenrettung**   275

**5. Wie geht die Gesellschaft mit diesen Suchtformen
um?**   279

IX. Zusammenfassung und Ratschläge 283

Anhang
Weiterführende Literatur 287
Adressen 294

Vorwort zur überarbeiteten Neuausgabe

Seit dem Erscheinen der Erstauflage dieses Buches im Jahr 1990 hat sich in der Suchtdiskussion vieles geändert:

- Der gesamte Bereich der stoff*un*gebundenen Suchtformen ist mehr und mehr in den Brennpunkt des Interesses – nicht nur der Öffentlichkeit und der Medien, sondern auch der Experten – gerückt: Es gibt inzwischen eine ganze Reihe seriöser Veröffentlichungen zu diesem Thema.
- Es war deshalb nötig, das gesamte Buch einer Revision zu unterziehen, vor allem, um die Kriterien, was Sucht ist (und was nicht), genauer herauszuarbeiten (siehe dazu Kapitel I.5 »Was ist das Süchtige an der Sucht?«) und um die Übergänge genau im Blick zu haben (siehe Kapitel I.4 »Vom normalen zum süchtigen Erleben und Verhalten«). Es wurden aber auch die Kapitel Spielen, Essen, Arbeiten und andere süchtige Verhaltensweisen völlig neu bearbeitet und durch aktuelle Sucht-Themen (Sekten und Sucht, Kleptomanie, Kaufsucht) erweitert. Außerdem wurde die Neuausgabe um die Kapitel Computer-, Internet- und Börsensucht ergänzt, da diese Bereiche derzeit heftig diskutiert werden.
- Eine ganze Reihe von Untersuchungen wurde im Bereich der körpereigenen Drogen, der Endorphine (Kapitel I.1) begonnen. Wenn auch handfeste, wissenschaftlich eindeutige Ergebnisse bislang noch rar sind, gibt es doch mehr und mehr Hinweise darauf, dass es auch bei stoff*un*gebundenen Suchtformen sehr wohl eine körperliche Dimension der Sucht gibt, also auch dann, wenn von außen keine Droge zugeführt wird. Es sind gerade diese körpereigenen Endorphine, die den Körper beim Arbeiten, beim Spielen, in der Sexualität oder bei Extremsportarten in einen emotionalen »High«-Zustand zu versetzen scheinen – neben dem, was sich kognitiv in der Psyche abspielt.
- Gerade das Ausüben von Extremsportarten (Bungee-Jumping, Rafting, Joy-Riding, Trash-Skiing, Freeclimbing etc.) ist in den letzten Jahren vor allem bei jungen Menschen zum »Ausgleichssport« für den Stress im Alltag geworden. Auch hier zeigen sich mitunter bei einzelnen Menschen – neben den positiven Effekten der körperlichen Betätigung – Elemente von Rausch und Sucht.
- Insgesamt scheinen immer mehr Menschen Verhaltensweisen in einem solchen Extrem zu entwickeln, dass von einer immer weiter um sich greifenden »Versüchtelung« der Gesellschaft zu sprechen ist.

Wenn es gelingt, den einen oder anderen mit dieser Lektüre etwas für den eigenen Umgang mit unseren »alltäglichen Suchtmitteln« wie Arbeit, Essen, Liebe und Spiel zu sensibilisieren, dann wäre der Sinn dieser Veröffentlichung erfüllt.

Werner Gross, Psychologisches Forum Offenbach
Winter 2002

P.S.: Für die Unterstützung bei der Neubearbeitung des Buches bedanke ich mich bei meinem Kollegen Dipl.-Psych. Rene Klöpper und cand. psych. Ruth Marie Krebs.

I. Sucht – was ist das eigentlich?

> *»Jedes Ding ist ein Gift.*
> *Es kommt nur auf die Dosis an.«*
>
> Paracelsus, 15. Jahrhundert

Wer von Sucht spricht, denkt in der Regel an Alkoholismus, Drogen- oder Tablettenabhängigkeit. Jeder hat sein Bild von der Sucht: Der tote Fixer in der Bahnhofstoilette, der amoklaufende Kokainist, der Arbeitskollege, der immer mit dem »Flachmann« in die Pause geht, die angepasste Tablettenabhängige, die ohne den Griff zur Pillenschachtel morgens nicht aus dem Bett kommt. Alle genannten Phänomene zählen zu den *stoffgebundenen Suchtformen*. Hierzu gibt es in der Bundesrepublik erschreckende Zahlen:
- 2 bis 2,5 Millionen Alkoholiker/innen;
- 1,4 Millionen Medikamentenabhängige;
- 120 000 Heroinfixer, Kokainisten und Abhängige von anderen illegalen Drogen (nicht mitgerechnet die ungezählten Haschisch- und Marihuanaraucher);
- 17 Millionen Raucher/innen.

Wenn man allerdings hinzuzählt, was man alles als *stoff*un*gebundene* Suchtformen bezeichnet, dann leben wir wirklich in einer »betäubten Gesellschaft«, wie es in einem Buchtitel heißt. Der Begriff »stoff*u*ngebundene Suchtformen« geistert seit einiger Zeit durch die aktuelle Suchtdiskussion.

Immer häufiger haben es Psychologen in ihrer therapeutischen Praxis mit Menschen zu tun, die unter merkwürdigen Phänomenen leiden: Sie geben große Summen für Glücksspiele aus, obwohl sie sich das gar nicht leisten können. Sie arbeiten Tag und Nacht bis zur Erschöpfung, obwohl sie von niemandem dazu gezwungen werden. Sie essen gigantische Mengen, um sich gleich anschließend zu erbrechen, oder sie steigern sich in die Liebe zu einem anderen Menschen hinein, bis sie ohne ihn nicht mehr leben können. All das sind Formen von Sucht, obwohl hier weder Heroin, Alkohol oder andere Drogen im Spiel sind. Wenn man von stoff*u*ngebundenen Suchtformen spricht, meint man damit z. B. Spielsucht, Esssucht, Arbeitssucht, Liebes- oder Sex-Sucht.

Menschen, die unter einer solchen »Sucht« leiden, haben in vielem eine ähnliche Beziehung zum Gegenstand ihrer Sucht wie der Alkoholiker oder die Tablettenabhängige zu ihrem Stoff. Sie zeigen oft Verhaltensweisen und berichten von Erfahrungen, wie sie von Drogensüchtigen aller Art bekannt sind. Auch sie benutzen ihr süchtiges Verhalten, um vor Konflikten wegzulaufen oder sich »zuzudröhnen«.

Mehr und mehr kreist das Erleben und Verhalten der Betroffenen um das Objekt ihrer süchtigen Begierde: Glücksspiel, Essen, Arbeit, Liebe, Sex. Sie erleiden mitunter einen ähnlichen Kontrollverlust wie Alkoholiker, müssen ihre Dosis ebenso steigern wie Fixer oder Tablettenabhängige, und sie haben – wenn sie sich keinen Stoff zuführen – regelrechte Entzugserscheinungen. Die seelischen Grundstrukturen sind bei all diesen Süchtigen vergleichbar. Und diese Suchtstrukturen verbreiten sich epidemisch. Schon wird von einer »Versüchtelung« der Gesellschaft gesprochen.

Aber handelt es sich bei diesen stoff*un*gebundenen Suchtformen wirklich um Sucht? Oder eher um einen Zwang? Sind die Betroffenen persönlich dafür verantwortlich – oder ist es das überall vorfindbare Angebot, die »Griffnähe«, die sie abhängig macht?

1. Sucht ohne Drogen – gibt es das?

> »Jede Leidenschaft kann
> süchtig entarten.«
>
> Victor-Emil von Gebsattel,
> *Psychiater und Psychoanalytiker*

Vor einiger Zeit erlebte ich in meiner psychologischen Praxis Folgendes: Ein ehemaliger Fixer, vor langer Zeit bei mir in psychotherapeutischer Behandlung, war über ein therapeutisches Langzeitprogramm »clean« geworden. Er war nach der Therapie mehrfach rückfällig geworden, wie so viele Fixer. Und jetzt kam er wieder in meine Praxis. Er erzählte: Er spritze seit einigen Monaten kein Heroin mehr, sondern habe – eher aus Zufall – einen Akupunkteur getroffen, der ihm ein paar Nadeln gesetzt hätte. Seit der Zeit brauche er kein Heroin mehr. Er habe nämlich nach dem Setzen der Akupunkturnadeln ein »im Grunde ganz ähnliches Gefühl« gehabt, wie wenn er sich einen »Druck« gesetzt habe. Er sei froh, dass er jetzt das Heroin nicht mehr brauche.

Nun weiß ich aus der Therapie mit Süchtigen, dass sie »viel reden, wenn der Tag lang ist«, und die Sache geriet zunächst in Vergessenheit. Dann habe ich aber von der schottischen Ärztin Margaret Pattersen gelesen, die die Popsänger Boy George, Pete Townshend und auch Eric Clapton mit Elektro-Akupunktur vom Heroin weggebracht haben soll. Der Schweizer Zeitung *Weltwoche* erklärte Dr. Ian Ward-Baskin, Klinikdirektor der Liverpooler Gesellschaft für biophysische Medizin, der mit der gleichen Methode mit Süchtigen arbeitet: »Je nach Frequenz der Impulse löst die Elektrostimulation verschiedene körpereigene Substanzen aus, die die Wirkung der Droge, von der der Patient abhängig ist, ersetzen. Eine der bekanntesten dieser Substanzen ist das Mitte der siebziger Jahre entdeckte Beta-Endorphin, das einen ähnlichen Effekt wie Morphium erzeugt.«

Und mit dieser Methode wird auch hier in Deutschland versucht, Raucher zu behandeln. Wie es der Zufall will, erzählte mir ein paar Tage später ein Psychologiestudent, der mit der »New Age«-Bewegung engen Kontakt hat, etwas ganz Ähnliches. Er habe während seiner Zivildienstzeit, in der er einen Krankenwagen gefahren habe, mit einem Arzt zu tun gehabt, der sich aufs Akupunktieren verstand. Dieser habe ihm angeboten, ein paar Akupunkturpunkte zu stechen, die ihn auf einen

»schönen Trip« brächten. Er habe das auch mehrfach ausprobiert, und es sei wirklich ein »sehr merkwürdiges« Gefühl gewesen, das er als »kleinen Trip« bezeichnete.
Diese Fälle sind konkrete Hinweise darauf, dass der Körper durch Stimulation von außen, aber ohne die Zuführung eines chemischen Stoffes – in dem Fall durch Akupunkturnadeln oder -elektroden – in der Lage ist, sich eine biochemische Situation zu schaffen, die ein suchtähnliches Erleben, also Sucht ohne Drogen, bewirkt. Inzwischen gibt es auch in Deutschland mehrere Therapieeinrichtungen, die bei Süchtigen Akupunktur einsetzen, und es existiert auch eine Gesellschaft, die sich die Erforschung dieser Phänomene zum Ziel gesetzt hat.

Endorphine
Dieser Bereich der körpereigenen Endorphine und der körpereigenen Weckamine wird zurzeit in Biochemikerkreisen erforscht und in der Suchttherapie heiß diskutiert. So fand schon im Mai 1991 eine Tagung des »Fachverbandes Sucht« in Heidelberg mit dem Thema »Abhängigkeit zwischen biochemischem Programm und steuerbarem Verhalten« statt, der sich genau mit der Biochemie von Rausch und Sucht beschäftigt hat. Ein kurzer Ausflug in *Neuropharmakologie*: Bereits Anfang der 70er Jahre entdeckten Neuropharmakologen, dass menschliche Nervenzellen körpereigene Substanzen produzieren können, die dem Morphium biochemisch sehr ähnlich sind. Weil sie der Körper selbst produziert, nannte man sie »innere Morphine«, »Endomorphine« oder »Endorphine«. Diese »hausgemachten« Drogen filtern Angst und Schmerz. Sie helfen zum Beispiel Schwerverletzten eines Unfalles, so lange durchzuhalten, bis Retter zur Stelle sind. Man braucht nur an die spektakulären Berichte von Unfallstationsärzten zu denken, nach denen sich Menschen mit heraushängenden Gedärmen oder trotz abgerissener Gliedmaßen noch zum nächsten Telefon schleppten, um Hilfe zu holen: Endorphine als Schmerzkiller.
Aber auch in gefährlichen Situationen mindern Endorphine die Angst und helfen so zu »übermenschlichem« Verhalten: Endorphine als Helfer gegen die Angst. Manche sprechen deshalb vom selbst produzierten »Substrat des Glücks«; schließlich könnten sie auch Vision und Wirklichkeit versöhnen. Es steht erst seit ein paar Jahren fest, dass die Aktivität der Milliarden Nervenzellen durch ungefähr 50 verschiedene Neurotransmitter gesteuert wird. Eine Gruppe davon sind eben diese Endorphine. Sie blockieren oder stimulieren an den Empfangsstationen im Gehirn, den Rezeptoren, die Nervenzellen – und damit die Wahrnehmungen, aber auch die Gedanken und Gefühle. Unsere Stimmung und

unsere Motivation, unsere »Lust«, ist davon abhängig. Und das ist die Gemeinsamkeit der Endorphine mit den von außen zugeführten Opiaten: Sie werden auf die gleiche Weise im Limbischen System aufgenommen und verarbeitet, in dem Teil des Gehirns, wo sich unser emotionales Wohlbefinden einpendelt. Diese vom Körper mobilisierten Endorphine machen allerdings nicht grundsätzlich süchtig, da sie nicht in regelmäßigen Abständen, sondern nur in Ausnahmesituationen ausgeschüttet und gleich nach ihrer Interaktion mit dem Rezeptor abgebaut werden. Verschiedene Situationen können den Endorphinspiegel in die Höhe treiben: lebensbedrohliche Unfälle, massive Angst, starker Schmerz, aber auch Sex, ekstatisches Tanzen und Extremsportarten wie Freeclimbing.

Wenn man aktiv diesen Rausch des Wohlbefindens anstrebt, so ist dieses übersteigerte Verlangen durchaus mit stoffgebundenen Süchten vergleichbar – nur dass der Körper die Droge selbst produziert. (Mehr dazu siehe: Zehentbauer, J.: »Körpereigene Drogen«. Düsseldorf 2001, Patmos).

Viel mehr weiß man über diesen neuen und sehr komplexen Bereich noch nicht. Nur so viel noch: Nach diesem naturwissenschaftlichen Menschenbild gibt es keinen noch so komplexen seelischen Vorgang ohne ein biochemisches Substrat (siehe dazu auch Kapitel VI). Das hört sich jetzt nach rein biochemischen Prozessen an. Das Interessante daran ist, dass diese biochemischen Prozesse eben durch Stimulation von außen, ohne die Zuführung eines chemischen Stoffes, ebenso wie durch bestimmte Verhaltensweisen und Einstellungen beeinflussbar sind.

Suchtgedächtnis
Die chronische Einnahme von Drogen beeinflusst das Gleichgewicht der Botenstoffe im Gehirn erheblich. Durch die so genannte »Neuroadaptation« – die Konditionierung drogenassoziierter Reize – entwickelt sich eine Art »Suchtgedächtnis«. Im Zentrum der neuen neurobiologischen Theorien zur Sucht steht das »Belohnungssystem« des Gehirns, das beispielsweise eine Ratte im Versuchslabor dazu bringt, immer wieder eine alkoholhaltige Lösung zu trinken. Allerdings sind auch benachbarte Hirnregionen an der Entstehung des süchtigen Verhaltens beteiligt, die die stereotypen Bewegungsabläufe des süchtigen Tieres steuern. Im Belohnungszentrum wird der Rauschzustand emotional bewertet. Dabei werden positive Erinnerungen, die mit der ersten Drogenerfahrung assoziiert sind, zu potenziellen Auslösern für die nächste Drogeneinnahme. Das Suchtgedächtnis bleibt zudem auch über längere Abstinenzphasen erhalten, sodass süchtige Tiere nach einer Pause grö-

ßere Mengen an Suchtstoff zu sich nehmen müssen, um sich wohl zu fühlen (vergleiche »More-Effekt«, Kapitel I.5). Es gibt viele Anhaltspunkte, dass die Ergebnisse der Labor-Tests mit dem süchtigen Verhalten des Menschen vergleichbar sind: So entwickelt sich die Sucht bei Mensch und Tier etwa in ähnlichem zeitlichen Rahmen, überdauert eine lange Abstinenzphase und geht mit einem starken Kontrollverlust einher.

Aus der heutigen Sicht von Neurologen und Pharmakologen entsteht Sucht durch komplexe Lernprozesse, an denen verschiedene Substanzen und Botenstoffe beteiligt sind. Eine Berliner Forschergruppe macht sich die Erkenntnisse der Suchtentstehung zunutze, um auf ähnlichem Wege die Sucht zu bekämpfen. Gelingt es – so die Ansicht der Mediziner –, die im Suchtgedächtnis stattfindenden molekularen Prozesse zu entschlüsseln, könnte man einen Gegen-Botenstoff einsetzen, um die einmal erlernte Sucht zu löschen.

Diese rein biochemische Sichtweise der Sucht hat für manchen Süchtigen einen gewissen Charme, enthebt sie ihn doch der Verantwortung und der Mobilisierung der eigenen Willenskraft für die Behandlung der Sucht, da die Mediziner von außen das »Suchtgedächtnis auf biochemischem Wege reinigen«, ohne dass er auch nur einen Finger krümmen muss. Ob diese Suchttheorie sich auch in der Praxis langfristig bewahrheitet, wird die Praxis erst noch beweisen müssen.

Ekstasetechniken

Konkret: Man weiß, dass durch bestimmte Ekstasetechniken, wie sie von Naturvölkern bei religiösen Handlungen verwendet werden, ähnliche veränderte Zustände des Bewusstseins und des Gefühlslebens herbeigeführt werden können. Auch in bestimmten psychotherapeutischen Techniken wie Rebirthing, bestimmten Formen der Körperarbeit, der Primärtherapie, der Hypnose etc. gibt es diese alternativen Bewusstseinszustände, die der Körper ohne Zuführung eines Stoffes von außen herstellt (siehe dazu auch Kapitel I.3). Aber auch im »Jogger-High« der Langstreckenläufer, bei großem Stress, beim Fasten, beim Orgasmus oder exzessiven Glücksspiel scheinen die Endorphine eine große Rolle zu spielen. Und sogar bei der Suche nach körperlichen und seelischen Extremsituationen (Bergsteigen, Motorrad- und Autorennen, okkulte Praktiken etc.; siehe dazu Kapitel VI) wird dieser »Wunderstoff« produziert, abhängig von der Erregung, in die das jeweilige Verhalten den Betreffenden versetzt: Nervenkitzel als Lebenselixier. Harvey Milkman und Stanley Sunderwirth, US-Professoren für Psychologie und Biochemie:

»Wer notorisch zu viel arbeitet, sich ständig mit Schokolade voll stopft oder von einer bestimmten Sekte nicht mehr loskommt, wird als abhängig und im weitesten Sinne als süchtig bezeichnet. Tatsächlich gibt es wesentliche biologische, psychologische und soziale Gemeinsamkeiten zwischen Drogengebrauch und anderen gewohnheitsmäßigen Verhaltensweisen. Ob man nun an Meditation ein besonderes Vergnügen findet oder an Meskalin, an bestimmten Kultformen oder an Kokain, süchtig ist man dann, wenn man dieses Verhalten nicht mehr kontrollieren kann. Der *Kontrollverlust* ist nach herrschender Meinung das zentrale Merkmal aller Suchtprobleme, auch wenn man bis heute zu keiner allgemein anerkannten Definition des Suchtbegriffes gekommen ist.«
Die von stoff*un*gebundenen Suchtformen Abhängigen haben in vielem eine ähnliche Beziehung zum Gegenstand ihrer Sucht wie der Fixer oder die Alkoholikerin zu ihrem Stoff. Natürlich sind die Intensität und die Geschwindigkeit der süchtigen Selbstzerstörung bei stoff*un*gebundenen Suchtformen meistens nicht ganz so massiv wie beim Alkoholismus oder bei der Drogensucht. Aber wenn man sich die »Karriere« von Spielsüchtigen, Arbeitssüchtigen oder Esssüchtigen ansieht, ist die Selbstzerstörung im Endstadium kaum zu unterscheiden von der eines Alkoholikers oder Fixers: Schwere Herzrhythmusstörungen, Magengeschwüre und Hautkrankheiten sind die körperlichen Anzeichen des Verfalls. Sie finden sich bei Spiel-, Ess- und Arbeitssüchtigen ebenso wie bei Sexsüchtigen. Die Sozialbeziehungen sind fast immer im gleichen Maß gestört wie bei Alkoholikern.
Bei Spielsüchtigen kommt noch eine Zerstörung der materiellen Lebensgrundlage hinzu: Spielschulden führen schnell zu kriminellem Verhalten in Form von Diebstahl und Betrug. In verschiedenen Untersuchungen wurde festgestellt, dass zwischen 35 und 90 Prozent aller pathologischen Spieler straffällig wurden (Näheres siehe Kapitel II). Aber auch bei Sex-, Ess- oder Arbeitssüchtigen zentriert sich das Erleben und Verhalten mehr und mehr um ihre Sucht.

2. Suchtziele und Drogeneffekte

> »*Es gibt keinen starken Wunsch,*
> *für den man nicht zahlen muss.*«
>
> Elias Canetti

Früher verstand man unter Drogen generell pflanzliche oder tierische Produkte der Arzneimittelproduktion. Später engte man den Begriff ein auf chemisch einheitliche Arzneistoffe (Duden-Lexikon 1972). Im *engeren* Sinne versteht man heute unter Droge eine Substanz, die die Funktionen und Strukturen eines Organismus zu beeinflussen vermag. Im *weiteren* Sinne versteht man darunter personale und apersonale Mittel, mit denen Verhaltens-, Gefühls-, Empfindungs- oder körperliche Veränderungen hervorgerufen werden können, um so auch den Bezug zur Realität zu verändern.
Worum geht es im Anfangsstadium des Drogenkonsums überhaupt? Um alternative Bewusstseinszustände, um die direkte Veränderung der momentanen Befindlichkeit. Der italienische Psychiater Luigi Zoja bezeichnet in seinem Buch »Sehnsucht nach Wiedergeburt« Süchtige als »missglückte oder negative Helden«, weil sie auf dem Weg zu ihrer eigenen »Individuation« scheitern und in einer Sucht versacken, und zwar gleichgültig ob bei stoffgebundenen oder stoff*un*gebundenen Suchtformen. Denn nicht die Droge selbst macht abhängig, sondern die Wirkung, der seelische und körperliche Zustand, den man durch sie erreicht. Es geht den Süchtigen fast immer um Flucht vor sich selbst, um Ekstase, um Entgrenzung. Im Zusammenhang mit Drogen hat sich in den letzten Jahren in der Öffentlichkeit eine einseitig negative Bedeutung des Begriffes »Rausch« breitgemacht. Desorientierung, »Ausflippen«, Fehlverhalten z. B. im Verkehr, körperliche und seelische Gefährdung stehen im Vordergrund. Zweifellos: Diese Art der »Bewusstseinserweiterung« kann, wenn sie regelmäßig hervorgerufen wird, zu psychosomatischen Schäden und zur Sucht führen. Nur: Man darf die positiven Seiten des Rausches nicht unterschlagen, z. B. intensive ekstaseähnliche und tiefe emotionale Erfahrungen, die extreme Befriedigung und das Gefühl von Eins-Sein mit sich, Gott und der Welt hervorrufen können, das Heraustreten aus unserer rationalen und technisierten Welt, das zwar auch in »Horror-Trips« abrutschen kann, aber auch in vielen Meditationstechniken oder in der Musik zu erreichen versucht wird (siehe dazu VIII.4).

Rausch und Sucht

> *»Rausch ist die Erlösung
> des Bewusstseins
> vom Bewusstsein
> des Bewusstseinsverlusts.«*
>
> Ernst Jünger

Wichtig ist, grundsätzlich zwischen Rausch und Sucht zu unterscheiden: Rausch ist ein zeitlich eng begrenzter veränderter Erlebnis- und Bewusstseinszustand.
Hierbei sind Körper und Psyche hochgradig aktiviert (übererregt) oder in einem Zustand der Untererregung (z. B. der religiösen Verzückung). Das gesamte Erleben des Betroffenen ist vollständig ausgefüllt, er fühlt sich grenzenlos ekstatisch, ist überwältigt von dieser Erfahrung und glaubt eins zu sein mit sich und dem Kosmos (siehe dazu Schaubild von Roland Fischer, S. 25).
Abraham Maslow, ein amerikanischer Psychotherapeut, nannte diesen Zustand »Peak-Experience« (Gipfel-Erlebnis), und der ungarisch-amerikanische Psychologe Mihaly Csikszentmihalyi spricht vom so genannten »Flow«. Dieser als angenehm erlebte Zustand hält immer nur für begrenzte Zeiträume an. Es ist fast nicht möglich, diesen Zustand willkürlich auszudehnen: Je mehr man versucht, ihn zu erzwingen, umso mehr geht er verloren. Es wurde zwar in Künstlerkreisen und spirituellen Subkulturen immer wieder versucht, ein ständig rauschhaftes Leben zu führen, allerdings endeten diese Versuche nur allzu häufig in Suchtkarrieren (siehe dazu Kapitel VIII. 4. »Live fast, love deep, die young«). Sucht kann man deshalb auch ansehen als den Endzustand einer misslungenen Suche nach einem Rausch.

Sucht bei Tieren

Von der »Biochemie der Ekstase« haben wir schon gehört. Dabei scheint es sich nicht einmal um ein ausschließlich menschliches Phänomen zu handeln. Denn auch Tiere versuchen zuweilen, sich in seelische Verfassungen zu bringen, in denen sie sich vergessen können und ihre Grenzen nicht mehr spüren müssen. Sehr beeindruckend ist das in einem Film dargestellt, in dem gezeigt wird, dass in Afrika zu einem bestimmten Zeitpunkt im Jahr Tiere, die sonst natürliche Feinde sind (wie Löwen, Giraffen, Affen, Elefanten), zu einem großen Wasserloch pilgern, ohne sich anzugreifen. An diesem Wasserloch fallen von den umliegen-

den Bäumen überreife Früchte, die gären und dann berauschende Wirkung haben (so ungefähr könnte auch bei uns die Alkoholproduktion einmal begonnen haben). Und es wird in dem Film schon sehr eindrücklich gezeigt, wie Löwen und Gazellen friedlich nebeneinander hertorkeln oder ihren Rausch ausschlafen. Besonders beeindruckend ist die Szene, in der eine torkelnde Giraffe in voller Länge umfällt. Die Drogen also ein Friedensstifter zwischen den Arten? Nur solange sie wirken. Sobald der Rausch ausgeschlafen ist, machen sich Gazellen und Giraffen schleunigst aus dem Staub. Dieses Phänomen des Tierrausches gibt es beileibe nicht nur in Afrika, sondern in allen Erdteilen:
- In Nordamerika fressen Rinder und Pferde gern »Narrenkraut«.
- In Asien stimulieren und desorientieren sich Wasserbüffel mit Mohnkapseln – für das Umfeld nicht ganz ungefährlich.
- In Australien ernährt sich der Koalabär fast ausschließlich von Eukalyptus, was einen so starken Effekt zu haben scheint, dass das Tier fast ständig im Rausch lebt. Deshalb gilt er den australischen Eingeborenen auch als »Drogenabhängiger«.
- In Finnland suchen Rentiere gelegentlich ihrer halluzinogenen Wirkung wegen Fliegenpilze.
- Auch unsere Hauskatzen sind mitunter regelrecht wild auf die so genannte »Katzenminze«, die ebenfalls eine halluzinogene Wirkung hat. Dann jagen sie imaginäre Schmetterlinge oder Fliegen.

Was man auch im Tierreich festgestellt hat: Je stärker die Tiere unter Stress leben müssen (z. B. wenig Nahrung, Wasser, zu viele Feinde etc.), desto höher ist das Bedürfnis nach Suchtmitteln.
- Affen fressen in Gefangenschaft gern Tabak, wenn sie in freier Wildbahn leben, dagegen kaum.
- Wenn man Katzen und Ratten verstärktem Stress aussetzt, trinken sie Alkohol (wohl zur Linderung der Angst). Die Wirkung auf die Tiere ist nicht weit entfernt von dem, wie Suchtmittel auf Menschen wirken:
- Sie isolieren sich voneinander, werden müde oder torkeln herum und vermeiden soziale und sensorische Stimulation.
- Sie werden sozial unangemessen kampfeslustig und aggressiv.
- Sie bilden in ihrer Herde mitunter süchtige Subkulturen, die sich von der Herde absondern.
- Sie benutzen die Suchtmittel, um Stress, Angst und Depressionen zu lindern.

Ratten essen gewöhnlich nur, um ihren Hunger zu stillen. Wenn man allerdings an ihrem Schwanz eine Klammer befestigt, so werden sie durch diesen permanenten Reiz motiviert, weiterzufressen, auch wenn sie längst satt sind. Der Psychologe Seymour Antelman von der University of Pittsburgh hat festgestellt, dass ein solcher äußerer Reiz wie die Klammer am Rattenschwanz auch andere Verhaltensweisen motiviert, die ähnlich wie das zwanghafte Weiterfressen stereotype Handlungen sind. So lecken die Ratten den Boden, nagen unablässig an etwas oder spielen Mutter für eine junge Ratte, egal, ob sie selbst Weibchen oder Männchen sind. Offensichtlich ist dieser ständige Zwick-Reiz am Schwanz für die Ratte ein Stress, der durch die Aufnahme einer anderen stereotypen Tätigkeit »überspielt« wird. Und diese Hypothese lässt Antelman auch über die Bedeutung dieses Phänomens für die Stressforschung bei Menschen spekulieren: Er glaubt, dass Menschen, allerdings in unterschiedlichen Ausprägungen, solches Stressverhalten zeigen. Wenn beispielsweise Menschen unter starkem Stress unaufhörlich essen, so ist dieses Verhalten ähnlich der »Schwanz-Zwick-Reaktion« der Ratte. Es kann vermutet werden, dass Tiere und Menschen auf ein repetitives Verhalten ausweichen, um die interne Übertragung von Stressempfindungen zu blockieren. Sie beschäftigen sich also mit etwas, was die Weiterleitung von Stresssignalen verhindert.

Drei Mechanismen
So weit unser Exkurs in das Tierreich. Weshalb reagieren Tier und Mensch in der gleichen Weise? Beide haben im Grunde drei Reaktionsmechanismen, um auf schwierige Situationen und Konflikte zu reagieren:
1. Kampf/Angriff;
2. Flucht/Rückzug,
3. Erstarren/innere Emigration
(»Kaninchen vor der Schlange«).
Diese drei Mechanismen haben ihre Berechtigung und ihren physiologischen Sinn. Und diese drei Mechanismen haben ihre Entsprechung in der Wirkweise der stoffgebundenen Suchtformen
1. Kampf/Angriff   ← aufputschende Mittel;
2. Flucht/Rückzug   ← dämpfende Mittel;
3. Erstarren/innere Emigration ← halluzinogene Mittel.
Allerdings gibt es auch hier Mischformen. Bei den stoff*un*gebundenen Suchtformen ist die Zuordnung nicht so eindeutig, aber grob kann man sagen, dass Arbeitssucht, Kleptomanie, Sex-Sucht, Bergsteigen, Joggen etc. eher dem Mechanismus Kampf/Angriff zugeordnet werden. Essen, Lieben und Kaufen hat eine Entsprechung in Flucht/Rückzug. Fernsehen, Video-, Computer- und Automatenspiele und auch Hypochondrie würde man am ehesten mit dem Mechanismus Erstarren/innere Emigration in Beziehung setzen.

Gemeinsames Ziel von stoffgebundenen wie stoff*un*gebundenen Suchtformen ist also die Veränderung des Bewusstseinszustandes. Ein veränderter Bewusstseinszustand (ASC – altered state of consciousness) wurde von Tart 1972 definiert als eine qualitative Veränderung des Gesamtmusters psychischen Funktionierens, sodass das eigene Bewusstsein sich radikal von der Art unterscheidet, wie es normalerweise funktioniert. Stanley Krippner (1972) unterscheidet bis zu 20 verschiedene Bewusstseinszustände, die sich vom *normalen Wachbewusstsein* abheben. Roland Fischer hat ein Kontinuum der Bewusstseinszustände entwickelt (siehe Schaubild S. 25):

Folgende Merkmale kennzeichnen nach Ludwig (1969) die veränderten Bewusstseinszustände:
1. Kontrollverlust;
2. Veränderungen im Denken;
3. Veränderungen der Zeitwahrnehmung;
4. Veränderung des emotionalen Ausdrucks;
5. Veränderung des eigenen Körperschemas;
6. Wahrnehmungsveränderungen;
7. Veränderungen der Bedeutsamkeit;
8. Unaussprechlichkeit;
9. Erlebnisse der Verjüngung.

Während bei von außen zugeführten Drogen (Heroin, Kokain, Meskalin etc.) die Merkmalsliste fast vollständig gültig ist, trifft für die stoff*un*gebundenen Suchtformen (außer bei Ekstaseriten und in Extremsituationen) nur eine Auswahl von Bewusstseinsveränderungen zu. Und auch das in Abhängigkeit von dem jeweiligen Suchtverhalten. Das ist bei einer Fressorgie anders als am Spieltisch, beim gefährlichen Bergsteigen anders als in der Peepshow und im Kaufrausch anders als bei einem Anfall von Arbeitswut. Auch wenn der Grad der Bewusstseinsveränderung verschieden ist, so ist das Ziel aller Suchtformen doch das gleiche: So wie es jetzt ist, soll es nicht bleiben. Zusammengefasst kann man sagen, dass stoffgebundenen wie stoff*un*gebundenen Suchtformen gemeinsam ist, dass sie – in welchem Stadium auch immer – ausweichendes Erleben und Verhalten sind. In diesem Sinne ist Sucht immer *Ablenkung* vom Problem, nie *Hinlenkung*. Sie ist der Ausdruck einer Fixierung auf einen Nebenschauplatz. Es stehen nie das wirkliche Problem und angemessene Lösungsversuche im Vordergrund, sondern man klebt an Unwesentlichem, an einer Nebensache – eben dem Suchtmittel.

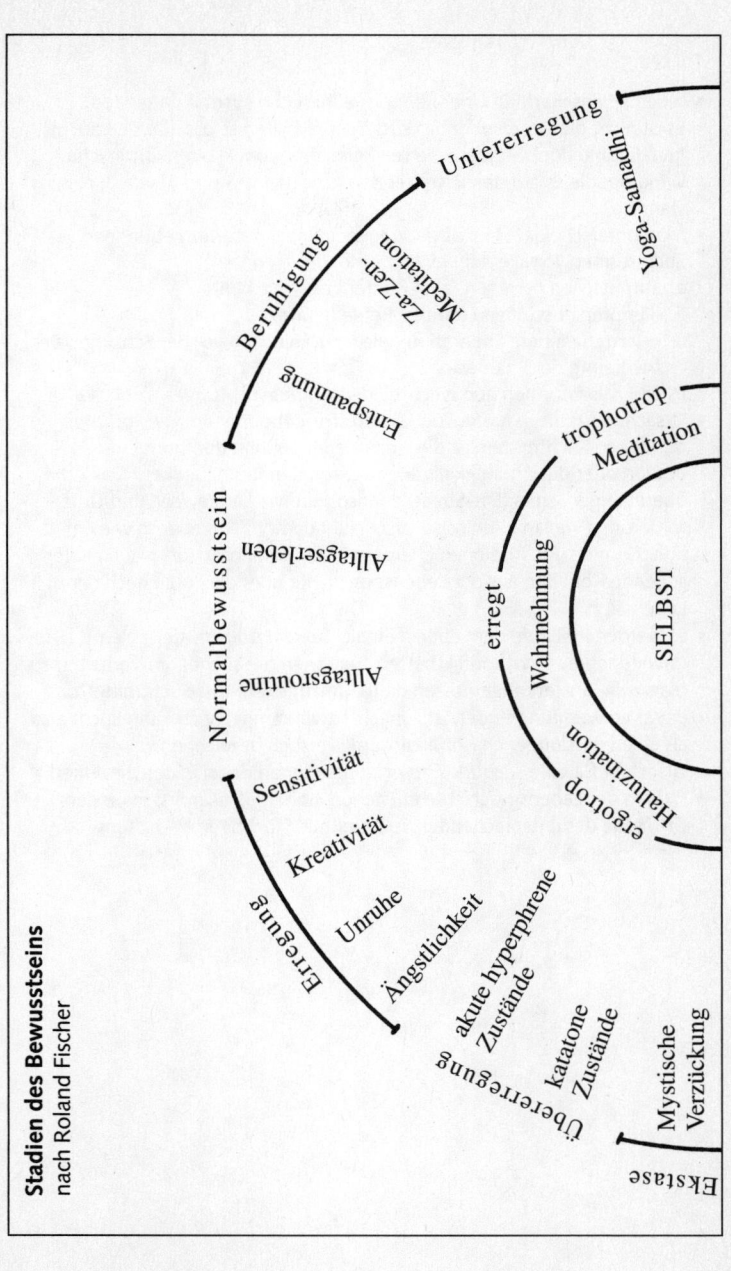

Thesen:

- Jede Leidenschaft, im *Übermaß* ausgeübt, kann süchtig entgleisen.
- Es ist nicht die Droge oder das süchtige Verhalten selbst, das den Süchtigen daran bindet, sondern die seelische, emotionale oder körperliche Wirkung, die es auf den Betreffenden hat (Erlebnis- und Bewusstseinszustand).
- Man unterscheidet bei stoffgebundenen wie bei stoff*un*gebundenen Suchtformen vor allem drei *Wirkungsrichtungen*:
  a. aufputschen / erregen (zum Kampf bereitmachen);
  b. dämpfen / beruhigen (direkte Befriedigung);
  c. erstarren / innere Emigration (wie ein Kaninchen vor der Schlange, Befriedigung der Phantasie).
  Es gibt Mischformen und wechselnde Wirkungsrichtungen.
- Ursachen für die *aktuelle Suche* nach stoffgebundenen wie stoff*un*gebundenen Suchtmitteln ist die Unzufriedenheit mit der momentanen Situation oder die Unfähigkeit, angemessen damit umzugehen. Das kann übermäßiger Stress (Dis-Stress) ebenso sein wie Langeweile und Unterforderung (Vigilanz), unlösbar erscheinende Konflikte ebenso wie Enttäuschungen, Frustrationen ebenso wie Ambivalenzen, aber auch tiefer liegende Konflikte aus der Lebensgeschichte oder die Frage nach dem Lebenssinn.
- Es werden im Laufe der Lebensgeschichte *Reaktionsmuster* gelernt, auf unangenehme bzw. konflikthafte Situationen mit süchtigem Verhalten zu reagieren, anstatt angemessen damit umzugehen. Das Suchtmittel, das dabei Verwendung findet, ist zunächst zweitrangig. Man kann Sucht also als einen misslungenen Konfliktlösungsversuch bezeichnen.
- Ursachen für eine *süchtige Entwicklung* können dabei in den einzelnen Phasen der Lebensgeschichte entstehen, abhängig allerdings von der *Griffnähe* des entsprechenden Suchtmittels / süchtigen Verhaltens.

3. Stoffgebundene und stoff*un*gebundene Suchtformen

Gemeinsamkeiten und Unterschiede

>*»Sucht ist all das,*
>*was man nicht haben will.«*

Sucht ist gekennzeichnet durch ein chronisches *Ausweichen* vor scheinbar unlösbaren Konflikten. Sucht wird heute definiert als ein unabweisbares, starkes Verlangen nach einer *Droge* (z. B. Heroin, Alkohol, Tabletten) *oder* einem bestimmten *Verhalten* (z. B. Spielen, Essen, Arbeiten, Sex) mit dem Ziel, vor dem gegenwärtigen unerwünschten Erlebnis- und Bewusstseinszustand in einen anderen gewünschten zu fliehen. Dieses Ziel kann dauerhaft oder periodisch angestrebt werden. Dem Verlangen werden die Kräfte des Verstandes ebenso untergeordnet wie die Emotionen. Der willentliche Einfluss auf das Suchtverhalten geht mehr und mehr verloren *(Kontrollverlust)*. Es kommt zur *Dosis-Steigerung* (»More-Effekt«). Das Suchtverhalten will immer wieder befriedigt werden *(Wiederholungszwang)*. Der Süchtige kann nicht von seiner Sucht lassen *(Abstinenzunfähigkeit)*. Das Leben zentriert sich immer mehr um das Suchtverhalten (Interessenabsorption). Es wird zur *Fluchtburg* vor der harten Welt. Der *Arbeitsplatz* geht ebenso oft verloren wie die *sozialen Kontakte*. Der *gesellschaftliche Abstieg* und der körperliche *Zerfall* sind oft das Ergebnis. Man unterscheidet heute zwei große Gruppen von Sucht:
1. stoffgebundene Suchtformen,
2. stoff*un*gebundene Suchtformen.

Stoffgebundene Suchtformen:

legal
a) schwer: Alkoholismus
Tablettensucht
Schnüffelstoffe (Verdünner, Kleber, Narkosemittel etc.)
b) leicht: Nikotin
Koffein / Teein
Essen
illegal
Heroin und Abkömmlinge (dämpfend)
Kokain und Abkömmlinge (aufputschend)
Haschisch, Marihuana
LSD, »Ecstasy« und ähnliche Stoffe (halluzinogen)
synthetische Drogen (dämpfend, aufputschend, halluzinogen)

Jede Aktivität kann süchtig entgleisen, d. h., nicht nur Drogen, Alkohol, Tabletten können süchtig machen, man kann auch süchtig essen, arbeiten, spielen, fernsehen und lieben. Dabei gibt es natürlich graduelle Unterschiede, sowohl was die Intensität des Erlebens als auch was die Intensität und Geschwindigkeit der Schädigung angeht. Konkret: Bis sich jemand mit Arbeiten, Spielen, Fernsehen, Essen oder Kaufen körperlich und psychisch zerstört, dauert es normalerweise länger als bei Heroin, Kokain oder Alkohol – und der Grad der Schädigung ist normalerweise auch weniger massiv.

> **Stoff*un*gebundene Suchtformen:**
>
> - Spielsucht
> - Missbrauch von Fernsehen, Video (Filme sowie Spiele), Computer und Musik (Walkman)
> - Essstörungen: Ess-, Mager- und Ess-Brech-Sucht (Adipositas, Anorexie, Bulimie)
> - Arbeitssucht (inklusive Macht-, Geltungs- und Habsucht)
> - Liebes-Sucht (inklusive Eifersucht)
> - Sex-Sucht (inklusive Perversionen)
> - Kleptomanie
> - Kaufsucht
> - Sucht nach Extremsituationen (Freeclimbing, Canyoning, Bungee-Jumping, Joy-Riding, Rafting, okkulte Praktiken etc.)
> - Hypochondrie / Pseudopatienten
> - Exotisches

Man unterscheidet heute vor allem drei Faktoren, die zur Suchtentstehung beitragen, und zwar gleichgültig ob es sich um stoffgebundene oder stoff*un*gebundene Suchtformen handelt:
1. *Der Mensch selbst* mit seiner persönlichen Geschichte, seinen Problemen und Schwierigkeiten;
2. *das Suchtmittel / das süchtige Verhalten* mit seinen Eigenschaften, Nutzen und Gefahren;
3. *die Gesellschaft* und die Akzeptanz des Suchtmittels bzw. süchtigen Verhaltens.

Die Bedeutung der einzelnen Faktoren ist von Süchtigem zu Süchtigem verschieden. Da sie miteinander in Beziehung stehen, kann man sie in einem Dreieck darstellen:

Suchtdreieck

- persönliche Entwicklung und Reife
- Eingebundensein im sozialen Kontext (Familie, Freunde etc.)
- genetische Faktoren
- körperliche Konstitution

- Arbeitsplatz
- Zufriedenheit mit dem eigenen Leben (Diskrepanz Ideal- und Real-Ich, Frustrationstoleranz etc.)
- Sinnfragen etc.

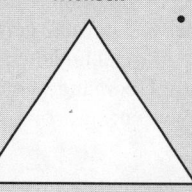

Mensch

Gesellschaft

- Akzeptanz der Droge / des süchtigen Verhaltens
- Verbreitung
- Werbung
- strukturelle Bedingungen in der Gesellschaft (soziale Schichtung, Arbeitslosigkeit etc.)

Suchtmittel / süchtiges Verhalten

- Gefährlichkeit
- Verträglichkeit
- Dosis
- Griffnähe
- etc.

Die Schwierigkeit bei den stoff*un*gebundenen Suchtformen ist die der Etikettierung. Bei stoffgebundenen Suchtformen, vor allem bei den illegalen Drogen, ist das relativ einfach. Ein Fixer ist nur derjenige, der Heroin zu sich nimmt. Ein Alkoholiker ist nur derjenige, der eine gewisse Menge Alkohol regelmäßig trinkt.

Selbst süchtig zu sein, das weisen die meisten Menschen heftig von sich. Aber gerade bei den stoff*un*gebundenen Suchtformen ist das problematisch: Ab wie vielen Stück Torte pro Tag bin ich esssüchtig? Ab wie vielen Arbeitsstunden pro Tag bin ich arbeitssüchtig? Das ist die Frage nach der Menge dessen, was ich tue oder mir zuführe. Deshalb ist es gerade bei den stoff*un*gebundenen Suchtformen wichtig, einen Blick auf die Übergänge vom normalen zum süchtigen Verhalten und Erleben zu werfen.

4. Vom normalen zum süchtigen Erleben und Verhalten

Die Frage nach der Menge dessen, was ich tue oder mir zuführe, ist jedoch nur ein Aspekt bei der Entwicklung des süchtigen Verhaltens. Hinzu kommt immer auch: Wann, wie oft und zu welchem Zweck ein bestimmtes Verhalten gezeigt bzw. ein Mittel gebraucht wird. Diese Faktoren bestimmen, ob etwas normal gebraucht oder süchtig missbraucht wird. Gerade bei stoff*un*gebundenen Suchtformen ist es deshalb wichtig, einen Blick auf die Übergänge vom normalen zum süchtigen Verhalten und Erleben zu werfen:
– Gebrauch;
– Genuss;
– Missbrauch;
– Ausweichendes Verhalten/Abweichendes bzw. auffälliges Verhalten;
– Gewöhnung/Gewohnheit;
– Abhängigkeit;
– Sucht/Suchtkrankheit.

Der *Gebrauch* stellt eine sinnvolle und hilfreiche Verwendung von Dingen zur persönlichen, gesellschaftlichen und natürlichen Weiterentwicklung dar.
Dagegen ist *Genuss* etwas, das wir nicht unbedingt brauchen, das wir aber gern haben, weil es uns aufgrund seiner angenehmen Wirkung eine kurzfristige Befriedigung gibt.
Unter *Missbrauch* versteht man eine körperlich, psychisch oder sozial schädliche Verwendungsweise von Dingen oder ein selbstschädigendes Verhalten. Hierbei kommt es auf die Häufigkeit und Regelmäßigkeit an: Einmaliger Missbrauch hat kaum Folgen. Der häufige Missbrauch bestimmter Mittel oder Verhaltensweisen ist fast immer Ausdruck einer Anzahl ungelöster Probleme, von denen abgelenkt werden soll. Missbrauch steht also in engem Zusammenhang mit ausweichendem Verhalten.
Ausweichendes Verhalten liegt z. B. dann vor, wenn man Krach in seiner Ehe hat und sich deshalb in Arbeit flüchtet, wenn man Probleme mit seinem Vorgesetzten hat und sich deshalb den Bauch voll schlägt. Jeder von uns schleppt eine ganze Reihe von Konflikten und Problemen mit sich herum, die im Augenblick nicht lösbar sind oder zumindest nicht lösbar zu sein scheinen. Gefühle von Stress und Hilflosigkeit sind die Folge. In einer solchen Situation ist ausweichendes Verhalten oft ein le-

gitimer und auch sinnvoller Mechanismus, um nicht verbissen an einem Problem zu hängen, sondern sich eine Erholungsphase zu gönnen. An dieser Stelle entscheidet sich dann, ob danach erneut eine Problemlösung angestrebt wird oder ob weiterhin ausweichende Verhaltensweisen gezeigt werden.

Das *aus*weichende Verhalten an sich ist weder positiv noch negativ. Es wird zum *abweichenden* oder *auffälligen* Verhalten, wenn es nicht den gesellschaftlichen Normen und Werten entspricht. Heroin fixen oder Haschisch rauchen stellt in unserem Kulturkreis abweichendes Verhalten dar, während andere Formen ausweichenden Verhaltens wie z. B. unmäßiges Essen, Rauchen oder Alkohol trinken akzeptiert bzw. toleriert werden.

Wenn sich abweichende Verhaltensweisen durch ständige Wiederholung einschleifen, dann kommt es zur *Gewöhnung*. Die psychische Bindung an diese Verhaltensweisen wird fester. Eine Veränderung des Verhaltens kann jedoch durch willentliche Anstrengung noch herbeigeführt werden.

Steigt der Grad der psychischen oder körperlichen Bindung, dann ist Abhängigkeit die Folge. *Abhängigkeit* ist eine krankhafte Interaktion zwischen einer Person einerseits und einer Substanz bzw. der Fixierung auf bestimmte Verhaltensweisen andererseits. Dies zeigt sich nicht ausschließlich in der Menge oder der Art des Suchtmittelmissbrauchs, sondern vor allem darin, dass diese Mittel oder Verhaltensweisen zur dauernden Problembewältigung eingesetzt werden. Die zunehmende Bindung an das Suchtmittel schränkt die Handlungsfreiheit der Person ein. Die psychische oder körperliche Abhängigkeit von einem Suchtmittel setzt einen Prozess in Gang, der als Sucht zu bezeichnen ist und sich durch eine besondere Eigendynamik auszeichnet.

Sucht bzw. *Suchtkrankheit* bezeichnet einen krankhaften Endzustand der Abhängigkeit von einer Droge, einem Genussmittel oder einer Verhaltensweise. Der süchtige Mensch leidet unter dem Zwang, sich das Suchtmittel / das süchtige Verhalten in steigender Dosis zuführen zu müssen. Durch noch so großen Willensaufwand ist er nicht in der Lage, sich direkt von der Sucht zu befreien. Enthaltsamkeit ruft panische Angst, Aufregung und Vernichtungsgefühle hervor. Zittern, Schlaflosigkeit und Zustände der Verwirrung sind die unmittelbaren Folgen versuchter Abstinenz. Diese Entzugserscheinungen drängen den Suchtkranken dann, sich das Suchtmittel um jeden Preis zu beschaffen. Sein Ziel ist nicht mehr die berauschende, aufputschende oder dämpfende Wirkung des Suchtmittels, sondern die Verhinderung bzw. Beendigung der Entzugserscheinungen.

Drogensucht, Medikamentenabhängigkeit, Spielsucht und Alkoholismus sind bisher als *Suchtkrankheit* anerkannt. Diese Anerkennung ist Voraussetzung dafür, dass die Behandlung der Abhängigkeit – also die Suchttherapie – von den Krankenkassen bezahlt wird.
Im Zusammenhang mit Suchtentwicklung wird in der Fachsprache auch von *Einleitungsphase, kritischer* und *chronischer Phase* gesprochen. Das folgende Schema soll die Einordnung der Vielzahl der Begriffe erleichtern.

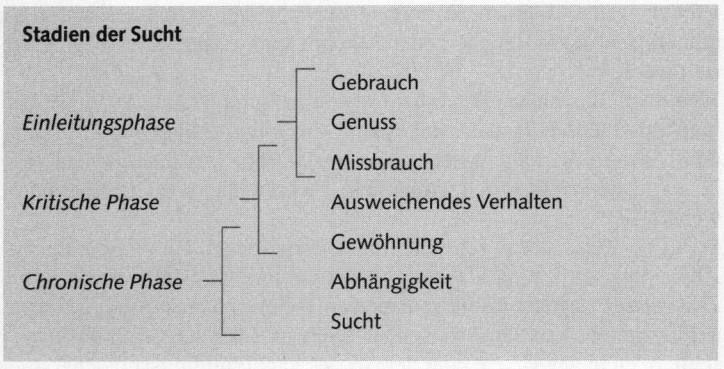

5. Was ist das Süchtige an der Sucht?

> »Jedes Ding kann Droge sein
> und süchtig machen.«
>
> Otto Fenichel, *Psychoanalytiker*

Der Volksmund hat es schon lange entdeckt: Süchtiges Verhalten gibt es auch ohne Drogen. Denn im Alltag begegnet uns das Wort Sucht in Verbindung mit vielen anderen Begriffen, ohne dass wir uns darüber Gedanken machen. Neben den Drogensüchten und den in diesem Buch erwähnten Suchtformen finden wir es zur Beschreibung unserer »kleinen Schwächen« oder unserer alltäglichen Leidenschaften:
– Macht-Sucht
– Hab-Sucht
– Geltungs-Sucht
– Streit-Sucht
– Tob-Sucht
– Genuss-Sucht
– Kauf-Sucht
– Rach-Sucht
– Eifer-Sucht
– Schlaf-Sucht

sind nur eine Auswahl von Begriffen, in denen »Sucht« mit alltäglichen Verhaltensweisen in Verbindung gebracht wird (siehe dazu Kapitel VIII).
Man muss also zwei Ebenen des Suchtbegriffes unterscheiden:
– den Alltagsbegriff;
– den klinisch-psychologischen Fachbegriff.

Dabei hat »Sucht« in der Alltagssprache oft weniger den Sinn von »Krankheit«. Nicht selten wird der Begriff als Synonym für »Faszination« und »Überwältigt-Sein« verwendet. Ähnlich wie die Begriffe »toll«, »wahnsinnig« oder »irre« und »geil« bekommt auch das Wort »Sucht« einen fast schon positiven Klang: »Da könnte man ja süchtig danach werden!« Und hier zeigt sich die Diskrepanz in der Bedeutung dieser Begriffsverwendung. Der Frankfurter Psychiater Hans Joachim Bochnik hat gesagt, man solle Begriffe möglichst genau, aber nicht so wichtig nehmen. Dieser Ansicht bin ich auch; schließlich sind sie nur

verbal kodifizierte Abbildungen von Realität. Und gerade Experten passiert es oft, dass sie sich nur noch in der »Wortwelt« und nicht mehr in der realen Welt bewegen, dass sie sozusagen die *Landkarte* mit der *Landschaft* verwechseln und dann nur noch über die verschiedenen Arten von Landkarten streiten, statt die Realität, d. h. die Situation des Süchtigen, genauer anzusehen, zu registrieren, wo es Defizite und Probleme gibt. Dabei geht es nicht um eine Sprengung des Suchtbegriffes – wenn alles süchtig ist, dann braucht man das Wort ja nicht mehr –, sondern um eine Erweiterung des Suchtbegriffes. »Wenn man es im Exzess betreibt, kann alles süchtig machen.« So einen Satz zu schreiben birgt eine Reihe von Gefahren. Wenn man süchtig essen, arbeiten, spielen und lieben in einen Topf wirft mit Alkoholismus und Drogensucht, dann vereinfacht man zu sehr. Man verniedlicht die psychischen und körperlichen Schäden, die bei den stoffgebundenen Formen der Sucht sehr schnell auftreten, während es bei den stoff*un*gebundenen Süchten nicht nur länger dauert, bis sie auftreten, sondern auch die Abhängigkeit nicht in dem Maß den Grad der Drogensüchte erreicht. Es hat lange genug gedauert, bis der Gesetzgeber Alkoholismus, Drogen- und Tablettensucht als Krankheit anerkannt hat, und wenn man jetzt auch noch die Therapie für Ess-, Fernseh-, Sex- und Kaufsüchtige generell von den Krankenkassen bezahlt bekommen möchte, dann werden diese sich mit Sicherheit dagegen wehren. Die Spielsucht allerdings ist seit 2001 als rehabilitationsbedürftige Krankheit anerkannt. Und es gibt – trotz einer Vielzahl verheerender Schicksale – große Schwierigkeiten.
Worauf es hinauslaufen müsste, wäre die Hinwendung zu einer klaren Begriffsdefinition der Sucht, gleichgültig ob ein Stoff oder ein Verhalten als Suchtmittel benutzt wird. Wenn ein gewisser Beeinträchtigungsgrad im Alltagsleben vorhanden ist (z. B. die Unfähigkeit, für seinen Lebensunterhalt selbst zu sorgen, wenn die Beziehungen zu den Mitmenschen total gestört sind und die Sucht das einzig Wichtige im Leben geworden ist), dann sollte es als Krankheit anerkannt werden, egal ob es sich um eine stoffgebundene oder eine stoff*un*gebundene Sucht handelt.

Kriterien
Die folgenden acht Kriterien geben schließlich Hinweise darauf, ob ein Verhalten süchtig entgleist ist:
1. Kontrollverlust
   Der Süchtige ist nicht mehr in der Lage, den Konsum des Suchtmittels bzw. des süchtigen Verhaltens zu kontrollieren.

2. *Abstinenzunfähigkeit*
   Der Süchtige ist nicht in der Lage, ohne die Benutzung des Suchtmittels zu leben.
3. *Wiederholungszwang*
   Weil Süchtige nicht mehr in der Lage sind, ohne Suchtmittel bzw. süchtiges Verhalten zu leben, suchen sie es immer wieder.
4. *Entzugserscheinungen*
   Bei Ausbleiben der Suchtmittelzufuhr (bzw. bei der Unmöglichkeit des Ausagierens der süchtigen Verhaltensweisen) zeigen sich körperliche Entzugserscheinungen wie Zittern, Schweißausbrüche etc. oder auch psychische Entzugserscheinungen wie Ängste, Wutausbrüche, Trauer, Unruhe.
5. *Dosissteigerung (»More-Effekt«)*
   Um den gleichen gefühlsmäßigen Erlebniszustand zu erreichen, braucht der Süchtige eine immer höhere Dosis seines Suchtmittels bzw. seines süchtigen Verhaltens. Man spricht dabei von »More-Effekt« bzw. Dosissteigerung.
6. *Interessenabsorption und -zentrierung*
   Alle anderen Interessen werden sukzessiv unwichtig oder der Beschaffung des Suchtmittels untergeordnet. Der Fixer auf dem »turkey« (Entzug) benutzt z. B. all seine Kreativität und Intelligenz zur Suche nach dem nächsten »Druck«. Das Gleiche gilt für Spiel-, Arbeits-, Sex- und Esssüchtige.
7. *Gesellschaftlicher Abstieg*
   Arbeitsplatzverlust und Verlust der sozialen Kontakte führen zum gesellschaftlichen Abstieg. Die Süchtigen werden zu »outlaws«.
8. *Psychischer und körperlicher Zerfall*
   Am Ende der Suchtkarriere steht der Zerfall – sowohl seelisch als auch körperlich.

Alle acht genannten Merkmale treffen sowohl auf stoff*un*gebundene wie auch stoffgebundene Suchtformen zu. Bei der Einschätzung des Verhaltens können folgende Fragen hilfreich sein:
- Wozu wird das Suchtmittel / süchtige Verhalten benutzt? (Bewusstseins- oder Stimmungsveränderung, »Fluchtburg«, Belohnung etc.)
- Für was ist es *Ersatz?* (Liebe, Zärtlichkeit, Zuwendung, Beachtung, etc.)
- *Wovor* flieht der Süchtige? (Langeweile, Frust, Sinnlosigkeit, Trauer, Schmerz etc.)
- *Menge – Wie oft* wird es *wann,* in welchen *Mengen* und bei welchen *Gelegenheiten* benutzt?

- *Stil* – Wie wird konsumiert? (Schnell/langsam, genussvoll/hastig, kontrolliert/unkontrolliert, exzessiv/ritualisiert etc.)
- Wirkungen
  a. *kurzfristig* – auf das aktuelle Befinden (aufputschend, dämpfend, halluzinogen);
  b. *langfristig* – generelle Lebensgestaltung (Beziehung zu Partnern und Freunden, Fähigkeit, einer geregelten Arbeit nachzugehen, Freizeit, Kriminalität, Geld, Sinnfrage etc.)
- *Körperliche Gesundheit* – Welche Schäden in welchen Bereichen gibt es? Kurzfristig/langfristig? In welchem Zusammenhang stehen sie mit dem süchtigen Verhalten?
- *Psychische Gesundheit* – Wie sehen die Schäden aus? Kontrollverlust, Wiederholungszwang, Suche nach immer stärkeren Reizen, Symptom-Shift (Polytoxikomanie etc.)?
- *Zentrierung* – Wie weit dreht sich das Leben ausschließlich um das Suchtmittel?
- *»More-Effekt«* – Wie sah die Dosissteigerung in der letzten Zeit aus?
- *Entzugserscheinungen* – Welche körperlichen und/oder psychischen Entzugserscheinungen treten auf?
- *Prognose (A)* – Wie sieht die Zukunft *ohne* Behandlung aus? Wie lange kann der Süchtige so weitermachen? Welche körperlichen und psychischen Schäden sind dann zu erwarten? Lebenserwartung?
- *Therapie* – Wie sieht eine sinnvolle Therapie für den Betreffenden aus? Ambulant, stationär? Einzel- oder Gruppentherapie? Wie lange sollte sie dauern? Welche Methoden? Selbsthilfegruppen?
- Behandlungsziele
  - *primär:* Abstinenz, kontrollierter Umgang
  - *sekundär:* innere Distanz zum süchtigen Verhalten, angemessenes Verhalten etc.
  - *tertiär:* sinnvolle und befriedigende Lebensgestaltung
- *Prognose (B)* – Wird der/die Süchtige die ambulante/stationäre Therapie durchhalten? Besteht Rückfallgefahr? Werden Selbsthilfegruppen ihr/ihm von Nutzen sein? Wie lange wird er/sie brauchen, um sich von der Sucht zu befreien?

II. Spielen

1. Russisch Roulette – Wenn Spielen zur Sucht wird

»Ich selbst hab vom Glücksspiel nichts gehalten und bin vor ein paar Jahren das erste Mal in die Spielbank gegangen. Ich war vorher nie in der Spielbank und habe an diesem ersten Tag auch gewonnen. Ich hatte insgesamt 250 Euro dabei und hatte rund 6000 Euro gewonnen. Und da hab ich mir gedacht, jetzt haste Amerika entdeckt, weil, wo kann man in dieser kurzen Zeit aus 250 Euro 6000 Euro machen?«

So begann es bei Peter M., 39 Jahre alt und in der Werbung tätig. Seine Hoffnung, dass jetzt sein Leben eine entscheidende Wende nehmen würde, erfüllte sich auch. – Allerdings ging die Reise in eine ganz andere Richtung, als Peter sich das wünschte: »Dann bin ich immer wieder hingegangen und unweigerlich, wenn man dann, sagen wir mal, mit Fünfern oder Zehnern spielt und man gewinnt zehn Stücke, also 50 Euro oder 100 Euro, dann sagt man sich auch, warum habe ich denn nicht Tausender hingesetzt, dann hätte ich jetzt zehn- oder fünftausend Euro. Also, was macht man, man versucht höher zu spielen, weil man sagt, wenn ich höher spiele, dann gewinnt man auch wieder. Aber, wenn man dann höher verliert, dann spielt man den Tag drauf wieder niedriger, weil man Angst hat, das ist ja logisch. Man hat ja keine Presse, man druckt das Geld ja nicht selbst, und somit laboriert man sich immer wieder in eigentlich immer größere Schwierigkeiten.«

Peter M. hat in drei Jahren sein gesamtes Vermögen in die Spielbank getragen. Wie viel das genau ist, darüber spricht er nicht. Er hatte aber einen gut gehenden kleinen Betrieb und hat den Offenbarungseid leisten müssen. »Rien ne va plus«, nichts geht mehr. Inzwischen ist er weiser geworden:

»Wenn ich also die Frau fürs Leben finde, dann habe ich diese Wiederholung auch nicht im Laufe eines Monats 40- oder 50-mal. Es gibt Leute, die suchen sie ihr Leben lang und finden sie nicht. Und so ähnlich ist es beim Roulette, es sind Zufälle, die mich mehrmals gewinnen lassen. Genauso ein Sechser im Lotto, den wiederholt auch keiner, dass er nur diese popelige Zahlenfolge von sechs wieder trifft. Nur beim Roulette meint er, es kommt immer wieder.«

Der Mathematiker und Philosoph Blaise Pascal hatte sich, als er im 17. Jahrhundert die Vorarbeiten zur Erfindung des Roulettes leistete, wohl

nicht träumen lassen, was aus seiner Erfindung mal werden würde.
»Etwas Gescheiteres kann einer doch nicht treiben in dieser schönen Welt, als zu spielen«, meinte Henrik Ibsen schon vor über hundert Jahren, und Fjodor Dostojewski, selbst ein dem Spielen verfallener Hasardeur, schrieb den weltberühmten Roman »Der Spieler«, in dem er die Besessenheit, die pervers-orgiastische Lust der Glücksritter beschreibt. Zu diesen Zeiten waren die Spielbanken in noblen Kurorten wie Baden-Baden, Bad Homburg oder Monte Carlo dem Adel und dem Großbürgertum vorbehalten.
Und noch in den 50er Jahren musste man seine Vermögensverhältnisse angeben, wenn man die Spielbank betrat. Heute ist das nicht mehr so. Jeder, der einen festen Wohnsitz nachweisen kann, als Mann Krawatte und Jackett trägt oder als Frau einigermaßen bürgerlich angezogen ist, darf in die Spielbank gehen. Ein Spielbankbesucher schwärmt:
»Ja, das beginnt eigentlich schon auf dem Hinweg zur Spielbank. Das erfüllt einen mit so einer Art Glücksgefühl, in der Hoffnung, Geld zu gewinnen. In der Spielbank auch, da kommt noch die ganze Atmosphäre hinzu: exklusive Einrichtung, interessante Leute. Und wenn man also spielt und gewinnt, das ist so eine Art Erfolgserlebnis, das man hat. Eigentlich eine angenehme Sache.«

Die Spielbank – das Mekka der Zocker
»Rien ne va plus«, nichts geht mehr. Der Croupier im Smoking mit den zugenähten Taschen wirft die kleine Elfenbeinkugel. Sie saust am Rand des mahagonifarbenen Roulettekessels entgegen der Rotation der drehbaren Zahlenscheibe. Das Tableau, der grün ausgeschlagene Spieltisch, ist voller bunter Jetons, die 5, 10, 30, 50, 500 und mehr Euro wert und auf den Zahlen oder den anderen Feldern exakt platziert sind: Rot oder Schwarz, manque oder passe, pair oder impair, Kolonne oder Drittel. Alles hat seine genau festgelegte Bedeutung. Davon hängt schließlich die Höhe des Gewinns ab.
Um den Tisch dichtes Gedränge. Leute aus allen Schichten, allen Altersgruppen. Äußerste Spannung, während die Kugel rollt. Alle starren wie gebannt auf den Lauf der Kugel. Es scheint, als hielten alle den Atem an. Die Kugel wird langsamer, stolpert, scheint in das Fach der 11 zu fallen, macht aber nochmals einen Sprung und landet in dem Kästchen für 26, Schwarz. Das Spiel ist aus. Ein Croupier verkündet die Zahl, zwei andere Croupiers räumen mit ihrem Rechen alle verlorenen Jetons zusammen und zahlen die Gewinne aus. Obwohl vielleicht 10 000 Euro von den Croupiers zusammengekehrt wurden, sind die Spieler äußerlich unbeteiligt. Abgesehen von einem kleinen Zucken im

Gesicht, kaum sichtbare Gemütsbewegungen. Ein richtiger Spieler ist beherrscht. Er verliert nicht die Fassung, weder beim Gewinnen noch beim Verlieren. Roulettegesichter sind cool. Erst wenn man genauer hinsieht, kann man die Anspannung entdecken, vor allem an den Händen. Wie sie das Spielgeld umklammern, zittrig nach dem Gewinn grabschen, nervös in den Taschen kramen, die Jetons sortieren.
Aber schon geht es weiter. Die Kugel rollt wieder. Nichts geht mehr. Ein paar setzen noch hastig, im letzten Moment. Spieler sind Einzelkämpfer. Der Kampf um das Glück macht einsam. Gesprochen wird wenig. Jeder lebt in seiner Phantasiewelt. Jeder hat seinen Plan, seinen Wahn: die Systemspieler, die Hasardeure, die Abergläubischen, die Zögernden, die Ängstlichen, die Intuitiven, die Desperados. Dieses Wechselbad der Gefühle in einer abgehobenen, entrückten Atmosphäre, das ist es, was die Faszination des Roulettes ausmacht. Die Ekstase nach dem Gewinn, die Verzweiflung nach dem Verlust, und beides gerinnt innerhalb von Sekunden. Denn: Das nächste Spiel beginnt.
Peter M., der die Spielbank inzwischen eher als Beobachter denn als Spieler betritt, kennt auch den Insider-Slang der Spielbank-Bediensteten:
»Wenn jemand hoch gewinnt, dann sagen die Saalchefs untereinander: ›Das Geld schläft außer Haus‹, d. h., dass der, der hoch gewinnt, garantiert wiederkommt. Wenn jemand mit kleinem Geld gewonnen hat, dann denkt der sich am nächsten Tag: ›Wäre ich mit 'nem größeren Betrag gekommen, dann hätte ich – multipliziert mit dem Betrag – soundso viel gewonnen.‹ Das heißt also unter dem Strich, er bringt das ganze Geld wieder.«
Das Flair des Glücksritters, die Aura des Hasardeurs, der sein Leben auf eine Karte setzt, ist in der Wirklichkeit ein grausames Spiel. »Nur ein verzweifelter Spieler setzt alles auf einen Wurf«, schrieb Schiller in »Kabale und Liebe«. Das ist es: Die steinernen Gesichter, die coolen Mienen sind vielfach nichts als geronnene Verzweiflung: »Dass nur keiner merkt, wie's in mir aussieht, wie's wirklich um mich steht.«
Was wie weltmännische Gelassenheit, kühle Noblesse oder heroische Selbstüberwindung mit der Illusion der Zugehörigkeit zur besseren Gesellschaft erscheint, ist vielfach nichts anderes als das gekonnte Verbergen schlotternder Knie, schweißiger Hände oder von Herzrasen. Wolfgang, im Devisenhandel tätig, gibt das auch zu:
»Sicher, die Angst spielt eine Rolle. Es ist ganz klar: Wenn man mit relativ hohem Einsatz spielt, wenn man jetzt nicht gewinnt, dann sind die Taschen fast wieder leer. Da ist natürlich Angst dabei, da ist Nervosität dabei. Ich habe auch immer versucht, meine Nervosität nicht zu zeigen,

aber ich bin sicher, dass ein erfahrener Croupier sie mir angemerkt hätte. Das ist sicher die Spannung, die in einem vorgeht, wenn man vor allen Dingen einen relativ hohen Einsatz im Spiel hat. Die Angst ist da, natürlich. Es ist einfach die Angst, dass man nachher vielleicht mit leeren Taschen dasteht und gerade noch die Heimfahrt antreten kann, weil man also nicht mehr Geld dabeihat. Das ist natürlich kein sehr schönes Gefühl. Die Angst spielt hierbei immer eine große Rolle.«

Wolfgang hat es geschafft, mit dem Glücksspiel aufzuhören, bevor sich seine Spielleidenschaft zu einer regelrechten Sucht auswuchs, obwohl auch er mehrere tausend Euro am grünen Tisch gelassen hat:

»Ich war zeitweise süchtig. Gut, die Spielbank hat mich fasziniert. Mit einiger Nervosität habe ich dort auch gespielt. Ich weiß, ich habe an bis zu drei Tischen gleichzeitig gespielt, bis ich die Übersicht verloren hatte. Ich weiß noch, als einmal ein Chefcroupier auf mich zukam, unter den Augen der anderen, und sagte: ›Kommen Sie doch mal mit‹, und ich dachte, mein Gott, was hast du verbrochen, und er holt mich an seinen Tisch und sagt: ›Sagen Sie mal, Sie spielen doch auch hier an diesem Tisch, Sie müssen aufpassen, Sie haben vorhin Geld gewonnen, wir haben das für Sie rausgelegt.‹ Ich habe dann auch aufgeatmet. Aber ich hatte das also, wie gesagt, nicht mehr ganz im Griff. Ich habe nicht gesehen, dass ich das gewonnen hatte, weil ich zwischen drei Tischen pendelte und zwischen drei Tischen spielte … Das ging sechsmal gut. Ich weiß es ganz genau. Beim siebten Mal hatte ich das gesamte Geld, was ich gewonnen hatte, dabei und verlor alles an einem Abend.«

»Spielen ist wie Fixen. Der Einstieg geschieht aus Spaß, dann kommt die Zerstörung. Wir gehen doch alle auf dünnem Eis«, sagt der Filmemacher Mathieu Carrière.

Fjodor M. Dostojewski, selbst spielsüchtig, schrieb in 26 Tagen den Roman »Der Spieler«. Ein Brief aus dem Jahre 1867:

»Als ich durch die Gegend von Baden-Baden reiste, beschloß ich, einen Abstecher dorthin zu machen. Mich peinigte ein verführerischer Gedanke: Zehn Louisdor zu riskieren und vielleicht zehntausend Franken zu gewinnen; diese Summe würde mir für vier Monate reichen, selbst mit den Auslagen, die ich in Petersburg habe. Das Gemeine ist, daß ich schon früher einige Male gewonnen habe. Am Schlimmsten ist aber, daß ich einen schlechten und übertrieben leidenschaftlichen Charakter habe. In allen Dingen gehe ich bis an die äußerste Grenze; mein Leben lang habe ich nie Maß halten können. Der Teufel trieb gleich am Anfang seinen Scherz mit mir: In den drei Tagen gewann ich ungewöhnlich leicht viertausend Franken. Jetzt will ich Ihnen schildern, wie es mir vorkam: Einerseits dieser leichte Gewinn – aus hundert Franken hatte ich in drei

Tagen viertausend gemacht – andererseits meine Schulden, Prozesse, seelische Unruhe und die Unmöglichkeit, nach Rußland zurückzukehren; drittens, und das ist die Hauptsache, das Spiel selbst. Wissen Sie, wie es einen hineinzieht! Nein, ich schwöre Ihnen, es war nicht Gewinnsucht allein, obwohl ich auch tatsächlich das Geld des Geldes wegen gebraucht habe. Anna Grigorjewna flehte mich an, mich mit diesen viertausend Franken zu begnügen und sofort abzureisen. Doch die leichte und wahrscheinliche Möglichkeit, meine Lage auf einen Schlag zu verbessern! Und die vielen Beispiele! Abgesehen vom eigenen Gewinn sehe ich noch täglich, wie die andern Spieler zwanzigtausend bis dreißigtausend Franken gewinnen (man sieht nie, daß jemand verliert). Warum sind die andern besser als ich! Ich brauche das Geld notwendiger als sie. Ich riskierte weiter und verlor. Ich verlor nicht nur das Gewonnene, sondern auch das eigene Geld bis zum letzten Pfennig; ich war in fieberhafter Erregung und verlor alles. Dann begann ich meine Kleidungsstücke zu versetzen. Anna Grigorjewna versetzte ihr letztes; ihren letzten Besitz ... Endlich mußten wir uns irgendwie retten und aus Baden-Baden fliehen.«

Nach einer mehrjährigen Odyssee durch viele europäische Spielbanken immer wieder Briefe:

»Anna, meine Teure, ich bin schlechter als ein Tier«, schrieb er an seine Frau am 6. Oktober 1867. »Gestern Abend gegen 10 Uhr hatte ich 1300 Franken gewonnen. Heute habe ich nicht einen Sou. Ich habe alles, aber auch alles verloren.« Am 18. November: »Anna, meine Teure, meine Beste, ich habe alles verloren, alles! Oh, mein Engel, sei nicht böse, sei nicht betrübt. Habe Vertrauen, es wird eine Zeit kommen, wo ich deiner würdig sein werde und aufhören werde, dich zu berauben wie ein gemeiner, niedriger Dieb! ... Ich habe meinen Ring und meinen Wintermantel versetzt und alles verloren.«

Aber die »Ästhetik des Ruins« hat in den letzten Jahren ein bisschen gelitten. Es sind nicht mehr in der Hauptsache die Spieler am grünen Tableau, mit den glänzenden Augen und den zuckenden Fingern, die Dostojewski beschrieben hatte – die meisten Spieler tummeln sich heute an ganz anderen Plätzen.

Automaten – das Roulette des kleinen Mannes

Szenenwechsel: Von der halbseidenen Noblesse der Spielbank zum »Roulette des kleinen Mannes«: Glücksspielautomaten. Wer heute »zocken« geht, der tut dies immer öfter in dem abgeriegelten, video- und pingpong-sound-trächtigen Flair anonymer Spielhallen. Neu entwickelte elektronische Spielsysteme, Sonderspielserien und Risikospiele sowie die Erhöhung des Einsatzes und des Höchstgewinns haben neue Reize geschaffen und in den letzten Jahren zu einem Boom der Geldspielautomaten geführt.

Was man früher »Groschengräber« nannte, sind heute Apparaturen, wo man leicht und locker 35 Euro pro Stunde verlieren kann. Und da in den »Daddelhallen« die Einarmigen Banditen in Dreierwaben hängen, können es auch bis zu 100 Euro pro Stunde sein, die notorische Spieler in den Schlitz stecken. Viele spielen nämlich an drei Automaten gleichzeitig. Erich macht das seit acht Jahren und hat bisher 30 000 Euro verspielt:

»Bedingt durch Stress, Arbeit, Familie, dem ich entfliehen wollte, habe ich dann angefangen, regelrecht zu spielen. Zuerst auch nur kleine Beträge. Aber die mussten wieder reingeholt werden. Man hat es also probiert, hat Beträge gesetzt, und so ist das nunmehr angewachsen. Es gibt also heute Lokale, da geh ich rein, da weiß keiner, dass ich Spieler bin. Und es gibt andere, die wissen ganz genau, wenn ich reinkomme, da legen die die Euros bereit … Weshalb ich spiele, das können unheimlich viele Gründe sein. Das kann einmal sein, dass ich Ärger hatte. Es kann sein, dass ich mich einsam fühle. Es kann auch genau umgekehrt sein, dass ich einsam sein will, dass ich mich zurückziehen will … Wenn ich also vor so einem Ding sitze, dann sehe ich rechts und links überhaupt nichts. Da ist total alles weg. Ich kapsel mich dann total ab, beschäftige mich mit meinen Gedanken, nach einer Zeit kann ich aber selbst das dann nicht mehr, weil ich mich total auf das Ding konzentriert habe, und alles ist weg … Manchmal habe ich das Gefühl, ich verschwimme mit der Maschine und werde vollkommen eins mit ihr, manchmal kämpfe ich gegen den Automaten, obwohl der immer gewinnt. Das weiß man vorher, trotzdem probiert man's immer wieder.«

Spielhallen, Spielotheken, Unterhaltungscenter schießen aus dem Boden wie Pilze. Das Geschäft mit dem Spielen blüht. In der Werbung nennt man das »aktive und moderne Freizeitgestaltung für Jung und Alt«. Aber nicht nur dort, sondern auch in Kneipen, gutbürgerlichen Restaurants, in Frittenbuden oder Spelunken hängen diese Münzschlucker – schließlich verdienen die Wirte pro Automat monatlich mehrere tausend Euro.

Die Spielautomatenindustrie gehört zu den Wachstumsbranchen unserer rezessionsgeschüttelten Wirtschaft; erfolgreich ist es ihr gelungen, ihre Etablissements aus einem anrüchigen Bahnhofsmilieu in gewinnversprechende Einkaufszentren zu verlagern, das Spielen an Glücksspielautomaten zu »etwas ganz Normalem« zu machen. Erich meint:

»Ich kenne eine ganze Reihe Spielhallen-Spieler, und die kommen aus

allen Schichten. Früher hat man ›Spielhallen-Rocker‹ gesagt – das ist heute vorbei. Heute kommen Leute aus allen Bevölkerungsschichten, jeglichen Alters. Inzwischen kommen auch immer mehr Frauen, komischerweise oft Hausfrauen und Rentnerinnen.«
Zurzeit hängen etwa 197 000 Groschengräber in deutschen Kneipen und Spielstätten. Nicht umsonst sorgen sich die Politiker um die »Spielhallenflut«. Im gesamten Nordrhein-Westfalen, zum Beispiel, kommt auf 658 Einwohner durchschnittlich ein Glücksspielautomat. In der NRW-Kleinstadt Bergkamen gibt es beispielsweise 22 Spielhallenkonzessionen; damit kommt auf 238 Bewohner eine Daddelkiste. In Gebieten, wo die Arbeitslosigkeit grassiert, ist die Lage meist noch extremer. Deshalb boomen in den neuen Bundesländern Spielautomaten und Spielhallen. Proportional zu den Gewinnen der Industrie wuchsen die Verluste der Spieler in den letzten Jahren. Seit es Risikotasten gibt, ist es nicht ungewöhnlich, dass ein passionierter Spieler 100 Euro am Abend verspielt. Die Eingangstüren der so genannten Freizeitzentren stehen immer offen. Jeder, der zumindest so aussieht, als sei er über 18 Jahre alt, kann dort hingehen. Kontrollen gibt es so gut wie nie. Spielhallen sind im Gegensatz zu Spielkasinos ohne jede Barriere zu betreten. Man kann mal eben schnell vorbeigehen. Jederzeit. Das Licht in den Hallen ist gedämpft. Die Fenster verdunkelt. Kunstlicht auch am Tag. So kann die Realität leichter vergessen werden. Die Automaten leuchten und blinken. Das Aufsichtspersonal ist angewiesen, freundlich zu den »Stammgästen« zu sein. Da gibt es auch mal Kaffee oder Cola umsonst, manchmal sogar kleine Geschenke, zumindest aber Trost, wenn der Spieler wieder alles verloren hat. So wird die Automatenhalle gerade für einsame Spieler zu einer Art Fluchtburg, zur zweiten Familie und der Automat zum »Mitmenschersatz«, den sie sogar streicheln, mit dem sie sprechen, auf den sie wütend sind. Alexander, ein 25-jähriger Student, hängt seit sieben Jahren am Automaten:
»Am Anfang, wenn man mal zwei Tage nicht gespielt hat oder so, und man kommt da wieder hin, irgendwie hat man das Gefühl, das ist ein alter Freund. Da blinkt's und so, und da klingelt's und so, da hat man wirklich das Gefühl, mit dem kannst du dich eigentlich gut verstehen. Freund kann man ihn auch vielleicht nennen. Man kommt gut mit ihm aus. Man kennt das ja alles, Blinken, Klingeln und so. Aber dann, wenn man in der Phase ist, wo man verliert, wo er nicht mehr mitmacht, dann kommt die Wut auf diesen ›Freund‹. Da haut man auch schon auf die Glasscheiben und betrachtet das nicht mehr als Freund, sondern als eine Technik, die einem gegenüber sehr feindlich gesinnt ist, bei der das Geld immer raus muss.«

»Eher spielen sich hundert Leute arm als einer reich«, heißt es in einem Sprichwort. Und die Zahlen bestätigen es: Zwischen 15 000 und 17 000 Spieler haben sich an den bundesdeutschen Spielbanken sperren lassen. Nach einer Untersuchung von Bühringer und Türk spielten im Jahr 1999 4,63 Millionen Deutsche aktiv an Glücksspielautomaten. Zwischen 25 000 und 30 000 entsprechen dabei den Kriterien für pathologisches Spielen des »Diagnostischen und Statistischen Manuals Psychischer Störungen IV« (siehe unten). Insgesamt werden 130 000 Spieler als beratungs- oder behandlungsbedürftig eingeschätzt.
Man sieht: Das Glücksspiel hat epidemische Ausmaße angenommen. Diese Aussage bezieht sich auch auf das unkontrollierte, krankhafte Spielen. Dr. Gerhard Meyer, Diplom-Psychologe aus Bremen, hat eine Lawine losgetreten, als er 1982 den Begriff »Spielsucht« in den Mittelpunkt seiner Dissertation stellte:
»Der Spieler ist nicht mehr in der Lage, dem Verlangen nach dem Glücksspiel zu widerstehen. Er spielt weiter, egal ob er sich selbst oder sein soziales Umfeld schädigt. Hat er einmal mit dem Glücksspiel angefangen, verliert er die Kontrolle über seine Einsätze. D. h., er spielt so lange, bis kein Geld mehr zur Verfügung steht. Familie, Beruf, Interessen werden im Laufe der Zeit immer mehr zur Nebensache, sodass schließlich das gesamte Erleben und Verhalten auf das Glücksspiel gerichtet ist. Es zeigen sich Entzugserscheinungen, wie eben innere Unruhe, Reizbarkeit, Schlafstörungen, bis hin zu Schweißausbrüchen. Zittern und sogar Kopfschmerzen werden von Spielern berichtet, die nicht spielen können oder nicht mehr spielen wollen … Es handelt sich um eine nicht stoffgebundene Abhängigkeit. Bei der Glücksspielsucht fehlt die körperliche Abhängigkeit. Dem Körper wird ja kein Stoff zugeführt, wie z. B. bei der Alkoholabhängigkeit. Der Spieler wird lediglich ›psychisch abhängig‹. Diese psychische Abhängigkeit hat sich jedoch auch bei stoffgebundenen Formen als Wesentliches an der Sucht herauskristallisiert und ist daher zentraler Gegenstand der therapeutischen Bemühungen.«

Spielend in die Sucht
Dabei fängt es immer ganz harmlos an, meistens mit einem großen Gewinn und der Hoffnung, auf leichte, spielerische Art sein Geld verdienen zu können. Herbert, 36, von Beruf Vertreter:
»Eigentlich hat das ja jeder im Kopf. Das ist der Wunschtraum eines jeden Menschen, auf leichte und angenehme Art Geld zu verdienen. Das muss nicht in utopischen Dimensionen sein, aber immerhin ein angenehmes Leben führen und möglichst wenig arbeiten.«

Ein paar Gewinne am Automaten oder am Spieltisch oder auch der Versuch, die Verluste wieder zurückzugewinnen, bringen das Rad ins Drehen. Und die Spannung steigt mit jedem Spiel. Denn das wirklich Gefährliche ist nicht das Verlieren, sondern das Gewinnen: Gerade aufwärts, geht's abwärts, in Schussfahrt bergab.
Alexander, der 25-jährige Student, beschreibt, wie es bei ihm begann:
»Die erste Zeit war es so, dass man Spaß daran gehabt hatte, dass man nicht dahin kam, um Geld zu verdienen. Verschlechtert hat sich die Sache eben dann, als man im Laufe der Zeit immer mehr verloren hat … Und dann auch einfach, wenn man feststellt, man ist seit Stunden da und sitzt auf diesem Hocker, leidet praktisch unter körperlichen und seelischen Schmerzen und spielt trotzdem weiter. Da merkt man, man ist drin, man wird süchtig.«
Aus dem Spaß entwickelt sich die Ekstase, und aus der dauernden Ekstase – oder der Suche danach – kann Sucht werden. Und wenn man erst einmal süchtig spielt, hat das so viel mit dem normalen Spielen zu tun wie Robinson Crusoe mit einem Pauschaltouristen. Wilhelm war über 20 Jahre spielsüchtig:
»Ich bin ja nun, ich möchte bald sagen, ein ›Vollblutzocker‹ gewesen. Ich habe alles gespielt, was es nur zu spielen gab. Am liebsten hätte ich gespielt, wie viel Blätter fallen vom Baum, wenn ich nichts mehr zum Spielen gehabt hätte. Mir war das alles egal. Ich kann mich an ein Ereignis erinnern: Ich war auf der Rennbahn gewesen und habe da beim letzten Rennen eine Dreierwette getroffen und 700 Euro gewonnen und war todunglücklich, dass jetzt kein Rennen mehr stattfand und dass ich auch jetzt noch Geld in der Tasche hatte. Und was war mein nächster Weg? Wieder in die Spielbank zu fahren und zu versuchen, das Geld wieder loszuwerden. Ich war halt ein Spieler, der alles gespielt hat und dem auch alles egal war, zum Schluss. Man hat gewonnen, da ist man nochmals nachts in eine Bar und hat den großen Max gemacht.«
Charles Bukowski, amerikanischer Schriftsteller:
»Einmal gewann ich 23 Wetten hintereinander. Ich fühlte mich so ziemlich wie Gott. Meine Stimme wurde voll und schön, meine Augen glänzten. Ich ging zu der schönsten Dame auf der Rennbahn, nahm sie in den Arm, brachte sie in mein Motel und bumste sie.«

Wenn man einmal beim Glücksspiel gelandet ist, schmilzt der Abstand vom Spießer zum Desperado. Auf der ständigen Suche nach dem »Kick«, dem »Arousal«, dem »hochgeputschten Erregungsniveau«, wird das Spielen zum intensivsten Erlebnis im Leben überhaupt (siehe dazu I.2). Und das wird mit der Zeit das Einzige, worum es geht: Das

Gewinnen geht ihnen über den Gewinn, das Verlieren über den Verlust, die Tätigkeit über das Ergebnis. Mit einem Bein im Groschengrab oder halb über dem Abgrund des Roulettetisches, wird irgendwann »sowieso alles egal«. Das Einzige, was zählt, ist die Erregung, die Aufregung, und die kostet man aus bis zur bitteren Neige. Deshalb gehen Spieler erst dann, wenn sie alles verloren haben. Erst dann fällt dieser innere Druck, diese starke Unruhe von ihnen ab. Und sie sagen auch noch: »Wer nicht in die Spielbank geht, hat nicht richtig gelebt.«

Wilhelm meint: »Wenn ich gespielt habe, habe ich völlig die Welt um mich vergessen. Da war alles egal. Ich habe keine Verabredungen eingehalten oder keine Zeitpunkte, die ausgemacht waren. Wenn hier in Deutschland ein Tag war, wo die Spielbank zu war, wie der 1. Mai oder sonst was, da bin ich 500 bis 600 Kilometer gefahren ins Ausland, nach Niederbronn oder egal auch wohin, nach Belgien, nach Spa, um spielen zu können.«

So wird das Spielen zur Fluchtburg, in die man sich immer öfter retten muss, weil die Probleme, die durch das Spielen entstanden sind, immer größer werden. Der Circulus vitiosus, der Teufelskreis, dreht sich immer schneller. Alexander, der Student:

»Es hat Tage gegeben, wo ich gewonnen habe, wo ich gut 100 Euro gewonnen habe, aber da kommt man jetzt wieder in diesen Automatismus. Man sagt, okay, heute ist wahrscheinlich ein Glückstag, und dann kannst du ja mal versuchen weiterzuspielen … Es war immer so, auch wenn ich gewonnen hatte, dass ich entweder an diesem Tag, auch oft am nächsten Tag, dass ich dann hingegangen bin und dann doppelt verloren habe … Den Zweck, nämlich irgendwo eine Flucht vor mir selbst und eine Flucht vor dem Leben und vor den Menschen, vor den Hoffnungen, mit denen ich nicht mehr zurechtgekommen bin, vor den Enttäuschungen, diesen Zweck habe ich da vollkommen erreicht.«

Spieler sind – oder werden – abergläubisch. Sie vergessen sich selbst, Zeit, Raum und Geld und bauen eine Illusion der Kontrollierbarkeit auf: Ihr Denken wird magisch. Sie setzen nur bestimmte Zahlen, und vielleicht auch nur dann, wenn ein bestimmter Croupier die Kugel wirft. Beim Automatenspiel halten sie z. B. die mittlere Scheibe zu. Oft sind Spieler Verlierer im Kampf gegen eine unbekannte Macht, weil sie den Kampf immer wieder suchen und glauben, dass sie irgendwann die Sieger sein könnten.

Petra, eine 32-jährige Sekretärin, ist passionierte Roulette-Spielerin:
»Ich stelle mich also vor den Tisch und schaue zu. Solange die Kugel nicht läuft, habe ich Zeit, eine Verbindung mit diesen Zahlen herzustellen. Ich richte mich nach den Figuren und auch nach meiner Intuition.

Das geht nicht immer gut. Aber man kann da eine ganz große Sensibilität entwickeln. Und das haut eigentlich oft hin. Man muss natürlich auch aufpassen, dass man nicht überschnappt.«
Herbert, 36, Vertreter: »Probleme kommen jede Menge. Die Ehe funktioniert nicht mehr, der Beruf wird vernachlässigt. Generell, man verliert seine Freunde, will eigentlich dann auch keine mehr. Ein Spieler ist wahrscheinlich so ein Einzelgängertyp von Haus aus, und durch das Spielen wird er sowieso einsam, weil er nicht akzeptiert wird und gemieden wird.«
Wann wird das Spiel tatsächlich zur Krankheit? Das DSM-IV (APA 1996) beschreibt folgende Kriterien für pathologisches Spielen:
Andauerndes und wiederkehrendes fehlangepasstes Spielverhalten, was sich in mindestens fünf der folgenden Merkmale ausdrückt:
Der Betroffene
- ist stark eingenommen vom Glücksspiel (z. B. starkes Beschäftigtsein mit gedanklichem Nacherleben vergangener Spielerfahrungen, mit Verhindern oder Planen der nächsten Spielunternehmungen, Nachdenken über Wege, Geld zum Spielen zu beschaffen)
- muss mit immer höheren Einsätzen spielen, um die gewünschte Erregung zu erreichen
- hat wiederholt erfolglose Versuche unternommen, das Spielen zu kontrollieren, einzuschränken oder aufzugeben
- ist unruhig und gereizt beim Versuch, das Spielen einzuschränken oder aufzugeben
- spielt, um Problemen zu entkommen oder um eine dysphorische Stimmung (z. B. Gefühle von Hilflosigkeit, Schuld, Angst, Depression) zu erleichtern
- kehrt, nachdem er beim Glücksspiel Geld verloren hat, oft am nächsten Tag zurück, um den Verlust auszugleichen
- belügt Familienmitglieder, den Therapeuten oder andere, um das Ausmaß seiner Verstrickung in das Spielen zu vertuschen
- hat illegale Handlungen wie Fälschung, Betrug, Diebstahl oder Unterschlagung begangen, um das Spielen zu finanzieren
- hat eine wichtige Beziehung, seinen Arbeitsplatz, Ausbildungs- oder Aufstiegschancen wegen des Spielens gefährdet oder verloren
- verlässt sich darauf, dass andere ihm Geld bereitstellen, um die durch das Spielen verursachte hoffnungslose finanzielle Situation zu überwinden.

Spielertypen – Spielerkarrieren
Natürlich ist Spieler nicht gleich Spieler. Professor Johannes Brengelmann vom Münchener Max-Planck-Institut für Psychiatrie unterscheidet in einer Studie an 259 Spielern fünf Spielertypen:
1. Unterhaltungstyp;
2. Kontrollierter Typ;
3. Souveräner Typ;
4. Emotionsloser Typ;
5. Unbefriedigter Typ.

Hand und Kaunisto unterscheiden (in »Suchtgefahren« 1/84) dagegen nur drei Spielertypen:
Der *»Glücksritter«*: Es handelt sich überwiegend um junge Männer zwischen 17 und 25 Jahren mit ausgeprägter Konsumorientierung. Sie geraten bei der Suche nach einem einfachen Weg, ihren Lebensstandard zu erhöhen, an das Glücksspiel. Ihr Spielverhalten ist eher für ihre Umwelt als für sie selbst beängstigend.
Der *»Desperado«*: Hier sind es vor allem die 30- bis 35-Jährigen. Diese Männer kommen meist aus Berufen mit besonders gutem sozialen Hintergrund. Die Ursache für ihr Spielverhalten war überwiegend ein ambivalentes Partnerverhältnis, das sich zunehmend zu einem Mutter-Sohn-Verhältnis entwickelte.
Der *»Resignierer«*: Die überwiegend um 45 Jahre alten Männer leiden unter einer teils erlebten, teils abgewehrten tiefen Depression, die aus unterschiedlichen Quellen, z. B. Verlust einer langjährigen Partnerschaft, herrühren kann. Durch unterschiedliche Auslöser geraten sie an das Automaten-Glücksspiel, wo die stereotype Interaktion mit dem Automaten die Funktion hat, die Gefühlskomponente der Depression zu vermeiden.
Ebenso kommt die Forschergruppe Haustein (Göttingen) zu drei Spielertypen, wenn auch nach ganz anderen Kriterien. Von den 60 Spielern, die sich an die Beratungsstelle in Göttingen wandten, nahmen 25 an einer Therapie teil. 85 Prozent gaben an, dass sie sich am Automaten »wie berauscht« fühlen. Haustein unterschied folgende Spielertypen:
1. Exzessive Spieler mit einer *frühen Persönlichkeitsstörung*. Ihnen fehlen wesentliche Ich-Funktionen sowie ein angemessener Realitätsbezug. Sie haben ein geringes Selbstwertgefühl, eine niedrige Frustrationstoleranz und eine schwache Impuls-Kontrolle. Sie flüchten in Phantasiewelten, sind schnell gekränkt und kaum bindungsfähig. Der Automat wird für sie zur »Ersatzgeliebten«. Für sie trifft das Etikett »Sucht« am stärksten zu.
2. Die zweite Gruppe spielt unter dem Druck einer *neurotischen Re-*

gression, um »abzuschalten«, zu »vergessen«. Wenn sie wieder aus der Regression mit der Maschine auftauchen, haben sie oft Schuld- und Schamgefühle. Diese Gruppe macht den größten Teil der Spieler aus. Auf sie trifft das Etikett »Sucht« bedingt zu.
3. Die kleinste Gruppe (ca. 10 Prozent) spielte nur kurzfristig als *Reaktion auf aktuelle Konflikte*. Das sind Jugendliche in Reifungs- und Orientierungskrisen. Geld spielt hierbei eine ebenso große Rolle wie der Wunsch, den Freunden mit dem Gewinn zu imponieren. Für sie trifft das Etikett »Sucht« kaum zu.

Was man sagen kann: Es gibt eine Reihe von typischen Stationen, die Spieler durchlaufen. Rainer Düffort beschreibt in der Broschüre »Ratgeber für Spieler und ihre Angehörigen« die folgenden:
1. Erster, eher zufälliger Kontakt mit dem Glücksspiel.
2. Positive Erlebnisse mit dem Glücksspiel führen zu Wiederholungen.
3. Erste finanzielle Verluste entstehen und werden bagatellisiert.
4. Gelegentliche Gewinne scheinen die Verluste auszugleichen.
5. Die Besuche in den Spielstätten werden häufiger, die Risikobereitschaft wächst.
6. Da die Verluste größer werden, wird angefangen, diese Besuche zu verheimlichen.
7. Die Gedanken kreisen immer stärker um das Spiel.
8. Jede freie Minute wird nach Möglichkeit zum Spielen verwandt.
9. Zusätzliche Geldquellen müssen erschlossen werden.
10. Jegliches Geld wird zum »Spielgeld«.
11. Nach Spielphasen stellt sich Katzenjammer ein.
12. Gute Vorsätze, nur noch zu bestimmten Zeiten und mit bestimmten Summen zu spielen, schlagen fehl.
13. Schulden und kein Ende.
14. Traum von den Gewinnen, die alles zum Guten wenden.
15. Zunehmende Unfähigkeit, mit dem Spiel aufzuhören, solange noch Geld verfügbar ist.
16. Der psychische und soziale Druck verstärkt sich immer mehr.
17. Versuche, mit dem Spiel aufzuhören, enden mit erneuten Rückfällen.
18. Die Isolierung von Familie und Freunden nimmt zu.
19. Das Spielen wird zum zentralen Punkt im Leben.
20. Oftmals tagelanges Spielen.
21. Der Spieler verliert sich und seine Umgebung völlig aus den Augen.
22. Rien ne va plus, nichts geht mehr.
23. Der Verlierer gesteht seine absolute Niederlage ein.

Noch etwas plastischer beschreibt der amerikanische Psychologe Custer die Phasen der Abhängigkeit:

Gewinn-Phase
Gelegentliches Glücksspiel, häufige Gewinne, lustbetonte Erregung, Einsatzerhöhung, häufigeres Spiel, »der große Gewinn«, unrealistischer Optimismus etc.

Verlust-Phase
Allein-Spielen, Zentrierung, Verlustsequenzen, Unfähigkeit aufzuhören, Kontrollverlust, Lügen, Geld leihen, Probleme mit dem Partner, hohe Verschuldung, Depression

Verzweiflungs-Phase
Geschädigter Ruf, Dosissteigerung, Entfremdung von Familie und Freunden, Schuldgefühle, Schuldzuweisung an andere, Panik, illegale Handlungen etc.

Das Leben pathologischer Spieler zentriert sich – wie beim Alkoholiker oder Fixer – mehr und mehr um die Droge Spiel, selbst die Phantasien sind ausgefüllt mit Spielen. Die Roulettekugel rollt im Kopf weiter, und die Scheiben der Spielautomaten rotieren und klickern. Sogar im Traum versucht man, die Glücksgöttin Fortuna zu beschwören, zu zwingen oder anzuklagen. Alexander, der Student:
»Es waren Tage gewesen, wo ich acht Stunden oder so gespielt habe, also praktisch ein Arbeitstag, und dann nach Hause kam. Ich konnte nicht schlafen, erst mal, ja, wenn ich dann geschlafen habe, dann habe ich ständig diese Scheiben, diese Automatenscheiben vor meinen Augen gesehen und Zahlen. Ich bin also praktisch schweißgebadet dann immer morgens aufgestanden. Das war kein gesunder Schlaf, vor allem nach solchen Träumen.«
Die Glücksgöttin Fortuna lässt sich nicht zwingen. Und das Glück geht selten in Serie: »Vor Gott und dem Roulette sind alle Menschen gleich.« Spieler sind Verlierer im Kampf gegen eine unbekannte Macht, weil sie den Kampf immer wieder suchen und glauben, dass sie irgendwann die Sieger sein könnten. Dafür wird dann alles andere vernachlässigt, der Partner, die Freunde werden unwichtig. Wichtig ist nur noch das Spiel.
Alexander: »Ich hab oft Sachen nicht mehr gemacht, die ich eigentlich hätte machen müssen, eigentlich nur wegen des Spielens, dass ich mir die Zeit genommen habe zu spielen. Ich habe mir gesagt, was draußen in der Realität passiert, das kann ich aufschieben. Ich gehe spielen.«

Zocker glauben an den Gewinn. Sie sind verzweifelte Optimisten. Selbst ihren Ruin quittieren sie mit einem Lächeln. Sie glauben nämlich auch dann noch an den Gewinn. »Morgen, morgen wird sich alles wenden«, sagt der Spieler in Dostojewskis gleichnamigem Roman. Selbst wenn sie an einem Abend sehr viel Geld verloren haben, gehen sie am nächsten Tag los, in der Überzeugung, diesmal zu gewinnen. Sie bagatellisieren Verluste und vergessen, wie viel sie schon eingesetzt haben. Gewinne deuten sie als Glückssträhne, und sie spielen verstärkt weiter, auch wenn sie sich vorgenommen haben aufzuhören, wenn ein Gewinn kommt. Sie können nicht aufhören, solange sie noch Geld in der Tasche haben.

Peter aus der Werbebranche meint:

»Man rechnet ja eigentlich nur noch in Jetons. Und die Jetons sind aufgeteilt in Fünfer, Zehner, Zwanziger, Fünfziger, Hunderter, Fünfhunderter, Tausender, Fünftausender, man verliert die Relation zum Geld, d. h., es ist Spielgeld, ein Jeton, in dem Moment, wo man da ist, und wenn man draußen ist, versucht man das ins Leben umzuwandeln, und dann denkt man, was hast du gestern verloren, dreihundert Euro, fünfhundert Euro oder auch mehr – und da geht's um wie viel, um 30 oder 50 Euro, die Relation ist weg … Man macht Dinge, die man normal nie machen würde. Gewinnt man, dann kauft man sich, was weiß ich, Kugelschreiber für 300 Euro, die man sich nie gekauft hätte, verliert man, dann fährt man schwarz in der Straßenbahn und spart das Geld, aber es steht in keiner Relation, wenn ich 500 Euro verliere, kann ich die doch nun nicht durch zweimal Schwarzfahren wieder einsparen. Also die Relation fürs Geld ist völlig weg.«

Spielerkriminalität

Das ist der Hintergrund dafür, dass Spielleidenschaft bei abhängigen Spielern oft zur Zerstörung ihrer materiellen Lebensgrundlage führt. Denn das Verhältnis der Spieler zum Geld ist extrem gestört. So viel ist klar: Wer spielt, verliert. Zwar nicht immer, aber immer mehr. Notorische Spieler landen früher oder später auf der schiefen Bahn. Wilhelm, der seit über 20 Jahren zockt:

»Wer ein richtiger Spieler ist, der gleitet sehr schnell ins Kriminelle ab. Das ist eine ziemliche Gratwanderung. Erst fängt man an, sich Geld zu leihen, und dann kann man es nicht zurückzahlen. Dann versucht man, wieder ein anderes Loch aufzumachen, das Loch erst mal zu stopfen und dann noch so viel übrig zu haben, dass man spielen kann. Und so gleitet man ruck, zuck nachher in die Kriminalität ab, d. h. in Beschaffungskriminalität, indem man schon anfängt, mal einen Scheck auszuschreiben, der nicht gedeckt ist. Man veräußert von seiner Frau Silberschmuck oder irgendwas, was noch nicht bezahlt ist ... Spieler haben z. B. einen sicheren Instinkt dafür, wo es zu finden ist, egal wie gut das Geld versteckt ist. So geht es mir jedenfalls. Das kann noch so gut versteckt sein. Von meiner Frau oder sonst irgendwas. Ich hab das gefunden mit einer Zielsicherheit wie ein Kind vielleicht eine Tafel Schokolade, die versteckt ist, oder die Ostereier oder irgendwas. Nur, wenn man das dann gefunden und verspielt hat, dann muss das Geld ja irgendwie wieder beigetrieben werden. Also, was hat man gemacht? Man hat gespielt.«

»Weibern und dem Spiel zuliebe wurde mancher Mann zum Diebe«, reimte man früher. Und wirklich, notorische Spieler landen früher oder später auf der schiefen Bahn. Wenn es auch kaum Kapitalverbrechen sind und man das Ganze eher der Beschaffungskriminalität zuordnet, so gehen Diebstahl, Scheckbetrug, Hehlerei doch mitunter in die Hunderttausende. Man muss sich Geld leihen, um seine Schulden zu bezahlen und um noch weiter spielen zu können. Das Karussell dreht sich immer schneller. Nachdem man den Arbeitsplatz verloren, das Konto endgültig überzogen, alle Freunde verloren, den Schmuck der Frau in der Pfandleihe versetzt hat, landet man schließlich bei irgendwelchen dubiosen Kredithaien. Da die nicht lange fackeln, ist man letztendlich auf Straftaten angewiesen. Der Gewinn des Spielens sind dann drei Monate mit Bewährung. In verschiedenen Untersuchungen wurde festgestellt, dass zwischen 35 und 90 Prozent der Spieler straffällig wurden.

Folgen exzessiven Spielens:

- Schulden
- Kriminalität
- Verlust des Arbeitsplatzes
- Ehe- und Familienprobleme
- Einengung der Interessen
- Verminderung der Initiative
- Psychische Probleme
- Psychosomatische Störungen
- Soziale Probleme

Wilhelm plaudert aus dem Nähkästchen: »Ich weiß nur, ich kenne also aus meiner Zeit Leute, die auch in die Kriminalität abgerutscht sind mit Wechselbetrug und alles Mögliche. Ich habe einen Zahnarzt kennen gelernt. Der hat, was weiß ich, 50 000 Euro unterschlagen, um spielen zu können, und wo man wirklich sagen muss, das ist ein intelligenter Mann. Der hat die Möglichkeit, genügend Geld zu verdienen. Das Spiel treibt einen schon in die Kriminalität, genauso, möchte ich behaupten, wie einen Drogenabhängigen.«

Die Gewinner im Spiel
Auch wenn es die Spieler nicht merken – gleichgültig ob an Automaten oder beim Roulette –, Glücksspiel ist ein abgekartetes Spiel. Die Gewinner stehen von vornherein fest: Es sind Spielbank und Spielhalle – und die Nichtspieler.
In den 52 deutschen Spielbanken wurden im Jahr 2000 nach Schätzungen über 10 Milliarden Euro umgesetzt; das entspricht einem Anstieg von 10,8 Prozent zum Vorjahr. Über 5 Milliarden Euro wurden an den knapp 197 000 Geldspielautomaten umgesetzt (siehe Jahrbuch Sucht 2002). Nach eigener Untersuchung deutscher Spielbanken und Lottounternehmen setzten die Bundesbürger im Jahr 2000 (inkl. Toto, Lotto, Klassen- und Fernsehlotterien) insgesamt 26 Milliarden Euro für Glücksspiele ein; mehr als 4,3 Milliarden Euro davon kassierte der Staat über Steuern, Spielbankabgabe und Gewinnablieferung – seit 1970 eine 6,8-fache Erhöhung zuzüglich 0,7 Milliarden Euro Abgaben aus den Spielautomaten.
Der Staat hat zum Glücksspiel eine ähnlich zwiespältige Einstellung wie zu Alkohol oder Nikotin. Grundsätzlich handelt es sich um eine unerwünschte Tätigkeit. Wird der Staat aber an den Einnahmen beteiligt, entfallen die Bedenken, und es wird nicht nur gestattet, sondern auch noch gefördert durch die Erteilung neuer Konzessionen für Spielbanken (mehr als zehn in den neuen Bundesländern) und einer großzügigen Änderung bestehender Schutzgesetze im Spielhallenbereich und bei Automaten.
Durch die extreme Expansion der Automatenindustrie wird die Verfügbarkeit, die Griffnähe, für die Spieler extrem erhöht. Nicht zuletzt deshalb ist die Spielsucht in den Massenmedien zum Thema geworden.
Aber selbst den Spielbanken wird die Problematik mehr und mehr bewusst. So gibt es in einigen Kasinos inzwischen Informationsblätter zum »Problematischen Glücksspielen«, in denen auf die Gefahren des regelmäßigen Spielens hingewiesen wird. Der Kasinobesucher wird aufgefordert, sein eigenes Spielverhalten nach verschiedenen Kriterien zu beurteilen und sich eventuell zur Beratung an den »Arbeitskreis gegen Spielsucht e.V.« zu wenden.

Öffentliche Einnahmen aus Glücksspielen (inklusive der neuen Länder)			
	Mrd. Euro		Mrd. Euro
1991	2,831	1996	3,491
1992	3,149	1997	3,489
1993	3,171	1998	3,848
1994	3,338	1999	4,204
1995	3,479	2000	4,440

Quelle: Jahrbuch Sucht 2002

Spielerkrankheiten

Nach wissenschaftlichen Untersuchungen in den Vereinigten Staaten ist die Lebenserwartung von Spielern erheblich verringert. Kreislaufbeschwerden, Herzrhythmusstörungen, Hautkrankheiten, Magengeschwüre sind ebenso Folgen exzessiven Zockens wie Zahnverfall, Unterernährung oder Fettleibigkeit. »Wie im Schlitten von einem Schneeberg – immer rascher hinab«, schrieb Dostojewski in »Der Spieler«.

Eine Untersuchung des Psychologen Peter Carlton, New Jersey, USA, der den Hormonhaushalt von 100 notorischen Spielern vier Jahre lang untersuchte, belegt die körperlichen Veränderungen der Spielsüchtigen. Peter Carlton: »Zum Großteil können diese Leute nicht mit dem Spielen aufhören, weil sie an einem extrem niedrigen Serotonin-Spiegel leiden.«

Wann ist man spielsüchtig? Die Selbsthilfegruppe der »Anonymen Spieler« hat dazu einen Fragenkatalog erstellt:

Zwanzig Fragen zur Spielsucht

1. Hast du jemals deine Arbeit versäumt, um spielen zu können?
2. Hat dir das Spielen schon häusliche Missstimmungen gebracht?
3. Hat dein guter Ruf durch das Spielen gelitten?
4. Hast du nach dem Spielen Gewissensbisse?
5. Hast du schon einmal gespielt, um mit dem Gewinn Schulden zu bezahlen oder andere finanzielle Probleme zu lösen?
6. Haben dein Ehrgeiz und deine Leistungsfähigkeit durch das Spielen gelitten?
7. Willst du einen Spielverlust so schnell wie möglich zurückgewinnen?
8. Hast du nach einem Gewinn den starken Wunsch weiterzumachen, um noch mehr zu gewinnen?
9. Hast du schon oft deinen letzten Pfennig verspielt?

10. Hast du dir schon einmal Geld geliehen, um spielen zu können?
11. Hast du schon einmal etwas verkauft, um vom Erlös spielen zu können?
12. Benutzt du »Spielgeld« nur widerwillig für andere Ausgaben?
13. Ist dir durch das Spielen das Wohl deiner Familie gleichgültig geworden?
14. Hast du schon einmal länger gespielt, als du wolltest?
15. Hast du im Spiel schon einmal Sorgen und Ärger vergessen wollen?
16. Hast du schon einmal auf ungesetzliche Weise dein Spiel finanziert oder hast du schon einmal an eine solche Möglichkeit gedacht?
17. Schläfst du schlecht, seitdem du spielst?
18. Haben Auseinandersetzungen, Streit, Enttäuschungen oder Schwierigkeiten dich zum Spielen getrieben?
19. Hast du schon einmal gespielt, um dir ein Glücksgefühl zu verschaffen?
20. Ist dir schon einmal bewusst geworden, dass du dich mit dem Spielen selbst zerstörst?

Wenn du mehr als sieben Fragen mit »Ja« beantworten musst, ist es nach unserer Erfahrung möglich, dass du abhängig bist.

Die Deutsche Hauptstelle gegen die Suchtgefahren (DHS) erstellte folgende Kriterien für pathologisches Glücksspielen:

> Der Zeit- und / oder Geldaufwand nimmt für das Spielen ein solches Ausmaß an, dass ein »subjektiver und ökonomischer Leidensdruck entsteht«.
>
> Die alltägliche Lebensführung ist gekennzeichnet durch eine »übermäßige gedankliche, emotionale und verhaltensmäßige Ausrichtung auf das Spielen«.
>
> Es treten im sozialen Umfeld Störungen auf.

Wenn zwei von diesen drei Kriterien bei Spielern auftreten, liegt nach Meinung der DHS »problematisches« Spielen vor. Die Spielsucht kann auch auf dem Boden psychiatrischer Erkrankungen auftreten.

Quiz-Shows

Aber der Nährboden für die Spielsucht wird in unserer Gesellschaft vielfach in den Medien gelegt. Anfang des neuen Jahrtausends wird das Spielen ohne eigenes Risiko im Fernsehen immer populärer. Das Gefühl, man könnte mit der Beantwortung von ein paar Fragen für den Rest des Lebens finanziell ausgesorgt haben, ergreift immer mehr Menschen. »Wer wird Millionär« war 2002 laut Einschaltquoten wohl die beliebteste Quiz-Sendung im deutschen Fernsehen. Aber auch Klassiker wie »Der große Preis« haben wieder Einzug in den Fernsehalltag gehalten. Obwohl der Großteil der Zuschauer gar nicht aktiv am Spiel teilnimmt, scheint das bloße Zusehen eine Art Befriedigung zu verschaffen – man hat das große Geld wenigstens mal gesehen. Das »Mitspielen« vor dem Bildschirm ist zudem gut für den Selbstwert. »Das hätte ich auf jeden Fall gewusst« oder »so eine leichte Frage« – klar, für den Zuschauer geht es ja auch um nichts. Die Lust am Spielen wächst weltweit – die Quizsendungen haben mittlerweile immerhin den Run auf die »Schmuddel-Talkshows« abgelöst. Allerdings werden einige Zuschauer langsam skeptisch, da bisher zumindest noch niemand bei Günther Jauch Euro-Millionär geworden ist. Das Pendant der Show in den USA brachte bis 2001 immerhin schon zehn Millionäre hervor (und zwar in Dollar-Beträgen). Das größte Problem für die Sender ist die Suche nach einer Versicherungsgesellschaft, die – wenn es soweit ist – den Gewinn ausschüttet.

2. Psychotherapie und Selbsthilfe für Spieler und Angehörige

> *»Spieler spielen*
> *Spieler spielen in der Therapie*
> *Spieler spielen mit der Therapie*
> *Spieler spielen Therapie.«*
>
> Günter Mazur

Spielen ist keine Kunst, aber aufhören ist eine. Wie kann der Weg aus dem Tunnel der Spielsucht aussehen?
Zunächst muss man unterscheiden zwischen professioneller Hilfe und Selbsthilfegruppen:

Professionelle Hilfe
Erste Hilfe finden Spielsüchtige in den meisten Drogenberatungsstellen oder beim örtlichen Gesundheitsamt. Entweder werden die Betroffenen von dort an die entsprechenden Stellen (niedergelassene Psychologen, stationäre Einrichtungen, Selbsthilfegruppen) weiterverwiesen oder – in Einzelfällen – auch dort behandelt. Außerdem besteht die Möglichkeit, sich direkt an niedergelassene Psychotherapeuten zu wenden.
Man kann verschiedene therapeutische Ansätze unterscheiden, mit denen Spielsucht behandelt wird:
- Psychoanalyse / tiefenpsychologisch fundierte Psychotherapie
- Verhaltenstherapie
- Integrative Therapiemethoden

Einen großen Fortschritt bei der Behandlung stellt die Verabschiedung der »Empfehlungen der Spitzenverbände der Krankenkassen und Rentenversicherungsträger für die medizinische Rehabilitation bei Pathologischem Glücksspiel« vom 26. 3. 2001 dar. Hiernach wird die Spielsucht als rehabilitationsbedürftige Krankheit anerkannt, und es besteht die Möglichkeit – bei entsprechender Indikation –, eine acht- bis zwölfwöchige stationäre Behandlung zu beantragen.

Psychoanalyse / tiefenpsychologisch fundierte Psychotherapie
Das Ziel der therapeutischen Arbeit ist es, die Ursachen der Problematik herauszufinden und zu behandeln, sodass die Symptome verschwinden. Nach Freud (1928) ist das Glücksspiel mit der Bearbeitung des Ödipuskomplexes zu erklären, wobei die Spielleidenschaft als Masturbationsersatz gesehen wird. Der Spieler ringt um seine Impulskontrolle, wobei das Gefühl gewinnt.
Laut Bergler (1970) hat der pathologische Spieler seine Allmachtsphantasien nicht aufgegeben und glaubt an seine magischen Kräfte. Er meint, er habe die »Kontrolle des Schicksals« in seiner Hand, und lässt sich demnach auch von Verlusten nicht beirren.
Aus psychoanalytischer Sicht ist das »Nicht-aufhören-Können« beim Spiel Ausdruck unbewusster Schuldgefühle und somit eine Art Selbstbestrafung:
»Spieler spielen, um zu verlieren und sich zu bestrafen«.

Verhaltenstherapie
Das Therapieziel der Verhaltenstherapie liegt – anders als bei der Psychoanalyse – primär in der Kontrolle des Verhaltens. Es muss nicht zwingend nach Ursachen geforscht werden, und es geht auch nicht unbedingt um strikte Abstinenz, sondern um die Kontrolle über das eigene Spielverhalten durch so genannte Selbstkontrolltechniken. Dabei werden die Muster des pathologischen Spielens abtrainiert und durch sinnvolles Alternativverhalten ersetzt. Das vom Patienten gezeigte offene Verhalten, seine Gedanken und Gefühle, die mit dem Spielen zusammenhängen, sollen dauerhaft verändert werden.
Durch die so genannte »Aversionstherapie« können unerwünschte Verhaltensweisen durch die Verdeutlichung ihrer negativen Folgen und Bestrafung abtrainiert werden. Der Patient soll lernen, vernünftig und kontrolliert mit seinem Problem umzugehen.
Für die Therapie von Spielern sollten multimodale Ansätze angewendet werden, welche die »imaginäre Desensibilisierung« und verschiedene Selbstbehandlungsstrategien mit einbeziehen: Meiden von bestimmten Orten, Begrenzung der Geldmenge, Arrangieren von Außenkontrollen etc.

Stationäre Behandlung
Am Beispiel des Therapiezentrums Münzesheim, unter der Leitung von Jürgen Schwarz und Andreas Lindner, kann man die Möglichkeiten einer stationären Therapie verdeutlichen.
Das Therapieziel ist ganz klar die totale Abstinenz. Das multidimensio-

nale Behandlungskonzept für abhängige Spieler ist pragmatisch, d. h. an den Bedürfnissen der Patienten orientiert, und bezieht kompensative Verhaltensalternativen und Fertigkeiten mit ein.

Die Regelbehandlungsdauer beläuft sich bei Spielern, die sonst keine weiteren körperlichen oder sozialen Störungen aufweisen, etwa auf vier Monate.

Die Spieler nehmen höchstens zu zweit an einer Basistherapie innerhalb einer Gruppe von zwölf weiteren Suchtkranken teil, um die Bildung von Subkulturen zu vermeiden. Einmal wöchentlich findet die offene themenzentrierte Gruppentherapie mit Spielern aus unterschiedlichen Behandlungsstufen statt, wobei die »Fortgeschrittenen« Vorbildfunktion übernehmen. Hier werden Themen aus Vergangenheit, Gegenwart und Zukunft aufgegriffen und diskutiert. In der mehrmals pro Woche angebotenen Einzeltherapie werden verschiedene Therapieansätze integriert; die Individualisierung steht hierbei im Vordergrund.

Nach dem Klinikaufenthalt ist die Teilnahme an einer Selbsthilfegruppe auf jeden Fall zu empfehlen, um das Rückfallrisiko zu minimieren, den Patienten zu stabilisieren und eine eventuelle Isolation zu verhindern.

Ambulante Arbeit mit Spielern: Beispiel

»Beratungsstelle Jugend – Drogen – Süchte« /
»Café Beispiellos« (Rainer Düffort, Berlin)

Arbeitsformen:
- Information   10,0 %
- Beratung   27,9 %
- Einzeltherapie   17,2 %
- Gruppen   64,3 %
- Familientherapie   3,7 %

Probleme:
- Anlaufstelle in kritischen Zeiten (abends)
- Vereinzelung
- Hemmschwelle
- Freie Zeit

Anzahl der behandelten Glücksspieler in ausgewählten stationären Versorgungseinrichtungen

Stationäre Einrichtung	1985	1987	1989	1991	1997	1998	1999	2000
Fachkrankenhaus Nordfriesland, Bredstedt	1	12	35	47	44	72	69	82
Allgemeines Krankenhaus Ochsenzoll, Hamburg	30/40	38	51	64	18	21	23	20
Bernhard-Salzmann-Klinik, Gütersloh	1	18	20	16	41	45	51	46
Therapiezentrum Münzesheim, Kraichtal	3	10	23	28	37	32	29	33
Fachklinik Münchwies, Neukirchen-Saar	–	7	16	51	104	83	84	119

Quelle: Jahrbuch Sucht 2002

Selbsthilfegruppen

Selbsthilfegruppen für Spieler nach dem Konzept der Anonymen Alkoholiker existieren in den USA schon seit 1957, wo es zwischen vier und zehn Millionen Spielsüchtige gibt. Die ersten deutschen Selbsthilfegruppen für Spieler entstanden 1982 in Bremen und Hamburg. Heute gibt es über 100 Gruppen in mehr als 80 Städten der Bundesrepublik. Zwischen 3500 und 5000 Spielsüchtige nehmen mehr oder weniger regelmäßig an den Gruppensitzungen der »Anonymen Spieler (AS)« teil.

Die zehn Schritte der Anonymen Spieler:
1. Wir gestehen ein, dass wir keine Kontrolle über das Spielen haben und daher unser Leben nicht mehr meistern können.
2. Wir glauben, dass wir allein nicht in der Lage sind, unser normales Denken und Leben wiederzuerlangen.
3. Wir beschlossen, uns in einer Selbsthilfegruppe zusammenzufinden und uns gemeinsam Kraft zu geben.

4. Wir bemühen uns, in dieser Gruppe rückhaltlos offen und ehrlich zueinander zu sein.
5. Wir haben eine gründliche moralische und finanzielle Bestandsaufnahme gemacht.
6. Uns selbst und anderen gegenüber haben wir unsere Fehler eingestanden.
7. Wir sind fest entschlossen, diese Sucht loszuwerden.
8. Wenn wir anderen geschadet haben, sind wir bereit, es wieder gutzumachen.
9. Wir machen immer wieder eine neue Bestandsaufnahme unserer Person, und wenn wir Fehler feststellen, geben wir diese gleich zu.
10. Wie wir uns bemüht haben, diese Grundsätze bei all unseren Tätigkeiten zu befolgen, versuchen wir, diese Schritte an andere süchtige Spieler weiterzugeben.

Oft kommen Betroffene allerdings mit überzogenen Erwartungen zu den Anonymen Spielern. Deshalb hat die Frankfurter AS-Gruppe eine Liste dessen erstellt, was die Anonymen Spieler nicht sind:

1. Die Gemeinschaft AS bietet keine Sozialdienste an, stellt weder Unterkunft noch Verpflegung, Kleidung, Arbeit oder Geld zur Verfügung. Sie hilft dem Spieler, nüchtern zu bleiben, sodass er für all diese Dinge selbst sorgen kann.
2. Die Gemeinschaft AS ist keine medizinische Organisation, verabreicht keine Medikamente und bietet keine psychiatrische Betreuung.
3. Die Gemeinschaft AS unterhält keine Krankenhäuser, Heime oder Sanatorien und leistet keine Krankenpflege.
4. Die Gemeinschaft AS ist keine religiöse Vereinigung. Jeder Anonyme Spieler ist frei, sich seine persönliche Meinung über den Sinn des Lebens zu bilden.
5. Die Gemeinschaft AS ist keiner Organisation verbunden, arbeitet jedoch mit Organisationen zusammen, die auf dem Gebiet der Spielsucht tätig sind. Einige Anonyme Spieler arbeiten bei derartigen Organisationen, aber in ihrem eigenen Namen, nicht als Vertreter der AS.
6. Die Gemeinschaft AS nimmt von Außenstehenden kein Geld an, weder von Privatpersonen noch von Firmen oder Behörden.
7. Die Gemeinschaft AS kontrolliert ihre Mitglieder in keiner Weise. Jeder entscheidet selbst, ob er spielt oder nicht. Die AS hilft dem Spieler lediglich, sich selbst zu helfen. Deshalb kann eine Meetingteilnahme oder Spielenthaltsamkeit nicht bescheinigt werden.

8. Die Gemeinschaft AS wirbt nicht um Mitglieder. Sie ist für Spielsüchtige da, die mit dem Spielen aufhören wollen.
9. Die Gemeinschaft AS hat die Anonymität zum Prinzip erhoben. Es werden keine Akten oder Mitgliedslisten geführt. Anonyme Spieler verletzen die Anonymität anderer Gruppenmitglieder nicht und wahren ihre eigene vor Presse, Funk, Fernsehen und Film. Sie schämen sich jedoch nicht, Anonyme Spieler zu sein.
10. Die Gemeinschaft AS behauptet nicht, sie hätte die einzige Lösung für das Spielproblem gefunden. Sie ist auch keine Abstinenzbewegung.

Die Anonymen Spieler in der Bundesrepublik arbeiten erfolgreich. Während die Spieler auf der abschüssigen Bahn der Spielsucht ihrem Verderben entgegentrudelten, schaukeln sie sich heute, nachdem sie mit dem Spielen aufgehört haben, in positiver Art und Weise gegenseitig hoch. Aus dem Teufelskreis wird langsam ein »Engelskreis«. Es ist schon ein großer Erfolg, wenn sie von Treffen zu Treffen nicht gespielt haben, wenn sie ihre finanzielle Situation überhaupt erst einmal sichten und langsam anfangen, diese zu ordnen, wenn sie aus dem Scherbenhaufen ihrer Beziehungen zu anderen versuchen zu retten, was zu retten ist, und neue suchtfreie Beziehungen anknüpfen.

Der Drang zu spielen ist bei den meisten Gruppenteilnehmern noch vorhanden. Jeder Automat ist für sie eine Verführung. Und 20 Cent können für Spielsüchtige die gleiche Bedeutung haben wie die Weinbrandbohne für den Alkoholiker. Trotzdem ist es möglich, ohne Spielen zu leben. Und eines steht fest: »Wer als Spieler den Gang zur Selbsthilfegruppe wagt, der gewinnt. Mit Sicherheit. Vielleicht zum ersten Mal in seinem Leben.«

Anonyme Spieler / Gamblers Anonymous

- Anlehnung an die Anonymen Alkoholiker (modifiziertes Schritte-Programm)
- **Gründung:** USA 1957 (GA), BRD 1982 (AS)
- Zurzeit über 100 Gruppen
- **Ziele:** Abstinenz, angestrebt in kleinen Schritten; Veränderung des Lebensstils, der Partnerbeziehung und der Persönlichkeitsstruktur
- **Aufgabe der Gruppe:** Abwehrmechanismen (Verleugnen, Lügen, Rationalisieren, Verharmlosen, Projizieren) verdeutlichen, Besprechung von Alltagsproblemen und Ursachen, gegenseitige Hilfestellung, gesunde »Ersatzfamilie«

- **Vorteile:** Betroffenheit der Mitglieder, Alltagsnähe, fällt manchmal leichter als Suche nach professioneller Hilfe
- **Kritik:** Insider-Kultur, keine objektive Evaluierung, hohe Drop-out-Quote

Man schätzt im Jahrbuch Sucht 2002, dass es bundesweit zwischen 80 000 und 130 000 beratungs- und behandlungsbedürftige Spieler gibt. Nur ein Bruchteil davon trifft sich regelmäßig in Selbsthilfegruppen:

Anzahl der Selbsthilfegruppen für Glücksspieler			
	Anzahl		Anzahl
1982	2	1994	115
1985	32	1995	106
1987	54	1996	101
1989	76	1997	106
1990	80	1998	109
1991	80	1999	116
1992	87	2000	101
1993	103		

Quelle: Jahrbuch Sucht 2002

Angehörige von Spielern

Oft leiden nicht nur die Spieler selbst unter ihrer Sucht, sondern genauso – und mitunter noch mehr – die Angehörigen der Spieler. Deshalb gibt es seit Mitte der 80er Jahre Gruppen der »Angehörigen der Anonymen Spieler« (AS-AN). Sie beschäftigen sich unter anderem mit folgenden Fragen:

- Welche Rolle spiele ich als Partner eines süchtigen Spielers?
- Was kann ich tun, wenn mein Partner nicht mit dem Spielen aufhören will?
- Wie kann ich dem Angehörigen, der sich einer Anonymen-Spieler-Gruppe anschließt, am besten helfen?

Die AN-Gruppen geben folgende Tipps für den Umgang mit dem Spieler (der Ausdruck »Spieler« gilt gleichermaßen für Männer und Frauen):

»Wie verhalte ich mich als Angehöriger eines süchtigen Spielers?
1. Sie müssen die Tatsache, dass zwanghaftes Spielen eine Sucht ist, unbedingt akzeptieren.

2. Den Spieler auszufragen bringt Sie nicht weiter, es führt nur zu Spannungen. Sie können ihn nicht zur Wahrheit zwingen, wenn er Ihnen etwas verheimlichen will. Die Bereitschaft, ehrlich zu sein, muss von ihm selbst kommen.
3. Machen Sie keine Vorhaltungen und diskutieren Sie nicht mit dem Spieler darüber, was er hätte anfangen können, wenn er das Geld nicht verspielt hätte. Die Vergangenheit lässt sich nicht mehr ändern. Machen Sie sich das bewusst.
4. Nehmen Sie dem Spieler nicht die Verantwortung ab. Er allein muss für die Rückzahlung seiner Schulden sorgen.
5. Helfen Sie auf keinen Fall mit Geld oder gehen Verbindlichkeiten für den Spieler ein. Die Erfahrung hat gezeigt, dass dadurch die Sucht verlängert wird.
6. Nehmen Sie keine Arbeit an, nur um Schulden des Spielers zu bezahlen.
7. Spieler sind meistens nicht in der Lage, finanzielle Angelegenheiten der Familie zu regeln. Das kann sich möglicherweise bessern, wenn die Genesung fortschreitet.
8. Es ist wichtig, dass Sie anderen Angehörigen und Freunden klarmachen, wie es um den Spieler steht, damit diese ihm kein Geld leihen.
9. Die Gruppen der Anonymen Spieler sind nur für Spieler. Vermeiden Sie jede Einmischung. Halten Sie sich an die Angehörigen-Gruppe.
10. Es kann hilfreich sein, den Spieler zu ermutigen, zu den AS zu gehen. Aber nur er allein entscheidet, ob er weiter hingehen will. Den Spieler zu zwingen, zu den Treffen zu gehen oder zu kontrollieren, ob er geht, führt zu weiteren Auseinandersetzungen und verlängert den Heilungsprozess.
11. Auch wenn der Spieler nicht bereit ist, an AS-Treffen teilzunehmen, gehen Sie zu den Angehörigen-Gruppen. Es hilft Ihnen, mit den Problemen besser fertig zu werden.
12. Spielschulden sind über einen langen Zeitraum entstanden. Lassen Sie sich nicht entmutigen, wenn der Spieler nur kleine Beiträge über einen langen Zeitraum zurückzahlen kann. Familienausgaben gehen immer vor.
13. Die Genesung eines süchtigen Spielers dauert sehr lange. Stehen Sie zu ihm, und verlieren Sie nicht die Hoffnung.
14. Denken Sie auch mal über Ihre eigenen Schwächen nach. Es ist sehr wichtig, dass auch Sie Fehler einsehen und versuchen, diese künftig zu vermeiden.

Was können Sie selbst tun, um mit dem Spielproblem zu leben?

Sprechen Sie darüber
Schlucken Sie nicht alles runter! Sprechen Sie über Ihre Probleme mit jemandem, dem Sie vertrauen. Das hilft, Spannungen abzubauen und Ihre Position klar zu erkennen.

Denken Sie einmal nur an sich
Eine Veränderung – sei es eine Reise, ein neues Hobby, ein Szenenwechsel oder eine neue Aktivität – wird Ihnen gut tun. Es hilft Ihnen, wieder zu sich selbst zu finden und Ihr Gleichgewicht wiederzuerlangen. Sie werden dann in besserer Verfassung sein, um sich mit den Schwierigkeiten auseinander zu setzen.

Reagieren Sie Ihren Ärger ab
Versuchen Sie, angestaute Wut oder Aggressionen abzubauen. Etwas tun hilft, einen klaren Kopf zu bekommen, um die Probleme richtig anzupacken.

Geben Sie mal nach
Häufige Streitigkeiten und Trotzreaktionen sind charakteristisch für frustrierte Kinder. Das bringt Sie nicht weiter. Geben Sie mal nach – selbst wenn Sie glauben, im Recht zu sein. Das ist besser für die Nerven. Wenn Sie nachgeben, werden es andere auch tun.

Tun Sie etwas für andere
Ein guter Weg, um einmal den Kummer zu vergessen, ist, etwas für andere zu tun. Tun Sie etwas Unerwartetes, Hilfreiches. Sie werden überrascht sein, wie viel besser Sie sich dann fühlen.

Erledigen Sie nur eine Sache zurzeit
Geraten Sie nicht in Panik, wenn Sie das Gefühl haben, Ihre Aufgaben nicht mehr bewältigen zu können. Nehmen Sie sich nur eine Sache zur Zeit vor – fangen Sie mit der wichtigsten an – und denken Sie nicht an die anderen, bevor diese an der Reihe sind.

Akzeptieren Sie sich, wie Sie sind
Erwarten Sie nicht zu viel von sich selbst. Sie sind kein ›Supermann‹! Erledigen Sie Dinge – so gut Sie können –, aber seien Sie gegenüber Ihren eigenen Unzulänglichkeiten tolerant. Niemand ist perfekt!«

3. Potenzierte Spielsucht:
Zocken an der Börse

Von 1997 bis 1999 hatte sich die Zahl der Aktionäre in Deutschland von 3,9 Millionen auf mehr als 5 Millionen erhöht. 2 Millionen Privatanleger hatten beispielsweise die T-Aktie der deutschen Telekom erworben, darunter waren 500 000 Personen, die das erste Mal überhaupt in ihrem Leben Aktien gekauft hatten. Und als die T-Aktie zu ihrem Höhenflug ansetzte, erfasste die Deutschen eine generelle Aktieneuphorie: Wie im Goldrausch wurden Aktien gekauft, was das Zeug hielt. Jeder wollte mit zu den Gewinnern zählen, jeder wollte einen Platz im weltweiten Finanzparadies Börse. Ohne Arbeit zu viel Geld kommen, aus dem Nichts zum Millionär, wurde zur Ideologie in weiten Kreisen der Bevölkerung (siehe dazu auch im Kapitel Spielen den Abschnitt Quiz-Shows).
»What goes up, must come down«, sagen die Amerikaner, »was hoch fliegt, kommt auch wieder runter«. Und genau das passierte: Auch die Telekom-Volksaktionäre bekamen das dann heftig zu spüren, als der Kurs der T-Aktie unter den Ausgabewert sackte. So wurde aus der bunten Börsen-Euphorie eine schwarze Depression in den Seelen der Anleger. Aber anscheinend haben die wenigsten daraus gelernt.
Schon klinken sich wieder vermehrt Menschen in das Börsengeschehen ein – in der Hoffnung auf das schnelle Geld. Ob privat oder unter professioneller Anleitung, mit Fonds-Anlagen oder Aktien – es ist für jeden etwas dabei – sowohl für die Risikofreudigen wie auch für die Vorsichtigeren. Das ist die aktuelle Strategie der Börsianer.

Börsenfieber: Nach dem Crash ist vor dem Crash
Das Gedächtnis scheint bei vielen immer schlechter zu funktionieren, oder die schiere Geldgier vernebelt die Sinne: Schon ein Jahr nach dem letzten Börsen-Crash geht die Börsen-Rallye langsam wieder los – auch bei denen, die sich die Finger verbrannt haben.
Zur Erinnerung: Bis zum Frühjahr 2001 war die Börse in der Goldgräberstimmung und der Euphorie des neuen Jahrtausends: Die Börsianer waren in einem »Hype-Zustand«, verbunden mit dem Gefühl, es geht immer nur aufwärts. Es konnte kaum besser laufen.
Vor allem der so genannte »Neue Markt«, in dem größtenteils neue Technologien und EDV-Unternehmen vertreten sind, erfreute sich anfangs großer Beliebtheit, und viele Menschen stürzten sich regelrecht auf die – wie sich heute zeigt – kurzlebigen »dot.-com«- und »New-Business«-Unternehmen.

Doch Anfang 2001 kam der Crash: Innerhalb von ein paar Wochen stürzten die Börsenkurse ab und zogen die Indices (Euro-Stoxx, Dow-Jones, Nikkei, DAX-Future und NEMAX) weltweit runter in den Keller: Vom Höhenflug der angeheizten »Hausse« runtergekracht in die tiefste »Baisse«. Bis zum Schluss haben viele auf ihren persönlichen Schutzengel spekuliert, doch der Absturz traf gerade diese Börsianer besonders hart.

Obwohl jeder weiß, dass es bei der Börse keine unbegrenzten Höhenflüge gibt, kann niemand genau voraussagen, wann es bergab geht. Kleinste Veränderungen im Weltgeschehen, sei es in Wirtschaft oder Politik, können eine psychologische Lawine lostreten, die nicht mehr zu stoppen ist – ähnlich wie in der Chaostheorie der Flügelschlag eines Schmetterlings einen Sturm auslösen kann, wenn die Wettersituation extrem labil ist. Da das Börsengeschäft zum großen Teil durch psychologische Faktoren bestimmt wird, ist die Börse extrem labil – und damit ein Spiegelbild unserer immer labiler werdenden, globalisierten Gesellschaft.

Und als nach dem 11. September 2001 durch den Angriff auf das World Trade Center die Wall Street symbolisch mit in die Tiefe gerissen wurde, zitterte für kurze Zeit die gesamte Weltwirtschaft. Die Nachwirkungen dieses Crashs sind noch immer zu spüren, aber die Börse befindet sich wieder in einigermaßen stabilem – wenn auch nicht euphorischem – Zustand. Was allerdings nicht bedeutet, dass das so bleiben muss. Denn: Nach dem Crash ist vor dem Crash. Schließlich ist die Börse – wie Börsen-Altmeister André Kostolany sagte – »eine Spielhölle mit gezinkten Karten«.

Obwohl die immer wiederkehrenden Crashs risikofreudige Kleinanleger oft in den finanziellen Ruin stürzen – die Zockermentalität lässt sich nicht kleinkriegen. Unter Börsianern wird das etwas amateurhafte Spekulieren der Normalverbraucher auf das große Geld »Hausfrauen-Hausse« genannt, bei der viele Börsenanfänger in regelmäßigen Zyklen – durch Werbeaktionen angelockt – eine Menge Geld verzocken. Doch das kollektive Gedächtnis der Bevölkerung hält nicht lange. Höchstens an den »Black Friday« erinnert man sich noch, den ersten großen New Yorker Börsencrash am 24.10.1929, als der Dow Jones innerhalb von 24 Stunden um 12,8 Prozent abschmierte und Tausende Amerikaner in den finanziellen Ruin, und so manchen gar in den Selbstmord stürzte.

Nervenkitzel pur
Nichts für Hausfrauen und Herzkranke sind die so genannten »Daytrading«- oder »Interday-Trading«-Geschäfte. Jenseits von langweiligen Aktienfonds und Wertpapieren setzen ganz Risikofreudige auf stündlich

oder minütlich wechselnde Börsenkurse. Die »Daytrader« sind immer hellwach und auf dem Sprung, müssen in Sekundenschnelle Börsendaten checken und Käufe bzw. Verkäufe abwickeln – dank Internet kein Problem. Der Börsenfreak steht in ständigem Kontakt zu seinem Broker, der die Order ausführt. In Zeiten des »Online-Brokerage« liegt zwischen Order und Abwicklung nur noch ein Mausklick. Die eigenen vier Wände verwandeln sich in ein Privatparkett mit Standleitungen zu allen wichtigen Börsen der Erde, der Anleger wird zum Glücksritter auf Zeit. Hohes Risiko bedeutet im schlimmsten Fall immer auch Totalverlust.
Die wachsende Geschwindigkeit der Börsengeschäfte erfordert vollste Konzentration und extrem sensible Reaktionen. Daytrader springen auf jeden Zug auf, testen neue Trends und sind jederzeit für den Absprung bereit. Besonders diese Art von Zockern verwandelt die Börse in ein zunehmend instabiles System.
Für echte Börsenfreaks bieten sich noch andere interessante Alternativen: Optionsscheine und so genannte »Futures«:
Hier zahlt sich der richtige Riecher gleich mehrfach aus, denn bei diesen Anlagen machen sich Kursschwankungen viel stärker bemerkbar als bei normalen Wertpapieren, sodass sowohl Gewinne als auch Verluste überproportional ausfallen.
»Futures« haben Ähnlichkeit mit risikoreichen Wetten: Als Anleger verpflichtet man sich, an einem gesetzten Stichtag eine bestimmte Menge Aktien oder Güter zu einem Festpreis zu verkaufen. Die Differenz zwischen Kauf- und Verkaufspreis entscheidet über den jeweiligen Gewinn – oder Verlust.
Und diese Art von Geschäft hat in den letzten Jahren exponential zugenommen. Nach der Börsengesetznovelle 1989, die auch Privatanlegern den Zugang zu Termingeschäften erleichterte, schnellte der Handel mit Optionen und Futures zwischen 1990 und 1998 um fast das 30-fache (von 6,8 auf 187,9 Millionen Kontrakte) nach oben.

Das hektische Börsengeschehen auf dem Frankfurter Parkett oder in der Wall Street ist nichts für zarte Seelen. Praktisch, dass man in Zeiten des Internets gar nicht mehr aus dem Haus gehen muss, um an das große Geld zu kommen. Scheinbar abgesichert durch die aktuellen Börsencharts, die Vorhersagen der Experten und die fachmännische Unterstützung der Fonds-Manager, kann sich jeder Laie ganz entspannt vom heimischen Schreibtisch aus in das Börsengeschehen einklinken.

Aufmerksame Unternehmer entwickelten eine neue Geschäftsidee: Mit Blick auf die vielen laienhaften Kleinanleger werden in deutschen Städ-

ten nach amerikanischem Vorbild immer mehr »Zockerbuden« eröffnet. Hier kann nach Herzenslust via Internet gehandelt, gekauft und abgestoßen werden.
Die 1998 eröffnete »trading-house.net AG« in Berlin ist solch eine Minibörse, in der mit Hochleistungsrechnern die Echtzeitkurse direkt übermittelt werden.
Die Kunden – meist Daytrader – mieten sich als Benutzer ein und können mit einem zusätzlichen Entgelt Informationssysteme wie »Bloomberg« oder »Reuters« nutzen. Der Einzige, der kein Risiko trägt, ist der Besitzer des Berliner Trading-House. Er kassiert unabhängig vom Gewinn der Zocker für alle getätigten Transaktionen und Verkaufsanträge mit.

Gefahr Börsensucht
Hayri Ersan, ein Daytrader, verlor an seinem schwärzesten Tag 30 000 Euro. An einem anderen Geschäftstag verfünffachte er dagegen 5000 Euro mit einer Kaufoption auf den DAX. »Ich kann davon leben«, sagt Ersan. Inzwischen verwaltet er ein Vermögen von einer viertel Million Euro. Der 25-Jährige investiert auch für Verwandte und Bekannte und will »mit 30 die erste Million zusammenhaben«. Kinder will Ersan erst mal nicht: »Das Risiko, sich zu verspekulieren, ist zu hoch. Das geht mit einer Familie nicht.«
Der wohl bekannteste jüngere Börsenspekulant ist Nick Leeson, der sich und seine Auftraggeber, die britische Baring Bank, innerhalb kürzester Zeit in den finanziellen Ruin stürzte und dafür jahrelang in fernöstlichen Gefängnissen eingebuchtet wurde. Bei ihm zeigten sich heftige Anzeichen von Spielsucht – allerdings zockte er nicht mit 20 Cent am Einarmigen Banditen, sondern er jonglierte auf dem Börsenparkett mit Millionen.

Ähnlich wie der Spieler ist auch der exzessive Börsenzocker einer regelrechten Suchtgefahr ausgesetzt. Mittlerweile gelten schon etwa zwei Prozent der Anleger als »Börsenjunkies«.
In den Augen die Dollarzeichen, das Kribbeln in den Fingern: »Soll ich, soll ich nicht?« Risiko hat für die Börsen-Freaks immer eine hohe Faszination. Gewinn und Verlust liegen so nah beieinander, dass der Puls unweigerlich in die Höhe schießt. Der schnelle Wechsel von extremer physiologischer Erregung, dem »Arousal«, und kurzzeitiger Entspannung ähnelt den Empfindungen von Extremsportlern.

»Die Chancen sind höher als bei Glücksspielen, man beschäftigt sich über Jahre damit. Über Aktien weiß ich Bescheid. Das Kribbeln im Lotto hast du erst nach vier Richtigen, bei der Börse bist du gleich voll dabei ... Ich kann nicht sagen, bei fünf Millionen im Minus oder fünf Millionen im Plus hätte ich aufgehört. Ob ich eine Million oder zwei verdient hätte, es wäre nicht Schluss gewesen. Ich glaube, ich hätte nie aufgehört. Ich meinte immer: Ich weiß es, ich kann es, ich tue es!« (P., süchtiger Börsenspekulant)

Nach Erkenntnissen des Spielsucht-Experten Gerhard Meyer von der Universität Bremen hängen etwa zehn Prozent der professionellen Vermögensverwalter, Aktienfondsmanager und Händler »an der Börsennadel«. »Infizierte« kaufen und verkaufen häufig suchtartig und / oder zwanghaft. Sie benötigen den Kick der Kursschwankungen und tätigen ihre Geschäfte in immer höherer Geschwindigkeit. Aber nicht nur die Profis sind suchtgefährdet – auch etwa jeder 50. deutsche Privatanleger kann zum »Börsenjunkie« werden.
Sogar der Hamburger Verhaltensmediziner Iver Hand, sonst stoff*unge*bundenen Suchtformen eher skeptisch gegenüberstehend, sieht eindeutige Parallelen der Börsianer mit den Spielsüchtigen. Sie glauben ebenfalls, dass ihr Spielsystem perfekt sei und sie es nur noch nicht richtig beherrschen. Viele Spekulanten hätten keine realistischen wirtschaftlichen Wertvorstellungen mehr und ließen sich von riskanten psychologischen Manövern über das Verhalten ihrer Mitstreiter beeinflussen. So sind nach Ansicht von Iver Hand die Börsen zu emotionalen und psychologisch aufgeladenen Schauplätzen geworden.

Der Börsen-Kick: Info-Overflow und Arousal
Wie jede Sucht produziert die Spekulation mit kleinen und vor allem mit großen Summen einen regelrechten »High«-Zustand. Der Körper schüttet bei der hohen Erregung, die das Börsengeschäft hervorruft, Adrenalin als Stress-Hormon und bei einem guten Verlauf Endorphine als Glücksdrogen aus. Je schneller die Geschäfte ablaufen, desto mehr vernebelt die Realität, desto eher rutscht der Börsen-Junkie in einen dauerhaften Rauschzustand. Ein neuer Versuch kann innerhalb von Minuten unternommen werden. Die Verstärkung erfolgt unmittelbar. Zeit zur Besinnung gibt es nicht, die nächste Order steht an. Der Endorphinspiegel kann sich zwischenzeitlich nicht normalisieren, und der Körper »gewöhnt« sich an das »Dauer-High«. In diesem Fall sind es die durch permanente Erregung gebildeten Endorphine und ähnliche körpereigene Drogen, die das Erregungskarussell in Schwung halten. In diesem Zu-

stand verlangen Psyche und Körper nach immer stärkerer Stimulation: Noch mehr Charts, Newsletters, Insider-Tipps, Infos.
Irgendwann ist die Menge an Information nicht mehr zu bewältigen. Dieser »Info-Overflow« kann nach psychologischen Erkenntnissen schnell dazu führen, dass Betreffende nur noch für sie günstige Informationen auswählen und andere objektive und kritische Daten vernachlässigen. So kommt es zu fatalen Fehleinschätzungen und damit auch immer öfter zu hohen Verlusten. Der Süchtige gibt aber auch dann nicht auf, denn er sieht die Misere nicht als selbstverschuldet, sondern durch äußere Umstände hervorgerufen: »Beim nächsten Mal klappt's ganz bestimmt!«, denkt er. Der Zocker muss einfach weitermachen, um die erlittenen Verluste irgendwie auszugleichen. Bei Spielsüchtigen nennt man das »chasing«, den Verlusten hinterherjagen:
»Morgen ist ja auch noch ein Tag, 5000 Euro ist ja keine Summe ... Ich hab ja nie mit weiteren Verlusten gerechnet, immer gedacht, bald kommt der große Gewinn. Da kommst du ohne Probleme wieder raus. Das Kribbeln, wenn man im Minus ist, das ist eine Phase, ich will nicht sagen, dass die einem Spaß macht, aber die man irgendwie braucht«, erzählt P. nach einem großen Verlustgeschäft.
Natürlich ist nicht jeder Anleger per se ein Suchtopfer. Die folgenden Kriterien sollen bei der Beurteilung einer problematischen Neigung zu Börsenspekulationen – oder gar Börsensucht – helfen.

Kriterien zur Beurteilung der »Börsensucht«:

- *Dosis und Intensität:* Exzessive Börsenspekulationen über einen längeren Zeitraum (mindestens ein Jahr) mit hohem finanziellen und zeitlichen Einsatz (entweder kontinuierlich oder episodisch)
- *Finanzielle Verluste:* Es wird so viel Geld eingesetzt und verspekuliert, dass die materielle Existenz gefährdet ist.
- *Soziale und berufliche Probleme:* Es gibt durch die Beschäftigung mit der Börse massive soziale, familiäre und / oder berufliche Probleme.
- *Abstinenzunfähigkeit und Kontrollverlust:* Trotz Problemeinsicht und hohem Leidensdruck besteht die Schwierigkeit oder Unfähigkeit, das Spekulieren zu unterlassen oder langfristig zu unterbrechen.
- *Entzugserscheinungen:* Wenn es doch kurzfristig gelingt, sich abstinent zu verhalten, entstehen psychische Entzugserscheinungen (Unruhe, Unwohlsein, Aggressivität, Gefühlsausbrüche, Schlafprobleme etc.).
- *Dosissteigerung und Zentrierung:* Andauernde und intensive gedankliche und / oder reale Beschäftigung mit Börse und Spekulation. Alle anderen Tätigkeiten werden zunehmend unwichtiger und dem Spekulieren untergeordnet.

Liegen mehr als drei der klassischen Suchtkriterien vor, gehört der Betroffene zumindest zur Risikogruppe der Personen, für die die Börse ein problematisches Feld ist.

Beratung: Wertpapieranalysten, Sterndeuter und andere Massenhysterie-Experten

Wem kann man in Sachen Börse trauen? Wenn es um das eigene Geld geht, möchte man sich natürlich gerne absichern. Aber was ist wirklich von Analysten, Börsenastrologen oder Börsengurus zu halten?
Da das Geschehen an der Börse – zumindest bei kurzfristigen Anlagen – sehr dem Glücksspiel ähnelt, ist es nicht verwunderlich, dass ein Schimpansenweibchen der Zeitschrift *Max* bei der zufälligen Aktienauswahl fast genauso erfolgreich war wie die Profis unter den Brokern.
Die Börse unterliegt einer unüberschaubaren, schon fast unendlichen Zahl von Einflussgrößen, die auch der erfolgreichste Börsenkenner nicht alle in seinen Spekulationen berücksichtigen kann.
Stößt eine Gruppe von Leuten, die das Image haben, etwas von der Börse zu verstehen, aus unbekannten Gründen ein Papier ab, folgen automatisch andere aus Angst, sie könnten wichtige Insiderinformationen verpasst haben und ihr Kapital verlieren: Nirgendwo sind massenhysterische Phänomene eindrucksvoller zu studieren als an der Börse – vorausgesetzt, man ist nicht selbst durch eigene Anlagen beteiligt.
Das Verhältnis zwischen richtigen und falschen Entscheidungen liegt bei den meisten Börsengeschäften nahe der Zufallswahrscheinlichkeit. Eine statistische Analyse des Dow-Jones-Index über zehn Jahre ergab, dass die täglichen Schlusskurse nur zufällig um ein mittleres Niveau schwankten, also prinzipiell nicht vorhersehbar sind. Lediglich ein langfristiger Aufwärtstrend war zu verzeichnen. Auf diesem Hintergrund erscheint eine Beratung durch Börsenanalysten und Sterndeuter eher aussichtslos – es sei denn, man hat Insiderwissen.
Erst recht verrückt scheint die Befragung einer Yucca-Palme, die über Elektroden ihre »Meinung« zu verschiedenen Wertpapieren zum Besten geben sollte. Die tropische Pflanze stellte mit ihrer erfolgreichen Auswahl so manchen Börsenfachmann in den Schatten.
Jeder Versuch, das tägliche Auf und Ab an der Börse zu erklären und den Verlauf einzelner Papiere vorhersagen zu wollen, kann immer nur annähernden Aufschluss über die Marktmechanismen geben, nicht aber über tatsächlichen Erfolg oder Misserfolg der einzelnen Aktie: Höchstens im Nachhinein kann man es dann voraussagen.

Die Wall-Street-Rattenfänger

Der Autor Benjamin Marc Cole kritisiert in seinem Buch »Die Rattenfänger der Wall Street« das Vorgehen unseriöser Wertpapieranalysten, wie sie die durch gezielte Werbung aufgeheizte Stimmung der Privatanleger ausnutzen. Cole belegt als Börseninsider, dass es schier unmöglich ist, gleichermaßen im eigenen Interesse, im Interesse der Anbieter und der Anleger zu »beraten«. Nicht zu selten entscheiden sich die Berater eher für die eigenen Interessen als für die der Anleger.

Die beste Methode, auch für den Laien, der an der Börse spekuliert, ist immer noch, sich selbst genau über das Unternehmen, in das man investieren möchte, zu informieren. Man kann als potenzieller Anleger beispielsweise Geschäftsberichte der Firma, für die man sich interessiert, und alle Informationen, die man bekommen kann, analysieren. Aber selbst dann ist man natürlich nicht davor gefeit, Fehlentscheidungen zu treffen. Das Risiko bleibt – einfach deshalb, weil man die Zukunft nicht voraussagen kann – auch an der Börse nicht.

Vor allem aber sollte man nie das gesamte Kapital auf einen Wert setzen, sondern immer verschiedene Anlagealternativen nutzen. Auch der Börsenguru Kostolany empfiehlt jedem Anleger, sich möglichst viele solide Papiere zuzulegen und nicht zu hektisch auf tägliche Kursschwankungen zu reagieren: »Zocken an der Börse bringt nichts. Zocker gehen alle Pleite. Wenn nicht heute, dann morgen.«

Profitsucht: Das Credo der Gier

»Heute bin ich mit einem starken Schuldgefühl aufgewacht, weil ich kein Millionär bin«, schrieb die Journalistin Maureen Dowd unlängst in der *New York Times*. Ohne Frage: Wer ein ausreichendes finanzielles Polster hat, ist in unserer heutigen Gesellschaft ganz weit vorne: »Haste was, biste was.« Geld ist das zentrale soziale Schmiermittel in unseren Breitengraden.

Warum sonst sollten wir wohl bis zur Erschöpfung arbeiten, in Kasinos versumpfen, wie verrückt Lotto-Scheine ausfüllen oder an der Börse spekulieren? Auch Kriminalität (bis hin zu Gewalttaten) ist immer häufiger durch materiellen Gewinn motiviert. Die Werbung macht's vor: Schön, sexy und vor allem reich müssen Mann und Frau von heute sein. Letzteres kann nämlich so einiges an Defiziten überspielen. Geld bedeutet zum einen, die Freiheit zu haben, uns unsere Wünsche zu erfüllen, zum anderen steht es ebenso für Macht und Einfluss. Die Welt scheint käuflich. Menschen und Meinungen werden mithilfe von Geld manipuliert – auch die Börse.

Es gibt keine Begrenzung nach oben: Wer viel hat, will in der Regel noch mehr. Geld macht nun mal süchtig – und jeder weiß, wie angenehm unser Leben sich mit den kleinen und großen Scheinen in der Tasche oder der Goldcard gestaltet.

Das schnelle Geld aus der Spielhalle oder vom Börsenparkett ist ebenso Beispiel für unser gesellschaftliches Wertesystem wie das Verhalten von Workaholics oder Kaufsüchtigen.

Es steht außer Frage, dass jeder, der arbeitet, in erster Linie sich und seine Familie ernähren will. Aber viele Dinge, die über die primären Bedürfnisse des Menschen hinausgehen, sind nichts als Aufstockungen des Selbstwertes. Wir wollen bewundert werden und möglichst viele – und vor allem die richtigen – Freunde haben, die wir dann in unserem Drittwagen zu unserem Wochenendhaus in der Toskana kutschieren können, um dort den teuersten Wein der Region zu trinken. Der moderne Mensch hat die Befriedigung solcher sozialen Bedürfnisse genauso nötig wie Essen und Trinken. Im Grunde ist das auch völlig undramatisch, allerdings wird es immer Menschen zweiter Klasse geben, die dazugehören wollen und deren Bestrebungen nach dem großen Geld – wenn es schief läuft – in Verschuldung und Kriminalität enden (siehe auch die Kapitel über Kaufsucht und Kleptomanie).

Selbsthilfe

Es wäre ungerecht, jeden Anleger gleich in die Kategorie »Börsenjunkie« einzuordnen, denn ein angemessener Umgang mit Aktien ist durchaus möglich. Außerdem ist der Wertpapiermarkt zu einem festen gesellschaftlichen Bestandteil geworden, der nicht mehr wegzudenken ist. Damit die Börsenanlage auch auf lange Sicht Spaß macht und nicht zur Sucht wird, sollte jeder Anleger folgende Ratschläge beherzigen:

- Behalten Sie den Überblick über Ihre finanziellen Verhältnisse.
- Spekulieren Sie nicht auf Grundlage von Krediten.
- Setzen Sie nie alles ein, was Sie besitzen.
- Setzen Sie nie alles auf eine Karte (Risikostreuung).
- Nehmen Sie Gewinne mit, solange es noch geht.
- Setzen Sie sich ein klares »Stopp«-Signal und halten Sie es ein.
- Die Börse ist unberechenbar, aber Sie sind selbst verantwortlich für Ihre Spekulationen.

III. Essen

1. Die Last der vielen Pfunde – Der alltägliche Umgang mit dem Essen

> »Man ist, was man isst«
> oder muss es heißen:
> »Man isst, was man ist?«

Hand auf den Bauch – wer hat keine Probleme mit dem Essen? Die Zahlen sprechen für sich: Fast jeder zweite Deutsche ist übergewichtig, jeder Vierte schleppt 40 Pfund zu viel und mehr an Brust und Lenden mit sich herum. Nicht einmal jeder 20. hat sein Idealgewicht. Nur 25 Prozent der Bundesrepublikaner leben wirklich gesundheitsbewusst. Schon vom Kleinkind an wird gemästet, die guten deutschen Mütter lieben ihre Babys »rundlich« und »pausbackig« – sprich »fett«.
Die Folge: Jedes fünfte Kind und sogar jeder dritte Jugendliche ist überernährt; jeder zehnte extrem übergewichtig, ein wirklicher Garant für eine fette deutsche Zukunft, denn davon neigen erfahrungsgemäß 80 Prozent im Erwachsenenalter zur Fettleibigkeit: der Bauch der frühen Jahre. Ein Volk frisst sich krank. 80 Prozent aller Eltern übergewichtiger Kinder sind zwar selbst zu dick, aber das hat in der Vielzahl der Fälle nichts mit Vererbung im herkömmlichen Sinne zu tun (wie man etwa Augen- und Haarfarbe vererben kann). Eher schon mit »Tradition«. Viele Übergewichtige stammen aus Familien, in denen es üblich war, tüchtig zu essen. Häufige »Lebensregel« der jeweiligen Eltern: Essen und Trinken hält Leib und Seele zusammen! Unter Berufung auf diese »Weisheit« werden Unlustgefühle, Spannungen, Konflikte »heruntergeschluckt«. So lernen wir, Probleme über das Essen zu vergessen:
Fettsucht wird angefüttert, sie ist so gut wie nie vererbt. Die Deutschen stopfen – wie gesagt – nicht nur den Hohlraum in ihrer eigenen Seele mit Kummerspeck, sondern auch den ihrer Kinder. »Nachtisch statt Zärtlichkeit«, ist das geheime Credo vieler Eltern. Und der Teller wird leer gegessen, das ist Pflicht, schließlich muss man für die Zukunft lernen, dass man sich lieber den Magen verrenkt als dem Wirt was schenkt.
Anita ist 35 Jahre alt, Mutter von zwei Kindern und Hausfrau:
»Schwierigkeiten mit dem Essen habe ich eigentlich von Kind auf gehabt. Zunächst hat es meine Mutter betroffen. Ich war ein schlechter Esser. Sie hat mich dann mit Gewalt gefüttert, gegen meinen Widerstand. So bis zu meinem zwölften Lebensjahr war ich stark übergewichtig und todunglücklich.«

Idealfiguren

»Lasst dicke Männer um mich sein«, sagte vor 2000 Jahren der römische Imperator Cäsar. Heute wäre er damit aus der Mode. Dick will heute keiner sein. Rank und schlank ist die Devise. Agil und sportlich ist das Rezept für Erfolg und Karriere, für Gesundheit und Lebensglück. Die »Magermilch-Moral« ist angesagt. »Rubensrundungen« sind out. Dicksein bedeutet für viele schwach und haltlos sein, sich nicht »im Griff« zu haben. Die gelassene Gemütlichkeit der gut Gepolsterten wird zurzeit nicht besonders hoch geschätzt. Joggende Vollkorn-Manager, Fitness-gestylte Fotomodelle – das sind die aktuellen »Opinion-Leader«. Mit ihnen verbindet man Intelligenz, Durchsetzungsvermögen und Erfolg.

Dabei war das nicht immer so. In der Geschichte haben sich die Idealgewichte der Epochen in einem ständigen Auf und Ab befunden, barocke Formen wechselten mit biedermeierischer Dünnlippigkeit, bodenständige Schwergewichtigkeit wechselte mit romantisch-verklärter Dünnhäutigkeit. Und das ging bis in die letzten Jahrzehnte so: Während in den 20er Jahren schmalbrüstige Charleston-Tänzerinnen gefragt waren, wurde in der Nazizeit die bodenständige, mütterliche Wumme zum Ideal. Während in der Nazizeit der Mann zäh wie Leder, hart wie Kruppstahl und flink wie ein Windhund zu sein hatte, war im Erhardschen Wirtschaftswunder ein wohlgefüllter Männerbauch ein Zeichen für ökonomischen Erfolg.

Dabei sind Gewichts- und Figurprobleme schon immer in der Hauptsache Frauenprobleme: ein regelrechter Schönheitsterror. Man muss sich nur die immer schneller wechselnden Idealfiguren der letzten 30 Jahre ansehen, unter denen ganze Generationen von Mädchen und Frauen zu leiden hatten: Marilyn Monroes runde Formen, Twiggys magersüchtige Eckigkeit, Jane Fonda als Aerobic- und im Fitnessstudio gestylte Muskelfrau. Und schon steht ein neuer Modetyp in der Tür: die »Big Beauties« des avantgardistischen Modemachers Gaultier. Big Beauties sind mollig-runde Models ab Größe 44. Und in Jürgen von der Lippes Talkshow »So isses« wurde die »schönste Dicke« gekürt. Wie sagte doch ein Boutiquenbesitzer, der ein Faible für Runde hatte: »Nur Hunde stürzen sich auf Knochen, bin ich denn ein Hund?«

Heute wird das angemessene Gewicht über den so genannten »Body-Mass-Index« (BMI) bestimmt, der als ungefähre Orientierung gelten kann.

Der BMI setzt sich folgendermaßen zusammen:

$$BMI = \frac{\text{Körpergewicht in kg}}{(\text{Körpergröße in m})^2}$$

Liegt der Wert zwischen 20 und 25, so ist das Körpergewicht angemessen. Ein Wert unter 17,5 steht für ins Krankhafte gehendes Untergewicht, Werte zwischen 25 und 30 sprechen für Adipositas.

Ess-Stile, Ess-Ziele
Soweit die zeitgeschichtlichen Ideale. Bei Otto und Erna Normalverbraucher waren das eh immer nur die Leitbilder, denen man hinterherhechelte. Zu Kriegszeiten war man dünner als die Idealfigur, in Wohlstandszeiten dicker. Den Bauch nach Maß gab es für die Masse nie. Und zurzeit müssen wir wohl mit dem Übergewicht leben. Der Geist ist zwar willig, aber das Fleisch ist schwach. Und wir können es uns leisten.
Schließlich fängt das Problem nicht erst da an, wo Rock- und Hosennähte platzen und Hemdknöpfe springen, sondern schon bei der Art und Weise, wie man isst. Die Übergänge zwischen normal und esssüchtig sind fließend, besonders in einem Land, wo man dem leiblichen Wohl gern mit fetten Speisen frönt: Seid fett zueinander!
Es beginnt mit dem Frühstück – Brötchen statt Vollkornbrot, Butter, Marmelade, Leberwurst statt Quark. Den Morgenkaffee macht man mit drei Löffeln Zucker zum Schierlingsbecher, und es endet am Fernsehabend mit der Hand voll gesalzener Erdnüsse und dem letzten Schokoriegel. Dazwischen die Stationen hemmungsloser Fressgier: Kantinenpamp, Naschereien – Kalorien, Kalorien, Kalorien. Die häusliche und wirtshäusliche Speisenfolge ist ein endloses Aufeinander von Sauerbraten, Schweinshaxen, Schlachtplatten, Rindsrouladen, Grillhähnchen, Bratwürstchen, Wiener Schnitzeln und Gulasch, übergossen mit fetten Saucen, gelöscht in Bier, Cola und Schnaps. Und nachgeschoben werden Süßspeisen aller Art: Wackelpeter-Puddings, Schoko-Soufflés, Cremetorten und Sahnebaisers – das große Fressen.
Wenn die hungrigen Deutschen des Abends ihren Fernsehapparat ausschalten und mit vollem Bauch ins Bett plumpsen, dann haben sie sich 16 Stunden überernährt, nicht mitgerechnet das mitternächtliche Brüllen des Magens und die Mondscheinbesuche am Kühlschrank: eine tagtägliche Fressorgie – zu fett, zu süß, zu viel. Am nächsten Morgen – beim Blick in den Spiegel oder dem Griff an die eigenen Lenden – kommt dann das schlechte Gewissen: der Bauch – ein Zeichen der Resignation und ein Polster für die zu harte Welt.
Eine Betroffene sagt:
»Das Essproblem habe ich schon, seit ich 14 Jahre alt war. Ich war vorher magersüchtig, und das ist dann umgeschlagen in eine Fresssucht. Ich habe dann mit 14 Jahren mich kugelrund gefressen, ich bin nachts dreimal an den Kühlschrank gegangen. Und im Nachhinein muss ich sagen,

dass ich überhaupt nicht wusste, aus welchen Gründen ich das gemacht habe. Ich bin auch am Tag öfter in die Küche gerannt, um dann schnell einen Happs zu nehmen, und dann war ich wieder ruhig. Nur – die Ruhe hat leider nie lange angehalten.«

Volksweisheiten
Der Umgang mit dem Essen findet seinen Niederschlag auch in den Redewendungen:
- Etwas in sich hineinfressen.
- Das Essen bleibt einem im Halse stecken.
- Das schlägt mir auf den Magen.
- Den Ärger hinunterschlucken.
- Einen Kloß im Hals haben.

Eine »gewichtige« Persönlichkeit trägt »schwere« Probleme mit sich herum, ein »armer Schlucker« dagegen hat »nichts zu beißen«. Ein Liebespaar lebt von »Luft und Liebe« und hat »sich zum Fressen gern«. In Phasen des Streits hingegen »nagt« der Kummer an ihnen. Sie finden einander »zum Kotzen« oder haben sich »satt«. Und selbst in den zu Sprichwörtern geronnenen Volksweisheiten findet sich das Essen:
- Essen und Trinken hält Leib und Seele zusammen.
- Liebe geht durch den Magen.
- Iss, damit du groß und stark wirst.
- Iss den Teller leer, sonst scheint morgen keine Sonne.
- Wer nicht isst, kann auch nicht arbeiten.

Belohnungs- und Frustfresser
Dabei sind die Ursachen für das »Große Fressen« oft nicht nur die pure Lust – genauso oft ist es auch der blanke Frust. Wofür ist das Essen Ersatz? Wo ist das Leibgericht auch ein »Seelengericht«? Da gibt es die typischen *Belohnungsfresser*, die sich mit einem opulenten Mahl für eine gute Leistung belohnen, und die *Frustfresser*, die essen, weil etwas nicht gelingt. Dann die Feinschmecker, die aus reiner *Genussgier* essen, und andere tun es aus *Langeweile*, weil sie nicht wissen, was sie sonst tun sollen. Nur, was sie alle falsch machen: Sie essen nicht in erster Linie, um den Hunger zu stillen. Essen wird zur Ersatzhandlung für etwas anderes. Gemeinsam ist den meisten allerdings auch, dass sie es sich nicht bewusst machen.

Gudrun, eine 24-jährige Verlagsangestellte: »Das Fett oder das Essen hat für sehr vieles herzuhalten, es muss im Grunde genommen sehr viel leisten. Das muss die Einsamkeit kompensieren, es dient aber auch als Entschuldigung für Sachen, die einem nicht gelingen, die nicht erreicht werden. Dann hat man die Ausrede: ›Ich bin ja so dick, es konnte ja nichts werden‹, ›Der kann mich ja nicht mögen, weil ich ja so dick bin‹. ... Essen dient als Belohnung, als Trost, als Strafe. Wenn man sich kotzübel fühlt, kann man das ja eigentlich nur als Strafe auslegen. Das ist eine Beschäftigung, es ist aber auch Teil des Alltags, zur Gewohnheit geworden, das ist nachher schon fast mechanisch, der Griff zum Essen. Ohne dass ich jetzt denke: Jetzt muss ich aber eine Attacke kriegen oder mir was gönnen. Das ist in bestimmten Situationen, zum einen eben Befriedigung der verschiedensten Gefühle und Bedürfnisse, eine Schutzhaltung, aber zum anderen auch einfach ein Gewohnheitsmechanismus.«

»Dicke« stehen bei uns ständig unter Druck, weil Jugend und Schlankheit wirksam vermarktet und ein Gesundheitsbewusstsein propagiert wird, das Übergewichtige in die Isolation treibt. In den USA gibt es eine Selbsthilfegruppe von dicken Menschen, und zwar solchen, die *nicht* abnehmen wollen. Ihre Aktivitäten sehen – außer der Mobilisierung des Stolzes, dick und schwergewichtig zu sein und das in der Öffentlichkeit zu vertreten – so aus, dass man sich darum kümmert, Listen von Läden mit Übergrößen für Kleider zu verteilen und Tanztees für Dicke zu organisieren. Inzwischen gibt es sogar eine Kette von Fitnessstudios ausschließlich für Dicke. Das Motto: Es ist in Ordnung, etwas üppiger zu sein.

Kalorienüberschuss
Die Mediziner allerdings warnen: Pro Kilo Übergewicht landen wir nach ihrer Meinung acht Monate früher auf dem Friedhof. Überernährung ist für sie »Volksseuche Nr. 1«. Hierzu gibt es folgende Zahlenangaben: Durchschnittlich isst jeder Bundesbürger (nach Angaben des Margarine-Instituts) 30 Kilogramm *sichtbare* Fette im Jahr.
Der viel größere Anteil besteht allerdings aus *versteckten* Fetten, die mit Fleisch, Wurst und Milchprodukten aufgenommen werden. Er wird auf 80 Gramm täglich geschätzt, genau doppelt so viel wie im Kriegsjahr 1940. Damals waren es gerade 40 Gramm.
»Die Deutschen essen zu viel, zu fett, zu süß und zu salzig«, meinte im Oktober 1987 die Arbeitsgemeinschaft der Verbraucherverbände. Verständlich, denn der durchschnittliche Deutsche isst pro Tag 600 Kalorien zu viel. Ungefähr das, was einem Brathähnchen oder einem Stück Sahnetorte entspricht. Kein Wunder, dass sich dieser Überschuss in Fettdepots ablagert. »Schwimmgürtel« oder »Reithosenspeck« sind die Folgen.

Gesundheitsrisiken

»Selbstmord mit Messer und Gabel« ist deshalb keine leere Phrase, sondern Übergewicht vermindert wirklich die Lebenserwartung. Über 50 Prozent aller Todesfälle sind auf ernährungsbedingte Erkrankungen zurückzuführen – das hält die Ärzteschaft für erwiesen.
Fast jeder zweite Bundesbürger ist damit erhöhten Gesundheitsrisiken – Zucker-, Hochdruck-, Stoffwechselkrankheiten, Arterienverkalkung und Herzinsuffizienz, Herz-Kreislauf-Störungen – ausgesetzt. Starke Fettsucht kann das Bewusstsein trüben, Gelenke stärker abnutzen, ihre Beweglichkeit einschränken und einen Zwerchfelldurchbruch des Magens mitbedingen. Übergewichtige sind bei Operationen mehr gefährdet als andere. Überflüssige Pfunde spielen bei Zucker- und Hochdruckkrankheiten eine mitverursachende Rolle und belasten Frauen in der Schwangerschaft und bei der Entbindung mit einem erhöhten Risiko.
Gicht, Diabetes, Gallensteine, Karies und Herzerkrankungen sind nur eine Auswahl der Folgen von Überernährung.
Auf 25 Milliarden Euro belaufen sich die Kosten für ernährungsbedingte Krankheiten in der Bundesrepublik. Das wurde im letzten Jahr auf einem Internisten-Kongress in Wiesbaden mitgeteilt.
»Ess-Sucht« und deren Folge, die Fettsucht – oder wissenschaftlich ausgedrückt »Adipositas« –, gilt in deutschen Landen nicht als Sucht. Es wird als ganz normal angesehen, dass man gern, gut und viel isst, sich »als guter Futterverwerter« auszeichnet.
Auch wenn wir alle verschieden gute »Futterverwerter« sind, entsteht Übergewicht – von physiologischen Ausnahmen abgesehen – durch Falsch- und Überernährung. Das Essverhalten ist also, außer bei bestimmten körperlichen Erkrankungen, der Schlüssel zu den überflüssigen Pfunden:
Denn werden dem Körper mit der Nahrung mehr Kalorien zugeführt, als zur Aufrechterhaltung der Körperfunktionen und zur körperlichen und geistigen Arbeitsleistung des Organismus erforderlich sind, dann wandert der Kalorienüberschuss ins »Depot«: Fettpolster werden angelegt. Soweit die rein physiologische Seite des Problems. Die psychologische Seite in den Griff zu bekommen, ist weitaus schwieriger.
Auf jeden Fall kann man sagen: Bei Dicken funktionieren die Signale der Appetit- und Sättigungsregulation nur schlecht. Und Fresssüchtige können sich kaum noch zurückhalten, wenn ihr Appetit angeregt wird; sie haben einen ähnlichen Kontrollverlust wie ein Alkoholiker (siehe dazu III.2).

Reizüberflutung
Und: Dicke lassen sich in vielerlei Hinsicht wesentlich stärker durch Reize von außen zum Essen animieren, als dass sie auf ihre inneren Hungerimpulse hören. Der Geruch von frisch gebackenen Brötchen in der Bäckerei kann ihnen ebenso das Wasser im Mund zusammenlaufen lassen wie das Werbeplakat mit dem leckeren Eis oder ein Gespräch, in dem man zufällig das Wort »Schinkenbrötchen« erwähnt.
Und wirklich: Dicke können auch mit den Augen und Ohren essen und davon dicker werden. Weil Sinneseindrücke oder innere Bilder vom Essen so eindringlich auf sie wirken, lösen sie sofort bei ihren Speicheldrüsen Springbrunnen aus, das Wasser läuft ihnen im Mund zusammen, die Magensekretion steigt, der Schluckreflex kommt ebenso in Bewegung wie die Speiseröhre und die Peristaltik. Der Körper ist ganz auf Nahrungsaufnahme eingestellt. Selbst wenn sich die/der Betreffende zurückhalten kann und nichts isst, das, was er/sie an Sekretion produziert, verdaut er/sie auch. Mitunter führt das zu Magenschmerzen, die man dann nur mit Essen beruhigen kann.
Schließlich: Dicke essen immer alles auf, schlingen oft hastig und unkontrolliert in sich hinein, ohne dass sie genau merken, wie das schmeckt, was sie da gerade essen. Während des Essens geht es ihnen oft gut. Die Rechnung präsentiert dann die Waage bzw. der Spiegel.
Das, wofür man sich schämt, hinter dem verbirgt man sich dann gleichzeitig: Die »Rettungsringe« und der »Reithosenspeck« sind auch ein Schutzwall vor der harten Welt, und die Esssüchtigen verstecken sich hinter diesen Bergen von Fett. Aber: »Wer rund ist, eckt an.«
Eine Gemeinsamkeit von Menschen, die mit Essen süchtig umgehen, ist, dass ihnen ihre Sensibilität abhanden kommt, vor allem was ihre Körperwahrnehmungen angeht. In Untersuchungen wurde nachgewiesen, dass sie sich selbst dicker einschätzen, als sie sind, und dass sie vor allem kein Gefühl für ihren Körper haben. Es ist so, als wären die Fettschichten ihres Körpers nicht mit den notwendigen Nervenbahnen durchzogen oder als würden die Nervenimpulse, die dort aus Sinneseindrücken entstehen, von Esssüchtigen einfach nicht wahrgenommen. Viele Dicke wissen gar nicht, wann sie richtig Hunger haben und wann sie eigentlich satt sind. Sie fressen sich regelrecht »zu«.
»Essen und Vergessen«, wie eine Esssüchtige sagt:
»In den Fressphasen, da habe ich viele Dinge einfach nicht mehr gemerkt. Ich habe nicht gemerkt, wenn mich jemand gekränkt hat, ich habe nicht gemerkt, wenn ich Arbeit tat, die ich eigentlich gar nicht machen wollte, ich habe nicht gemerkt, dass ich mit jemandem nicht arbeiten wollte – und wenn ich das gemerkt habe, dann habe ich gesagt: Das

muss ich leisten auf Deibel komm raus. Und natürlich hat mich das auch wieder in so einen Fressanfall hineingeboxt.«

Übergänge
Die Übergänge von normalem zu süchtigem Essen sind fließend. Wie kann man aber die eigene Gefährdung erkennen?
Maja Langsdorf gibt in der Broschüre »Essprobleme, Essstörungen, Esssucht« folgende Hilfestellung:
»Wenn Sie Zweifel haben, überprüfen Sie sich selbst:
- Wollen Sie wirklich schlanker werden, oder suchen Sie nur mehr Aufmerksamkeit?
- Scheuen Sie die Menschen, wenn Sie sich zu dick fühlen?
- Ist Ihnen Essen wichtiger als Kontakt mit anderen?
- Denken Sie immerzu ans Essen?
- Laufen Sie öfter unruhig-suchend in der Wohnung umher, um noch einen besonderen Leckerbissen zu finden?
- Was empfinden Sie unterschwellig beim Essen: Schuldgefühle oder Angst?
- Können Sie sich schlecht auf eine Unterhaltung konzentrieren, wenn Essen auf dem Tisch steht?
- Essen Sie am liebsten allein? ...

Weiter sollten Sie sich mit diesen Fragen testen:
- Fühlen Sie sich stark, wenn Sie bei Mahlzeiten beherrschter sind als andere?
- Gehen Sie gleich zum Kühl- oder Speiseschrank, wenn Sie innerlich stark bewegt sind?
- Zögern Sie Mahlzeiten so lange wie möglich hinaus?
- Wie wichtig ist Ihnen Ihr äußeres Erscheinungsbild?
- Bereiten Ihnen das Essen und die Figur Probleme, oder weichen Sie durch Essen und Konzentration auf Ihr Gewicht den eigentlichen Problemen Ihres Lebens aus?
- Verfolgen Sie mit Ihren Essgewohnheiten einen bestimmten Zweck, und hängt Ihre Ausgeglichenheit und Zufriedenheit von der Waage ab?

Wägen Sie ganz ehrlich vor sich selbst ab, wie wichtig Essen und Figur in Ihrem Leben sind! Prüfen Sie, was für Sie persönlich die Begriffe ›Hunger‹ und ›Sättigung‹ bedeuten!«

2. Das Selbstverständliche als Problem

Essstörungen

»Ich habe Essprobleme, so weit ich zurückdenken kann. Zum Ausbruch gekommen ist es, als ich dann mit 18 ausgezogen bin von zu Hause und so mein eigener Herr war. Ich habe dann hauptsächlich das gegessen, wovon ich glaubte, dass ich das gerne hätte, vor allen Dingen Süßigkeiten, Pommes frites und Sahne, und hab mich größtenteils davon ernährt ... Der Essstil hat so ausgesehen, dass es also keine Zeiten für Mahlzeiten gab, dass ich halt gegessen hab, wann mir danach war. Ich denke schon, dass ich dann halt gegessen habe, wenn ich Probleme hatte, und das wurde dann natürlich ein Kreislauf. Denn als ich mich überfressen gefühlt habe, habe ich mich nicht gut gefühlt. Da wollte ich irgendetwas Gutes tun für mich, und ich habe immer mehr gegessen und habe gehofft, dass es mir davon besser gehen würde. Aber genau das Gegenteil war der Fall.«

Das ist Maria. Sie ist 27 Jahre alt und Studentin. Probleme mit dem Essen hat sie, so weit sie zurückdenken kann.

»Eigentlich steht ja hinter dem Hunger ein emotionales Bedürfnis – weil ich Angst habe vor der Nähe mit Freunden und auch Intimbeziehungen, weil ich mich vor Enttäuschungen fürchte, deswegen esse ich dann stattdessen oder – besser gesagt – ich fresse. Ich fress halt auch irgendwie, weil das meine Gefühle nicht auslebe. Statt die auszuleben, staue ich da was an, so alle möglichen Sachen, halt auch Aggressionen und so. Das wurde mir erst mal so richtig klar, dass mein abgelagertes Fett eigentlich abgelagerter Schmerz und Gram und solche wirklich negativen Sachen waren, auch so depressive Sachen.«

Das sagt eine 39-jährige Frau, die seit ihrer Pubertät unter Essstörungen leidet. Sie hat an die 20 verschiedene Diäten ausprobiert, mehrmals gefastet und auch schon Klinikaufenthalte hinter sich. Sie ist eine von drei bis vier Millionen Bundesdeutschen, die schwere Essprobleme haben. Es handelt sich zu 80 bis 90 Prozent um Frauen, die Probleme mit dem Essen haben oder sie zumindest zugeben. Trotzdem ist der dickste Mensch der Welt nicht etwa eine Frau, sondern ein Mann. Er ist Türke, hat eine Taillenweite von 2,70 Meter und wiegt knapp neun Zentner.

Dabei gilt es als unmännlich, zu viel zu essen. Männer trinken, rauchen oder arbeiten lieber, um vor ihren Problemen wegzulaufen. Essen wird meist dem »schwachen Geschlecht« überlassen: Auch eine Form der »Geschlechtsrollendiktatur«. Christa Merfert-Diete von der Deutschen

Hauptstelle gegen die Suchtgefahren spricht deshalb von der »Sucht der Braven«. Während Männer eher zur Flasche greifen oder am Spielautomaten landen, gehen die Frauen an den Kühlschrank. Zum Teil hängt das sicher damit zusammen, dass Frauen häufiger mit der Zubereitung von Nahrung zu tun haben als Männer. Allerdings gibt es auch Hinweise, dass Essstörungen mit der Unfähigkeit zusammenhängen, angemessen mit Aggressionen und Frustrationen umzugehen. Maria: »Frust, das hieß essen, in jedem Fall. Und das ging dann so lange, bis ich erschöpft war … Ich bin eigentlich aus meiner Isolation ganz schwer herausgekommen. Ich hatte furchtbare Angst, auf Menschen zuzugehen, gerade wenn ich mich überfressen hatte, mies gefühlt hatte, Schuldgefühle hatte. Ich habe ja gewusst, dass etwas nicht stimmt. Ich habe gedacht, ich dürfte mich so Menschen nicht zumuten.«

Typische *Redewendungen* über Essen von Leuten mit Essproblemen:

> »Lieber einen vollen Bauch als einen leeren Kopf.«
> »Nur wenn ich satt bin, bin ich glücklich.«
> »Wenn ich mich langweile, esse ich viel.«
> »Essen beruhigt mich.«
> »Wenn ich gut gegessen habe, kann ich auch gut schlafen.«
> »Manchmal fühle ich mich so dick, dass ich meinen Körper abstoßen möchte.«
> »Heute habe ich wieder gesündigt.«
> »Wenn ich abends viel esse, wache ich morgens mit einem wahnsinnig großen Hungergefühl auf.«
> »Jedes Mal nach einer Diät fange ich an, doppelt so viel wie sonst zu essen.«
> »Ich sage mir jeden Tag, heute isst du dich noch satt, und morgen fängst du an zu fasten.«

Essprobleme drücken sich nicht allein im Übergewicht aus. Im Gegenteil: Auch schlanke Personen sind dem Teufelskreis von Essen und Fasten ausgeliefert: Im Alltag kreisen die Gedanken zwanghaft um Fragen des Essens. Essen steht im Dienst von Bedürfnissen, die mit Ernährung nichts mehr zu tun haben. So fühlen sich Dicke willenlos den Impulsen ihres Körpers ausgeliefert. Magersüchtige hingegen feiern den Triumph des Willens über ihren »Astralleib«. Ausgezehrt bis auf die Knochen, fühlen sie sich dennoch zu dick. Magersüchtige leugnen jeglichen Hun-

ger, Dicke dagegen werden nie satt. Dicke fürchten das Schlanksein, Dünne zittern vorm Dicksein. Dicke haben den Zwang, viel in sich hineinzustopfen, Dünne hingegen den Zwang, sich ausschließlich gedanklich mit Nahrung zu beschäftigen, sie sich aber *nicht* einzuverleiben.
Essstörungen sind oft auch der krankhafte Ausdruck gestörter Beziehungen zu anderen. Insbesondere zu den nächsten Bezugspersonen, die für die Entwicklung der Frauen maßgeblich waren oder es noch sind. Viele Frauen sprechen davon, dass sie »sehr sehnsüchtig« seien, ohne es genauer benennen zu können.
Die verschiedenen Erscheinungsformen krankhaften Essverhaltens bei Frauen sind immer im Zusammenhang mit ihrer Entwicklung und ihrer momentanen Lebenssituation zu sehen. Magersucht, Esssucht und Bulimie sind im ursächlichen Zusammenhang mit einer Persönlichkeitsstörung zu sehen, es sind quasi die verschiedenen Seiten einer Medaille.

Ursachen
Die *direkten* Ursachen der Essprobleme sind vor allem in drei Bereichen zu suchen:
- *Das gestörte Essverhalten selbst*
  Einseitige Auswahl ungesunder Nahrungsmittel, übermäßiges, hastiges Essen zu unregelmäßigen Zeiten, immer den Teller leer essen etc.
- *Die unangemessenen Konfliktverarbeitungen*
  Bei Stress, Frustrationen, Langeweile, Einsamkeit, Ärger etc. wird das Essen als »Konfliktlösemittel« benutzt und damit die »Löcher in der Seele« gestopft.
- *Die gute »Futterverwertung«*
  Man kann es als »Verbrennungsstörung« bezeichnen, wenn der Körper die durch die Nahrung zugeführte Energie in Fett ablagert, anstatt sie direkt über die Haut (bei Stress oder Kälte) wieder als Wärme abzugeben. Hier spielen eventuell auch hormonelle Aspekte hinein, aber auch die Frage der Fettzellen.

Hinzu kommen *gesellschaftlich* vermittelte Ursachen wie ein *übertriebenes Schlankheitsideal* und die *Körperfeindlichkeit* unserer Kultur.
Die Ursachen von Essproblemen können in jeder Phase der menschlichen Entwicklung entstehen. Einige Mediziner glauben noch an die *Vererbung* der Fettsucht, obwohl die Beweise hier recht spärlich sind. Gesicherter sind die Erkenntnisse, dass das biochemische und emotionale Milieu im *Mutterleib* einen Einfluss auf den späteren Umgang mit Essen haben kann, so beispielsweise die Ernährung der Mutter während der Schwangerschaft, aber auch Rauchen, Alkoholkonsum und Drogen-

gebrauch der Mutter spielen dabei mit. (Mehr dazu siehe mein Buch »Was erlebt ein Kind im Mutterleib?«, Freiburg 2003, 7. Auflage, Herder Verlag.) Nach der *Geburt* sind es zu frühe und zu lange Trennung von Mutter und Kind, zu starre Stillzeiten und stures Füttern »nach Tabelle«, vor allem dann, wenn die Mutter ängstlich, nervös, unsicher, enttäuscht ist, das Kind (bewusst oder unbewusst) ablehnt und Schuldgefühle deswegen hat. Auch übertriebenes Füttern anstelle von Hautkontakt, Spiel und Beschäftigung mit dem *Säugling* oder fehlende Unterstützung des Vaters können zu Ernährungsstörungen führen.

Im *Kleinkindalter* spielen vor allem zu wenig Zuwendung und Liebe, eine überbeschützende oder vernachlässigende Erziehung und die »Esstraditionen« der Familie eine Rolle – oder die Geburt eines Geschwisterchens.

In der *Schulzeit* kommt noch die Reaktion auf die Schule, die damit verbundene Trennung von zu Hause und die Leistungserwartung der Eltern hinzu, ebenso die Reaktion auf die Mitschüler.

Als *Jugendlicher* sind es vor allem die Schwierigkeiten, Anschluss an das andere Geschlecht zu finden, und eine unbewusste Ablehnung der eigenen Geschlechtsrolle, die sich im gestörten Essverhalten ausdrücken können.

All diese Erfahrungen in den verschiedenen Lebensphasen beeinflussen sich natürlich gegenseitig, heben sich auf oder potenzieren sich, verschieben oder verdrängen sich gegenseitig, je nachdem, wie die betreffende Person in der Lage ist, sie zu verarbeiten.

Man unterscheidet heute im Wesentlichen drei Formen von Essstörungen:
- Ess-Sucht (Adipositas);
- Ess-Brech-Sucht (Bulimie);
- Magersucht (Anorexie).

Aber auch hier sind die Erscheinungsformen nicht klar voneinander abzugrenzen. So erbrechen mitunter sowohl Fettsüchtige als auch Magersüchtige. Eine Magersucht kann in eine Fettsucht umkippen – und umgekehrt.

Trotzdem ist es sinnvoll, sie hier getrennt zu beschreiben.

a) Ess-Sucht (Adipositas): Kummer mit dem Kummerspeck

»Also, viel gegessen habe ich schon immer. Als Kind war ich auch immer recht pummelig. Aber es war mir nie ein Problem. Mit dem Dicksein habe ich mich auch abgegrenzt von meiner Schwester, die schlank und schön war. Ich habe immer gedacht, wenn ich anders bin, habe ich eine Persönlichkeit. Schwierig wurde es für mich, als ich in die Pubertät kam und eine Brust bekommen habe und damit Schauobjekt für diverse Bekannte und Verwandte war. Das war die eine Sache. Und dann war es in der Schule so: Ich fand mich damals nicht so dick. Ich fand mich toll. Ich habe da 20 Kilo mehr gewogen. Ich fand das gut. Da haben die alle angefangen, Diäten zu machen. Und ich war dann halt schon darauf aus, einen Freund zu bekommen. Da habe ich mir irgendwann gedacht: ›Vielleicht bin ich ja tatsächlich zu dick.‹ Damit hat es angefangen. Dann habe ich so meine erste Diät gemacht. Das sah so aus, dass ich fast überhaupt nichts mehr gegessen habe. Erst dann hat das was genutzt. Dann habe ich aber wieder diese Ess-Attacken gekriegt, dann wieder Diät, dann musste ich wieder essen. So mit 15 war das dann programmiert. Und damit habe ich mich dann gequält, bis ich ungefähr 27 war, wo das ständig hin- und herging.«

So beschreibt Regina, 31, von Beruf Sozialarbeiterin, den Beginn ihrer Ess-Sucht.

Ess-Sucht ist dadurch gekennzeichnet, dass es durch eine übermäßige Nahrungsaufnahme zu einem erhöhten Körpergewicht kommt (Fettleibigkeit). Ab einer Überschreitung des Idealgewichts um 25 Prozent oder einem Anteil des Fettgewebes von mehr als 20 Prozent beim Mann und mehr als 25 Prozent bei der Frau spricht man von Fettsucht. Rein organische Ursachen lassen sich nur bei einem Prozent der Fettsüchtigen finden. Esssüchtige sind unfähig zum kontrollierten Umgang mit Essen. Die natürliche Essbremse, das Sättigungsgefühl, ist leicht defekt. Der Körper meldet zu spät oder nicht nachhaltig genug, wenn er genug hat. Durch heroische Anstrengungen kommt es kurzfristig zum Normalgewicht – aber selten auf Dauer.

Esssüchtige leiden unter starken Scham- und Schuldgefühlen (»Wer den Speck hat, braucht für den Spott nicht mehr zu sorgen«).

Eine Unterform der Adipositas ist die *latente Ess-Sucht*. Hierbei merkt man den Esssüchtigen nicht an, dass sie Suchtprobleme beim Umgang mit dem Essen haben. Mit eisernem Willen kontrollieren sie Essverhalten und Körpergewicht. Auch hier ist das Essen zum zentralen Lebensinhalt geworden. Latent Esssüchtige leiden unter ständiger Angst vor Gewichtszunahme, die in der Phantasie der Betroffenen zur maßlosen Gefahr hochstilisiert wird.

Körperliche Erkrankungen sind als Folge von latenter Ess-Sucht selten. Dafür sind die psychischen und sozialen Störungen massiv. Durch die eiserne Disziplin, die keinerlei Entspannung mehr zulässt, geht jede Lebensfreude verloren.

Oft ist die latente Ess-Sucht ein Übergangsstadium zur Ess-Brech-Sucht, und zwar dann, wenn die Kontrolle immer wieder zusammen-

bricht – oder zur Magersucht, wenn die Selbstdisziplin in Selbstkasteiung ausartet und die Euphorisierung (das »Fasten-High«) zum Ziel wird.
Ess-Sucht und deren Folge, die Fettsucht (Adipositas), gilt in deutschen Landen allerdings mitnichten als Sucht. Es wird als normal angesehen, dass man gern, gut und viel isst. Sabine, 29 Jahre alt und Malerin, beschreibt ihre – wie sie sagt – »Fresstouren« so: »Da hab ich dann halt den ganzen Tag im Bett gelegen und war meistens auch total ausgepowert. Und dann hab ich mir irgendwie alles Mögliche reingezogen. Ich weiß das zum Teil gar nicht mehr, weil das so nach Gefühl abgelaufen ist. Also, meistens gab's Süßigkeiten, Eis und Torten. Ich bin dadurch ruhiger geworden. Es hat mich – würde ich sagen – in einen euphorischen Zustand versetzt. Ich bin dann richtig friedlich gewesen. Also habe ich dann irgendwie gemerkt, wie sich meine Psyche gerade durch die Süßigkeiten verändert. Mir ist es dann auch wirklich gut gegangen. Es war wie eine psychische Schutzhaut, wie ein Panzer, auch wenn es ein Zuckerpanzer war. Da kamen eben schlimme oder beunruhigende Sachen nicht mehr an mich ran. Der Zustand war kurzfristig sicherlich angenehm, nur hinterher eben nicht.«
Hinterher, nämlich beim Blick in den Spiegel oder dem Griff an die Lenden, kommt das schlechte Gewissen: Der Bauch – ein Zeichen der Resignation und ein Polster für die zu harte Welt. Die Übergänge zwischen normal und esssüchtig sind fließend, besonders in einem Land, in dem viel Wert auf gutes Essen gelegt wird.
Auch wenn wir alle verschieden gute »Futterverwerter« sind, entsteht Übergewicht – von physiologischen Ausnahmen abgesehen – durch Falsch- und Überernährung. Das Essverhalten ist also – außer bei bestimmten körperlichen Erkrankungen – der Schlüssel zu den überflüssigen Pfunden.

b) Ess-Brech-Sucht (Bulimie): Essen bis zum Erbrechen
Die Völlerei galt schon im Mittelalter als eine der »sieben Todsünden«; selbst die alten Römer kannten sie. Wenn sie bei ihren Gelagen zu viel gegessen hatten, kitzelten sie sich mit Federkielen den Rachen und fingen von vorn an.
»Zuerst hatte ich eine totale Abneigung gegen das Essen, und dann auf einmal – ich glaube, es fing mit einer Tafel Schokolade an – hatte ich die ganze Tafel gegessen und hatte das Gefühl, ich müsste jetzt noch zig Tafeln hinterherstopfen. Und nach der Schokolade kamen Wurstbrote und Käsebrote und wieder Schokolade und dann wieder Würziges: Ich konnte überhaupt nicht mehr aufhören. Es war so, als ob ein Rad ins

Drehen gekommen wäre und keine Bremse vorhanden wäre, es zu stoppen. Ich hatte also einen regelrechten Kontrollverlust. Ich habe gegessen, dass ich Kopfschmerzen bekam. Dann musste ich mich hinlegen und hab im Liegen weitergegessen, weiteressen müssen, weil ich das Gefühl hatte, ich müsste verhungern.«

So beschreibt Anne, eine 27-jährige Krankenschwester, ihren ersten Fressanfall. Wenn die Betreffenden – es sind zu 90 Prozent Frauen – unmittelbar danach das gerade Gegessene erbrechen, nennt man das Ess-Brech-Sucht oder Bulimie. Bulimie heißt zu Deutsch etwa »Stierhunger«. Bei diesem Stierhunger verfällt die Betreffende in eine regelrechte Fressorgie, der sie fast nur heimlich zu Hause nachgibt. Da wird innerhalb einer dieser Gieranfälle ein ganzer Laib Brot mit einem halben Pfund Butter und Wurstaufschnitt, Käse, zwei Brathähnchen, eine Riesenschachtel Pralinen, zwei Büchsen Kekse und eine Familienpackung Eis verschlungen, dazu Kaffee und Cola. Mitunter hat das Mahl über 20 000 Kalorien.

Dabei sind die Bulimikerinnen nicht etwa dick. Sie werden nämlich von ihrer Angst, dick zu werden, und von Schuld- und Schamgefühlen überwältigt, sodass sie nach dem Essen alles wieder erbrechen.

Oftmals wird der Beginn dieser Heißhungerattacken durch eine überstreng eingehaltene Diät ausgelöst. Ein Anfall ist dann wie ein Dammbruch. Über den so genannten »Jo-Jo-Effekt« schaukeln sich Diät- oder Fastenphasen einerseits und Ess-Brechanfälle andererseits gegenseitig hoch, bis es zu mehrmaligen Anfällen am Tag kommen kann: Irgendwann muss die Betroffene nicht einmal mehr den Finger in den Hals stecken, auch der Brechreflex kommt automatisch.

Die wiederkehrenden Heißhungerattacken treten täglich auf und dauern zwischen 15 Minuten und 4 Stunden. Im Anschluss erbrechen 60 Prozent ein- bis zweimal, 30 Prozent bis zu sechsmal und der Rest noch häufiger, wie man in einer Untersuchung herausfand. In der Regel verheimlichen die Patienten ihre Symptomatik strikt vor anderen Personen; es ist also mit einer hohen Dunkelziffer zu rechnen.

»Pendeln zwischen Kühlschrank und Klo« – auf diese knappe Formel brachte eine Zeitschrift das Krankheitsbild. Die Betroffenen sind sich völlig klar über ihr abnormes Essverhalten, aber unfähig, aus dem Ess-Brech-Kreislauf auszubrechen. Sie hassen sich deshalb selbst und sind verzweifelt über ihren Mangel an Selbstkontrolle. Oft enden die Fressorgien mit einem Weinkrampf. Manche betäuben ihre Depressionen noch mit Alkohol und/oder Schlaf- und Beruhigungspillen. Viele sind selbstmordgefährdet.

Nach Schätzungen des Göttinger Ernährungswissenschaftlers Volker

Pudel kann man davon ausgehen, dass zwischen drei und acht Prozent aller Mädchen und Frauen zwischen 15 und 30 Jahren Ess-Brech-Anfälle haben. Insgesamt kann man sagen, dass in der Bundesrepublik etwa 600 000 Bulimikerinnen leben. Betroffen sind Frauen zwischen 12 und 50 Jahren.

Die »typische« Ess-Brech-Süchtige ist zwischen 20 und 30 Jahre alt, schlank, gebildet und kommt aus der gehobenen Mittelschicht. Sie ist intelligent und attraktiv, hat aber große Angst vor Kritik und Kontakt, ein sehr niedriges Selbstwertgefühl und kann sich nur schlecht durchsetzen. Ihr Verhältnis zum eigenen Körper ist seltsam verzerrt: Obwohl sie schlank ist, erlebt sie sich als dick, aufgeschwemmt, als ein hässliches Wesen. Auch wenn sie in einer dauerhaften Bindung lebt – was selten ist –, vermeidet sie manchmal jahrelang Sexualität und Körperkontakt, weil sie sich nicht vorstellen kann, dass ein Mann diesen Körper, den sie selbst ablehnt, schön findet. Empfindungen wie Kälte, Wärme, Müdigkeit, Hunger oder Sättigung spürt sie oft nur sehr undifferenziert, als ein diffuses Gefühl von Unbehagen.

Auffallend ist der hohe Ausbildungsgrad der Betroffenen: 60 Prozent haben Abitur oder Hochschulabschluss. Der oberflächliche Grund für die Bulimie ist das widernatürliche Rollenklischee, wonach eine Frau schön, schlank und erfolgreich zu sein hat.

Bulimikerinnen zeigen enorme Gewichtsschwankungen. Manche Frauen müssen drei verschiedene Kleidergrößen im Schrank haben, manche gar von Größe 38 bis 46.

Frühzeitiger Zerfall der Zähne, eine chronisch wunde Speiseröhre und Kehle, Nieren- und Leberschäden und geschwollene Schilddrüsen sind die Folge der Sucht. In Extremfällen kann es zu lebensgefährlichen Herzrhythmusstörungen und zu gerissenen Magenwänden kommen. Da viele Bulimie-Opfer zusätzlich bis zu 300 Abführtabletten pro Woche nehmen, sind Darmstörungen ebenfalls die Regel. Ganz abgesehen von den seelischen Belastungen, die sich immer mehr steigern: Depression, Lebensleere, Isolation, totaler Negativismus, Gefühlsverarmung. Hinzu kommen dann noch finanzielle Probleme (diese Sucht kostet viel Geld), eine chronische Überforderung und der Verlust von wirklicher Freizeit und von Freunden.

Rund 20 Prozent der Patientinnen unternehmen einen Selbstmordversuch.

Diagnostische Kriterien der Bulimia nervosa

DSM-IV (APA 1996)	ICD-10 (Dilling et al. 1991)
Wiederholte Episoden von »Fressattacken«. Eine »Fressattacken«-Episode ist gekennzeichnet durch beide der folgenden Merkmale: 1. Verzehr einer Nahrungsmenge in einem bestimmten Zeitraum (z. B. innerhalb eines Zeitraums von zwei Stunden), wobei diese Nahrungsmenge erheblich größer ist als die Menge, die die meisten Menschen in einem vergleichbaren Zeitraum und unter vergleichbaren Bedingungen essen würden. 2. Das Gefühl, während der Episode die Kontrolle über das Essverhalten zu verlieren (z. B. das Gefühl, weder mit dem Essen aufhören zu können noch Kontrolle über Art und Menge der Nahrung zu haben).	Wiederholte Anfälle von Heißhunger / Essattacken, bei denen große Mengen Nahrung in sehr kurzer Zeit konsumiert werden.
	Andauernde Beschäftigung mit Essen, unwiderstehliche Gier nach Nahrungsmitteln.
Wiederholte Anwendung von unangemessenen, einer Gewichtszunahme gegensteuernden Maßnahmen, wie z. B. selbstinduziertes Erbrechen, Missbrauch von Laxantien, Diuretika, Klisterien oder anderen Arzneimitteln, Fasten oder übermäßige körperliche Betätigung.	Verschiedene Verhaltensweisen, dem dick machenden Effekt der Nahrung entgegenzusteuern: selbstinduziertes Erbrechen, Missbrauch von Abführmitteln, zeitweilige Hungerperioden, Gebrauch von Appetitzüglern, Schilddrüsenpräparaten oder Diuretika.
Die »Fressattacken« und das unangemessene Kompensationsverhalten kommen drei Monate lang im Durchschnitt mindestens zweimal pro Woche.	

> Figur und Körpergewicht haben einen übermäßigen Einfluss auf die Selbstbewertung.
>
> Übertriebene Beschäftigung mit der Kontrolle des Körpergewichts.
>
> Krankhafte Furcht, zu dick zu werden.
>
> Die Störung tritt nicht ausschließlich im Verlauf von Episoden einer Anorexia nervosa auf.

Die Psychoanalyse sieht die Ursache für die Bulimie in einer frühkindlichen Deprivation, die erst in der Pubertät sichtbar wird. Eine unbefriedigende Mutter-Kind-Beziehung in der frühen oralen Phase führt – nach diesem Erklärungsmodell – später zu unkontrolliertem Essverhalten.

Bulimie-Patientinnen bleiben nach psychoanalytischer Auffassung auf der Stufe des »primären Narzissmus« stehen; reife Objektbeziehungen werden dadurch verhindert. Betroffene Frauen wehren damit auch die weibliche Rolle ab. Teilweise werden die Fressattacken auch als sexuelle Ersatzbefriedigung interpretiert.

Die Leiterin des Frankfurter Zentrums für Essstörungen, Dr. Barbara Krebs, geht davon aus, dass ein beträchtlicher Teil bulimischer Frauen in ihrer Kindheit sexuell missbraucht wurde.

c) Magersucht (Anorexie): Seelenhunger

»Du hungerst noch immer?« fragte der Aufseher, »wann wirst du denn endlich aufhören?« »Verzeiht mir alle«, flüsterte der Hungerkünstler; nur der Aufseher, der das Ohr ans Gitter hielt, verstand ihn. »Gewiß«, sagte der Aufseher und legte den Finger an die Stirn, um damit den Zustand des Hungerkünstlers dem Personal anzudeuten, »wir verzeihen dir.« »Immerfort wollte ich, daß ihr mein Hungern bewundert«, sagte der Hungerkünstler. »Wir bewundern es auch«, sagte der Aufseher entgegenkommend. »Ihr solltet es aber nicht bewundern«, sagte der Hungerkünstler. »Nun, dann bewundern wir es also nicht«, sagte der Aufseher, »warum sollen wir es denn nicht bewundern?« »Weil ich hungern muß, ich kann nicht anders«, sagte der Hungerkünstler. »Da sieh mal einer«, sagte der Aufseher, »warum kannst du denn nicht anders?« »Weil ich«, sagte der Hungerkünstler, hob das Köpfchen ein wenig und sprach mit wie zum Kuß gespitzten Lippen gerade in das Ohr des Aufsehers hinein, damit nichts verlorenginge, »weil ich nicht die Speise finden konnte, die

mir schmeckt. Hätte ich sie gefunden, glaube mir, ich hätte kein Aufsehen gemacht und mich vollgegessen wie du und alle.«
(Franz Kafka, »Ein Hungerkünstler«)

Die akute Magersucht tritt in der Hauptsache bei Mädchen während der Pubertät und des frühen Erwachsenenalters (bis 25 Jahre) auf. Nach Prof. Volker Pudel von der Ernährungswissenschaftlichen Forschungsstelle der Universität Göttingen sind etwa ein Prozent der Frauen bis 30 Jahre betroffen (ca. 100 000 in der Bundesrepublik). Nur bis acht Prozent der Magersüchtigen sind Männer, wobei der Anteil zunimmt.
Magersüchtige verweigern die Nahrungsaufnahme mehr oder weniger völlig. Sie gehen extrem selbstzerstörerisch mit sich um, mitunter bis zur lebensgefährlichen Auszehrung. Die Mangelernährung hat oft schwerwiegende körperliche Konsequenzen:
Bei lang anhaltenden Hungerzuständen können Verfärbungen der Zähne, Zahnausfall, Hyperthermie, Hypotonie und Ödeme auftreten. Vor Ausbruch der Krankheit sind die Betroffenen oft angepasst und brav. Sie fallen in keiner Weise auf und erbringen hohe Leistungen in der Schule bzw. im Beruf. Dieser hohe Leistungsanspruch erhält sich auch während der Krankheit. Da in der Pubertät das Interesse am eigenen Körper und der Wirkung auf das andere Geschlecht erwacht, ist die Pubertät für die meisten Heranwachsenden eine schwierige Zeit. Die sekundären Geschlechtsmerkmale prägen sich aus. Brust und Po werden runder. Vielfach wehren sich die heranwachsenden Frauen dagegen und beginnen zu hungern: je dünner, desto attraktiver. Bei Magersüchtigen ist strengste Askese zu beobachten. Sie bleiben trotzdem erstaunlich lange leistungsfähig, treiben Sport und sind gut in der Schule. Es geht ihnen darum, nicht den Körper die Oberhand gewinnen zu lassen. Sie wehren sich stark gegen jeden Reifungsprozess, und sie erleben ihren Körper, obwohl ausgezehrt, als fett. Das Hungergefühl wird als Anzeichen für einen Sieg über den Körper erlebt – ganz abgesehen davon, dass Hungern sowieso euphorische Zustände hervorrufen kann. Die Pubertätsmagersucht hat unbewusst oft auch die Ursache, die Entwicklung der Geschlechtsreife aufzuhalten. Meist bleibt dann auch die Menstruation aus.

Diagnostische Kriterien der Anorexia nervosa

DSM-IV (APA 1996)	ICD-10 (Dilling et al. 1991)
	Heranwachsende Mädchen und junge Frauen, selten bei Jungen und jungen Männern und älteren Frauen.
Weigerung, das Minimum des für Alter und Körpergröße normalen Körpergewichts zu halten (z. B. der Gewichtsverlust führt dauerhaft zu einem Körpergewicht von weniger als 85 % des zu erwartenden Gewichts; oder das Ausbleiben einer während der Wachstumsperiode zu erwartenden Gewichtszunahme führt zu einem Körpergewicht von weniger als 85 % des zu erwartenden Gewichts).	Körpergewicht mindestens 15 % unter erwartetem Gewicht oder Body-Mass-Index (BMI) von 17,5 oder weniger.
Ausgeprägte Ängste vor einer Gewichtszunahme oder davor, dick zu werden, trotz bestehenden Untergewichts.	Körperschema-Störung in Form einer spezifischen psychischen Störung: Die Angst, zu dick zu werden, besteht als eine tief verwurzelte überwertige Idee.
	Möglich: Depressive Symptome, Zwangssymptome.
Störung in der Wahrnehmung der eigenen Figur und des Körpergewichts, übertriebener Einfluss des Körpergewichts oder der Figur auf die Selbstbewertung oder Leugnen des Schweregrades des gegenwärtigen geringen Körpergewichts.	
Bei postmenarchalen Frauen das Vorliegen einer Amenorrhoe, d. h. das Ausbleiben von mindestens drei aufeinander folgenden Menstruationszyklen (Amenorrhoe wird auch dann angenommen, wenn bei einer Frau die Periode nur nach Verabrei-	Endokrine Störung auf der Hypothalamus-Hypophysen-Gonaden-Achse (bei Frauen: Amenorrhoe; bei Männern: Libido-, Potenzverlust); verzögerte Abfolge der pubertären Entwicklungsschritte bei Beginn der Vorpubertät.

chung von Hormonen, z. B. Östrogen, eintritt).

> Gewichtsverlust selbst herbeigeführt durch:
> - Verhinderung hochkalorischer Speisen und / oder:
> - Selbstinduziertes Erbrechen
> - Selbstinduziertes Abführen
> - Übertriebene körperliche Aktivitäten
> - Appetitzügler und / oder Diuretika.

Bei ca. 30 Prozent der Betroffenen geht die Pubertätsmagersucht in eine chronische Magersucht über. Sie kann lebenslang bestehen bleiben. Die jungen Frauen essen dann gerade so viel, dass das Körpergewicht etwas über dem lebensbedrohlichen Untergewicht gehalten wird. Das Essen wird (wie bei der latenten Ess-Sucht) streng kontrolliert. Oft allerdings nimmt sich der Körper sein Recht, und es kommt zwischendurch zu Fressanfällen, denen allerdings mit Abführmitteln begegnet wird, mitunter auch mit Brechanfällen. Außerdem missbrauchen sie oft auch Appetitzügler.
Bei seelischen Problemen kann die chronische Magersucht wieder in eine akute übergehen. Im seelischen und sozialen Bereich besteht die Gefahr der Vereinsamung und der Depression. Bei fünf bis zehn Prozent der Betroffenen gibt es keine Hilfe mehr. Sie sterben an der Verweigerung der Nahrungsaufnahme, wenn ihr Zustand zu spät erkannt und behandelt wurde. Sie hungern sich – wie der »Suppenkaspar« in der Geschichte von Heinrich Hoffmann – zu Tode.
Bei allen drei Formen von Essstörungen kommt es oft zu Medikamentenmissbrauch. Neben Abführmitteln und Appetitzüglern werden auch Psychopharmaka und Alkohol häufig eingesetzt. Vielfach kommt es dadurch zu einer Sekundärschädigung, z. B. Tablettenabhängigkeit und den damit verbundenen körperlichen Problemen (Leber-, Magen-, Herz-Kreislauf-Beschwerden).

3. Sinn und Unsinn von Diäten

*»Männer machen Karriere
und Frauen machen Diäten«*

Wenn Dicke sich dünn zu machen versuchen, fällt ihnen meistens nur eines ein: Diät. Die einen schwören auf die Punkte-Diät, die anderen verschlingen Reis mit Weintrauben, die dritten verspeisen ausschließlich Eier und verbannen jedes Milligramm Kohlehydrate von ihrem Tisch – und alle tun dies, um abzunehmen. Wieder andere fahren ab auf die »revolutionäre Tiefenwärme«, auf »magic slim« oder die »Hay'sche Trennkost«. Seit ein paar Jahren ist das Fasten so beliebt, dass ein Buch über das Heilfasten monatelang auf der Bestsellerliste stand.
»Dreimal täglich sollst du dich bezwingen«, heißt es, aber man muss es ja nicht so machen wie der englische Boxer, der sich die Zähne verdrahtete, damit er den Mund nicht mehr aufmachen konnte.
Die älteste Diätregel »FdH« – »Friss die Hälfte« – ist inzwischen zu »FdV« – »Friss das Viertel« – zusammengeschrumpft. Am besten gefällt mir folgender Diät-Tipp: »Iss, so viel du willst von allem, was du *nicht* magst«.
Vom Fasten über »Computer-«, »Atkins-« und »Brigitte-Diät« bis hin zu den alljährlich in den Zeitungen publizierten, ganz besonders neuen Frühjahrskuren: 500 verschiedene Diäten, die sich zum Teil gänzlich widersprechen, haben Mediziner und Psychologen in den letzten Jahren entwickelt – nur man muss sie eben auch durchführen. Und dann ist noch immer die Frage, was davon bleibt, wenn die Diät einmal beendet ist. Diät allein, so kann man sagen, hilft nicht. Denn: Punktuelle Anfälle von Vernunft helfen kaum. Es nützt auch nichts, wenn man sich den Reithosenspeck absaugen oder abschaben lässt, gar seinen Darm kürzen oder den Magen vernähen lässt. Alles nützt nichts, wenn man nicht lernt, seinen Lebensstil zu ändern. Und das geht oft nur mit Psychotherapie oder Selbsthilfegruppen.

4. Psychotherapie und Selbsthilfe für Menschen mit Essproblemen

Sehr viel sinnvoller als Diäten scheint deshalb die psychotherapeutische Aufarbeitung der Hintergründe von Kummerspeck, Kalorien-Angst und Kilo-Gram. Schließlich haben zwei von drei Übergewichtigen nach einer vom Arzt verordneten Diät ihre Pfunde durchschnittlich nach sieben Monaten wieder drauf.
Wie bei allen Suchtformen gibt es drei Wege aus den Suchtproblemen:
- ambulante Psychotherapie;
- stationäre Psychotherapie;
- Selbsthilfegruppen.

1. Ambulante Psychotherapie
Sie ist sinnvoll, wenn die Patientin / der Patient noch in der Lage ist, den Alltag zu bewältigen, d. h., regelmäßig der Arbeit nachzugehen, einen Partner oder einen intakten Freundeskreis hat etc. Wenn die Suchtdynamik also noch nicht allzu selbst-destruktiv ist.
Man unterscheidet heute im Wesentlichen drei psychotherapeutische Richtungen, nach denen Essstörungen behandelt werden:
- Verhaltenstherapie;
- Psychoanalyse und tiefenpsychologische Therapie;
- Humanistische Methoden (Gesprächstherapie, Psychodrama, Gestalttherapie, Transaktionsanalyse, Bioenergetik etc.).

Jede der drei Richtungen unterscheidet sich von den anderen in ihrem Menschenbild, ihrem Krankheitsbegriff und ihren Methoden. Wer eine Psychotherapie sucht, sollte in etwa wissen, worauf er sich einlässt. Deshalb ist es notwendig, zu dem Therapeuten / der Therapeutin eine tragfähige Beziehung zu entwickeln.

2. Stationäre Therapie
Stationäre Therapie ist dann sinnvoll, wenn die Betroffenen nicht mehr in der Lage sind, ihren Alltag zu bewältigen, das Umfeld sehr destruktiv ist oder eine Magersüchtige z. B. an der Risikoschwelle steht. Dann ist es nötig, die Esssüchtigen für einen begrenzten Zeitraum (3 – 6 Monate) aus dem Umfeld herauszunehmen. In den Kliniken haben die Betreffenden – je nach therapeutischem Konzept – die Möglichkeit, Distanz zu ihren Schwierigkeiten zu bekommen, sie mit anderen Augen zu sehen und neues Verhalten und Erleben einzuüben. Für den Transfer des neuen Umgangs mit den Problemen in den Alltag ist es hilfreich, wenn in der

Klinik Partner- bzw. Familiengespräche stattfinden. Genauso wichtig ist die Nachsorge durch eine ambulante Psychotherapie bzw. Selbsthilfegruppen.

3. Selbsthilfegruppen

Es gibt eine Vielzahl verschiedener Selbsthilfegruppen, die sich mit Essstörungen befassen. Die bekannteste Organisation sind die »Overeaters Anonymous« (OA). Bundesweit sind es zurzeit etwa 100 Gruppen. Aber auch unbekanntere Gruppen (z. B. ANAD oder Cinderella) machen gute Arbeit. Außerdem existieren in vielen Frauenzentren feministisch orientierte Selbsthilfegruppen. Sie alle arbeiten nach verschiedenen Prinzipien. Selbsthilfegruppen sind sinnvoll in der Vorsorge, in der Nachsorge und auch komplementär zu laufenden psychotherapeutischen Behandlungen.

Bei diesen Selbsthilfegruppen geht es um einen angemessenen und gesunden Umgang mit dem Essen. OA-Mitglieder machen keine kurzfristige Diät, sondern essen nach einem genauen Plan. Ilonka besucht die »Anonymen Esssüchtigen« schon seit ein paar Jahren und schildert ihre Erfahrungen mit der Gruppe: »Dank der Overeater Anonymous hat sich einiges geändert: Ich lebe nach einem Essensplan. Das ist keine Diät im üblichen Sinne. Man isst dabei weniger Kohlenhydrate und lässt die Lieblingsfresserei weg. Aber ansonsten ist das eine normale Essensweise, die aber auch in ihrer Menge abgemessen ist. Seitdem esse ich langsamer und lustvoller. Ich habe auch nicht mehr so oft diesen Suchthunger. Vor allem kann ich heute zwischen echtem und Suchthunger unterscheiden.«

IV. Arbeiten

1. Arbeiten, um zu vergessen – Der Job als ehrbares Suchtmittel

> *»Die Welt ist fast ganz aufgeteilt, und was noch übrig ist,*
> *wird jetzt verteilt, erobert und kolonisiert.*
> *Man denke an die Sterne, die man des Nachts am Himmel sieht,*
> *diese unermesslichen Welten, die wir niemals erreichen werden.*
> *Ich würde die Planeten annektieren,*
> *wenn ich könnte.*
> *Daran muss ich oft denken.*
> *Es erfüllt mich mit Trauer,*
> *sie so klar und deutlich und doch so fern vor mir zu sehen.«*
>
> Cecil Rhodes, *Letzter Wille und Testament (1902)*

Kann Arbeit süchtig machen? Für viele ist das schwer vorstellbar. Schließlich hat gerade in Deutschland Arbeit ein hohes Sozialprestige, und Fleiß gilt immer noch als Haupttugend, denn der Deutschen liebstes Kind ist die Arbeit. Während die Franzosen, die Italiener und die Engländer als »faule Völker« eingestuft werden, sind die Deutschen fleißig, streb- und arbeitsam. »Der Mensch ist zur Arbeit geboren wie der Vogel zum Fliegen«, sagte Martin Luther. Und es gehört zum Credo der protestantischen Ethik, nicht allein auf das Leben nach dem Tode zu warten, sondern mit viel Arbeit das Himmelreich auf Erden aufzubauen. Ja, das hohe Arbeitsethos hat eine lange Tradition.

Zitate zur Arbeit:

»Der Segen Gottes ist im beruflichen Erfolg sichtbar.« (Johannes Calvin)
»Ora et labora« – Bete und arbeite. (Ordensregel)
»Es mag wohl sein, dass ich irgendwann sterbe – aber zur Ruhe setzen werde ich mich nie.« (Margaret Mead)
»Keine Moral ist so moralisch wie die Arbeitsmoral.« (John Kenneth Galbraith)
»Zeit ist Geld.« (Benjamin Franklin)
»Zeitvergeudung ist die erste und schwerste aller Sünden.« (Max Weber)

Wenn uns unsere Arbeitswut und Ordnungsliebe im Ausland neben Bewunderung und Achtung auch Spott und Misstrauen eingebracht haben, im Lande selbst war und ist man des Lobes voll: »Arbeit adelt«, »Arbeit

macht das Leben süß«, »Ohne Fleiß kein Preis«, sagen die tradierten Lebensweisheiten, in denen die deutschen Ideale sprichwörtlich geworden sind. Auch in »Arbeit macht frei«, wie es im Nazi-Deutschland an den Eingängen der KZs hieß, zeigte sich, wie todernst – im wahrsten Sinne des Wortes – die Deutschen ihre Arbeit nahmen und nehmen.
So ist es klar, dass es Proteste hagelt, wenn man Arbeit in Zusammenhang mit Sucht bringt. Gewöhnlich denkt man da nur an Fixer oder Alkoholabhängige. Um Missverständnissen vorzubeugen: Es geht hier nicht darum, Arbeit oder Fleiß zu diffamieren. Wenn hier von »Arbeitssucht« die Rede ist, so ist damit nicht jede Arbeit, nicht einmal jede übermäßige Arbeit gemeint. Hier ist vielmehr die Rede davon, dass gerade Arbeit in zunehmendem Maße als Mittel zur Flucht vor Konflikten benutzt wird. Immer mehr Menschen weichen Konflikten in der Partnerschaft oder der Familie aus, überspielen Gefühle innerer Leere und stürzen sich stattdessen lieber in Arbeit. Die Folge davon ist, dass man damit kaum noch aufhören kann, da andernfalls die verdrängten Konflikte wieder ins Bewusstsein zu treten drohen.
Arbeitssüchtige sind kaum in der Lage, sich Muße, Freizeit und Ferien zu gönnen. Das Einzige, was zählt, ist Arbeit. Arbeit ist für sie das ganze Leben. Walter, ein 38-jähriger Lehrer:
»Früher haben meine Arbeitsschwierigkeiten meinen Tagesablauf total bestimmt. Weil ich ja immer einen Riesenwust von Arbeit vor mir hatte, habe ich mich nicht getraut, feste Verpflichtungen einzugehen, Verabredungen im Voraus zu treffen, denn ich musste ja ständig arbeiten. Und wenn ich mich trotzdem mal mit Bekannten und Freunden getroffen habe, dann ist das immer aus der Situation heraus spontan geschehen, aber es war nie langfristig geplant. Insofern also muss ich sagen, meine Arbeitsschwierigkeiten haben mich dazu veranlasst, die Beziehungen immer nur auf ziemlich großer Distanz zu halten. Häufig habe ich mich eingebuddelt in meiner Arbeit, ich habe mich verschanzt hinter meinem ›Ich habe keine Zeit‹. Das kam mir vor wie eine riesengroße Mauer, hinter der ich gesteckt habe, die mir auch zum großen Teil Sicherheit gegeben hat. Denn an meinem Schreibtisch, da musste ich mich nicht mit den anderen auseinander setzen, da war ich in meiner gewohnten Situation. Dagegen in Freizeitsituationen, wo es um Spaß, um Vergnügen ging, da habe ich ja viel zu oft nur gelitten und hab die daher auch gemieden.«
In den USA, wo die meisten Untersuchungen über die Arbeitssucht gemacht wurden, hat man für »die Droge Arbeit« einen Begriff gewählt, der sehr an den »alcoholism«, den Alkoholismus, erinnert. Dort heißt Arbeitssucht »workaholism«, und der Arbeitssüchtige »workaholic«.

Der Verdienst, den Begriff »Arbeitssucht« hier in der Bundesrepublik bekannt gemacht zu haben, gebührt Dr. Gerhard Mentzel, ehemaliger Chefarzt der Hardtwaldklinik im nordhessischen Zwesten. Er schreibt in einer Untersuchung über die Arbeitssucht:
»Besonders auffällig ist, dass das Verhalten der Arbeitssüchtigen in erstaunlichem Maße dem der Alkoholiker gleicht ... Natürlich ist die Wirkung der ›Droge Arbeit‹ anders als die der ›Droge Alkohol‹ oder Heroin. Direkte Gesundheitsstörungen bleiben aus. Aber indirekt sind die Folgeerscheinungen nicht viel anders.«

Selbsteinschätzungsfragebogen zur Arbeitssucht

Bin ich gefährdet?   Ja   Nein
1. Meine Arbeit nehme ich mit in Freizeit, Wochenende, Urlaub ☐   ☐
2. Ich nehme meinen Jahresurlaub nicht vollständig   ☐   ☐
3. Meine Planung bezüglich Urlaub, Wochenenden und Feiertagen ist abhängig von den Vorgaben meiner Arbeit ☐   ☐
4. Ich arbeite auch, wenn ich krankgeschrieben bin   ☐   ☐
5. Ich denke häufig an meine Arbeit, auch in der Freizeit   ☐   ☐
6. Meine Arbeit bestimmt zum überwiegenden Teil meinen persönlichen Lebensstil ☐   ☐
7. Auf meinem Schreibtisch liegt Unerledigtes, und es fällt mir schwer, diese Arbeit liegen zu lassen. Die Liste der ausstehenden Arbeiten bleibt gefüllt ☐   ☐
8. Mit Beginn der Arbeit habe ich ein unwiderstehliches Verlangen weiterzuarbeiten ☐   ☐
9. Ich arbeite auch dann weiter, wenn ich müde bin   ☐   ☐
10. Ich neige dazu, mir einen Vorrat an Arbeit zu sichern   ☐   ☐
11. Für meine Familie, Partner(in) und meinen Freundeskreis habe ich zu wenig Zeit ☐   ☐
12. Ich habe keine Zeit für regelmäßig ausgeübte Hobbys   ☐   ☐
13. Ich verzichte wegen meiner Arbeit auf regelmäßige Mahlzeiten bzw. ernähre mich einseitig ☐   ☐
14. Ich benötige Tabletten oder Alkohol, um schlafen zu können ☐   ☐
15. Ich beobachte bei mir körperliche Symptome wie Magenschmerzen, Schlafstörungen, Schweißausbrüche, Herzrhythmusstörungen ☐   ☐
16. Arbeit verschafft mir ein Gefühl der Befriedigung und Erfüllung ☐   ☐

17. Es ist für mich eine schwer erträgliche Vorstellung, länger oder dauernd nicht mehr arbeiten zu können ☐ ☐
18. Ich habe den Eindruck, etwas Besonderes getan zu haben, wenn ich (z. B. anderen zuliebe) Arbeit aufschiebe oder eine Zeit lang ohne Arbeit auskomme ☐ ☐
19. Ich habe beobachtet, dass ich mich außer für meine Arbeit für wenig anderes interessiere ☐ ☐
20. Ich habe schon Tage und Nächte hintereinander gearbeitet, ohne ausreichend zu schlafen ☐ ☐
21. Ich wurde aufgrund von Überarbeitung, Magengeschwüren, Schlafstörungen, Stress, Zusammenbruch, Herzinfarkt in ein Krankenhaus aufgenommen ☐ ☐
22. Ich werde von anderen als arbeitswütig bezeichnet bzw. nenne mich selbst so (im Scherz oder auch stolz) ☐ ☐

Wenn man in diesem Fragebogen aus der Broschüre »Arbeitssucht« (hrsg. vom Gesamtverband Suchtkrankenhilfe, Nicol-Verlag, Kassel) mehr als 10 der Fragen mit JA beantwortet hat, sollte man seine Einstellung zur Arbeit einmal in Ruhe überdenken. Sollte man jedoch mehr als 15 Fragen eindeutig mit JA beantwortet haben, ist therapeutische Hilfe notwendig.

Karriere im Laufschritt
Gerade zurzeit haben die Workaholics wieder Hochkonjunktur. Die Rede ist von den 20-jährigen Brokern oder den Computerfreaks, die sechsstellige Jahresgehälter einfahren. Man spricht von der vielbeschworenen »Karriere im Laufschritt«, die gerade von Yuppies und solchen, die es werden möchten, angestrebt wird. Hieraus wird sich das Heer der »workaholics« in Zukunft rekrutieren (siehe dazu IV.3).
Denn das Klima in der Wirtschaft wird rauer. Viele kommen, sehen und müssen siegen – weil sie sonst untergehen oder das zumindest glauben. Und da fragt man sich – muss man arbeitssüchtig sein, um diesen Stress durchzustehen und Erfolg zu haben? Hans-Jürgen ist 38 Jahre alt, von Beruf selbständiger Journalist und Verleger:
»Also Suchtprobleme gibt es bei mir nicht. Ich bin schon über 17 Jahre Antialkoholiker, nur die Arbeit an sich, das war bei mir schon Sucht, und ich will sie auch wirklich so apostrophieren. Also meine ganze Erlebniswelt hat sich eigentlich auf den Betrieb, auf das Blatt, eingeschränkt. Es ist für mich dann tatsächlich so weit gewesen, dass ich einen Kampf, ob es auf Leben und Tod war, weiß ich nicht, aber auf des

Messers Schneide kann man schon sagen, geführt habe. Es war tagtäglich eine Existenzfrage.«

Und da gibt es Menschen, die arbeiten zehn, zwölf oder vierzehn Stunden am Tag, und das fünf, sechs oder gar sieben Tage in der Woche: ein Leben auf der Überholspur. Sie kennen kein Privatleben, und Freizeit ist ihnen ein Gräuel. Wer mehr als fünf Stunden schläft, ist für sie ein Penner. Sie können nicht nein sagen und haben die Fähigkeit verloren, richtig auszuspannen.

»Economic animals«
In der Psychologie werden solche »economic animals« oder »Arbeitstiere« als unglückliche Zeitgenossen betrachtet, die mit der Arbeitssucht ihre psychischen Probleme zu verdrängen suchen. Ihre Betriebsamkeit diene ihnen als Schutzwall gegen ihre Ängste. Der Mensch versuche, so meinen viele Psychologen, seine Ängste durch verschiedene Methoden zu kompensieren, wovon die eine zwanghaftes Arbeiten sei. Arbeit ist für manche Menschen eine Droge mit allen Folgen einer Suchtkrankheit.

Relativ einfach ist es auch für den Laien, den typischen Arbeitssüchtigen herauszufinden: Es ist der Mann, der auf drei Telefonen gleichzeitig telefoniert, nebenbei seiner Sekretärin Anweisungen gibt, währenddessen die Börsenkurse studiert, sich überlegt, wie und wann er am günstigsten zur Messe nach Hannover fährt, und sich ein paar Ideen zur nächsten Konferenz aufschreibt. Er ist einer von denen, die nie da sind, wo sie sich gerade aufhalten, sondern in Gedanken schon in der Zukunft. Er hat gleichzeitig mindestens sieben Eisen im Feuer und tanzt auf fünf Hochzeiten zur selben Zeit.

Arbeitslust und Arbeitsfrust
Schwieriger ist es, die Anfänge von Arbeitssucht festzustellen, zumal auch hier die Übergänge zwischen normalem und süchtigem Verhalten fließend sind. Dabei ist es ganz und gar nicht so, dass die Arbeitssucht eine »Managerkrankheit« ist. Tatsächlich sind Männer und Frauen aus verschiedenen sozialen Schichten und mit unterschiedlichen Berufen und Tätigkeiten der Arbeitssucht verfallen: Vom Handelsvertreter über Generaldirektor, Pfarrer und Krankenschwester bis hin zur Hausfrau, die als »Putzteufel« die Familie terrorisiert, reicht die Palette. Heide ist 35 Jahre und Lehrerin. Sie hat zwei Kinder und lebt von ihrem Mann getrennt:

»Aus dem, was ich bis jetzt erlebt habe, kann ich sagen, dass die Arbeit mir oft über manches weggeholfen hat und dass ich mich auch ziemlich oft in die Arbeit gestürzt habe. Dann habe ich mich doch auf meine Arbeit zurückgezogen; wenn Probleme anfielen, habe ich versucht, mich durch Arbeit abzulenken oder da wieder ein bisschen Selbstbewusstsein durch meinen Erfolg bei der Arbeit zu finden ... Ich habe in meiner Ehe ziemliche Schwierigkeiten mit meinem Mann gehabt. Der hat mich in vielen Punkten unter Druck gesetzt und auch sehr viel verlangt, und da bin ich eigentlich dadurch drüber weggekommen, dass ich mich halt in die Arbeit mit den Kindern und in meinen Beruf gestürzt habe und da halt auch ziemlich viel investiert habe, um die Probleme nicht so stark wahrzunehmen.«

Und auch Gerda, eine 36-jährige Journalistin, meint: »Arbeiten ist eine Schutzmauer für mich. Bevor ich meinen letzten Partner zu mir ins Haus nahm, da fragte er: ›Was machst du morgen?‹ ›Ich arbeite.‹ ›Was machst du übermorgen?‹ ›Ja, arbeiten, weißt du doch, das und das muss noch raus. Du weißt doch, der Verlag wartet auf das Manuskript.‹ ›Ja, und den Tag darauf?‹ ›Da muss ich meine Wohnung putzen, ich muss doch meine Gardinen waschen und meine Kleider ändern‹, und so ging das in einer Tour. Das war vor einem Jahr, da habe ich erst gemerkt, dass ich mich hinter Arbeit verschanze, um nicht meine Angst vor Nähe zu spüren.«

Auf den ersten Blick könnte man dieses Verhalten als Zeichen besonderer Strebsamkeit und großen Engagements ansehen. Bei kritischer Betrachtung kann man das vielleicht noch als übersteigerten Ehrgeiz und Karrieresucht verstehen. Und sicher trifft dies auch auf manchen zu. Besonders dann, wenn seine Tätigkeit ihn befriedigt, weil er sich dabei mit seinen Fähigkeiten selbst verwirklichen kann. Inzwischen wissen wir, dass dieses ungewöhnliche Verhalten Warnzeichen der Arbeitssucht sein kann, wo die Arbeit als eine Art »Droge« benutzt wird, um seelische Konflikte unter Kontrolle zu halten – genauso wie durch Alkohol oder Medikamente.

Anne, eine Krankenschwester: »Ich bin OP-Schwester. Das ist normalerweise sowieso schon ein recht hektischer Beruf, wo man eigentlich ziemlich rasch arbeiten muss, viel kombinieren muss, also an körperlicher, manueller und geistiger Arbeit, wo starke Konzentration gefordert wird. Und das setzt normalerweise schon ein unwahrscheinliches persönliches Engagement voraus, wenn man wirklich optimal mitarbeiten will. Allerdings merke ich manchmal, dass ich mich in eine richtige Euphorie hineinarbeite. Ich habe mich selbst einmal beobachtet und hatte das Gefühl, ich müsste auf alle entsetzlich hektisch wirken. Ich konnte überhaupt nicht mehr aufhören, so schnell arbeitete ich und drehte und wendete mich. Es ging hin und her. Es ging zwar alles gut, ich habe nie etwas kaputtgemacht dadurch oder schlechter gemacht, aber ich habe gemerkt, wenn das so weitergeht, dann könnte ich zusammenbrechen, weil ich mich so stark überfordere.«

Zwar dürfen die »Arbeits-Junkies« bei uns noch ziemlich ungehindert ihrer Sucht frönen. Vielfach ernten sie sogar Applaus, wenn sie mit Leitzordnern ins Bett gehen und auch noch im Wartezimmer des Zahnarztes Börsenberichte studieren.

Die Spannungen, die sich aus einem so unausgeglichenen Lebensstil ergeben, stellen für den Arbeitssüchtigen und die Mitbetroffenen ein menschliches Dilemma dar. Für den Unbeteiligten aber sind seine Reaktionen eine nicht versiegende Quelle von Komik und Heiterkeit.

Workaholic-Storys
Die amerikanische Psychologin Marilyn Machlowitz hat über die »workaholics« ein Buch geschrieben. Sie berichtet darin zum Beispiel über zwei Männer, die gewettet haben, wer an einem bestimmten Tag mehr arbeiten würde. Der eine brachte es dann in der Tat auf 24 Arbeitsstunden und hatte dennoch die Wette nicht gewonnen, denn sein Mitbewerber war an jenem Tag mit dem Flugzeug von New York nach Kalifornien geflogen und konnte aufgrund der Zeitverschiebung 27 Arbeitsstunden nachweisen: »Action« ist für Arbeitssüchtige »satisfaction«.

Es ist wie in dem Märchen von der »goldenen Gans«. Was immer der Arbeitssüchtige anpackt – es wird Arbeit. Jedes Hobby wird nach kurzer Zeit eine Pflicht oder ein Job. Die *New York Times* veröffentlichte über einen prominenten Industriellen ein Porträt, in dem zu lesen stand, dass er noch nie Urlaub gemacht habe. Der Arzt hatte ihm daher versichert, der geeignete Kandidat für einen Herzinfarkt zu sein, wenn er sich nicht bald ein Hobby zulege. Daraufhin begann der Mann wie besessen Uhren zu sammeln, sodass ihm sein Arzt schließlich auch das verbot.

Als ein Mitarbeiter seinem arbeitssüchtigen Kollegen erzählte, dass er am Wochenende am Strand gelegen, spazieren gegangen und Zeitung gelesen hatte, erwiderte dieser ungläubig: »Und dazu braucht man das ganze Wochenende?«

Zahlen und Zeiten
Die Zahl der Arbeitssüchtigen liegt im Dunkeln. Zumal die Betroffenen meist nichts von ihrer Abhängigkeit ahnen, sondern sich das Deckmäntelchen von Verantwortung, Tüchtigkeit und Terminen überstreifen. Al-

lerdings gibt es ein paar Hinweise auf das Ausmaß dieser Sucht: Prof. Detlef Müller-Böling hat 1988 an der Universität Dortmund in einer Studie an 1500 Topmanagern festgestellt, dass sie durchschnittlich pro Woche 59 Stunden arbeiten. Dabei arbeiten nur fünf Prozent unter 50 Stunden, 34 Prozent arbeiten 50 bis 60 Stunden, 45 Prozent zwischen 60 und 70 Stunden und 15 Prozent sogar über 70 Stunden pro Woche, und heute sieht es eher noch schlimmer aus.
Ulli, 37, ist Prokuristin in einer internationalen Steuerberatungsgesellschaft:
»Ich würde sagen, in dieser Preisklasse, in der ich mich bewege, ist also mit dem 8-Stunden-Tag überhaupt nichts zu erreichen. Also ich komme, um das zu erläutern, ungefähr Viertel nach acht, halb neun ins Büro, habe manchmal eine Stunde Mittag, manchmal auch nicht, und gehe eigentlich vor halb sieben nie aus dem Büro. Das sind eigentlich Ausnahmefälle. Ich gehe auch sehr oft erst um sieben oder halb acht nach Hause. Und das, würde ich sagen, ist der Durchschnitt. Wenn man sich anschaut, wie viel z. B. bei amerikanischen Banken gearbeitet wird, dann ist das noch wesentlich mehr. Da ist der Normalfall, dass man um acht abends nach Hause geht und auch am Samstag noch mal im Büro ist.«

Und genau hier kann die Arbeitssucht anfangen: dann nämlich, wenn sich Menschen immer wieder Situationen schaffen müssen, in denen sie wieder mal so richtig arbeiten dürfen. Thomas Leithäuser, Professor für Psychologie an der Universität Bremen, spricht deshalb von einem Arbeitszwang:
»Man kann von einem inneren Zwang zu arbeiten sprechen. Arbeitssüchtig ist ein Mensch dann, wenn er sich keine Muße, keine Freizeit und keine Ferien gönnen kann oder wenn er meint, er kann es sich nicht gönnen. Des Weiteren kann man einen Arbeitssüchtigen so beschreiben, dass er es schwer hat, befriedigende und lustvolle Beziehungen zu anderen Menschen fern vom Prinzip der Arbeit herzustellen. Das ist Arbeitssüchtigen kaum möglich. Das Wichtigste dabei ist, dass dieses Verhalten zwanghaft geschieht. Es ist ein innerer Zwang. Das ist das eigentliche krankhafte Moment an der Arbeitssucht, dass es sich hier um einen inneren Zwang handelt, dass man so handeln muss, wenn man auch anders möchte, so doch nicht anders handeln kann« (siehe dazu IV.3).
Arbeitssucht zählt zu den stoff*un*gebundenen Suchtformen. Das heißt, es gibt hierbei nicht wie beim Alkoholiker oder Fixer eine Substanz, die man sich zuführt, um »high« oder betrunken zu sein, sondern der Körper erreicht das durch Produktion eigener Substanzen, also körpereige-

ner »Endorphine« oder Weckamine! Der Arbeitssüchtige produziert sich somit seinen Stoff selbst (siehe dazu I.1–I.3). Und Professor Rudolf Affemann, Leiter des »Institutes Mensch und Arbeitswelt« in Baden-Baden, meint:
»Die Leute sind aus dem Gleichgewicht geraten, und das hat zur Folge, dass sie nur zu oft arbeitsabhängig werden. Sie brauchen die Arbeit, um die Löcher, die in ihrer Persönlichkeit entstanden sind, auszustopfen, und sie brauchen allmählich den Stress, um sich auf Touren zu halten. Man kann das bei dieser Art von Menschen beobachten, auch in ihrer Freizeit oder im Urlaub. Sie sind ständig auf Achse. Sie haben ständig ein Programm. Sie sind stolz darauf, dass ihr Terminkalender auch im Privatbereich ausgebucht ist. Wenn sie im Urlaub sind, haben sie da auch wieder soundso viele Aktivitätspunkte, soundso viele Programme, die sie absolvieren müssen. Das ist ein untrügliches Kennzeichen für diese Art von Manager. Er ist nicht mehr imstande, zur Ruhe zu kommen. Und das ist natürlich für seine Laufbahn auch wiederum gefährlich, wenn er nicht mehr zur Ruhe kommen kann, dann kann er auch nicht mehr ruhig nachdenken ... Ich kann dies vielleicht auch an folgenden Gedanken noch mal deutlich machen: Durch diese einseitige Art, zu leben, laufen die privaten Lebensbeziehungen leer. Deshalb hat man ja auch zu wenig an Privatem. Wenn einer verheiratet ist, wenn einer Kinder hat – und meistens sind das ja nach wie vor die männlichen Führungskräfte –, dann passiert nicht selten eine gewisse Isolation in der Familie: Die Familie gewöhnt sich daran, dass der Mann, dass der Vater eben überwiegend nicht da ist. Die Familienmitglieder machen sich dann selbständig auf ihre Weise. Und wenn der Ehemann bzw. Familienvater nun wirklich mal in der Familie leben will, dann merkt er, dass er ein Fremdkörper ist. Auf diese Weise wird er noch mehr auf seine Arbeit verwiesen, seine Arbeit wird immer mehr zu seinem Leben. Er braucht dieses Lebenselixier der Arbeit, um sich Erfüllung zu geben und um sich fit zu halten.«
Wie sehen die körperlichen Störungen von Arbeitssüchtigen aus? Professor Affemann:
»Das beginnt zunächst mal bei gewissen Funktionsstörungen. Frühzeitig ist die Fähigkeit beeinträchtigt, abschalten zu können. Das ist auch leicht nachfühlbar: Wenn man den ganzen Tag im Hochdruck war und viele Termine gehabt hat, dann dreht sich das abends weiter. Schon aus Gründen der Fitness sagt man, ›Ich verzichte auf das Rauchen‹, dann muss man abends oft einiges an Alkohol trinken, um die Nerven beruhigen zu können. Das geht jedoch weiter, manche können trotzdem nicht schlafen und nehmen dann Schlafmittel. Am nächsten Tag ist man nicht

genügend ausgeschlafen. Man muss ja fit sein, man steht ja unter Erfolgszwang, also ist man dann geneigt, Mittel zu nehmen, die wieder wach machen und die einen fit halten. Also das ist das Erste, gewisse vegetative Funktionsstörungen sind da. Stressstörungen sind die Folge, das sind Störungen, die den Blutdruck heraufsetzen. Manchmal spürt man ein Engegefühl in der Herzgegend, oder die Durchblutung des Magen-Darm-Traktes ist schwach: Man neigt dazu, Magengeschwüre zu kriegen oder Ähnliches. Und wenn Sie nun das, was eben über Funktionsstörungen gesagt wurde, verlängern, dann entstehen eben bestimmte Krankheiten.«

In der Medizin unterscheidet man zwei Personengruppen, die in ihrer körperlichen Funktionsweise stark voneinander abweichen: Typ A und Typ B. In vielem sind Arbeitssüchtige wie Typ A, der stark herzinfarktgefährdet ist:
– Er ist immer in Zeitnot, will stets pünktlich sein.
– Er kann nicht ruhig sitzen und niemals untätig sein.
– Er geht und isst schneller als andere.
– Er beschäftigt sich oft mit mehreren Dingen gleichzeitig.
– Er unterstreicht seine Aussagen mit Gesten, trommelt auf den Tisch.
– Sein Lachen ist hart.
– Er ballt die Hände zu Fäusten.
– Er ist leicht erregbar, ehrgeizig und hat wenig außerberufliche Interessen.
– Er verbirgt seine wahren Gefühle.
– Er kann nicht warten.

Arbeitssucht-Typen
Dabei ist arbeitssüchtig nicht gleich arbeitssüchtig. So unterscheidet die amerikanische Psychologin Marilyn Machlowitz vier Arten von Arbeitssüchtigen:

Der eingleisige Arbeitssüchtige:
Er entspricht genau dem Stereotyp vom »gewöhnlichen Arbeitssüchtigen«. Er probiert erst gar nicht, auch andere Interessen in seine Arbeit mit einzubeziehen, weil er gar keine hat. Die eingleisigen Arbeitssüchtigen wirken oft langweilig, humorlos und starr – und sie sind es meistens auch.

Der vielseitige Arbeitssüchtige:
Ihm bedeutet Arbeit zwar auch alles, aber ihm gelingt es, in die Arbeit auch andere Interessen zu integrieren. Aufgrund ihrer Persönlichkeit

oder aus beruflichem Interesse integrieren diese Arbeitssüchtigen Sozialkontakte und Reisen in ihre Arbeit.

Der »Hans-Dampf-in-allen-Gassen«:
Er verzettelt sich oft, hat seine Finger überall drin und tanzt auf vielen Hochzeiten gleichzeitig, ob nun bei der Arbeit oder in seiner Freizeit. Er wirkt überdreht und unstet. Solche Leute wechseln oft ihre Stellung und ihr Betätigungsfeld. Ihre Interessen sind so vielseitig, dass sie einem vorkommen, als säßen sie auf einem sich immer schneller drehenden Karussell.

Der passionierte Arbeitssüchtige:
Seinen Freizeitaktivitäten geht er mit ebenso großer Leidenschaft, Umsicht und in gleichem Maße nach wie seiner Arbeit. Hobbys sind für ihn eine »andere Art von Arbeit«: Ihm ist das ganze Leben Arbeit.

Eine etwas andere Typeneinteilung stammt von Dr. Stefan Poppelreuter, Psychologe an der Universität Bonn, der sich im Rahmen seiner Dissertation mit dem Thema Arbeitssucht beschäftigte:

Der entscheidungsunsichere Arbeitssüchtige:
Er erlebt oftmals einen Arbeitsstau und neigt dazu, mehr als nötig zu tun, da er sich nicht für einen Lösungsweg entscheiden kann und sich dadurch verzettelt.

Der zwanghafte Arbeitssüchtige:
Er hat einen ausgeprägten Hang zum Perfektionismus und möchte alles möglichst 200-prozentig machen.

Der verbissene Arbeitssüchtige:
Das sind diejenigen, die sich ganz in eine Aufgabe verbeißen und nicht locker lassen, bis diese gelöst bzw. zu Ende gebracht ist – koste es, was es wolle, und sei die Arbeit sinnvoll oder nicht.

Der unflexible überforderte Arbeitssüchtige:
Er ist nicht in der Lage, flexibel auf verschiedene Anforderungen und Ansprüche zu reagieren. Er hält krampfhaft an ein und demselben Schema fest, sodass ihm die Arbeit irgendwann über den Kopf wächst.

Die von Poppelreuter entwickelten Kategorien sind allerdings nicht ganz klar voneinander zu unterscheiden, deshalb bezieht sich die populäre Literatur zur Arbeitssucht meist auf Machlowitz.

Gemeinsam ist allen Typen die Unfähigkeit, ihr Leben ohne ein Übermaß an Arbeit genießen zu können. Arbeit ist ihnen Genuss – zumindest ergeben das Befragungen der Betroffenen. Arbeitsfreie Zeit ist für sie verlorene Zeit, schwer zu ertragen und nur durchzuhalten, wenn in Ferien und Freizeit ständig an die Arbeit gedacht werden kann. Es leidet eher das Umfeld als der Arbeitssüchtige. Zum Beispiel bei Hans-Jürgen: »Die Familie, die kam natürlich viel zu kurz, und da ist die Reizbarkeit von mir auch natürlich mit hineingetragen worden. Die Familie hatte stark drunter zu leiden, was von mir allerdings gar nicht so zur Kenntnis genommen wurde. Ich war der Meinung, durchaus ein guter Ehemann und Familienvater gewesen zu sein. Ich hab nur ein Kind. Mir kam also zumindest in den letzten Jahren überhaupt nicht in den Sinn, dass zu einem Familienleben auch ein bisschen mehr gehört als nur die Versorgung.«

Oft werden mit arbeitssüchtigem Verhalten auch Kontaktprobleme zugedeckt. Gerd, ein 36-jähriger Bankmanager, sagt:
»Also bei mir ist das sicherlich so, dass ich ganz oft auch vermindertem Kontakt zu anderen Leuten damit ausgleiche. Ich denke, ich ergänze unheimlich viele Defizite in meinem Leben durch meine Aktivität. Ich denke, ich überarbeite mich oft und arbeite viele Probleme weg von mir. Das ist ganz einfach. Erst mal sieht die Gleichung so aus: ›Arbeit ist immer sinnvoll, und damit ist sie immer gut.‹ Und somit setze ich mich mit vielen Dingen in meinem Leben nicht auseinander, also zum Beispiel mit den ganz massiven Beziehungsschwierigkeiten, die ich habe. Damit setze ich mich nicht auseinander, indem ich einfach anfange zu arbeiten. In keiner Situation kann ich so gut arbeiten, wie wenn ich mich mal wieder richtig fröhlich von jemandem getrennt habe. Dann geht es besonders gut. Da ist also erst mal ›Der beweis ich's‹ meistens drin, zweitens so dieses Moment ›Ach, was ein Glück, vorbei‹, und das dritte ist: ›So, jetzt hast du endlich Zeit, wieder was Sinnvolles zu tun. Das andere war ja eh alles nur Zeitverschwendung.‹«

Eigenschaften der Arbeitssüchtigen

Bei der Arbeitssucht haben sich in unserer Leistungsgesellschaft hoch geschätzte Eigenschaften wie Fleiß, Zielstrebigkeit und Ehrgeiz so weit verselbständigt, dass folgenschwere Verhaltensstörungen, Depressionen und psychosomatische Erkrankungen auftreten. Obwohl diese in ihrer Gesamtheit und ihrem Verlauf das Bild einer Suchtkrankung zeichnen, wird sie auch von Ärzten meist verkannt. Anders aber als bei den bekannten Süchten wird hier der Süchtige in seinem Verhalten durch Anerkennung von Bekannten, Kollegen und Vorgesetzten bestärkt. Und er zieht vielfachen Nutzen aus seiner Sucht. Ein paar Beispiele:

Arbeitssüchtige

- können an nichts anderes mehr denken als an die Arbeit;
- zwingen andere Menschen, sich nach ihrem Tagesablauf zu richten, und dürfen andere Menschen warten lassen;
- brauchen keine Selbstdisziplin zu üben. Die anderen haben sich ja nach ihnen zu richten;
- dürfen ihren Zwängen nachgeben. Wer einen Schlafzwang oder einen Waschzwang hat, gilt als neurotisch. Wer einen Arbeitszwang hat, gilt als vorbildlich;
- dürfen nervös sein;
- dürfen masochistisch sein: viel rauchen, trinken und essen, ihre Gesundheit ruinieren, Raubbau mit ihren Kräften treiben;
- können alle Launen, allen Unmut durch ihre Arbeitsbelastung erklären und dürfen darüber klagen;
- sagen statt »Guten Tag«: »Hat jemand für mich angerufen?«
- betreiben auch Hobbys unter Leistungsaspekten;
- haben so viel Energie, dass sie nicht stillsitzen und nicht zuhören können;
- akzeptieren die Tatsache nicht, dass andere Menschen Freizeit oder gar Urlaub brauchen;
- dürfen zu Hause müde sein;
- können es sich erlauben, in ihrer Freizeit so vollständig abzuschlaffen, dass sie genauso unerreichbar bleiben wie während ihrer Arbeit;
- machen den Esstisch zum Schreibtisch und das Schlafzimmer zum Büro;
- betrügen ihren Partner mit der Arbeit;
- vermeiden so die Angst, dass menschliche Kontakte unbefriedigend sein können;
- »tun das alles« für die Familie, nur Zeit geben sie ihr nicht;
- müssen sich nicht einsetzen, wenn mal ein Familienmitglied krank wird oder Probleme hat;
- dürfen über Kleinigkeiten meckern (ungeleerte Papierkörbe, unordentliche Schreibtische, Unpünktlichkeit anderer Menschen);
- können ihre Angst vor dem Nichtstun in Arbeit ertränken;
- erheben sich über die Masse der Menschen;
- erleben immer wieder Neues und Interessantes;
- finden immer eine Möglichkeit zu dokumentieren, wie wichtig sie sind;
- nehmen sich das Recht, im Beruf wie privat arrogant zu sein;
- sind unkooperativ. Sie setzen sich gegen andere durch, befriedigen ihren persönlichen Ehrgeiz;
- versprechen immer wieder, dass »später« einmal alles anders wird, nur wann dieses »Später« ist, wissen sie trotz genauester Zeitplanung nicht.

Hier zeigen sich Fehlverhaltensweisen in dem Sinne, dass Egoismus und Solidarität, Aktivität und Passivität, Emotion und Rationalität, Wohlbefinden und Unwohlsein nicht mehr im Gleichgewicht zueinander stehen.

Der amerikanische Psychotherapeut Jay B. Rohrlich schreibt in seinem Buch »Arbeit und Liebe« den Arbeitssüchtigen folgende Eigenschaften zu:

»1. Unbehagen gegenüber Eigenschaften wie Gefühl, Phantasie und Spontaneität.
 2. Er ist besessen von genauen Definitionen, Zielen, Verfahrensweisen, Fakten, Listen, Messungen, Methoden, Arten des Vorgehens und Strategien. Er kann das ›Unbeschreibliche‹ nicht akzeptieren.
 3. Ein Arbeitssüchtiger ist ein Geschöpf des Aggressionstriebes; Konzentration und Disziplin stellen eine Form der gegen das eigene Selbst gerichteten Aggression dar.
 4. Er kann nicht in der Gegenwart leben. Sein Bewusstsein ist durch Ziele und Produkte, die Endpunkte eines linearen Arbeitsprozesses, bestimmt.
 5. Effizienz und Effektivität gehören zur Religion des Arbeitssüchtigen. Ziele müssen in möglichst kurzer Zeit mit dem Mindestaufwand an Energie und Zeit erreicht werden.«

Das Zeigen menschlicher Schwäche fällt dem Arbeitssüchtigen besonders schwer. Er unterdrückt vor allem Gefühle, die seine Leistungsfähigkeit beeinträchtigen können: Müdigkeit, Ärger, Unlust und Verzweiflung. Ein Unternehmer sagt: »Schwach sein ist eine gewisse Leistungsunfähigkeit. Das kann sowohl im beruflichen wie im privaten Bereich vorliegen oder ganz einfach im seelischen Bereich. Unfähigkeit zu trauern ist eine Schwachstelle bei dieser betreffenden Person, die der hat. Ich glaube, das sind Fragen des Gemütszustandes, der Nerven.«

Zu den Gemeinsamkeiten der Arbeitssüchtigen gehört auch, dass vor allem ihre Kontakte zu anderen Menschen gestört sind. Sie »benutzen« die anderen nur, um in ihrem süchtigen System voranzukommen, sie funktionalisieren sie. Alle Sozialbeziehungen werden dem Götzen »Arbeit« geopfert. Kontakte werden nur zu solchen Menschen gepflegt, die »was bringen«. Ein »abgestürzter« Karrierist sagt im Rückblick auf seine Karriereambitionen:

»Man sucht sich einfach die Freunde aus unter Gesichtspunkten, wie sie für die Karriere von Vorteil sind. Man ist nicht darauf aus, sich mit den Gedanken und Ideen und den Interessen der anderen zu treffen ... Man gibt es auf, Leute zu verstehen, und opfert das Verständnis für die Karriere.«

Arbeitssüchtige verachten alle, die nicht so arbeiten wie sie, und sie versuchen ständig, andere für ihre Ziele einzuspannen. Der Mitmensch wird von ihnen nur in der Rolle, die für die eigene Arbeitswelt von Bedeutung ist, erlebt und gesehen. Eine im Umgang mit Arbeitssüchtigen erfahrene New Yorker Psychiaterin meint, dass Arbeitssüchtige entweder Abstand oder Macht brauchten. Sie könnten mit zwischenmenschlichen Beziehungen nichts anfangen, weil es einfacher sei, eine Beziehung zur Arbeit aufzubauen als zu einem Menschen, und sie bei der Arbeit viel mehr Befriedigung fänden.

Der US-Psychiater Perry Ottenberg hat das »neurotische Gesundheit« genannt. Man kann sagen, dass Arbeitssucht eine Erscheinungsform der Maßlosigkeit ist.

Um so ein System von Suchtstruktur aufrechterhalten zu können, strickt sich der Arbeitssüchtige eine Ideologie »Marke Eigenbau«: »Life is rough and if you wanna survive, you've gotta be tough« (Das Leben ist hart, und wenn du überleben willst, musst du hart sein), ist der Tenor dieser Arbeitssuchtideologie. Walter, der Lehrer war, meint:
»Als ich noch in der Schule war, war das Arbeitspensum sowieso gewaltig. Und dieses gewaltige Arbeitspensum habe ich noch aufgebauscht durch meine Arbeitsschwierigkeiten. Ich musste so ca. 60 Stunden, zum Teil 70 Stunden pro Woche arbeiten, inklusive meiner Unterrichtszeit. Bedingt durch meine Arbeitsstörungen ist das dann auf 80, zum Teil 90 Stunden gekommen, ein Aufwand, der mir praktisch jede Freizeit genommen hat. Und wie ich heute weiß, war das kein Zufall, dass mir gerade die Freizeit verleidet wurde: Ich hatte nämlich viel zu viel Angst vor der Freizeit.«

Arbeit und Freizeit

Im Gegensatz zu den Alkohol- und Esssüchtigen, die labil, passiv und »sich-gehen-lassend« wirken, erscheinen die Arbeitssüchtigen aktiv und lebenstüchtig. Sie sind ständig am Werkeln, kommen nicht zur Ruhe, ihre Gedanken drehen sich ständig um alle möglichen Tätigkeiten. Selbst in der Freizeit, wenn sie sich so etwas überhaupt zugestehen, lesen sie Fachbücher und Fachzeitschriften, und im Urlaub fahren sie an Orte, die sie beruflich irgendwie »verwerten« können. Sie können nicht wirklich entspannen. Statt sich in der Freizeit und im Urlaub zu entspannen, sind Arbeitssüchtige gereizt, unzufrieden und von innerer Unruhe geplagt. Wenn sie lesen, so ist dies sachbezogen, wenn sie spazieren gehen, zumindest konstruktiv: undenkbar für einen Arbeitssüchtigen – so eine amerikanische Freizeitberaterin spöttisch –, einen Spaziergang zu genießen, ohne wenigstens die Namen der Bäume und Insekten zu kennen.

Heidi erzählt:
»Wenn ich wirklich Freizeit habe, da kann ich eigentlich sehr schlecht mit umgehen. Dann suche ich mir verzweifelt was zu tun, und wenn's Fotos einkleben ist oder irgendwas zu räumen. Oder ich fange plötzlich an, die Schränke von innen sauber zu machen oder so was Exotisches. Ich versuche, auch diese Freizeit dann mit irgendwas Arbeitsähnlichem auszufüllen. Und wenn ich dann wirklich mal sage: Also jetzt muss ich doch mal was für mich machen, dann muss ich mich schon dazu zwingen.«

Die meisten Menschen freuen sich auf ihren Feierabend, das Wochenende oder den Urlaub. Nur wenige leisten dauernd und freiwillig Überstunden bis tief in die Nacht, nehmen sich für das Wochenende Arbeit mit nach Hause und sind sogar im Urlaub noch mit den Gedanken bei der Arbeit. Arbeitssüchtige sind nie weniger entspannt, als wenn sie Entspannung suchen. Denn Entspannung können sich Arbeitssüchtige nur gestatten, wenn sie einmal krank sind: »Wenn der Körper wirklich mal nicht mehr anders kann, wenn ich wirklich ganz fertig bin, dann kommen automatisch irgendwie Kopfschmerzen oder Übelkeit, dass ich von daher also die Begründung für mein Ausruhen finde. Und da lege ich mich dann ins Bett, weil ich glaube, dann eben krank zu sein. Ja, dann kann ich mir das gestatten. Nur einfach so zum Ausruhen – glaube ich – schaffe ich das einfach nicht« (Heidi).

So manches, was Arbeitssüchtige als Entspannung ausgeben, ist nur eine andere Form von Arbeit: Ein Arbeitssüchtiger, der morgens um fünf Uhr regelmäßig seinen Dauerlauf absolviert, tut dies nicht zum Spaß und denkt nicht an seine Gesundheit, sondern nur daran, erfrischt und mit neuer Energie noch ein paar Stunden länger arbeiten zu können. Lawrence Susser, ein amerikanischer Psychiater, der sich auf die Probleme von Arbeitssüchtigen spezialisiert hat, hält es für lebensnotwendig, dass seine Klienten einen Ausgleich zwischen Arbeit und Freizeit finden. Er ist überzeugt: Arbeitssüchtige begehen langsam Selbstmord, wenn sie ihrem Bedürfnis nach Entspannung nicht nachgeben.

Nun könnte man denken: Arbeit und Aktivität sind doch auch eine Art und Weise der Selbstverwirklichung, des »Sich-selbst-Ausdrückens«, und mit Tätigkeiten hinterlassen wir eine Spur im Treibsand der Geschichte. Und das ist sicher auch so. Nur bei Arbeitssucht ist die Arbeit keine Selbstverwirklichung mehr, sondern eine Methode, um vor sich selbst und dem ganzen Leben davonzulaufen. Wer ständig keine Zeit hat, hat auch keine Zeit, sich mit sich selbst zu konfrontieren. Eine 27-jährige Studentin:

»Es stellt sich die Frage: Was würde ich machen, wenn ich nicht arbeiten würde. Und da habe ich keine Alternative. Also arbeite ich. Es ist auch ganz klar so, dass ich zugunsten meiner Arbeit viele Sachen einfach nicht mache, obwohl ich sie machen könnte. Ich sag schon auch: Das ist gut und sinnvoll und wichtig und bringt dich weiter, die Arbeit. Also das Ganze ist einfach unheimlich positiv für mich beladen, so: ›Da hast du wenigstens was geschafft.‹«

Was Erich Fromm unter »vita activa«, einem aktiven Leben, verstand, ist sicher nicht identisch mit dem, was Arbeitssüchtige mit ihrem Leben so veranstalten. Zwar sind sie immer aktiv – aber sie sind zwanghaft aktiv. Sie können nicht passiv sein und sich entspannen, und genau deshalb sind sie ständig am »Rumwerkeln« und »Gschaffthubern«. Auch der Urlaub sieht entsprechend aus: Sie wandern, machen Aktivurlaub oder Bildungsreisen. Alles, was sie tun, muss einen äußerlich nachprüfbaren Effekt und Sinn haben.

Ursachen der Arbeitssucht
Wie alle Suchtformen entwickelt sich die Arbeitssucht allmählich. Am Anfang der Suchtproblematik steht oft die Flucht in die Arbeit, um mit Enttäuschungen und unangenehmen Erlebnissen wie dem Tod von Angehörigen, Scheidungen und Ähnlichem besser fertig zu werden. Vorübergehend kann diese Haltung sehr hilfreich sein. Bleibt der Betreffende aber dauernd dieser Verhaltensweise verhaftet, um sich nicht mit der unverarbeiteten Realität auseinander setzen zu müssen, dann missbraucht er seine Arbeit, so wie ein Alkoholiker sein Suchtmittel missbraucht. Und die Basis für diese Suchtstrukturen wird allzu oft schon in der Kindheit gelegt. Schon in der Familie übt sich, wer ein Arbeitssüchtiger werden will. Eine Betroffene erzählt:

»Die einzige Möglichkeit, sich Selbstwert und Wichtigkeit in der Familie zu holen, war zu arbeiten. Das ist das eine. Also sozusagen: Wer nicht arbeitet, der darf auch nicht essen – nach so einem Prinzip. Das Zweite ist: Du bist niemand, wenn du nichts leisten kannst. Wenn hier nicht jemand außerhalb von dir selbst sagen kann: ›Huih, huih, was habt ihr für eine tolle Tochter oder für einen tollen Sohn‹, dann warst du nichts. Du hattest nur die Möglichkeit, ein Selbstwertgefühl, eine Bestätigung zu bekommen, wenn eine gute Note in deinem Zeugnis gestanden hat oder wenn jemand gesagt hat: ›Was bist du ja für ein feines Mädchen‹ oder ›für ein feiner Kerl‹ oder ›was kannst du das ja so gut‹. So habe ich's erlebt. Und das ist bei mir heute auch noch so. Ganz wichtig ist: Ich kann Sachen nicht für mich machen. Ich habe, sagen wir mal, so keine Lust am eigentlichen Handeln, sondern ich habe Lust an dem

›Mich-rumzeigen-Können‹. Und das andere ist: Ich komme in ganz schlimme depressive Stimmungen, wenn ich eine Zeit lang nichts gemacht habe, wenn ich eine Zeit lang nicht das Gefühl habe, irgend so einen ›Knaller‹ gelöst zu haben, also so was scheinbar Unlösbares … Ich denke, der ganze Kampf ist schon auch sehr verzweifelt. Da muss immer noch so eine verzweifelte Komponente mit reinkommen. Das ist nicht Arbeiten um des Arbeitens willen, oder um mein Leben bewältigen zu können, sondern es ist ganz stark auch gegen meine eigene Verzweiflung anzuarbeiten, um nur kurzfristig so einen Stillstand in diese verzweifelten, immer wiederkehrenden Gedanken zu bekommen.«
Zur Persönlichkeitsstruktur solcher »Heldennaturen« bemerkt der Psychoanalytiker Horst Eberhard Richter in seinem Buch »Lernziel Solidarität«:
»Der äußerliche Scheinerfolg, das Männlichkeitsprestige und die Prämien der Überanpassung in der Arbeitswelt entlarven sich als die blendende Fassade eines faktischen Scheiterns, das freilich lange verborgen bleibt. Dieser Typ, der so fabelhaft wie kein anderer in unserer Konkurrenzgesellschaft funktioniert und obendrein als Inbegriff sexueller Attraktivität propagiert wird, ist wahrscheinlich der kränkeste überhaupt, denn kein anderer – abgesehen von den Drogenabhängigen – betreibt den Ruin des eigenen Körpers mit der gleichen fatalen Zielstrebigkeit wie er.«
Die Hintergründe der Arbeitssucht sind so vielfältig wie die Menschen, die darunter leiden. Vielleicht waren die Eltern »Arbeitstiere«, vielleicht lebten sie mit solch einem Menschen zusammen, vielleicht hatten sie einen arbeitssüchtigen Lehrer, Professor oder Vorgesetzten. Dann ist man vermutlich nicht gut dran, denn neben solchen Leuten kann man nur schlecht aussehen. Sie haben Ehrgeiz, Pflichtgefühl, Spaß an der Arbeit, Engagement, finden Befriedigung in der Arbeit, werden etwas im Leben und verdienen zumeist ordentliches Geld – alles Werte, die in unserer Gesellschaft hoch angesehen sind. Allerdings: Mag die Leistungsbilanz der Arbeitssüchtigen noch so strahlen, ihre Lebensbilanz tut es selten.
Als Ursache der Arbeitssucht fand Gerhard Mentzel immer wieder eine ausgeprägte Identifizierung mit einem besonders tüchtigen Elternteil. Viele entwickeln z. B. aus dem Wunsch heraus, erfolgreich wie der Vater zu sein, eine Geltungshaltung. »Ich bin nicht arbeitssüchtig, ich bin eigentlich ehrsüchtig«, gestehen viele. Das ganze Erleben ist davon bestimmt, ob man »richtig« gesehen wird, alles tadellos gemacht hat.

Der Unterschied zwischen einem Arbeitssüchtigen und jemandem, der einfach nur viel arbeitet, liegt in seiner Einstellung zur Arbeit und in seinem Arbeitsstil. Arbeitssüchtige arbeiten immer mehr, als man von ihnen verlangt. Sie stellen vor allem zu große Anforderungen an sich selbst. Sie sind unfähig, ihre eigenen Leistungen anzuerkennen und mit sich zufrieden zu sein, wenn das angebracht ist. Stattdessen suchen sie dauernd nach neuen Zielen und Möglichkeiten, sich zur Geltung zu bringen.
Arbeitssüchtige arbeiten nicht nur unmäßig, sondern auch hektisch und verkrampft. Sie sind ungeduldig und überpünktlich. Sie meinen, nur wenn sie alles allein machen, werde alles zuverlässig, ordentlich und schnell erledigt. Sie können keine Arbeit delegieren, weil sie Wichtiges nicht von Unwichtigem unterscheiden können und einem falsch verstandenen Perfektionismus frönen. Andere etwas tun lassen bedeutet für sie die Kontrolle abgeben oder verlieren. Und Kontrolle – oder die Einbildung, alles unter Kontrolle zu haben – ist für den Arbeitssüchtigen lebensnotwendig. Der Grund für die Aktivität vieler Arbeitssüchtiger ist oft ein chronisch schlechtes Gewissen, nicht genügend zu tun. So als dürfe nur – wie es in einem Sprichwort heißt – der essen, der auch arbeitet. Arbeitssüchtige erkämpfen sich sozusagen ihren Lebenssinn durch diese ständige Aktivität. Wie formulierte ein Psychologe: »Je größer die Löcher in der Seele, umso größer müssen die Perlen in der Krone sein.«

Auswirkungen der Arbeitssucht
Mit den Jahren bröckelt diese äußere Fassade und kann nur noch mühsam und mit immer größeren psychischen und physischen Kraftakten aufrechterhalten werden. Das vom Arbeitssüchtigen mit Panik beobachtete Nachlassen seiner Arbeitskraft versucht er mit einer noch weiteren Ausdehnung seiner Arbeitsstunden wettzumachen. Dies geht meist auch noch mit bedenklichen Krücken einher: Aufputsch- und Beruhigungsmittel im Wechsel, Alkohol und Nikotin tun ein Übriges, den Abstieg eines Aufsteigers zu programmieren.
Meistens entwickelt sich bei Arbeitssüchtigen – sowohl als Ausgleich und Belohnung für die sich selbst zugefügte Kasteiung als auch, um sich zuzuschütten, um nichts mehr mitzukriegen – noch eine andere Form der eher »passiven« Süchte wie Alkoholismus, Tablettensucht, Rauchen oder Essen. Die Suchtstruktur ist ohnehin schon da – und womit sie gefüllt wird, ist letztlich zweitrangig. Süchte sind austauschbar. In der Psychotherapie nennt man so etwas Suchtverlagerung oder Syndrom-Shift (siehe Kap. VII.1).

Die Gefahr der Arbeitssucht liegt darin, dass man sie erst nach Jahren bemerkt, wenn es bereits zu spät ist. Die Symptome dieser Sucht: Erschöpfungsgefühle, die im Frühstadium dadurch kompensiert werden, dass man noch mehr arbeitet. Depressive Verstimmungen, Konzentrationsstörungen, Ängste werden »überarbeitet«. Schon früher sprach man von den Managerkrankheiten und meinte damit vor allem Nervenzusammenbrüche, Magengeschwüre oder Herzinfarkte. Hans-Jürgen, der Journalist und Verleger:
»Auf der körperlichen Seite hat sich das so gezeigt, dass das mit Magengeschwüren begann. Das ging weiter über funktionelle Herzschmerzen, chronische Sinusitis, Bronchitis, alles wurde chronisch und blieb chronisch. Auf der psychischen Seite wurde es mitunter so schwierig, dass mir also an der Schreibmaschine dann auf einmal ganze Segmente meines Sprachschatzes fehlten. Ich konnte einfach nicht weiterschreiben, ich saß da, und mir fehlten also die Vokabeln, die ich tausendmal gebraucht hatte. Die waren einfach nicht mehr verfügbar in dem Moment. Dazu kam eine ständige Reizbarkeit, die weit über das normale Maß eines Ärgers hinausging, die ständig da war.«
Wie bei allen Suchtkrankheiten nützt auch beim Arbeitssüchtigen kein noch so gut gemeintes Zureden oder der Appell an Vernunft. Er ist von der »Droge Arbeit« abhängig geworden und bedarf psychotherapeutischer Hilfe.
Die Therapie der Arbeitssucht gestaltet sich deshalb meist schwierig, weil die Arbeitssucht von allen Suchtformen die höchste gesellschaftliche Anerkennung erhält, besonders wenn sie mit beruflichen Erfolgen verbunden ist. Damit gibt es nicht nur keinen äußeren Grund dafür, sich von seiner Sucht zu befreien, sondern die Freiheit von der Sucht würde ihm kurzfristig sogar am Arbeitsplatz schaden. So fehlt oft die Krankheitseinsicht überhaupt. Wahrscheinlich wäre die Therapie weit einfacher, wenn sich unsere Gesellschaft nicht so stark auf Leistungs- und das ihm verwandte Wachstumsdenken konzentrierte. Zum anderen wird die Arbeitssucht meist lange Zeit überhaupt nicht als Krankheit erkannt, denn ihre negativen Auswirkungen auf Körper und Seele treten nicht eindeutig und erst relativ spät in Erscheinung.
Suchtkranke pflegen ihre Abhängigkeit – mehr oder minder bewusst – geschickt zu tarnen. Und so wie der Alkoholiker seinen Getränkekonsum verniedlicht, bagatellisiert auch der Arbeitssüchtige sein Arbeitspensum. Dem Arzt bietet er zumeist Symptome an, die entweder in keinerlei Zusammenhang zu seiner Sucht stehen oder Allerweltssymptome sind: Herz- und Kreislaufbeschwerden, Magenschmerzen, Nervosität, Niedergeschlagenheit und Depressionen.

Die Krankheitseinsicht ist bei vielen »workaholics« allerdings nicht gegeben, sondern es muss leider in den meisten Fällen erst zu einem totalen psychophysischen Zusammenbruch kommen (Herzinfarkt, Magendurchbruch, Kollaps), bis ein Arbeitssüchtiger zu der Einsicht kommt, dass er Hilfe benötigt (siehe dazu IV.4). Die Gründe hierfür liegen nicht nur in der psychischen Struktur des Betroffenen, sondern auch im gesellschaftlichen Wert der Arbeit. Anders als bei den bekannten Süchten wird der Süchtige in seinem Verhalten nicht nur durch Anerkennung von Bekannten, Kollegen und Vorgesetzten bestärkt, sondern natürlich auch durch den materiellen Nutzen, den er aus seiner Sucht zieht (siehe dazu IV.3).

Phasen der Arbeitssucht
Man unterscheidet bei der Arbeitssucht heute vier Stadien:

Die Einleitungsphase (psychovegetativ)
Die erste Phase beginnt vergleichsweise harmlos – genau wie beim Alkoholismus. Typisches Zeichen ist, dass die Betreffenden versuchen, heimlich zu arbeiten. Sie geben vor, sich ihrer Freizeitbeschäftigung zu widmen, während sie in Wahrheit arbeiten, z. B. Fachliteratur lesen oder Ähnliches. Immer häufiger kreisen ihre Gedanken um die Arbeit. Durch Hast und Hektik suchen sie mehr oder weniger bewusst Rauscherlebnisse. Durch diesen hektischen Arbeitsstil verzetteln sie sich oft und brauchen tatsächlich länger als früher, um mit den gewohnten Tätigkeiten fertig zu werden. Dadurch werden andere Interessen und auch Familie und Freunde immer mehr vernachlässigt. Begleitet wird das erste Stadium von Erschöpfung, leichten depressiven Verstimmungen und Angstzuständen, Konzentrationsstörungen, Beschwerden an Herz, Kreislauf und Magen sowie Kopfschmerzen. Durch noch mehr Leistung werden die Symptome anfangs überspielt, bis es tatsächlich zur Überarbeitung kommt, die zu einer kurzen Erholungspause zwingt.

Kritische Phase (psychosomatisch)
Der Missbrauch der Arbeit wird zum nicht mehr kontrollierbaren Zwang. Wie der Alkoholiker nach Eintritt des Kontrollverlustes nach dem ersten Glas nicht mehr mit dem Trinken aufhören kann, müssen die Arbeitssüchtigen in dieser kritischen Phase zwanghaft arbeiten, bis es nicht mehr geht. Sie arbeiten sich »besoffen«. Oft werden sie anderen gegenüber unduldsam und aggressiv. Da sie selbst spüren, dass etwas an ihrem Verhalten nicht mehr stimmt, versuchen sie vergeblich, ihre Sucht nach Arbeit zu steuern, sich also selbst zu »behandeln« und weniger zu

arbeiten. Allerdings verbringt er/sie meist einen Teil der wiedergewonnenen Freizeit mit neuen Aufgaben außerhalb der Berufstätigkeit. Da sie sich ohne einen gewissen Termin- und Arbeitsdruck unwohl und überflüssig vorkommen, sorgen sie für einen »Vorrat« an Arbeit. In diesem Stadium treten Erschöpfung und Depressionen häufiger und stärker auf, außerdem Bluthochdruck und Magengeschwüre, die oft durch längere Arbeitsunfähigkeit eine Erholungspause erzwingen.

Chronische Phase
Im chronischen dritten Stadium schließlich arbeiten die Patienten ständig auch abends, nachts und am Wochenende und leiden unter dauerndem Schlafdefizit. Damit ihnen die Arbeit nie ausgeht, übernehmen sie zusätzliche Aufgaben, die ohne weiteres anderen übertragen werden könnten. Sie stellen an sich selbst hohe Ansprüche und zeigen gegenüber all denen, die den eigenen Arbeitsstil noch nicht praktizieren oder von ihnen als Konkurrenz angesehen werden, eine rücksichtslose Härte. Nur die Arbeit hält sie jetzt noch in Schwung, für alles andere sind sie zu müde und abgespannt. Unbehandelt, führt die dauernde, widernatürliche Überlastung im Laufe der Zeit unweigerlich zu ersten organischen Krankheiten und seelischen Störungen. Schwere Herz-Kreislauf-Probleme, Magendurchbrüche und Nervenzusammenbrüche können genauso das Ergebnis sein wie Depressionen und Angstzustände. Aber auch hinter Alkoholismus und Tablettenabhängigkeit verbirgt sich oft eine chronisch gewordene Arbeitssucht.

Endphase (»Burning out«)
Es kommt zu einem nicht mehr reparierbaren Bruch in der Leistungsfähigkeit des/der Betroffenen. Durch chronisch gewordene Magengeschwüre, Herzinfarkt und vorzeitiges Altern müssen viele schon mit 55 Jahren aus dem Berufsleben ausscheiden. Sie sind »ausgebrannt«. In psychologischen Tests zeigen sich verlangsamte Wahrnehmung, Denkschwäche und starke Konzentrationsstörungen. Die Ergebnisse sind dann oft schwerste Depressionen, mitunter sogar Selbstmordversuche und frühzeitiger Tod.

2. Die seelischen Kosten der Karriere: Ist Arbeitssucht nötig, um sich nach oben zu boxen?

Bis vor ein paar Jahren galt »Karriere« als etwas Abstoßendes. Und wenn man jemandem vorwarf, er sei auf dem »Karriere-Trip«, dann war das eine tödliche Beleidigung. Im »Wende-Zeitalter« wurde das alles anders: Leistung sollte sich auch nach Ansicht junger Leute wieder lohnen. Geld ist für viele »geil«, Luxus keine Schande. Rolex und Porsche, Maßhemden und der standesgemäße Loft galten wieder was bei jungen Leuten.

Nach einer Untersuchung des Kölner Institutes für Empirische Psychologie (IFEP) haben die 15- bis 24-Jährigen Spaß am Geldausgeben, haben hohe Ansprüche und ein ausgeprägtes Stilempfinden. Und um sich diese Ansprüche zu erfüllen, sind sie bereit, etwas zu leisten. Zwar ist die sprichwörtliche Karriere vom Tellerwäscher zum Millionär auch heute noch eine Legende, aber 20-jährige Broker oder Computerfreaks, die die Tausender scheffeln, gibt es en masse.

Und auch darin zeigt es sich: Betriebswirtschaft ist das neue Modefach und hoffnungslos überlaufen. 18 000 Neubewerber auf 12 000 Studienplätze zählte in diesem Semester die ZVS. Ganz klar: Numerus clausus. An der Uni Nürnberg-Erlangen müssen wegen zu vieler BWL-Studenten sogar sonntags Vorlesungen abgehalten werden. An der Uni Münster überträgt man derweil – wegen übervoller Hörsäle – die Vorlesungen mit Video auf Monitore im Nebenraum. Und die Studenten murren zwar, aber sie lernen fleißig. Den Blick voll auf die eigene Karriere gerichtet. Mit Volldampf ins große Geld.

»Leb schneller« ist das Motto der Gilde der Schnellaufsteiger. Schlaf ist für sie ein kleiner Tod. Und Gina gehört zur Gilde. In ein paar Jahren schnell zur stellvertretenden Bankdirektorin – mit 32 Jahren, wohlgemerkt. Sie hat all das, was man braucht, um Karriere zu machen: Energie, Ideen, Durchsetzungsvermögen und Teamgeist. Ganz abgesehen davon, dass sie zur rechten Zeit am rechten Platz war.

Locker erzählt sie von ihren neun Jahren in London, von »Conferencecalls« über den großen Teich, von durchgearbeiteten Nächten und dem »Jetlag« im Flugzeug zwischen London, Singapur und Toronto: »In dieser Zeit war das Privatleben doch sehr reduziert«, sagt sie, »aber wenn man Karriere machen will, nimmt man das in Kauf.« Und auch den Beginn der Arbeitssucht, die oft gleichzeitig auf der Karriereleiter wie ein Gespenst hockt. Nur selten lässt es jemanden aus.

Karriere kann man auf vielen Gebieten machen, und überall sind die Regeln anders. In der Finanzwelt – bei Banken und Brokern – anders als in der Metallbranche oder in der Kosmetikindustrie. Gar nicht zu reden von Uni- oder Beamtenkarrieren oder von Selbständigen- und Politikerkarrieren.

The only way is up
Wo man bei der einen Karriere eine Sitzfleischmentalität haben muss und sich auf die Kunst der Intrige verstehen sollte, braucht man bei einer anderen die durchgestylte Mittelmäßigkeit geschmeidiger Langweiler oder gut geölter Mitläufer, und in einer dritten muss man »Mister Knallhart« mit Ellenbogen aus Stahl spielen. Von Branche zu Branche, von Unternehmen zu Unternehmen – je nach *corporate identity* – ist das verschieden. Und so verschieden wie die Anforderungen sind auch die Personen auf dem Karrieretrip. Gemeinsam ist allen aber das Ziel: »The only way is up« – der einzige Weg geht nach oben. Und was braucht man nach ihrer Ansicht, um Karriere zu machen? Ute G. ist Vizepräsidentin einer amerikanischen Bank, und Torsten G. ist selbständiger Unternehmer: »Als Erstes ist wichtig, ein echtes, genuines Interesse an den Dingen, die man macht, und auch der Wille, Dinge voranzubekommen. Viel Stehvermögen, viel Können, auch ein gerüttelt Maß an Wissen und nach einigen Jahren Erfahrung im Umgang und über den Umgang mit Menschen. Das ist fast wichtiger als das reine fachliche Können. Ich glaube, dass neben der geforderten Tüchtigkeit, neben der leidlich durchschnittlichen Intelligenz auch ein gerüttelt Maß an Glück ganz einfach dazugehört.«
Keine Frage: Karriere machen ist eine Riesenplackerei. Da reicht nicht der große Traum des kleinen Mannes und auch nicht, dass man sich jeden Morgen in einen arbeitstrunkenen Büromenschen verwandelt, dem jede Leidenschaft abhanden gekommen ist – außer für die Arbeit. Ein Senkrechtstarter muss hungrig sein, und er muss die Regeln und die »dirty tricks« des »power-play« kennen. Warum tut man das?
Torsten G.: »Ich glaube, dass Karriere für mich persönlich die Erfüllung eines Traumes ist, der sinngemäß lautet: 1. ich möchte unabhängig sein, 2. ich möchte ein auskömmliches Leben haben, und 3. ich möchte eine Familie haben, die aufgrund meines beruflichen Werdeganges oder Wirkens ein deutlich besseres als das Durchschnittseinkommen oder -auskommen hat.«

Karrierekosten
»Karriere, so heißt der Weg zum Ziel, Karriere ist ein Gesellschaftsspiel, Karriere, das Wort hat großen Klang, Karriere heißt manchmal Untergang«, hieß es in einem Schlager aus den 70er Jahren. Über Karriere wird zwar in den letzten Jahren sehr viel gesprochen – viel weniger allerdings über die Kosten der Karriere, den Preis des Erfolges.
Am offensichtlichsten sind die Karrierekosten bei der Arbeitszeit. Da brennen die Neonlichter in den Bankenhochhäusern und den Verwaltungsbunkern bis spät in die Nacht, nicht zu reden davon, dass die Aktenberge auch mit nach Hause geschleppt werden. Hans-Jürgen, ein 38-jähriger Journalist und Verleger: »Ja, für mich sind die Kosten der Karriere eigentlich ein schlechtes Ergebnis einer jahrelangen physischen und auch psychischen Überforderung. Ich hab in der Woche zwischen 80 und 100 Stunden gearbeitet.«
»Haie mit Herz«, so sollen die Manager von morgen sein. Aber es ist nicht einfach: Ständiges Leben in einem Reizfeld, in dem man beobachtet und kontrolliert wird, führt oft zu einer übertriebenen Anpassungsleistung, bei schwachen Personen auch zu einem vorauseilenden Gehorsam. Man will es allen recht und überall einen guten Eindruck machen – so als gäbe es eine geheime Wohlverhaltensklausel. Beim durchgestylten Manager wird dann mitunter nichts mehr dem Zufall überlassen: Kleidung, Frisur, ja sogar Gestik, Haltung, Mimik und Sprache werden »gestylt« – sprich: stoßfest, bruchsicher, formschön und abwaschbar gemacht. Ute G., die Vizepräsidentin einer amerikanischen Bank: »Sicher gibt es ein Abschleifen der Individualität. Aber ich würde es nicht pauschalieren. Es ist nicht Bedingung für eine Karriere.«
3,6 Millionen Selbständige gibt es in der Bundesrepublik. Im Jahr 2001 wurden in den alten Bundesländern 639 000, im ehemaligen Ostdeutschland 119 000 Unternehmen neu gegründet. Das sind acht bzw. 13 Prozent weniger Gründungen als im Vorjahr. Allerdings »überleben« bei weitem nicht alle das erste Geschäftsjahr. »Unternehmer werden ist nicht schwer, Unternehmer bleiben dagegen sehr«, könnte man reimen. Torsten G. hat 1980 eine ziemlich heruntergewirtschaftete Zahnfabrik mit fast 300 Mitarbeitern übernommen. Innerhalb von elf Monaten hatte er die Belegschaft auf ein Viertel reduziert. Im Laufe der nächsten Jahre verlagerte er einen Teil der Produktion nach Manila auf die Philippinen. Man nennt das »Sanieren« eines Unternehmens. Und das hat Torsten G. im Laufe seiner Karriere bei einem großen Mineralölkonzern und in anderen Großfirmen gelernt:
»Der Betrieb hatte, als wir ihn übernahmen, sehr viel mehr Mitarbeiter. Wir haben den Betrieb sanieren müssen. Und wir haben uns an den Be-

trieb, der sich in einer schwierigen Verlustsituation befand, deswegen herangewagt, weil erstens auf dem Dentalmarkt zum damaligen Zeitpunkt unerhörte Gewinne möglich waren. Ein Stück Seife kostet 50 Pfennig, ein Stück Dentalseife kostete damals 2,50 Mark, und zum Zweiten glaubten wir ganz einfach, dass wir Vorteile gegenüber dem vorherigen Management hatten und dass wir den Laden hier relativ zügig in den Griff bekommen würden, was uns auch innerhalb von elf Monaten gelang.«

Niemand würde das so offen sagen, und doch dringt es vielen durch die Knopflöcher: Die Welt wird oft reduziert aufs Ökonomische. Das Ziel ist dabei, die Kosten zu minimieren oder nach außen zu verlagern und den Profit zu erhöhen.

Kurz: Was bringt's?

Was aus dieser ökonomischen Sachorientierung resultiert, ist oft der Verlust der Menschlichkeit. Sie sehen nicht mehr die Auswirkungen, die die Entscheidungen auf die Menschen haben, sondern nur noch, dass die Sache optimal funktioniert. Die Dinge, mit denen man umgeht, werden genauso austauschbar wie die Menschen. Torsten G. sagt:

»Das Produkt ist schon irgendwo austauschbar. Obschon man über eine gewisse Reihe von Jahren natürlich nicht nur Insider-Kenntnisse, sondern auch einen persönlichen Bezug zu den verschiedenen Produktkategorien entwickelt und das eine Produkt innerlich fördert und das andere Produkt innerlich bestraft. Für den Erfolg des Unternehmens ist aber sicherlich eine abgewogene, ausgeglichene Haltung viel, viel besser als das eben Geschilderte.«

Die Leiden der Leitenden

Deshalb erscheinen die Manager manchem noch immer wie die Bösewichter in dem blutig-ernsten Theaterstück, das man Wirtschaft nennt. Für andere sind sie die, die die Wirtschaft in Gang halten, die Überdurchschnittliches leisten, ohne die nichts läuft.

Genauso wenig wie man einen schlafwandelnden Traumtänzer, wenn er oben auf dem Dachfirst herumturnt, aufwecken darf, genauso wenig dürfen Karrieristen bestimmte Dinge denken, wenn sie ihr Ziel erreichen wollen. Deswegen ist das Denkraster vieler Karrieristen so eingeengt. Sie dürfen nicht darüber nachdenken, was mit den 200 Mitarbeitern und ihren Familien geschieht, die sie im Laufe ihrer »Sanierungsmaßnahmen« eines Werkes entlassen. Sonst könnten sie das nicht durchführen. Es ist letzten Endes wie bei einem Chirurgen, der sich auch nicht ständig überlegen darf, dass er mit dem Messer in einem Menschen herumschneidet. Gina meint deshalb: »Die Selbstzweifel haben bis jetzt auch gar keine Möglichkeit gehabt, wirklich in den Vordergrund zu kommen.«

Zu den »Leiden der Leitenden«, wie es in einem Buchtitel heißt, gehört, dass das Privatleben extrem eingeschränkt ist. Prof. Dr. Rudolf Affemann ist Psychotherapeut und Leiter des »Institutes Mensch und Arbeitswelt« in Baden-Baden:

»Die Schnellaufsteiger haben zunächst einmal Erfolg, sie haben Ansehen, sie haben eine große Selbstbestätigung, die sie erbringen können, sie haben Geld, sie haben Macht, sie haben das selbstzufriedene Gefühl, dass sie es in jungen Jahren sehr weit gebracht haben. Es fehlt ihnen meiner Erfahrung nach häufig genügend Privatleben. Wer so schnell aufsteigen will, muss bisweilen 70 bis 80 Stunden in der Woche arbeiten. Das heißt, er hat weder Zeit noch Muße, noch die Kraft, um private Beziehungen hinreichend zu pflegen. Häufig ist man entweder nicht verheiratet, oder die Ehe läuft leer, manchmal sind die Ehen ausgesprochen gefährdet. Man hat oftmals keine Kinder, oder aber die Kinder kommen eindeutig zu kurz. Auch Freundschaften werden nicht genügend gepflegt.«

Viele arbeitssüchtige Karrieristen haben dabei Methoden entwickelt, um ihr Seelenleben im Gleichgewicht zu halten. Professor Affemann nennt das »Stress delegieren«:

»Ich beobachte manchmal, dass leitende Leute in der Wirtschaft den Stress delegieren. Sie geben einiges an Belastungen weiter. Sie tragen einige der Spannungen, die sie haben, auf dem Rücken von anderen aus. Das ist ein Typ, der die Fähigkeit hat, manches in der Distanz von sich selbst zu machen. Er bleibt manchmal gesund, während die Arbeiter, die um ihn herum sind, krank werden und zur Kur müssen. Das ist nicht die Regel, aber es ist oft so« (siehe Kap. IV.1).

Karrierefrauen

Wenn man von Karriere spricht, meint man heute immer noch im Wesentlichen die Karriere von Männern, obwohl zwei Drittel aller Unternehmensneugründungen von Frauen gewagt werden. Und es gibt ja jede Menge vorzeigbarer Top-Damen: von Rita Süssmuth über die Kosmetik- und Modedesignerin Jil Sander bis hin zur Chefredakteurin und Verlegerin Angelika Jahr. Indes – die Karrierefrage stellt sich für Frauen einfach anders, und das aus platt biologischen Gründen. Während die Männer sich auch noch mit 50 Jahren dazu entschließen können, Kinder zu zeugen, ist die »Schallgrenze« auch bei Karrierefrauen die magische 40. Ute, 38, aus der Bankbranche:

»Also, ich habe keine Kinder. Ich lebe aber mit einem Mann zusammen,

wir werden auch wahrscheinlich heiraten in der Zukunft. Ich habe immer noch nicht ausgeschlossen, Kinder zu haben, obwohl es langsam Zeit wird. Ich gehöre nicht zu den Frauen, die von Anfang an gesagt haben: ›Nein, ich will keine Kinder.‹ Das ist sicher eine schwierige Frage für mich, immer noch.«
Wie schwer sich Kinder und Küche mit Karriere vertragen, wurde in einer Studie des Institutes für Personalwesen an der Bundeswehr-Universität Hamburg belegt. Danach nennt man die Paare, bei denen beide Karriere machen wollen, »Dual Career Couple« oder abgekürzt DCC. Die Psychologen stellten fest, dass das »Unterstützungssystem« der traditionellen Beziehungen bei den DCCs fehlt, was der Karriere mitunter schadet. Und meistens sind es die Frauen, die es deshalb schwerer mit der Karriere haben.
»Frauen haben nur die Hälfte der Zeit für ihre Karriere, wenn sie Kinder haben wollen«, heißt es, weil den Frauen dann meist zusätzlich die Mutterrolle zufällt. 70 Prozent aller Geschäftsführerinnen sind deshalb kinderlos. Nicht zuletzt deshalb treffen viele Karrierefrauen dann eine Entscheidung – ähnlich wie Ulli, die 37-jährige Prokuristin einer internationalen Steuerberatungsgesellschaft: »Es wäre schlechterdings nicht möglich, meinen derzeitigen Job mit Kindern zu kombinieren. Ich habe deshalb auch das Thema Kinder abgehakt, wobei ich dazu sagen muss, dass es mir nicht schwer gefallen ist.«
Ganz anders haben sich Mareike und Michael entschieden. Michael ist in einem Elektrokonzern, Mareike war bis vor kurzem bei einer Computerfirma in der Personalabteilung tätig. Seit einem halben Jahr ist sie Hausfrau und Mutter. Sie hat für die Familie ihre Karriere hintangestellt. Ihr Hauptproblem: »Sich selbst unheimlich zurücknehmen müssen, was mir sehr schwer fällt, manchmal, dass man selber ein bisschen zurücksteckt, dass man sagt, okay, also es geht jetzt wirklich nach dem, was der Mann sagt und so, wie die Firma vom Mann sich das vorstellt, so geht es … manchmal bin ich neidisch, wenn er morgens geht.«

Und so ist es mitunter die Frau im Hintergrund, die einen nicht unbeträchtlichen Anteil an der Karriere des Mannes hat. Und sie trägt oft einen großen Teil der Karrierekosten. Mareike meint: »Wenn einer Karriere machen will, dann muss er jemanden als Rückhalt haben, der ihm hilft, anders geht es nicht. Karriere kann nur der machen, der wirklich stark motiviert ist und gern arbeitet und sich voll einsetzt. Da bleibt natürlich die Familie häufiger mal auf der Strecke. Das muss eine Frau von Anfang an, wirklich von Anfang an muss die das wissen, sonst kann sie damit nicht leben.«

Gehälter
Die Öffentlichkeit ist nagend-neugierig-neidisch. Und so ist es klar, dass es über die Karrieristen unzählige Klischees gibt: Was bei den Männern »Mister Knallhart« mit dem scharf gezogenen Scheitel, dem handgeschneiderten Schlips im Maßanzug und einem Lächeln wie Mackie Messer ist, das ist bei den Frauen der Vorwurf, sich die Karriereleiter hinaufzuschlafen. Karriere-Sex: sich hinlegen, um hochzukommen. Ich muss es ganz offen sagen: Alle, die mir begegnet sind, sind viel normaler, als man gemeinhin annimmt. Sie sind eben nur von einer Sache besessen, und das ist Erfolg: Macht – Geld – Berühmtheit. Klar, Geld allein macht nicht unglücklich. »Geld ist geil wie ein Bock und scheu wie ein Reh«, heißt es in einem Spruch, den man Franz Josef Strauß nachsagt. Indes – über Geld wird in diesen Kreisen nicht gesprochen – man hat es. Wenn sich die Jahresgehälter zwischen 70 000 Euro und einer Viertelmillion bewegen, braucht man über Geld nicht mehr zu reden.

Dabei sind das bei weitem nicht die Topgehälter. In den USA liegt das höchste Industriemanagerjahresgehalt bei 26,3 Millionen Dollar, und in der Finanzwelt verdient der 33-jährige Paul Tudor Jones pro Jahr sogar 100 Millionen Dollar. Dagegen sind die einstelligen Euro-Millionenbeträge, die so mancher Vorstandschef deutscher Unternehmen jährlich einheimst, gerade ein Taschengeld – neudeutsch »Peanuts«.

Das Leben an der Spitze ist riskant – und das aus verschiedenen Gründen. Der Arbeitsanfall ist immens, ständig sägen irgendwelche Untergebenen an den Stuhlbeinen und – man ist einsam. Und das Klima in der Wirtschaft wird rauer. Und da fragt man sich, muss man arbeitssüchtig sein, um diesen Stress durchzustehen und Erfolg zu haben? Hans-Jürgen, der Journalist und Verleger, glaubt das. Er meint:
»Man hat hochgradige Verluste, eigentlich in allen Lebensbereichen. Und das trifft auch für den Freundeskreis zu. Das trifft insgesamt also für das Gefühlsleben zu. Das verschwindet immer mehr. Da sind die Verluste immens, auch wenn man sie zuerst gar nicht mehr mitbekommt. Zuletzt wird man doch von anderen drauf gestoßen, dass man einfach gefühlsmäßig überhaupt nichts mehr rüberbringen kann zu anderen Menschen. Es ordnet sich alles dem einen Ziel unter: ›Du willst das schaffen, du willst das aufbauen, das soll stehen und du musst dich wehren.‹«

Karrierekrankheiten
Die gesellschaftlichen und vor allem die wirtschaftlichen Strukturen unserer Zeit entwickeln sich immer rasanter, sodass die Veränderungen dem arbeitenden Menschen über den Kopf wachsen. Schlagworte wie »Globalisierung«, »Flexibilität«, »Risikobereitschaft« und »Arbeitsverdichtung« lösen in vielen von uns Ängste und Unruhe aus. Wir wollen mitkommen, nicht zurückbleiben und über unsere Grenzen hinauswachsen. Entweder man macht tatsächlich die große Karriere, oder man geht darin unter. Hektik und Stress bilden einen perfekten Nährboden für die Arbeitssucht. Wer sich dem rotierenden flexiblen System widersetzt, fühlt sich schnell dem »Ausschuss« der Arbeitslosen, Rentner oder Aussteiger zugehörig. Die Angst davor, den Anschluss zu verlieren und auf dem Abstellgleis zu landen, treibt viele vorwärts – vorwärts in die Arbeitssucht.
Arbeitssucht ist dabei nicht Arbeitssucht. Sie hat ihre ganz individuellen Ausprägungen. Erschöpft im Klein-Klein des Manageralltags, geraten immer mehr Leute mit ihrer Karriere ins Stottern. Und die Verwundetenliste im Karrierekrieg ist endlos – sie wächst tagtäglich. Aus durchgestylten Managern werden in kurzer Zeit Karrierekrüppel. Nehmen wir zum Beispiel Hermann. Er ist 45 Jahre alt und als Industriekaufmann Abteilungsleiter einer großen deutschen Baufirma:
»Ich bin mehr oder weniger in meine Karriere hineingeschlittert. Ich habe zu Anfang die Aufgaben, die mir gestellt wurden, mit Glanz und Gloria bewältigt, und so wurde es immer mehr, bis ich dann Abteilungsleiter wurde, bis ich dann in eine größere Niederlassung kam, immer mehr, immer mehr unterm großen Termindruck gearbeitet habe. Dann kam zu dem kaufmännischen Wissen noch EDV dazu. Das hieß auch wieder dazulernen, dann sehr viele Menschen führen und motivieren ... Ich war weniger für die Familie da, als es sein müsste. Ich habe auch ziemlich, wenn ich nach Hause kam, zum Alkohol gegriffen, um die Gedanken von der Firma wegzubringen, um mich zu erholen, eine Scheinerholung.«
Das ging lange Zeit gut. Plötzlich veränderte sich die Situation schlagartig:
»Das war so ziemlich vor einem Jahr, dass mein Körper rebelliert hat, dass ich Herzschmerzen hatte, einen Kloß im Hals, Sprachschwierigkeiten, und dass ich von jetzt auf die nächste Minute meinen Schreibtisch verlassen habe, einfach nach dem Motto ›Ich muss hier raus‹, sonst wäre ich sicher durchgedreht. Danach war ich ein paar Tage zu Hause. Da musste ich regelrecht Mut fassen, um am Morgen wieder in die Firma zu gehen. Das ist mir nicht gelungen. Ich hab dann fürchterlich geweint

und Angst gehabt. Ich weiß gar nicht so recht, wovor. Ich bin früher eigentlich gern in die Firma gegangen, und meine Vorgesetzten sind mit meiner Arbeit sehr zufrieden, ein duftes Team, eigentlich alle Voraussetzungen für positive Sachen am Arbeitsplatz … Doch das alleine reichte nicht. Die Probleme lagen tiefer. Ich bin dann vier Wochen zu Hause gewesen, ohne jegliche Medikamente. Mein Arzt meinte, ich müsste einfach mal raus. Als ich dann nach vier Wochen den Arbeitsversuch gestartet habe, ging das wieder schief, wieder unheimliche Angstgefühle, Kloß im Hals, beim Sprechen Angst, und wir haben es dann unter medizinischer Kontrolle mit leichten Medikamenten probiert, mit Medikamenten, wo ich ruhig gestellt wurde. Das hat dann eigentlich recht gut funktioniert, bis auf diese absoluten Hochphasen, wo unheimlich viel von mir gefordert wurde. Da war der Kloß wieder da. Schlafstörungen und Ängste ebenfalls, sodass der Arzt dann für eine stationäre Behandlung plädierte.«

Zur Entsorgung seiner seelischen Probleme ging Hermann in eine psychosomatische Klinik, an der auch Dr. Gerhard Mentzel tätig war (siehe dazu IV.4).

Dabei ist Hermann kein Einzelfall. Und neu sind die Folgen der Arbeitssucht gar nicht. Hinter dem, was man früher Managerkrankheit nannte (Nervenzusammenbrüche, Magengeschwüre, Herzinfarkte), verbergen sich nur allzu oft Probleme, die auf arbeitssüchtigen Stress zurückgehen. Die Zahlen belegen es: Die überdurchschnittlich selbstbewussten, hochgradig motivierten und allzeit verantwortungsbereiten Manager haben auch ihre Schattenseiten: 30 000 Manager-Herzinfarkte gibt es pro Jahr – wenn auch bei weitem nicht nur bei Arbeitssüchtigen. Unter diesen aber doch ein beträchtlicher Teil: Das Herz schlägt zurück.

Da gibt es immer mehr Herzinfarkte von Männern unter 30, und die Herzinfarkte bei Frauen steigen parallel zu ihrer beruflichen Emanzipation. Die körperlichen Störungen von Arbeitssüchtigen stellen sich nicht nur in Form von Herz-Kreislauf-Beschwerden ein, sondern auch Kopfschmerzen, Magenschmerzen sind typisch. Meistens wird das jeweils empfindlichste Organ des Körpers angegriffen. In der Regel werden auch diese Signale des Körpers nicht beachtet und überspielt und durch vermehrten Arbeitseinsatz wettgemacht – so lange, bis es nicht mehr geht. Der Arbeitssüchtige hält – wie jeder Süchtige – seine Kräfte für unerschöpflich, das heißt, er treibt süchtigen Raubbau an seinem Organismus, was einer Selbstzerstörung Stück für Stück gleichkommt. Aber auch wenn ein Arbeitssüchtiger es ohne körperlichen Schaden bis ins Rentenalter schafft, tauchen mitunter dann die Folgen auf: Depressionen, Selbstmordgedanken, Sinnlosigkeitsgefühle, Alkoholismus.

Alfred, ein 35-jähriger Doktor der Biologie, der wegen des übermäßigen Stresses umsattelte und heute als Lehrer arbeitet:
»Vom Körperlichen war es so, dass ich einfach nicht mehr schlafen konnte, weil ich dachte, ich hab nur Fehler gemacht. Und schließlich, weil ich nicht mehr schlafen konnte, wurden dann die Träume zur Wirklichkeit. Die Ruhephasen in der Nacht, also die Tiefschlafphasen, verschwanden immer mehr, die Traumphase nahm immer mehr zu, und Traum und Wirklichkeit gingen ineinander über. Und auf einmal, weil das wohl alles in die Leere ging, was ich machte, da kam es zu einer Depression, von der ich mich dann bis heute nicht so recht erholt habe.«

Chronisches Erschöpfungssyndrom
Als Folge extremer Arbeitssucht tritt das so genannte »Chronic Fatigue Syndrome« (CFS), zu Deutsch das »chronische Erschöpfungssyndrom« (CES), immer häufiger auf. Im Center for Disease Control in Atlanta stellte man folgende CES-Symptome fest: totale Erschöpfung, chronische Müdigkeit, Muskel-, Kopf- und Gelenkschmerzen, Magen-Darm-Beschwerden, geschwollene Lymphknoten, Schlaf- und Konzentrationsprobleme. Bei manchen Patienten finden sich sogar neuronale Veränderungen im Gehirn, die im schlimmsten Fall zum totalen Nervenzusammenbruch führen können. Neben den körperlichen Beschwerden treten bei CES-Patienten vermehrt Angstzustände und Depressionen auf, sodass oft der Beruf nicht mehr ausgeübt werden kann. Die Häufigkeit der Erkrankung nimmt in so rasanter Weise zu, dass die Bundestagsfraktion der Bündnisgrünen im Jahre 1996 eine Anfrage in den Deutschen Bundestag einbrachte.

»Karoshi«
Werden die Anzeichen von Überarbeitung und Erschöpfung nicht ernst genommen oder erkannt, kann es tatsächlich dazu kommen, dass sich der Mensch »zu Tode arbeitet«. Die Japaner nennen diese Schicksale »Karoshi«. Meist sind Männer betroffen, die über Jahre hinweg täglich 12 bis 14 Stunden arbeiten und zwischen 40 und 50 Jahre alt sind. Die Opfer dieser zum Glück seltenen Krankheit hatten in ihrem Leben keine größeren gesundheitlichen Probleme, sie waren »nur« arbeitssüchtig.

Was bleibt eigentlich, wenn das arbeitssüchtige Verhalten nicht mehr funktioniert, wenn die Karriere endet? Ist dann nur noch Leere? Kommt dann der Rentenschock? Schließlich stellt sich für alle irgendwann die Frage nach dem Sinn und danach, ob es nicht mehr im Leben gibt, als die Geschwindigkeit zu erhöhen. Eine allgemein gültige Antwort wird es auf diese Fragen nicht geben – letzten Endes muss jeder für sich selbst entscheiden, womit er seine Zeit verbringen möchte. Schließlich ist die Welt doch groß genug, dass wir alle darauf Unrecht haben können. Und wie schrieb Karl Kraus: »Karriere ist ein Pferd, das ohne Reiter vor dem Tor der Ewigkeit anlangt.«

Mehr zum Thema Seelische Kosten der Karriere siehe meine beiden Bücher: »Karriere(n) in der Krise – Die seelischen Kosten des beruflichen Aufstiegs« (Bonn 1997), und »Karriere 2000 – Hoffnungen – Chancen – Perspektiven – Probleme – Risiken« (Bonn 1998), beide erschienen im Deutschen Psychologen Verlag.

3. Arbeitssüchtige und »Zwangsarbeiter« – Der Nutzen für die Gesellschaft

Die meisten »Workaholics« sind eher »Zwangsarbeiter« als »Lustarbeiter«. Sie werden durch Terminhetze und Ängste, es nicht zu schaffen, getrieben. Und es sind die »besseren« Berufsgruppen, die stärker von dieser Sucht bedroht werden. Am Fließband wird man seltener arbeitssüchtig als am Managerschreibtisch oder in der Arztpraxis. Allerdings ist Arbeitssucht nicht auf bestimmte Berufe beschränkt. Man findet sie beim Handelsvertreter genauso wie beim Generaldirektor, bei Journalisten ebenso wie bei Pfarrern und bei Krankenschwestern. Jedoch ist das Risiko bei Selbständigen besonders groß: Neben dem Aspekt der Verdrängung persönlicher Konflikte kommen hier häufig noch massive Existenzängste hinzu. Man ist zur Erhaltung der eigenen wirtschaftlichen Existenz auf Aufträge angewiesen und nimmt alles, was man bekommen kann. Plötzlich werden dann »15-Stunden-Arbeitstage« die Regel. Z. B. bei Hartmut, einem freien Graphiker:
»Die negative Seite ist jetzt zum Beispiel bei mir im Büro, gerade wenn ich solche Aufträge habe, die über 14 Tage oder drei Wochen laufen, so ganze Messevorbereitungen, wo ich dann eben tagelang unter solchem Druck stehe, dass ich genau weiß, ich muss irgendwann fertig werden, und dann nur unter diesem Druck auch wirklich ganz intensiv arbeite, und zwar viel intensiver, als ich normalerweise plane. Ich bringe dann als Ergebnis Arbeiten fertig an einem Tag, die normalerweise für zwei Tage angelegt oder kalkuliert waren, einfach weil es dieser Druck ist. Aber ich merke, dass ich da über eine Grenze hinausgehe, die ich eigentlich nicht überschreiten sollte, so rein körperlich und eben auch psychisch. Ich werde irgendwie hektisch und empfinde die ganze Arbeit als negativ. Das heißt also, der Spaß geht weg, und ich muss mich dann echt zwingen dazu und komme dann drüber weg und merke mit einem Mal, dass ich ganz mechanisch arbeite, also dass ich überhaupt kein gutes körperliches Gefühl mehr bei der Arbeit habe, aber trotzdem so dauernd Leistung bringe. Ich merke, dass ich eine Grenze überschritten habe. Ich brauche nichts zu essen. Ich trinke lediglich was. Und obwohl ich dann 20 oder 24 Stunden oder so am Stück gearbeitet habe, habe ich große Schwierigkeiten, dann zum Beispiel zu schlafen. Ja, ich komme einfach von diesem Stress, in den ich mich reinmanövriert habe, nicht mehr runter. Ich muss dann irgendwas tun, um diesen Stress loszuwerden. Und meistens setze ich mich hin und trinke drei Flaschen Bier oder so, einfach weil ich keinen anderen Weg kenne, um runterzukommen.«

Da Hartmuts Firma allein aus ihm besteht, ist er auf Aufträge von der Industrie angewiesen – und er nimmt, was er bekommen kann: »Normalerweise ist das so, dass ich schon die Arbeit so veranschlage, dass ich mit der Zeit hinkäme. Aber ich bin bei meiner Arbeit immer wieder von Lieferanten abhängig, die unter Umständen die Termine nicht einhalten, oder ich muss einen Termin wahrnehmen – zusätzlich –, den ich ursprünglich eigentlich nicht geplant hatte. Dadurch kommen Verzögerungen zustande, sodass ich oftmals gezwungen bin, meinetwegen 20 oder mehr Stunden hintereinander zu arbeiten.«

Hartmut ist keiner von den »lustvollen« Arbeitern, sondern er arbeitet eher aus Angst, irgendwann nichts mehr zum Beißen zu haben, und aus dem Zwang heraus, Geld verdienen zu müssen:

»Ich empfinde alles als negativen Druck, wenn das eben gegen Ende geht, wo es mich zu sehr belastet. Es gibt bestimmt Beanspruchungen im Leben, wo man solche Kräfte braucht und deswegen auch bringen kann, aber wenn man dann ständig so alles aus sich rausholt, um eine Arbeit zu Ende zu führen, das empfinde ich immer als unnatürlich.«

Wie schlimm der Stress ist, in den sich Arbeitssüchtige hineinstürzen, zeigt sich oft hinterher:

»Meistens sieht das bei mir so aus, dass sich das über Tage hinzieht und dass es dann irgendwann – meistens nachts oder morgens – zu Ende ist, weil eben der Liefertermin meistens morgens ist ... Dann muss ich erst mal mindestens einen Tag gar nichts tun. Wobei ich dann versuche, irgendwas völlig Entspannendes zu tun, etwas, was mir einfach gefällt: Ich gucke mir an, wo eine Ausstellung ist. Ich frage irgendjemand, ob er mit mir – was weiß ich – nach draußen ins Grüne fährt oder so etwas. Oder wenn ich das beides nicht kriege, dann habe ich bei mir beobachtet, dass ich dann so was mache, was unter ›Frustkäufe‹ läuft. Ich gehe in die Stadt und kaufe mir irgendwas, wobei ich heute so weit bin, dass ich mir nicht irgendwelche Klamotten oder sonst was kaufe, sondern ich kaufe mir Bücher, die ich mir normalerweise nicht kaufen würde, oder CDs. Ich muss mir was Gutes tun, nachdem ich mich selber so gequält habe.«

Bei der gesamten Problematik Arbeitssucht stellt sich natürlich die Frage: Braucht unsere Wirtschaft vielleicht die Arbeitssüchtigen? Ist nicht ein Großteil der Schnelllebigkeit, der scharfen Konkurrenz, die mit der Arbeitssucht einhergeht, eben das Salz in der Suppe der freien Wirtschaft? Das Verhalten Arbeitssüchtiger wird immer öfter zum Maßstab dessen, was man gerade in der freien Wirtschaft unter einem »dynamischen Mitarbeiter« versteht – gerade in Zeiten von »Lean Production« und »Lean Management«.

Aus den Bestrebungen, etwas zu gelten, »Haste was, biste was«, wird eben eine übermäßige Energie mobilisiert, die sich dann in arbeitssüchtigen Aktivitäten zeigt. Die Welt ist voller Geltungs-, Macht- und Hab-Süchtiger, und je reicher und einflussreicher die Person, umso eher findet man die genannten Suchttendenzen. Politik und Wirtschaft sind deshalb ideale Tummelplätze für Geltungs-, Macht- und Habsüchtige. Man kann sogar fragen: Wer kann heute noch etwas werden, wenn er nicht arbeitssüchtig ist?

John Lennon, der ehemalige Beatles-Chef, sagte einmal: »Man muss ein Bastard sein, um es zu schaffen.« Weil das Sozialprestige dieser Suchtformen so hoch ist, wird so selten darüber geredet. Wer legt sich schon gern mit diesen mächtigen Herrschaften an? Ganz abgesehen davon, dass die hehren Ideale der gesamten Gesellschaft dadurch angekratzt würden.

Arbeitslosigkeit und Arbeitssucht

Aber es gibt nicht nur individuelle Ursachen für die Arbeitssucht. Gefördert wird die Arbeitssucht derzeit durch den vermehrten Stress im Berufsleben und die vielen Arbeitnehmern im Genick sitzende Angst vor dem Verlust des Arbeitsplatzes: Die Arbeitslosigkeit winkt drohend aus der Ferne. Das führt nicht gerade dazu, dass der Arbeiter oder Angestellte ein gesundes Verhältnis zu seiner Arbeit aufbaut. Gewissermaßen bedingen sich sogar Angst vor der Arbeitslosigkeit und Arbeitssucht. Professor Leithäuser von der Universität Bremen meint:
»Also in dem Motiv des Arbeitssüchtigen mag die Angst, keine Arbeit mehr zu haben, eine ganz große Rolle spielen. Dadurch, dass er sehr viel länger abends im Betrieb bleibt, dass er mehr tut, dass er Sachen mit nach Hause nimmt, will er vielleicht seinen Arbeitsplatz sichern. Das gehört in das strategische Kalkül des Arbeitssüchtigen durchaus hinein. Das alles muss ihm eine ganz große Angst machen, der Gedanke, dass er eines Tages ohne Arbeit sein könnte. Insofern ist die hohe Arbeitslosigkeit (inzwischen liegt sie bei vier Millionen) eine starke Bedrohung, die den Arbeitssüchtigen noch mehr anspornt, um zu arbeiten und auch seinen Platz zu sichern, denn es gehört auch mit zu der Strategie des Arbeitssüchtigen, seinen Platz zu sichern. Umgekehrt könnten natürlich viele sagen, die arbeitslos geworden sind: Diejenigen, die arbeitssüchtig sind, die ihre Arbeitszeit versuchen auszudehnen, nehmen uns in Wirklichkeit die Arbeit weg. Und ganz so unrealistisch ist der Vorwurf nicht, denn die Arbeitslosigkeit bezieht sich ja nicht allein auf die Berufe, die im Bereich der Industriearbeit vorherrschen, sondern auch auf Managerberufe. Auch Manager sind durchaus von Arbeitslosigkeit be-

droht: Konkurrenzkampf um Arbeit in einem Großbetrieb. Die Klage, dass diejenigen, die zu viel arbeiten, den anderen Arbeit wegnehmen und dass die Arbeit anders verteilt werden muss, ist durchaus berechtigt.«

Das Rezept scheint einfach: Wenn alle, die Arbeit haben, weniger arbeiten, dann lässt sich die Arbeit umverteilen, sodass alle Arbeit haben, die arbeiten wollen. Das ist eines der Rezepte, mit denen die Massenarbeitslosigkeit bekämpft werden soll.

Problem Arbeit
Problem Arbeit: Da gibt es einerseits ca. vier Millionen Arbeitslose in der Bundesrepublik Deutschland, andererseits eine ganze Reihe so genannter »Vielarbeiter« oder »Arbeitssüchtiger«, die den Arbeitslosen auch noch zusätzlich die Arbeit wegnehmen. Dabei reicht das »Problem Arbeit« weit über aktuelle wirtschaftspolitische Aspekte hinaus. So wichtig Diskussionen um Arbeitszeitverkürzung und Arbeitsumverteilung auch sein mögen, für den Einzelnen ist eine andere Ebene der Arbeit wichtiger: Arbeit als »Selbstverwirklichung«, als »Sinn des Lebens«. Das war nicht immer so.

Das Wort Arbeit geht auf das germanische Tätigkeitswort »arbejo« zurück, was so viel bedeutet wie: Ich bin ein verwaistes (und deshalb zu mühevoller Arbeit verdingtes) Kind. Aber schon in der Antike war die Arbeit nicht etwa nur ein hohes Gut; schon damals galt sie als unwürdige Mühe und Last. Im Judentum gar galt die Arbeit als Fluch und Strafe, im frühen Christentum ebenfalls als Strafe für den Sündenfall. Erst Anfang des 15. Jahrhunderts tauchen positive Bewertungen der Arbeit auf. Ihren Höhepunkt der positiven Bewertung erhält sie durch die protestantischen Reformatoren Luther, der Arbeit als eine Art Gottesurteil bezeichnete und zum christlichen Ideal schlechthin erklärte, und Calvin, der im beruflichen Erfolg den Segen Gottes zu erkennen glaubte.

Der Übergang zur gesellschaftlich vorherrschenden Definition der Arbeit als Lebensform »innerweltlicher Askese« mit einer im Verhalten und Denken der Subjekte fest verankerten Werk- und Berufsmoral vollzog sich innerhalb der nächsten zwei oder drei Jahrhunderte. Erst bei Hegel, Marx und Max Weber bekommt der Begriff Arbeit jene Bedeutung, die er heute hat: als Tätigsein des Menschen schlechthin, als Selbstverwirklichung und Selbsterfahrung – zugleich erscheint aber auch schon die Kehrseite der Arbeit in der Industriegesellschaft, ihre durch die Technik und durch das gesellschaftliche System bedingte Entfremdung.

Heute bezieht sich die gesamte Lebenszeit eines Menschen auf die Ar-

beit. Die soziale Stellung des Einzelnen in der Gesellschaft wird durch die Tätigkeit bestimmt, die er ausübt. Er bezieht aus ihr sein Selbstwertgefühl, ja oft seinen Lebenssinn. Aber zugleich leiden heute viele an der Arbeit – entweder als Arbeitslose oder als »Zwangs-Arbeiter« und »Arbeitssüchtige«. So hat diese Tradition zu einer Arbeitsmoral geführt, die wir heute als Fehlentwicklung ansehen können.
Was hingegen 1883 der Schwiegersohn von Karl Marx, der französische Sozialist Paul Lafargue, in seiner Schrift »Das Recht auf Faulheit« schrieb, wurde kaum zum geistigen Allgemeingut:
»Eine seltsame Sucht beherrscht die Arbeiterklasse aller Länder, in denen die kapitalistische Zivilisation herrscht – eine Sucht, die das in der modernen Gesellschaft herrschende Einzel- und Massenelend zur Folge hat. Es ist dies die Liebe zur Arbeit, die rasende, bis zur Erschöpfung der Individuen und ihrer Nachkommenschaft gehende Arbeitssucht.«
Lafargue schlägt als Therapie nicht das im Grundgesetz verankerte »Recht auf Arbeit« vor, sondern das »Recht auf Faulheit«.

4. Psychotherapie und Selbsthilfe für Arbeitssüchtige

Die Behandlung der Arbeitssucht ist aus verschiedenen Gründen schwierig. Zum einen, weil – wie schon gesagt – oft die Krankheitseinsicht fehlt. Zum Zweiten ist der Raubbau, den Arbeitssüchtige an ihrem Organismus treiben, mitunter so massiv, dass sie erst dann Hilfe suchen, wenn sie mit Blaulicht ins Krankenhaus eingeliefert worden sind. Und selbst dann halten sie ihr Problem für ein rein körperliches und erwarten von den Ärzten schnelle Hilfe. An Psychotherapie denken sie in den seltensten Fällen.

Ein weiteres Problem ist die Schwierigkeit, das richtige Maß für die Arbeit zu finden. Beim Alkohol ist das Problem sehr viel einfacher. Da kann man sagen: »Hände weg vom ersten Glas.« Das sind klare Richtlinien. Bei der Arbeitssucht muss der Abhängige lernen, zwar weiter zu arbeiten, aber weniger und anders, d. h. nicht süchtig zu arbeiten. Dr. Gerhard Mentzel unterscheidet verschiedene Schritte in der Therapie von Arbeitssüchtigen:

- Diagnose (durch Anamneseerhebung und Fragebogen).
- Der Patient muss erkennen, dass er arbeitssüchtig ist.
- Der Patient erlebt Therapie und Selbsterfahrungsgruppe als hilfreich.
- Um suchtfreies Arbeiten zu ermöglichen, ist es notwendig, die Bindung an den arbeitsorientierten Elternteil zu bearbeiten.
- Die perfektionistische Haltung ist anzusprechen, um dem Patienten dazu zu verhelfen, mit sich zufrieden zu sein, auch wenn er nicht immer perfekt ist.
- Die impliziten Selbstzerstörungstendenzen des Patienten sollen bewusst gemacht und unter Kontrolle gebracht werden – zum Beispiel durch Setzen von neuen, konstruktiven Lebenszielen.

Mentzel hält einen längeren Therapieaufenthalt in einer psychosomatischen Klinik für indiziert und danach eine »Intervalltherapie«, zu der der Patient jedes halbe Jahr für eine Woche in die Klinik kommt, um aus der gewohnten Umgebung herauszutreten und darüber nachzudenken: »Was ist im letzten Halbjahr schief gelaufen – was gut, und wie kann man es noch verbessern?« Genauso wichtig wie die Therapie ist die psychotherapeutische Arbeit mit Partnern und Familie.

Auch eine ambulante Behandlung von Arbeitssüchtigen ist möglich, wenn eine angemessene Krankheitseinsicht beim Patienten vorhanden ist und der/die Betroffene nicht nur von seinem Partner/seiner Partnerin geschickt wurde, sondern wirklich eigenmotiviert ist.

Die ambulante Psychotherapie hat den Vorteil, dass der Patient nicht in der Abgeschiedenheit einer psychosomatischen Klinik (»unter der schützenden Käseglocke«) neue Erlebens- und Verhaltensweisen erlernen muss, sondern im Alltagsleben (»real life«). Dadurch sind die Transferprobleme, die bei Klinikaufenthalten ganz beträchtlich sein können, minimiert, weil der Patient direkt nach jeder Psychotherapiesitzung das Gelernte ausprobieren und umsetzen kann.
Allerdings gibt es mitunter so problematische Situationen, die einen Klinikaufenthalt für die/den Betreffende(n) unabdingbar machen, um ihn aus dem Alltagsberufsstress völlig herauszunehmen, damit er den Kopf frei bekommt, aus der Distanz über seine berufliche, familiäre und allgemeine Lebenssituation nachdenken zu können. Ideal sind Kombinationen von ambulanter und stationärer Psychotherapie, weil beide Ansätze sowohl Vorteile wie auch Nachteile haben.
Hans-Jürgen, der Journalist und Verleger, erzählt, wie es ihm am Anfang in der Klinik ging:
»Das mündete erst mal in einer Katastrophe. Ich muss dazu sagen, ich kam hier nachmittags an und hatte in der Nacht vorher bis um 2 Uhr gearbeitet. Ich hatte nur ein paar Stunden geschlafen. Bin los mit dem Wagen, hier runter, nachmittags eingetroffen, war dazu dann noch erkältet, wobei ich mich eigentlich die ersten zwei Tage nur körperlich schlecht fühlte, fing dann hier schon mal an mit Sport usw., lebte förmlich auf und brach nach drei Tagen regelrecht zusammen. Mir blieb also hier im wahrsten Sinne des Wortes die Spucke weg. Also nicht, dass man einmal den Mund trocken hatte, sondern dass man überhaupt das Gefühl hatte, keine Luft mehr zu bekommen, weil das so trocken war, das klebte alles. Es fehlte mir jeder Speichel.
Der nächste Horrortrip, den ich erlebte, war, dass mir morgens übel wurde und ich hochging, um mich hinzulegen. Eine Stunde, und in dieser Stunde träumte ich meinen eigenen Herzinfarkt, aber in sämtlichen Details und so naturgetreu, wie man sich den nur vorstellen kann. Dann wachte ich auf, es war kurz nach 9, und ich war also bis 13 Uhr nicht in der Lage, den Knopf für die Schwester zu drücken. Ich konnte in den ganzen vier Stunden nur einen Gedanken fassen: ›Du musst auf der linken Seite, du musst hier liegen bleiben, du darfst dich nicht bewegen.‹ Im Wachzustand bereits, vier Stunden lang. Es war mir nicht möglich, den rechten Arm zu heben und auf den Knopf zu drücken. Das war wirklich nicht machbar. Das war dann auch mit sehr starken Ängsten verbunden, und die legten sich auch die nächsten Tage nicht, und da bin ich jetzt erst dabei, die langsam abzubauen.«
So dramatisch wie bei Hans-Jürgen muss die psychotherapeutische Be-

handlung – sei sie ambulant oder stationär – allerdings nicht verlaufen. Vor allem dann ist die Prognose günstig, wenn sich der Arbeitssüchtige vor dem Zusammenbruch psychotherapeutische Hilfe sucht.

Inzwischen gibt es in Deutschland in mehreren Städten Selbsthilfegruppen für Arbeitssüchtige (Anonyme Arbeitssüchtige – AAS, Adresse siehe Anhang).

Und was können Angehörige von Arbeitssüchtigen tun, um angemessen mit ihnen umzugehen? Marilyn Machlowitz gibt folgende Tipps:

- »Nutzen Sie die Tendenz von Arbeitssüchtigen, ihren Tag zu planen. Planen Sie sich selbst mit ein: Machen Sie Termine für Frühstück, Mittagessen und Abendessen und gemeinsame Aktivitäten.
- Versuchen Sie jede mögliche Beziehung zu ihm aufrechtzuerhalten: Wenn er sein Wochenende im Büro verbringt, dann nehmen Sie die Kinder mit ins Büro.
- Nehmen Sie gelegentlich die gesamte Familie mit auf eine Geschäftsreise: Was die Kinder in der Schule versäumen, haben sie an Extra-Zeit mit dem arbeitssüchtigen Elternteil.
- Maximieren Sie die Freuden und minimieren Sie den Druck des häuslichen Lebens.
- Bestehen Sie auf gemeinsamen Urlaub, aber erwarten Sie nicht allzu viel. Wenn der/die Arbeitssüchtige Entzugserscheinungen (›cold turkey‹) hat, limitieren Sie die Telefongespräche oder verbieten Sie sie ganz.
- Entwickeln Sie eigene Interessen und Unabhängigkeit – die wichtigsten Eigenschaften für Partner von Arbeitssüchtigen.«

V. Lieben

1. »Du bist meine Sucht« – der Mitmensch als Droge

> *»Liebe ist die schönste Sucht.*
> *Es gibt keine Überdosis.«*
>
> Akif Pirinçci, *»Tränen sind immer das Ende«*

Es ist merkwürdig: Gerade im Jahre X nach Aids, in dem frisch gewaschene Züchtigkeit, neue Prüderie, aseptische Vereinzelung und kondomisierte Sexualität propagiert werden, in dem den promiskuitiven Sturmtruppen der sexuellen Revolution die Angst vor Infektion in der erogenen Zone zum Verhängnis wird, gerade da wird in den Massenmedien ein neuer Begriff gehandelt: Liebessucht.
Er ist vor allem der amerikanischen Partnertherapeutin Robin Norwood zu verdanken: Ihr Buch »Wenn Frauen zu sehr lieben. Die heimliche Sucht, gebraucht zu werden«, von dem in den USA 2,5 Millionen Exemplare verkauft wurden, war auch bei uns monatelang auf Platz 1 der Bestsellerliste. Viele Frauen scheinen sich in den Fallgeschichten des Buches wiederzufinden: Innerhalb von zwei Jahren haben sich Selbsthilfegruppen für Liebessüchtige gegründet – in München ebenso wie in Hamburg, in Frankfurt ebenso wie in Stuttgart oder Berlin. Die These von Robin Norwood ist einfach. Sie schreibt:
»Wenn Liebe für uns gleichbedeutend ist mit Schmerz und Leid, dann lieben wir zu sehr. Wenn Gespräche mit unseren engsten Freundinnen sich häufig nur um unseren Partner drehen, um seine Probleme, seine Gedanken, seine Gefühle – wenn fast alle unsere Sätze mit ›Er ...‹ anfangen, dann lieben wir zu sehr ... Zu sehr lieben, das bedeutet: blind zu sein für die eigenen Bedürfnisse und sich nur noch um die Probleme und Ansprüche des anderen zu kümmern. Zu sehr lieben kann bedeuten: sich in der Beziehung zum Partner derart zu verzehren, dass die eigene seelische und körperliche Gesundheit Schaden nimmt.«
Liebessüchtige lieben also über ihre Verhältnisse. Maria-Luise, 27, bezeichnet sich als liebessüchtig:
»Ich lerne einen Mann kennen. Irgendwas springt über. Ich habe immer geglaubt, das wäre der Funken der großen Liebe, und habe mir eingebildet, das sei Verliebtsein. Nachdem dieser Funke gesprungen ist, gibt es für mich nichts Wichtigeres, als die Zuwendung von diesem Mann zu erlangen. Es ist nicht wichtig für mich, ob ich diesen Mann nun geliebt

habe. Es geht mehr darum, etwas zu bekommen. Wie so ein Loch, was zu füllen ist. Ich habe immer erwartet, dass irgendjemand kommt und mich erfüllt. Je mehr dieser Mann sich dagegen sträubt und nicht will und mir signalisiert, dass er mich nicht will, desto schlimmer wird der Wunsch, gerade von diesem Mann Zuwendung zu bekommen. Ich habe eigentlich immer gespürt, dass da irgendetwas nicht stimmt, dass ich diesen Mann nicht loslassen kann, dass in meinen Gedanken nichts anderes mehr Platz hat, ja, dass dieser andere mir wichtiger ist als ich selber ...«

Robin Norwood hat mit ihrem Liebessucht-Buch eine regelrechte Lawine auf dem Buchmarkt losgetreten. Von Wilfried Wiecks »Männer lassen lieben« (auch ein Bestseller) über den »Casanova«- und den »Cinderella«-Komplex und das »Brave-Mädchen-Syndrom« bis hin zu bindungsunwilligen bzw. bindungsunfähigen Zeitgenossen (»Bindungsphobien«, »Die Angst vor der ewigen Liebe«) reicht die Palette. Und das wirft natürlich ein Schlaglicht auf die seelischen Verfassungen in den bundesdeutschen »Beziehungskisten«.

Geschlechterkrieg

Liebe ist ein großes Wort. Viele reden davon, und keiner weiß eigentlich, wovon er redet. Und es gibt Tausende von Versuchen, dieses menschlichste aller Phänomene zu verstehen. Dichter, Philosophen, Musiker, Psychologen, sie alle haben versucht zu ergründen, was das eigentlich ist. Für die einen ist es ein »privates Weltereignis«, »Freiheit von Angst« oder »eine Art Kriegszustand«. Für andere ist es »der angenehmste Zustand weiser Unzurechnungsfähigkeit«, die »angenehmste Herzenskrankheit« oder gar eine »vorübergehende Geisteskrankheit«.

Im Geschlechterkrieg Anfang des neuen Jahrtausends »geht die Post ab«. Die Rede ist vom »neuen Mann«, der »neuen Frau«, den »neuen Beziehungsformen«. Dabei klingt das Neueste aus der Beziehungskiste ganz und gar nicht fröhlich: Die Liebe ist in unserer Zeit zerredet und trivialisiert worden. Instant-Sex und Bindungsangst, verteufelte Lust, Beziehungsgefängnisse aus Aids-Angst – ein Jammertal der Liebe. Von Liebe und Sex erhoffen viele all das, was die durchrationalisierte Welt nicht bieten kann: So wurde die Liebe zum Ersatz – sie wurde vermarktet und ideologisiert wie alles andere auch. Margret, eine 26-jährige Studentin, sagt denn auch resigniert:

»Was Beziehungen betrifft, da bin ich eine totale Blindgängerin. Ich hab das Gefühl, dass das Zentrum im Gehirn, das für die Liebe zuständig ist, dass man da bei mir ein Stück rausgeharkt hat. Ich weiß es nicht. Ich weiß es tatsächlich nicht ... Ich muss sagen, ich verliere den Boden, wenn mir der Mann gefällt, dann werde ich unsicher und dann fange ich an, mich selbst zu hassen. Da denke ich mir, jetzt hat jemand seinen Todesspruch gesagt, jetzt geht's nur noch bergab. Und das passiert dann auch. Da, wo es drauf ankommt, versage ich auf der ganzen Linie. Da denke ich mir, du schaffst es nicht, dich durchzusetzen. Das geht nicht. Ich bin einfach eine Künstlerin im Unsicherwerden ... Die Liebessucht, das ist bei mir eine innere Gewissheit. Es ist so, dass ich alles Mögliche fallen lasse, nur um dann dem Liebespartner zu begegnen. Ich habe im Grunde genommen alles geopfert für Beziehungen.«

Bis heute wird Liebessucht verklärt als »romantische Liebe«. Der symbiotische Wunsch nach Verschmelzen mit dem Partner, das Verlangen nach dem Aufgehen im anderen wird zu »Rettet die Zärtlichkeit«. Welch ein Anspruch! Doch was in der Phase des euphorischen Verliebtseins wie die Rettung aus dem Alltag beginnt, endet oft als Saltomortale mit Bruchlandung. Ulla, 32-jährige Lehrerin, erzählt von ihrer Sehnsucht:
»Bei meinem Freund war es so, dass ich eine wahnsinnige Sehnsucht nach ihm hatte, obwohl wir zusammenlebten und wir uns fast jeden Abend geliebt haben. Aber die war einfach nicht zu stillen. Ich habe tagsüber am Schreibtisch gesessen, und die Zeit, wo er immer nach Hause kommen sollte, da habe ich am Fenster gestanden und habe gewartet, und manchmal ging ich tagsüber durch die Wohnung und habe nach ihm gerufen, also richtig bescheuert. Oder habe zum Beispiel im Schrank seine Hemden gestreichelt, habe den Schrank aufgemacht und die Hemden gestreichelt, obwohl er vielleicht in zwei Stunden nach Hause hätte kommen können. Obwohl er wirklich da war, habe ich ihn immer nur als in der Ferne erlebt, und nicht erreichbar.«
Nun könnte man denken, Liebessucht sei ein spezifisch weibliches Problem. Weit gefehlt. Andreas zum Beispiel ist 29 Jahre und arbeitet im Krankenhaus:
»Beim Entzug von der Liebe und Sexualität im Frühjahr, als sich meine Freundin von mir trennte, so intensive seelische Schmerzen habe ich nie in meinem Leben vorher erfahren. Der Alkohol- und der Drogenentzug und auch die seelischen Schmerzen am Anfang, die waren schlimm. Aber das habe ich im Vergleich zu diesem Entzug wirklich auf einer Arschbacke abgesessen. Ich kann das nicht vergleichen. Das war so ein tiefer seelischer Schmerz und Entzug, dadurch sind mir auch die ganzen Konflikte mit meinen Eltern hochgekommen.«
Andreas hat eine regelrechte Suchtkarriere hinter sich: Mehrere Jahre

Alkoholprobleme, Abhängigkeit von Tabletten und sogar Heroin. Er meint, all das waren nur Ersatzstoffe für das, was ihm wirklich fehlte: Liebe, Geborgenheit, Zuwendung, Wärme:
»Ich habe nur immer gemerkt, da stimmt was nicht, mir fehlt was in meinem Elternhaus, und ich habe mich in der Atmosphäre einfach nicht wohl gefühlt. Ich konnte es aber nie konkret oder klar ausdrücken oder war mir selbst da drüber auch nicht im Klaren. Ich habe immer nur so einen Schmerz empfunden, Sehnsucht nach Liebe und Wärme und Nähe und Geborgenheit und Sicherheit, Vertrautheit. Das kann ich heute sagen. Damals hätte ich das überhaupt nicht ausdrücken können. Und wie ich meinen ersten Schluck Alkohol im Bauch hatte, da hatte ich genau das Gefühl, wie ich es schon immer gewollt hatte.«
Hinzu kam, dass seine erotischen Beziehungen zum weiblichen Geschlecht auf eine sehr merkwürdige Weise begannen:
»Also meine erste Beziehung, wenn ich es mal so nennen darf, die war für mich sehr frustrierend und enttäuschend. Mit elf Jahren, mit einem Mädchen in der Nachbarschaft habe ich geschlafen, oder besser gesagt, ich habe überhaupt nicht geblickt, was die wollte. Die hat mich einfach nur mit in den Keller genommen, und ich war natürlich sehr neugierig. Hat sich auf mich gesetzt und ist auf mir rumgerutscht, und ich fand das ziemlich ätzend. Ich hatte auch Angst, mich zu wehren, und habe das alles über mich ergehen lassen. Die war schließlich ein oder zwei Jahre älter als ich. Ich habe mich auch furchtbar geschämt danach. Zu Hause habe ich das immer mit mir alleine ausgemacht und in mich reingefressen, weil ich konnte mit meinen Eltern nicht darüber reden.«

Symbiotische Beziehungen

Liebessüchtige sind hochsensible Menschen. Sie spüren intuitiv die Lücken des Gegenübers auf und füllen sie auf – oft ohne das überhaupt selbst wahrzunehmen. Sie gehen, wie man in der Psychologie sagt, eine symbiotische Beziehung ein. Wie im Blindflug finden sie auch den zu ihren unbewussten Mustern passenden Partner. Maria-Luise beschreibt den Zustand folgendermaßen:
»Das ist ein Gefühl von Verschwimmen ineinander. Es gibt keine Grenzen mehr zwischen uns. Ich will auch keine mehr. Ich habe dann Angst vor den Grenzen und habe dann auch die Vorstellung, wenn wir nur richtig verschmelzen würden, dann wäre das das Größte.«
Aber: Liebe ist leicht verderblich. Wenn aus der Liebe eine Beziehung wird, kann der Bund fürs Leben zum Gefängnis werden. Maria-Luise:
»Zu Anfang habe ich das Gefühl, der andere braucht mich. Die nächste Station ist dann, ich brauche ihn. Und wenn das dann so weiterläuft, fin-

det irgendwann ein Missbrauch statt. Dann merkt er meine Abhängigkeit und missbraucht die, und irgendwie habe ich auch das Gefühl, dass ich den anderen missbrauche, weil plötzlich keine wahre Zuneigung besteht, sondern Abhängigkeit.«

Die Frage, die dahinter steht, heißt: »Liebe ich dich, weil ich dich brauche, oder brauche ich dich, weil ich dich liebe?« Erst ist es Liebe. Dann kommen die Ansprüche. Und schon bald fühlt man sich eingeengt und abhängig. Es türmen sich Schutthalden von Schmerz, Trauer, Hass auf, und die Liebe verendet langsam in einer Beziehung. Die Beziehung als Gefängnis – zwei Leute in der Paarzelle. Was es dann braucht, ist mehr Luft für die Liebe. Maria-Luise sieht das Hauptproblem in Folgendem: »Ich kann in einer Beziehung keine Eigenständigkeit zeigen. Ich bin immer darauf bedacht, wie der andere das wohl sieht, ob ihm das gefällt, was ich tue. Mein Wunsch ist natürlich, dass ihm das gefällt, wie ich mich verhalte, und dass er stolz auf mich ist und stolz ist, dass er mich als Partnerin hat. Aber ich bin nicht in der Lage, ein erwachsenes Gegenüber zu sein, das sagt, was ihm stinkt, und was ihn auch auf Fehler hinweist. Ich glaube, dass ich sehr genau erkenne, wo andere Menschen auch Schwierigkeiten haben. Aber wenn das Menschen sind, die mir etwas bedeuten, bin ich nicht in der Lage, das zu sagen – aus Angst, die Zuwendung zu verlieren. Und ich glaube gerade durch diese Angst und durch diese Unselbständigkeit, dass ich kein Gegenüber bin und so wie ein Blatt im Wind hin und her fliege, gerade dadurch verliere ich die Zuwendung. Ich bin nicht mehr spürbar. Ich bin wie ein Buch, das man zur Seite legen kann. Wenn so eine Beziehung dann zu Ende geht und ich begreife, dass ich gehen muss, weil der andere mir das genau so signalisiert, dass ich das selbst merke, stürzt eine Welt ein. Im Grunde habe ich mir dann immer eine neue Beziehung gesucht, um die alte zu überwinden, zu vergessen. Ich brauchte dann immer was, was noch stärker ist. Und beim nächsten Mal fängt es dann genauso an.«

Hier zeigt sich dann mitunter der Beginn einer Liebessucht-Karriere: Wiederholungszwang und Dosissteigerung sind ebenso vorhanden wie das Ausweichen vor dem eigentlichen Problem. Dabei ist Liebessucht bei weitem nicht nur ein negativ getöntes Verhalten. »Die Liebe besteht zu drei Vierteln aus Neugier«, sagt einer, der es wissen muss – Casanova, jener galante Italiener, nach dem sogar ein bestimmter Männertypus benannt worden ist.

Und genau hier liegt das Missverständnis. Dieses Fernweh nach unbekannten Seelen hat mit Liebe wenig zu tun. Schon viel mehr mit *Verliebtheit*. Jeden zu lieben heißt, unfähig zu sein, einen Besonderen zu lieben. Diese verzweifelte Suche nach Liebe ist derart überempfindlich

und zornig, dass dem kein Partner standhalten könnte. Der Nächste ist immer auch der Begehrenswertere, Bessere.
Man ist ständig auf der Suche – man weiß allerdings nicht, wonach. Maria-Luise sagt:
»Ich weiß nicht so genau, was ich von dem anderen will. Das ist wie ein Rausch, dass ich immer wieder hingehe und mir Demütigungen gefallen lasse und merke, dass der andere mich gar nicht will. Ich muss immer wieder hinlaufen, hingehen und kämpfen, um irgendetwas zu erlangen. Es geht nicht nur darum, was zu kriegen, es geht auch darum, zu kämpfen um diesen Rausch, denn der füllt ja alle Zeit aus. Ich brauche mich dann nicht mit meinen eigenen Angelegenheiten zu beschäftigen.«
»Liebe«, so heißt es in einem russischen Sprichwort, »Liebe ist ein Glas, das zerbricht, wenn man es zu unsicher oder zu fest anfasst.« Und Liebessüchtige fassen sehr unsicher zu. Entweder sind sie knallhart und überrealistisch, oder aber sie träumen sehnsüchtig von der großen Liebe, so wie Ulla das tut:
»Vielleicht träume ich halt gern. Bei unerreichbaren Männern, da kann ich es ausleben. Vielleicht habe ich auch Angst, dass eine Beziehung, wenn sie dann wirklich stattfindet, sehr triste und alltäglich wäre. Wenn sie plötzlich funktioniert. Vielleicht wäre das wie arbeiten: ›Guten Morgen‹, ›Wollen wir ins Bett gehen‹, ›Vielen Dank‹, ›Schönen Tag wünsche ich dir‹.«

»Wie viele Muscheln am Strand, so viel Schmerzen bietet die Liebe«, schrieb der lateinische Dichter Ovid schon im alten Rom. Verzweiflung, Traurigsein, Verletzung und Versöhnung, die Berg-und-Tal-Bahn der Gefühle, scheinen die wichtigen Elemente in den Geschlechterbeziehungen zu sein. Ulla sagt:
»Ich bin verzweifelt, weil ich allein bin und weil es mit der Liebe nicht klappt. Also, ich hasse mich, wenn ich Liebe brauche. Ich hasse mich völlig. Und ich verhalte mich dann auch so wie ein Jammerlappen. Ich bin dann ein Stück Dreck, so fühle ich mich auch. Und ich hasse mich deshalb. Ich kann es nicht ändern. Wenn mir auch jemand seinen Happen zuwirft, dann hasse ich mich auch dafür, dass ich es fresse. Der Schmerz ist halt mein Metier.«

Ist Liebessucht eine Sucht?
Liebessucht ist in den letzten Jahren zu einem Modewort geworden – aber ist es überhaupt eine Sucht? Man versteht unter diesem schillernden Begriff alles Mögliche: von der Beziehung als Fluchtburg vor der rauen Welt bis zur hörigen Abhängigkeit vom Liebespartner, von der

absoluten Selbstaufgabe in einer symbiotischen Beziehung bis zur Anonymität der zwanghaften Promiskuität. Der Begriff »Liebessucht« wird oft für ganz entgegengesetzte Phänomene benutzt. So viel scheint klar:
Im Zustand überschwänglicher Verliebtheit produziert das Gehirn der Liebenden tatsächlich seine eigene Rauschdroge aus der Gruppe der »Weckamine«, der Aufputschmittel (siehe dazu Kapitel I.1–I.3). Der Innsbrucker Arzt Gerhard Crombach hat es in der Zeitschrift »Sexualmedizin« belegt: Der Stoff, aus dem die Verliebtheit ist, trägt den wenig romantischen Namen »Phenyläthylamin«. Dass »Phenyläthylamin« ein waschechtes Suchtmittel ist, zeigen Tierexperimente, in denen Ratten unendliche Entbehrungen auf sich nehmen, um zu einem Schuss »Speed« zu kommen. Genau wie der Liebende, der richtig süchtig nach seinem Liebesobjekt ist und regelrechte Entzugserscheinungen durchleidet, wenn er es verliert. Und so ist es auch nur logisch, wenn von ihrem Suchtmittel entwöhnte Fixer, Alkoholiker oder Tablettenabhängige sich ständig Situationen suchen oder schaffen, in denen der Körper die Suchtstoffe selbst produzieren muss: Beim Spielsüchtigen ist es der »Kick« am Spieltisch oder am Automaten. Der Arbeitssüchtige hat sein »High«, wenn er richtig rotiert, und die/der Liebessüchtige, wenn sie/er entweder total verliebt ist oder aber die Beziehung am Wanken ist. Andreas meint:
»Es mag generell so sein, dass, wenn ich zunächst mal die Suchtmittel weglasse, also Alkohol, Medikamente und Drogen, dass ich mich dann erst mal in Ersatzsüchte flüchte. Das Gemeinsame zwischen all diesen Suchtformen, zwischen diesen Suchtstrukturen und zwischen diesen Suchtmitteln, ist die Krankheit Sucht. Es ist egal, welches Mittel ich benutze. Für mich ist heute wichtig zu erkennen, dass ich die Krankheit Sucht habe, damit ich endlich aufhöre, an meinen Symptomen rumzudoktern oder mir unnötig darüber Gedanken zu machen oder damit auch Energie zu verschwenden, mir selbst im Weg zu stehen. Ich bin süchtig, und ich habe eine Suchtstruktur. Ich bin geistig, körperlich und seelisch krank. Und das ist eine Krankheit, eine dreiteilige Krankheit.«

Deshalb ist es auch verständlich, dass Liebessüchtige immer wieder die Verliebtheit mit ihrem Herzklopfen, Sinnestaumel und Nervenkitzel suchen. Sie haben Angst, dass diese Liebe in einer langfristigen Beziehung verendet, die beschwert ist mit der Last der Alltagsprobleme. Sie sind sehnsüchtig nach immer intensiveren Erlebnissen. Der Liebessüchtige hat nach Ansicht der Berliner Psychologin Susanne Jalkoczy den Wunsch, »den Schmerz eigener Begrenztheit aufzulösen in symbiotischer Einswerdung mit dem Liebesobjekt oder in ständiger Suche nach neuen Objekten der Liebe. Die Sucht nach Liebe soll die Verzweiflung über die eigene Endlichkeit immer wieder betäuben. Im Gegensatz dazu muss das autonome Subjekt selbstreflektiv Wissen und Erfahrungen bearbeiten.«

Co-Abhängigkeit
Unbewusst suchen sich Liebessüchtige oft Partner, die Alkoholiker oder Drogenabhängige sind. Man spricht dann von Co-Abhängigkeit. Hintergrund ist oft, dass die Co-Abhängigen in ihrer Ursprungsfamilie mit einem süchtigen Elternteil aufgewachsen sind. Den in der Kindheit gelernten Umgang mit einem süchtigen Vater oder einer süchtigen Mutter übertragen sie dann auf ihre Partnerbeziehung. Erhalten bleibt die süchtige Grundstruktur des/der Co-Abhängigen.
Selbst als Erwachsene sind sie auf der kindlichen Suche nach elterlicher Liebe, die sie in ihrer Kindheit nicht erhalten haben. Sie mussten als Kinder erwachsener sein, als es ihnen angemessen war, deshalb müssen sie als Erwachsene ihre unerfüllten kindlichen Wünsche leben. Es geht ihnen mehr um das Geliebtwerden als ums Lieben. Und sie suchen die Erfüllung dieser Wünsche nach Liebe dann bei jemandem, der dem geliebten Elternteil ähnlich ist. Und das ist dann oft ein Alkoholiker oder Fixer.

Allgemeine Merkmale und Konsequenzen der Co-Abhängigkeit:
– Selbstaufgabe
– Unterdrücken von Emotionen
– Depressionen
– Erhöhte Wachsamkeit
– Zwanghaftes Verhalten
– Angst
– Psychosomatische Schäden

Der Psychologe Martin Hambrecht unterscheidet mehrere »Co-Abhängigen-Typen« (es können sowohl Frauen als auch Männer sein):
»Die mütterlichen Co's« umhegen und pflegen den Süchtigen, sie gehen in der Sorge um ihn auf. Da sie ihn für zu schwach halten, schützen sie ihn vor der harten Welt.
»Die väterlichen Co's« halten den Symptomträger für unfähig, die Selbstverantwortung für sich zu übernehmen. Sie übernehmen deshalb oft Aufgaben und Pflichten für ihn oder machen ihm Vorschriften, wie er sein Leben am besten in den Griff bekommen soll.
»Die kumpelhaften Co's« drücken immer ein Auge zu und machen um

des lieben Friedens willen alles mit und vertuschen die Sucht des Abhängigen.

Die beruflichen Co's halten sich für verpflichtet zu helfen, und wollen sozial sein. Man findet diesen Typus oft in Beratungsstellen, in Arztpraxen und in sozialen Berufen.

Partner, Angehörige und Freunde können so genannte »Enabler« (Ermöglicher von Sucht) sein, indem sie dem Süchtigen Geld leihen und sich für ihn entschuldigen. Sie können aber vom Betroffenen auch als Gegner wahrgenommen werden, wenn sie ihn auf sein Problem aufmerksam machen und ihm helfen wollen. Oft leiden die Partner von Süchtigen in ähnlicher Weise unter der Krankheit, flüchten sich im schlimmsten Fall selbst in eine Sucht. Besonders schwer ist die Situation für die Kinder von Suchtkranken. Oft geht vor allem der Alkoholmissbrauch mit psychischen und körperlichen Misshandlungen einher. Die Kinder fühlen sich häufig schuldig, wollen es den Eltern in allem recht machen und verlieren so ihre Kindheit völlig.

Sie übernehmen alle möglichen häuslichen Aufgaben (vom Kochen über die Erziehung der Geschwister bis hin zur Regelung finanzieller Angelegenheiten), wenn einer der Elternteile nicht mehr dazu fähig ist, und ermöglichen so wiederum – zumindest für begrenzte Zeit – dessen Sucht.

Der Co-Abhängige durchlebt verschiedene Phasen von der bedingungslosen Liebe bis hin zur Ablösung von der ehemals verehrten Person:

1. *Beschützer- und Erklärerphase*
   Verharmlosung und Verschleiern der Sucht, Versuch zu helfen
2. *Kontrollphase*
   Überprüfung von Aufenthaltsort und Suchtmittelgebrauch; Bitten, Drohungen, Liebesentzug
3. *Anklagephase*
   Umschlagen von Liebe in Hass; Trennung ist trotzdem nicht möglich
4. *Erlösung*
   Angemessene Konfrontation, Hilfe zum Ausstieg

Die folgenden Hinweise können bei der Herauslösung aus der Co-Abhängigkeit hilfreich sein:

- Kapseln Sie sich nicht ab, weil Sie glauben, versagt zu haben, oder weil Sie den Partner nicht verraten wollen.
- Sprechen Sie mit anderen über die Probleme.
- Stellen Sie die eigenen Interessen nicht zurück (»gesunder Egoismus«). Das hat nichts mit »im Stich lassen« zu tun!

- Machen Sie möglichst wenig nur deswegen, weil Sie irgendwo einen »guten Eindruck« hinterlassen wollen.
- Betrachten Sie den Süchtigen immer auch als eigenständige und selbstverantwortliche Person.
- Versuchen Sie, eventuell vorhandene Schuldgefühle abzubauen.

Gemeinsam ist Abhängigen wie Co's, dass sie das gleiche süchtige Spiel (wenn auch mit verteilten Rollen) spielen. »Gestörte wie Co-Gestörte sind wie Stehler und Hehler«, sagt Walther Lechler, der ehemalige Chefarzt der psychosomatischen Klinik Bad Herrenalb. Viele Co's sind so genannte Liebessüchtige. Ob es sich bei den »Beziehungssüchten« überhaupt um Sucht im engeren Sinne handelt, kann man nur im Einzelfall beurteilen. Immerhin – möglich scheint es allemal.

Stalker im Liebeswahn

Wenn die Liebe zum Wahn wird, die Geliebten tatsächlich Opfer von Gewalt werden, so spricht man von »Stalking«. Prominente, Expartner, aber auch völlig fremde Menschen werden von den Stalkern penetrant beobachtet und verfolgt. Der Begriff »stalk« kommt ursprünglich aus der Jägersprache und bedeutet so viel wie anschleichen. In den USA versuchte ein Mann die Sängerin Björk mit einer Briefbombe zu töten, weil er sie »liebte«, aber nicht bekommen konnte. Der Liebeswahn schlägt oft von starker Bewunderung in Hass und Aggression um, wenn die geliebte Person unerreichbar bleibt. Was treibt die Stalker zu der zermürbenden Verfolgungsjagd?

Der amerikanische Psychologieprofessor Dietz geht davon aus, dass die oftmals schwachen, einsamen und gescheiterten Menschen versuchen, sich durch den Prominenten eine Identität zu verschaffen, die sie selbst nicht haben. Der geliebte Mensch hat alles, ist stark und schön. Wird die Bewunderung ignoriert, wandeln sich die Gefühle in Hass und Verzweiflung.

Wie kann man sich gegen die Verfolger schützen? Bislang gibt es in Deutschland kein Gesetz, das die Anzeige eines Stalkers ermöglicht. Zumindest soll sich das noch in diesem Jahr ändern, sodass es nicht erst zum tätlichen Angriff kommen muss, bevor die Polizei eingreift. Die einzige Möglichkeit, das Opfer zu schützen, bieten im Moment noch so genannte richterliche Weisungen, an die sich der Verfolger halten muss – so darf er sich beispielsweise nicht der Person oder dem Haus des Opfers nähern. In den USA ist man bezüglich Stalking ein ganzes Stück weiter: Dort hat man schon seit langem Gesetze, die Stalking-Opfer schützen, und auch die Stalking-Forschung ist dort weiter fortgeschritten.

2. Die schwarze Schwester der Liebe: Eifersucht

> *»Eifersucht ist eine Leidenschaft,
> die mit Eifer sucht, was Leiden schafft.«*
>
> Friedrich Schleiermacher

Den, der sie empfindet, macht sie klein. Den, dem sie gilt, macht sie groß. Oft täuscht sie sich – genauso oft behält sie Recht. Nicht selten zerstört sie die Liebe, die sie zu retten versucht. Sie wird mitunter zum Wahn, der aus Zwergen Riesen und aus Verdacht Wahrheit macht. Der, der sie erlebt, hält sie für einen Liebesbeweis; dabei ist sie fast immer Bote einer tiefen Angst: Die Rede ist von Eifersucht.
Eifersucht ist der Schatten, den die Liebe wirft. Und es ist nicht gerade ein Gefühl, das man auf stolzgeschwellter Brust mit sich herumträgt – eher verbirgt man es nicht nur vor den anderen, sondern mitunter so gut, dass man es selbst irgendwann nicht mehr spürt. Ulla, eine 32-jährige Lehrerin, erzählt:
»Da war ich mit meinem Freund in einer Kneipe. Eine Bekannte von ihm kommt, er begrüßt sie, unterhält sich mit ihr. Ich sitze daneben, und er stellt mich 20 Minuten lang nicht vor. Die Frau war sehr hübsch, sehr jung, hübscher als ich. Er hat sich mit ihr sehr gut unterhalten, und ich hab gekocht, bin mit ihm nach Hause gekommen, und kaum war die Tür zu, habe ich angefangen zu schreien. Ich hab geschrien, dass er mich nicht vorgestellt hat, wer ich überhaupt sei für ihn, ob ich überhaupt existiere für ihn.«
Wenn ein Lächeln in die falsche Richtung fliegt, wenn ein Händedruck elektrisiert, wenn ein Blick Bruchteile einer Sekunde zu lange dauert, wenn die Bewegungen des anderen plötzlich fahrig werden, weil eine bestimmte Person auf der Bildfläche auftaucht oder ein Gespräch mit ihr zu tief geht – dann zischt die Stichflamme im Herzen lichterloh. Das Gedankenkarussell kommt ins Drehen, die Gefühle taumeln. Und dann die schlaflosen Nächte, die aufgewirbelten Träume, in denen die Angst, der Schmerz und der Zorn an einem zehren. Irgendwann sitzt dann die Eifersucht tagtäglich mit am Tisch. Sie wird immer gieriger und unersättlicher. Bis sie das gesamte Leben kontrolliert. Michael, 26, Krankenpfleger:
»Jedes Mal, wenn ein anderer Typ angerufen hat, war ich misstrauisch, und natürlich hat dann auch ihr Exfreund angerufen. Ich hab dem Bra-

ten nicht getraut, wenn sie Spätdienst hatte, hab mich mit meinem Auto hinterm Busch versteckt und bin ihr hinterhergefahren. Natürlich war nichts, hab dann so getan, als ob ich sie natürlich nicht kontrolliert hätte – diese ganzen unehrlichen aufreibenden Spiele.«

Einen allgemein gültigen Eifersuchts-Index gibt es indes nicht. Die Unterschiede zwischen Liebhabern beiderlei Geschlechts sind riesengroß. Bei den einen reicht schon das Besetztzeichen am Telefon der Freundin, um das Eifersuchtskarussell ins Drehen zu bringen, andere bleiben selbst dann cool, wenn ihre Partner von verflossenen Liebhabern schwärmen oder die straffen Busen anderer Frauen preisen. Der einen macht es nichts aus, wenn ihr Geliebter sich mit anderen Frauen abbusselt, andere drehen schon durch, wenn ihr Partner in der Straßenbahn den Blick zu lange bei den Fußknöcheln einer Mitfahrerin verharren lässt. Peter ist 34 Jahre alt und von Beruf Schlosser:

»Meine Freundin, die geht nicht immer ans Telefon. Sie hat einen großen Bekanntenkreis, da geht sie oft nicht dran. Jetzt ist mir das auch schon passiert. Ich versuchte sie anzurufen, und sie ging nicht ans Telefon. Und weil das einmal passiert ist, denke ich da also des Öfteren dran, wenn ich sie nicht erreiche. Da schleicht sich so ein Gedanke ein, einfach mal zu gucken, ob sie tatsächlich nicht zu Hause ist.«

Eifersucht ist ein vielschichtiges Gefühl. Bei den einen steht der Neid im Vordergrund – dass es anderen besser geht, weil sie einen Partner haben zum Beispiel, bei anderen steht die Verlustangst im Vordergrund und bei Dritten die Rivalität, die Konkurrenz mit anderen. In jedem Fall ist hierzulande der Eifersuchtsanfall per se nicht unbegründet. Eine Sex-Umfrage im Jahr 2001 enthüllte die geheimen Leidenschaften der Deutschen: Demnach sind 49 Prozent der Männer und 37 Prozent der Frauen, die in einer festen Partnerschaft leben, schon einmal untreu gewesen. Die Affären erweisen sich zudem als erstaunlich dauerhaft. So gaben 31 Prozent der Befragten an, dass ihre Nebenbeziehungen schon über zwei Jahre halten. Offenbar scheint es auch kaum Probleme bei der Koordination der Treffen zu geben, denn die Mehrzahl der Befragten schafft es, sich zwei- bis dreimal pro Woche zu treffen.

Formen der Eifersucht
Schon Sigmund Freud hat 1922 drei Formen von Eifersucht unterschieden:

Die normale oder konkurrierende Eifersucht
Sie wird von Trauer und Schmerz um das »verloren gegangene Liebesobjekt« bestimmt, von Kränkung und feindlichen Gefühlen der Rivalen.

Nach Ansicht Freuds wurzelt sie tief im Unbewussten, setzt frühe Regungen des kindlichen Gefühlslebens fort und stammt aus dem so genannten »Ödipuskomplex« oder aus der Geschwisterrivalität.

Die projizierte Eifersucht
Sie entsteht aus dem Wunsch, dem Partner selbst untreu zu werden. Diese eigenen Wünsche verleugnet man aber und glaubt, sie beim Partner zu finden, man lädt sie sozusagen dem Partner auf, projiziert sie auf ihn. Dadurch wird das eigene Gewissen entlastet, und der andere hat die Schuld.

Die wahnhafte Eifersucht
Auch hier handelt es sich um verdrängte Untreue, aber die unbewussten Phantasien kreisen ausschließlich um den gleichgeschlechtlichen Rivalen. Deshalb nennt es Freud »vergorene Homosexualität« nach dem Motto: »*Ich* liebe ihn ja nicht, sie liebt ihn.«

Das Problem ist, wie man die Grenze zieht zwischen gesunder und krankhafter Eifersucht. Freud selbst war in seiner Verlobungszeit sehr eifersüchtig. Er verbot seiner Martha zum Beispiel den Umgang mit einem gemeinsamen Freund. In einem Brief an seine spätere Frau schrieb er:
»Wenn ich die Macht besäße, die ganze Welt, uns einbegriffen, zu zertrümmern, um sie von neuem spielen zu lassen, auf die Gefahr hin, daß sie nicht wieder mich und Martha hervorbringt, ich täte es unbedenklich.«
Eifersucht ist meistens beschämend, erniedrigend und zerstörend. Sie ist oft dominiert von Besitzdenken, Neid und übermäßiger Eigenliebe. Eifersucht gilt als eine unreife Haltung, die zeigt, dass der Eifersüchtige unsicher ist und sich selbst und seinen Wert nicht sehr hoch einschätzt.
Andreas ist 35 Jahre alt, Hausmann und Künstler:
»Ich hatte immer das Gefühl, ohne meine Partnerin nicht leben zu können. Ich hatte eine irre Angst, allein zu sein. Für mich war ganz klar: Wenn sie mich verlässt oder wenn sie mich betrogen hat, dann kam für mich sofort dieses Damoklesschwert: ›Wenn sie mich jetzt verlässt oder wenn jetzt tatsächlich was Festes draus wird, bin ich am Ende.‹«
Andreas war mit seiner Frau elf Jahre zusammen, davon sechs Jahre verheiratet. Seine Frau nahm es mit der ehelichen Treue – obwohl zwei Kinder da waren – nicht so genau:
»Ich fing dann an, so ganz tolle Spielchen zu treiben, um rauszukriegen, ist da jetzt was oder nichts. Ich hatte dann immer schon einen Bestimm-

ten im Verdacht, und dann sagte ich so nebenbei: ›Ach, der könnte dir doch auch gefallen, also das fand ich toll, was der gestern gemacht hat, fandest du das auch toll?‹ Also, sehr diffizil. Ich glaube auch, das entwickelt sich. Man wird da ziemlich spitzfindig, man wird hinterlistig, man wird gewieft, man wird da auch zum Meister. Ich hatte das Gefühl, man bekommt einen sechsten Sinn, man ist sehr sensitiv drauf, man ist sehr sensibel, man spürt die kleinste Veränderung beim Partner und münzt sie natürlich sofort um in: Ah, da ist ein anderer.«

Im Laufe der Zeit spitzte sich in der Beziehung die Lage zu. Andreas entwickelte, wie er sagt, eine »Meisterschaft der Eifersucht«:

»Ich hab dann gespürt – da ist was. An diesem einen Abend bekam ich Fieber, legte mich ins Bett und träumte: Jetzt geht sie mit ihm ins Bett. Ich war voll davon überzeugt, heute Nacht passiert es. Sie kam dann auch erst sehr spät, und am nächsten Tag hat sie mir es dann gestanden. Ich hatte also den ›richtigen‹ Gedanken. Nachdem sie mir das gestanden hatte, sagte sie mir auch, dass das nicht das erste Mal war. Ich war wie vor den Kopf geschlagen ... Für mich war wichtig, die ganze Verletzung, den ganzen Schmerz, die ganze Trauer zuzulassen. Ich hatte seit 16 Jahren nicht mehr geheult. Und jetzt öffnete sich eine Schleuse: Ich heulte Rotz und Wasser. Ich will das jetzt nicht theatralisieren, aber ich habe mich wie ein Tier gefühlt, ich hab rumgestöhnt, ich war fix und fertig ... Ich war dann monatelang depressiv in verschieden schweren Stadien. Ich hab auch gesoffen, aber das war selten. Alles war nur negativ.«

Was Andreas in seiner Beziehung erlebte – wir werden später darauf zurückkommen –, ist für viele eifersüchtige Menschen typisch. Eifersüchtige haben oft das Gefühl, für sich allein nichts wert zu sein, sondern nur in Zusammenhang mit ihrem Partner. Sie haben Angst, dass andere wichtiger sind als sie, dass sie austauschbar sind, als Sexobjekt missbraucht werden, weil andere in ihren Augen attraktiver sind. Was geht eigentlich in jemandem vor, der gerade einen akuten Eifersuchtsanfall erlebt? Maria, eine 29-jährige Postangestellte:

»Ich hab das Gefühl, als verliere ich den Boden unter den Füßen, als geht mir etwas verloren, was lebensnotwendig ist. Das ist spürbar in flauem Magen, Zittern, Gedanken: ›Ich bin nicht gut genug‹, ›Ich bin selbst dran schuld, dass es da was anderes gibt‹, ›dass dem Partner jemand anderes wichtiger erscheint als ich‹.«

Eifersuchtsverdrängung
Eifersucht ist wieder erlaubt. In den Beziehungsexperimenten der 60er und 70er Jahre, bei Oswalt Kolles Revolution im Schlafzimmer, der offenen Ehe, den Kommune-Gruppensex-Versuchen und dem Bezie-

hungskisten-Allerlei galt Eifersucht als Gradmesser für das verbürgerlichte Besitzdenken. Motto: »Wer zweimal mit der selben pennt, gehört schon zum Establishment.«

»Du wirst doch nicht etwa eifersüchtig sein«, war die Standardfrage für die 68er Studentenbewegten. Und mit einem lang gezogenen »Nein« holte man sich die Absolution von Biederkeit und Besitzdenken, von Kleinbürgerlichkeit und Kleinfamilienmief. Ausschließliche Zweierbeziehungen mied man wie der Teufel das Weihwasser. Indes war die Eifersucht wohl nur in die hinterste Ecke der Schublade gedrängt worden und trieb von da an verdeckt ihr Unwesen.

In einer Zeit, in der man von Wegwerfbeziehungen spricht, in der Bindungsunfähigkeit grassiert, erscheint ein Begriff wie Eifersucht als anachronistische Antiquiertheit. Wieso eifersüchtig sein, wenn man sowieso morgen wieder in einem anderen Bett schläft? D. h., in gewisser Hinsicht ist Eifersucht schon ein Zeichen dafür, dass mehr besteht als ein One-Night-Stand. »Eifersucht als Schutzengel der Liebe« nennt deshalb Wolfgang Krüger in seinem Buch »Eifersucht, die kreative Kraft« das ansonsten ungeliebte Gefühl: Wie schrieb doch Stendhal in »Über die Liebe«: »Die Eifersucht kann auch als besonderer Liebesbeweis gefallen.«

Zwar wird Eifersucht oft als Kontroll- und Machtmittel benutzt, aber der, der nicht eifersüchtig ist, ist normalerweise der Stärkere und Mächtigere in der Beziehung.

Auch der amerikanische Evolutionspsychologe David Buss versucht das Image der Eifersucht aufzubessern. In seinem neuen Buch (»Wo warst du?«, Diederichs 2001) legitimiert er – auch aus evolutionstheoretischer Sicht – den Eifersuchtsanfall. »Liebe ohne Eifersucht ist keine Liebe … Ein Partner, der gegenüber den Umtrieben des anderen völlig gleichgültig erscheint, einer, dessen Eifersucht sich mit keinem Mittel provozieren lässt, ist nicht zu ertragen.«

Viele kennen es aus ihren Beziehungen: Von der Monogamie zur Monotonie ist es oft nicht weit. Und da ist dann der Seitensprung oft nicht mehr fern. Auch in Aids-Zeiten.

Schon 1979 veröffentlichte Wolfgang Wottlawa in seinem Buch »Das sexuelle Verhalten der Deutschen«, dass 57 Prozent aller Männer meinen, man müsste ihnen gelegentlich einen Seitensprung erlauben. 51 Prozent finden indes, dass außereheliche Beziehungen eher einem Mann als einer Frau zustehen. Nach neueren Untersuchungen gehen 72 Prozent aller Männer in den ersten beiden Jahren ihrer Ehe fremd.

Und diese Ansicht hat – nicht nur abendländische – Tradition. Was früher

Tempelhuren, Badehäuser und Bordelle waren, sind heute Peepshows und Sex-Reisen. Zwar gab es auch schon früher Callboys, männliche Prostituierte – gewöhnlich wurden diese Rollen aber den Frauen zugewiesen. Im islamischen Recht ging man da sogar noch weiter. Der Seitensprung eines Mannes war erlaubt, eine untreue Frau wurde gesteinigt.
Diese Phallokratie wollen die westlichen Frauen von heute allerdings nicht so einfach akzeptieren. In einer Untersuchung einer Zeitschrift wurde Ende 1988 herausgefunden, dass auch schon jede zweite Ehefrau mindestens einen Seitensprung hinter sich hat – wenn auch mit Schuldgefühlen.

Untersuchungen
Nach einer Untersuchung des US-Soziologen Philip Lampe gibt es vor allem fünf Gründe, warum Frauen vermehrt zu Seitensprüngen neigen:
- eine unbefriedigende sexuelle Beziehung;
- Neugierde;
- Rachegefühle;
- Langeweile;
- Bedürfnis nach Anerkennung durch andere.

»Die einzigen glücklichen Menschen sind verheiratete Frauen mit allein stehenden Männern«, sagte Altmeisterin Marlene Dietrich. Auch wenn Eifersucht Männer wie Frauen betrifft – beide Geschlechter reagieren anders auf die »schwarze Schwester der Liebe«.
»Bei Weibern ist die Liebe so oft eine Tochter als die Mutter der Eifersucht«, schrieb vor über hundert Jahren der deutsche Schriftsteller Ludwig Börne. Dabei stimmt dieses Vorurteil durchaus nicht – Frauen sind nicht grundsätzlich eifersüchtiger als Männer. Frauen zeigen nur – wie von US-Psychologen erforscht wurde – offener, dass sie unter Eifersucht leiden. Und sie sind eher bereit, ihren Stolz zu überwinden und den »Fehltritt« ihres Mannes zu vergeben und zu versuchen, die kaputte Beziehung zu kitten.
Männer dagegen sind zuerst einmal bemüht, ihr angeknackstes Selbstwertgefühl wiederherzustellen, z. B. durch Trennung von der Partnerin oder durch eigene Seitensprünge. Auf einen kurzen Nenner gebracht: Frauen kitten, Männer wahren das Gesicht.
Ein Genfer Psychoanalytiker bat seine Patienten, sich zwei verschiedene Situationen vorzustellen:
- dein Partner schläft mit dir und denkt dabei an die andere Person.
- dein Partner schläft mit jemand anders und denkt dabei an dich.

Welches Bild war weniger belastend? 70 Prozent der Männer wählten die erste Situation, 70 Prozent der Frauen die zweite.

David Buss stellte bei einem Test in den USA ebenfalls fest, dass Männer eher eifersüchtig auf rein körperliche Seitensprünge ihrer Partnerin sind und Frauen mehr Angst davor haben, dass sich ihr Partner emotional an jemand anders binden könnte. 67 Prozent der Männer reagierten auf die Aussage: »Stellen Sie sich vor; Ihr Partner hat wieder leidenschaftlichen Sex mit einem Expartner« viel gekränkter als auf den Satz »Ihr Partner baut wieder eine tiefe emotionale Verbindung mit dem Expartner auf«. Bei den befragten Frauen war das Verhältnis umgekehrt. Einige Testpersonen wurden außerdem Labortests unterzogen, um die physiologischen Parameter zu beobachten. Hier litten Männer viel stärker unter der Vorstellung, ihr Partner habe Sex mit einem anderen. Puls und Herzfrequenz wurden schneller, die Leitfähigkeit der Haut erhöhte sich, und die Stirnmuskeln zogen sich zusammen. Buss begründet diese Reaktionen im Sinne der Evolution damit, dass aus dem Seitensprung des Weibchens für das Männchen höhere Kosten entstehen, da er eventuell ein »Kuckuckskind« ernähren muss, das nicht einmal seine Gene trägt.

Der amerikanische Sozial-Psychologe Gregory White fand heraus, dass sich Frauen häufiger Eifersucht provozierend verhalten als Männer. Er fand fünf Hauptgründe, weshalb sie das tun:
- Der Wunsch nach mehr Zuwendung. Motto: »Kümmere dich mehr um mich.«
- Die Stützung des eigenen Selbstwertgefühls. Motto: »Er soll mir zeigen, dass ich attraktiv und wichtig für ihn bin.«
- Die Beziehung auf die Probe stellen: »Ich will sehen, ob ihm die Beziehung etwas wert ist.«
- Rache: »Er hat sich mit anderen getroffen.«
- Strafe: »Er hat mich verletzt, dafür soll er büßen.«

Klaus Eichner und Kurt Steffenhagen haben schon Ende der 70er Jahre am Seminar für Sozialwissenschaften der Universität Hamburg eine Untersuchung zum Thema »Eifersucht« durchgeführt. Sie fanden vier »Eifersuchtstypen« sowohl bei Männern als auch bei Frauen:
- *Der Prestige-Typ:* Ihm / ihr geht es vor allem um das Bild, das die anderen von ihm haben, wenn sich der Partner eifersuchtserregend verhält.
- *Der Grübler-Typ:* Sein / ihr Eifersuchtsverdacht bezieht sich so gut wie nie auf konkrete Situationen. Die Gedanken kreisen immer nur darum, dass es demnächst passieren könnte.
- *Der Forscher-Typ:* In detektivischer Kleinarbeit sammelt er alle Belege, die dafür sprechen, dass er / sie ein Recht auf seine / ihre Eifersucht hat. Er ist am weitesten verbreitet.

- *Der progressive Typ:* Er lehnt Eifersucht ab, weil sie ein Ausdruck von Besitzanspruch ist, den er/sie ablehnt. Hier klaffen Theorie und Praxis oft weit auseinander.

Laut dieser Untersuchung an der Hamburger Universität sind von den Bundesdeutschen

21 % gering eifersüchtig;
22 % mittelmäßig eifersüchtig;
28 % ziemlich eifersüchtig;
14 % sehr stark eifersüchtig;
7 % außerordentlich stark eifersüchtig.

Wobei nach dieser Untersuchung an tausend Bundesbürgern die Eifersucht mit dem Alter abnimmt: Außerordentlich eifersüchtig sind danach

17 % der 20- bis 30-Jährigen;
9 % der 30- bis 40-Jährigen;
6 % der 40- bis 50-Jährigen;
2 % der über 50-Jährigen.

Das Beziehungsdreieck

Die meisten Eifersuchtsdramen spielen sich in einem Beziehungsdreieck ab. Da ist erstens der *Eifersüchtige* selbst, dann sein *Partner* und drittens der *Rivale*. Da gibt es die Frauen, die sich ausschließlich in verheiratete Männer verlieben, und jene Männer, die nur Frauen in festen Beziehungen attraktiv finden.

Das kann mehrere Ursachen haben – zum Beispiel den immer wiederholten Versuch, dem Rivalen den Partner auszuspannen, vielleicht mit dem unbewussten Ziel, sich immer wieder zu beweisen, dass man doch noch attraktiv ist. Es kann aber auch die Ursache in einer tiefen Bindungsunfähigkeit haben. Das unbewusste Ziel ist dann, dass die Beziehung nie zu eng wird – es ist ja immer ein Dritter im Spiel.

Im Gegensatz zu ihren Vorläuferinnen, den »Mätressen« und »Konkubinen«, führen Geliebte eines verheirateten Mannes heute ein Leben im Verborgenen. Was als Suche nach »Liebe pur« ohne Alltagsgesicht und Knopf-Annäh-Zwang begann und manchen als emanzipierte Lebensform für Frauen gelten mag, ist in der Realität fast immer ein Teufelskreis aus Abhängigkeiten und Heimlichkeiten. So sind Geliebte meist Frauen im Zwiespalt. Der Leidensdruck der perspektivlos Liebenden wird zu einem Gespinst von Heimlichkeiten und Warten, von Selbstzweifeln und Idealisierung des Geliebten. Das kurze Paradies der gestohlenen Stunden wird mit langen Zeiten von Einsamkeit und Frustration bezahlt. Judith, 35, Lehrerin:

»Ich hatte eine Beziehung zu einem verheirateten Mann, eigentlich wollte ich das gar nicht machen, aber das hat sich einfach so ergeben. Ich hatte eigentlich nie vor, so etwas zu machen, weil ich weiß, wie aussichtslos und schwer das ist. Und als wir uns dann näher gekommen sind, da konnte ich nicht mehr zurück. Ich hab da so viel Gemeinsames gesehen. Wir hatten gemeinsame Interessen und natürlich auch so Sachen wie Zärtlichkeit, Sich-wohl-Fühlen mit dem anderen. Es waren schon sehr viele gemeinsame Sachen da. Aber wenn wir uns trafen und ich bekam dann zu hören, ›du, ich kann aber nur zwei Stunden bleiben‹, hab ich dann so gesagt, ›Ja, ja, ganz klar‹, aber bevor der Abschied kam, dann habe ich wieder versucht, das hinauszuzögern, den Mann zu überreden, doch noch zu bleiben, einen Grund zu finden, warum er später kommt, also ich habe es letztlich doch nicht akzeptiert. Und ich hab so gemerkt, dass die Leiden die schönen Stunden bei weitem überwogen, dass es also entsetzlich war. Und ich hab auch gemerkt, ich habe mein Wohlsein, mein Wohlbefinden, sehr, sehr stark davon abhängig gemacht, ob ich diesen Mann treffen würde. Wenn ich wusste, ach, heute treffe ich ihn oder morgen, dann war ich obenauf und high, und wenn ich wusste, es kommt nicht zustande, dann war ich down.« Der Geliebten gehört vielleicht das Herz eines Ehemannes, aber der Rest gehört der Ehefrau. Judith sagt: »Wir haben sehr viel über die Familie gesprochen, also die Frau, die Kinder. Ich habe auch Bilder von der Frau gesehen, von der Familie, und ich habe gemerkt, dass ich irgendwie immer darauf aus war, mit Fragestellungen und Bemerkungen seine Frau schlecht zu machen, und dass das aber nicht eintrat. Und das hat mich wahnsinnig wütend gemacht, dass er seine Frau nicht schlecht gemacht hat.«

Selbst in der Technik hat die Eifersucht ihren Niederschlag gefunden, und zwar nicht nur beim mittelalterlichen Keuschheitsgürtel, sondern auch bei einem so unverdächtigen Produkt wie der Jalousie. Das französische und das englische Wort für Eifersucht (»jalousie«, »jealousy«) stand dafür Pate. Die Jalousie wurde nämlich ganz und gar nicht als Sonnenschutz entwickelt, sondern als Vorrichtung, um etwas zu sehen, ohne gesehen zu werden.

Eifersucht – ein Kulturgut?
Dabei ist Eifersucht kein modernes Gefühl. Eifersucht – so scheint es – ist so alt wie die Menschheit. Schon die antiken griechischen Götter hatten ihre Last mit dieser Leidenschaft:
Aphrodite, die Göttin der Liebe, wird von Zeus mit Hephaistos, dem hässlichen Schmiedegott, verheiratet. Sie betrügt ihn mit Ares, dem Kriegsgott. Hephaistos baut ein Fangnetz um das Lustlager der beiden. Bei Anbruch des Morgens verfangen sich die göttlichen Beischläfer.

Hephaistos holt alle Götter, damit sie sein Leid sehen. Aber sie sehen nicht nur die gefesselten nackten Seitensprüngler, sondern verachten und verlachen auch Hephaistos.
Und selbst der berühmteste Kriegsmythos der Antike, der Trojanische Krieg, hatte seine Ursache in der Eifersucht der Göttinnen Hera und Athene.
Auch im Alten Testament wird immer wieder vom »eifersüchtigen Gott« gesprochen. Bei Moses heißt es: »Der Herr, dein Gott, ist ein verzehrendes Feuer und ein eifersüchtiger Gott.«
Aber auch in den menschlicheren Gefilden der Antike war Eifersucht bekannt. Der römische Philosoph Ovid bezeichnete sie lapidar als: »Solicitus propter alienum amorem – besorgt wegen fremder Liebe.« Selbst bei den Germanen schlug die eifersüchtige Alchimie des Leidens voll zu. Am bekanntesten ist die Nibelungen-Tragödie, wo Eifersüchteleien zwischen Kriemhild und Brunhilde um Siegfrieds Gunst die Ursache für das Gemetzel wurden.
Die gesamte Literatur – ob in Ost oder West – ist durchweht vom bittersüßen Hauch der Eifersucht. Die »Märchen aus 1001 Nacht« verdanken diesem Gefühl letztendlich ihre Entstehung. Sultan Scheherban ließ nämlich aus Zorn über die sexuelle Untreue seiner Gemahlin jede Nacht ein Mädchen aus seinem Reich köpfen, bis es der klugen Scheherezade gelang, seine Eifersucht in 1001 Nächten zu besänftigen.
Die Symbolfigur für Eifersucht in der westlichen Literatur ist Shakespeares Othello. Jago, der enttäuschte Feldherr, treibt Othello, den Mohr von Venedig, in die Arme der Eifersucht, dubioserweise, indem er ihn davor warnt: »Hütet Euch vor Eifersucht, dem Ungeheuer mit den grünen Augen, das das Fleisch verhöhnt, von dem es sich ernährt.« Othello, bei dem die Eifersucht seine volle Wirkung zeigt:

»Ich möchte lieber eine Kröte sein
und in einem Verlies leben,
als einen Winkel von einem Ding,
das ich liebe, für andere freizugeben.«

Am Ende tötet Othello seine unschuldige Frau Desdemona aus Eifersucht. Von den antiken Tragödien wie »Medea« über Shakespeares »Othello« und Fontanes »Effi Briest«, von Tolstois »Kreuzersonate« bis hin zu dem Film »Carmen« von Carlos Saura und »Männer« von Doris Dörrie reicht die Palette der Eifersucht-Szenarien. Wie heißt es doch so schön: Die größten Lieben sind immer die unerfüllten – wenigstens für die Literatur stimmt das. Und so ist die Literatur voller *Eifersuchtszitate*:

»Ein Eifersüchtiger blickt stets durch die Brille, die aus groß klein, aus Zwergen Riesen und aus Verdacht Wahrheit macht.«
(Cervantes, spanischer Dichter, 16. Jahrhundert)
»Dinge, leicht wie Luft, sind für die Eifersucht Beweis, so stark wie Bibelsprüche.« (Shakespeare, *Othello*)
»Eifersucht ist die Gelbsucht der Seele.«
(John Dryden, englischer Dichter, 17. Jahrhundert)
»Der Eifersüchtige ereifert sich weniger über den Verlust seiner Geliebten als darüber, dass ein anderer ihm vorgezogen wird.«
(Paul Klee, Schweizer Maler)
»Eifersucht ist die Ahndung fremder Wahlverwandtschaften.«
(Johann Wolfgang Goethe)
»Eifersucht ist Liebesneid.« (Wilhelm Busch, Zeichner und Dichter)
»Die Eifersucht wächst, solange man zweifelt. Sie wird Raserei oder hört auf, sobald man vom Zweifel zur Gewissheit kommt.«
(François de la Rochefoucauld)
»Die begründete wie die unbegründete Eifersucht vernichtet diejenige Würde, deren die gute Liebe bedarf.« (Gottfried Keller)
»Der argwöhnische Liebhaber gleicht einem Kater, dem bei Nebelluft die Ohren jucken.« (Denis Diderot, 1713–1784)
»Eifersucht, das heißt einen Menschen lieben, als ob man ihn verabscheute.« (François Lemaire, französischer Kritiker)
»Eifersüchtige sind Wucherer, die vom eigenen Pfund die höchsten Zinsen nehmen.« (Karl Kraus)
»Die Eifersucht der Ehefrauen auf junge Mädchen ist nur der Ärger über die Tatsache, dass eine Währung noch in Kraft ist, in der man selbst bereits die Zahlungen eingestellt hat.« (Helmar Nahr, deutscher Unternehmer)
»Eifersucht ist die Angst vor dem Vergleich.«
(Max Frisch, Schweizer Schriftsteller)

Und auch in den Volksweisheiten, die in den landesüblichen Sprichwörtern ihren Niederschlag finden, steht Eifersucht ganz oben an. Eine kleine Auswahl:

»Eifersüchtige Liebe macht gerade Augen schielen.« (England)
»Die Eifersucht entsteht aus der Liebe, wie die Asche aus dem Feuer – um sie zu ersticken.« (Frankreich)
»Der Mantel der Liebe wärmt am besten, wenn er mit ein bisschen Eifersucht gefüttert ist.« (Dänemark)
»Eifersucht ist die Seele der Liebe.« (Japan)

Eifersüchtig auf alles und nichts

Eifersüchtig kann man nicht nur auf potenzielle Sexualpartner des eigenen Partners sein. Man kann genauso auf Freundschaften, auf Mütter, Väter oder Geschwister des Partners, ja sogar auf den Beruf und auf Hobbys eifersüchtig reagieren. Am weitesten verbreitet und auch am krassesten zeigt sich Eifersucht allerdings gegenüber Liebespartnern. Judith zum Beispiel ist vor allem eifersüchtig auf Frauen, die Ähnlichkeiten mit ihrer Schwester haben:

»Ich war mit einem Mann etliche Jahre zusammen. Wir haben zusammengelebt, und wir haben zum Beispiel meine Schwester besucht. Und dieser Mann erzählte mir, wenn er mit meiner Schwester im selben Zimmer schlafen würde, könnte er für nichts garantieren. Also, er sprach so von ihren Schenkeln, die machen ihn ganz schön an, und ich hab gedacht, ›Ich halt das im Kopf nicht aus, so was zu hören‹. Meine Schwester ist dunkelhaarig und klein, und besonders schwer fällt es mir bei Frauen, die so sind, also dunkelhaarig, kleiner, rundlicher. Das ist so der wunde Punkt, mein wunder Punkt.«

Und so ist die Vorstellung eifersüchtiger Menschen von der Liebe mitunter seltsam. Judith Viorst schreibt: »Liebe ist, wenn er zum Essen viel zu spät kommt, und du weißt, dass er entweder irgendwo lebensgefährlich verletzt am Straßenrand liegt oder ein Verhältnis hat, und du hoffst, dass er lebensgefährlich verletzt ist.«

Der eifersüchtige Zwiespalt

»Zwiespalt« ist der vorherrschende Gefühlszustand von Menschen, deren Eifersuchtskarussell erst einmal ins Drehen geraten ist. »Ambivalenz« nennen das die Psychologen. Sie sind hin- und hergerissen zwischen Sehnsucht und Liebe einerseits und Verletztheit und Hass oder Angst andererseits. Zweifel und Gewissheit wechseln mit den Stimmungen – himmelhoch jauchzend und zu Tode betrübt. Es ist insgesamt ein Zustand aufgeregter Labilität. Sigmund Freud schreibt:

»Erst wenn sie eifersüchtig sein können, erreicht die Leidenschaft ihre Höhe ... und sie versäumen nicht, sich eines Anlasses zu bemächtigen, der ihnen das Erleben dieser stärksten Empfindungen gestattet.«

Michael, 26, Krankenpfleger:

»Das ist ein Suchtkick, das ist ein Adrenalinstoß. Das verschafft mir so ein intensives Highgefühl. Ja, körperlich ist das wahnsinnig, ich fühl mich total prickelnd, ich hab auf einmal unheimlich viel Energie, ich fühl mich total stark und könnt Bäume ausreißen und so 'ne seltsame Scheinklarheit und auch Entschlossenheit. Also ich fühl mich alles andere als hilflos oder schwach oder mit mir selbst konfrontiert. Also, ich

bin dann auch irgendwie ausgeklinkt. Mich gibt's dann auch gar nicht mehr richtig. Ich bin dann halt irgendwie total besessen, total besessen.«
Nun, es gibt Menschen, die selbst schnell eifersüchtig *werden*, und solche, die gern andere eifersüchtig *machen*. Wenn sich zwei Menschen dieser Art finden, dann passt das mitunter zusammen wie ein Schlüssel ins Schloss. Ulla, die 32-jährige Lehrerin, erzählt ein Beispiel:
»Ja, also am Anfang, wo ich mit Stephan zusammen war, da hat er noch gekifft, das hat mich sehr geärgert, also bin ich immer zu meinem Exfreund gelaufen über die Straße, da hat er gewohnt, und hab dann mit ihm angezogen geschlafen, also mich halt so bewegt, dass ich einen Orgasmus hatte, ohne dass er es gemerkt hat. Dann bin ich so ganz quicklebendig wieder nach Hause gelaufen, und alles war für mich in Ordnung. Wenn der Stephan kam, hatte ich so diesen Triumph, wenn er gesagt hat, dass er rückfällig geworden ist, dass ich dann sage, ich hab dich betrogen mit Hans-Jörg. Und das hab ich halt ein paar Mal gemacht.«
Das Problem der Eifersüchtigen ist oft nicht so sehr der Wunsch, ihre Liebe an eine bestimmte Person zu binden, sondern der quälende Wunsch, geliebt zu werden. Sie sind süchtig nach Zuwendung, Liebe, Beachtung.
Das Ergebnis ist dann oft, dass die Partner so sehr miteinander verschwimmen, dass der eine nicht mehr weiß, wo er aufhört und der andere anfängt, was die eigenen Bedürfnisse sind und die des Partners. »Symbiotische Beziehungen« nennt man das. Daher auch der Wunsch des Eifersüchtigen, »alles« für den Partner zu sein. Damit ist der Partner auch alles für den Eifersüchtigen. In diesem Selbstgebräu stört ein Dritter nur. Deshalb wird Eifersucht mitunter so etwas wie ein Zweikomponentenkleber für eine Beziehung. So unbefriedigend auch eine solche Beziehung sein mag – so haltbar ist sie dann oft auch, wenn sie nicht fatal endet. Dabei fürchten Eifersüchtige die Heilung wie den Tod, ganz einfach, weil dann die Erregung absinkt. Und nichts ist für Eifersüchtige langweiliger als das Gewöhnliche, das Alltägliche.
Gerd, ein 32-jähriger Rechtsanwalt, meint:
»Eifersucht ist für mich eine Sucht wie jede andere Sucht, die mich immer wieder von mir wegbringt, mich besessen und fixiert sein lässt auf den andern, die an allem festzumachen sucht, um von mir abzulenken.«

Eifersucht – eine Sucht?
Dass Eifersucht eine Krankheit wie die Abhängigkeit von Alkohol oder Drogen werden kann, schreit einem Woche für Woche aus den Boulevardzeitungen entgegen: »Ehemann brachte Geliebten der Frau mit

Zierdegen um.« »Wenigstens im Tode vereint: Exfreund erschoss Geliebte und sich selbst.« »Eifersucht: Pilot stürzte sich aufs Haus der Geliebten.«

Die Münchener Eheberaterin Hildegard Baumgart schreibt in ihrem Buch »Eifersucht«:

»Das auffallende Ineinander von Subjekt und Objekt, von innerer und äußerer Realität, von Wahrnehmung und Deutung verweist auf die frühe Kindheit, auf die Zeit, in der sich das kleine Kind noch nicht als getrennt von der Mutter erleben kann. Überspitzt lässt sich deshalb sagen, dass Mord und Selbstmord für sie dasselbe sind. Sie treffen beide das gemeinsame, untrennbare Eine des Aufeinanderbezogenseins.«

Das macht die Überreaktionen von Eifersüchtigen verständlich, von denen man immer wieder in der Boulevardpresse liest. Diese maßlosen Gefühlsausbrüche, die sich als Extrem in Mord, Selbstmord und Amoklauf Luft verschaffen, haben ihre Ursache – nach Ansicht von Psychoanalytikern – in der unbändigen Wut des Kleinkindes. Eines verletzten Kleinkindes, das diese ursprüngliche Verletzung bis in das Erwachsenenalter nicht verwinden konnte, weil sie unter der Fassade weiterschwelt, bis der gesamte Schmerz geballt zum Ausbruch kommt, ausgelöst mitunter durch Kleinigkeiten. Hildegard Baumgart hält deshalb die Eifersucht für das quälendste Gefühl: »Denn Trauer ist größer und moralisch einwandfrei. Angst situationsbezogener und berechtigter, Neid eindeutiger, Hass klarer ausgerichtet.«

Eifersüchtige sind – wie andere Süchtige – hypersensibel. Sie haben alle Antennen ausgefahren. Sie spüren wie ein Kleinkind, wenn sich etwas in der Beziehung verändert. Sie sehen sehr genau. Nur interpretieren sie das Gespürte und Gesehene falsch. Sie wittern überall eine Gefahr für die Beziehung. Sie schöpfen auch da Verdacht, wo kein Anlass dafür gegeben ist. Henry Fielding schrieb schon im 18. Jahrhundert:

»Mit der Eifersucht ist es wie mit der Gicht: Wenn solche Krankheiten erst einmal im Blut sind, dann gibt es keine Garantie dagegen, dass sie ausbrechen, und das noch oft bei den geringsten Anlässen und wenn man es am wenigsten erwartet.«

Oft ist das Verhalten des Partners zwar der Auslöser, aber nicht die Ursache für die Eifersucht. Eifersüchtige bringen ihr Misstrauen bereits mit. Mitunter produzieren sie selbst die Situation, in der die Eifersucht dann voll erblühen kann.

»Eifersucht ist ein Hundegebell, das die Diebe anlockt«, schrieb Karl Kraus schon in den 20er Jahren. »Ich muss so sein, wie ich nicht sein will«, sagen die Eifersüchtigen über ihr eigenes Erleben und Verhalten – auch das eine Gemeinsamkeit mit anderen Süchtigen.

Denn Eifersüchtige sind voyeuristisch und leiden unter sich selbst. Quälend müssen sie den anderen genau ausfragen. Sie müssen sich in ihrer Phantasie ganz genau vorstellen, was gerade jetzt da wohl zwischen dem geliebten Partner und dem Rivalen vorgeht.
Der Hintergrund der Eifersucht ist, wie bei den anderen Suchtformen, fast immer ein ungelöstes Abhängigkeitsproblem. Fast alle chronisch eifersüchtigen Menschen haben nicht gelernt, ein angemessenes Selbstwertgefühl zu entwickeln. Sie haben, wie Psychologen sagen, keine »autonome Entwicklung« durchgemacht. Für sich allein fühlen sie sich wertlos, blass, leer – wie glitzernd die Fassade nach außen hin auch sein mag. Deshalb sind sie in hohem Maß von der Zuwendung und der Bestätigung des anderen abhängig. Der Partner wird zur Stütze, zur Prothese für das fehlende Selbstwertgefühl. Er wird zur Füllmasse, mit dem das »Loch im Ich« zugekittet wird.
Tief in ihrem Innersten glauben sie, dass niemand, der sie wirklich näher kennen gelernt hat, sie wirklich lieben kann. Deshalb müssen sie den anderen ständig kontrollieren. Kurth, ein 29-jähriger Verlagsangestellter, sagt über seine Ehe:
»Ich musste mir immer sicher sein, also sie musste immer kontrollierbar sein. Indem ich sie ausgefragt hab. Also ich hab heimlich Briefe kontrolliert, habe sie überprüft, indem ich ihr nachgefahren bin und hinter irgendeinem Busch oder Baum gelauert hab, wenn ich irgendeinen Verdacht hatte.«

Was sie für Liebe halten, ist für sie ein Mittel, das sie von ihren krankhaften Selbstzweifeln befreien soll. Oft wird der Partner idealisiert. Er wird als stark, schön, mächtig, stabil angesehen – Eigenschaften, die der andere oft gar nicht hat. Der Partner wird zum Vater- oder Mutterersatz, mitunter zur Droge, zu der man das gleiche zwiespältige Verhältnis entwickelt wie zu den Eltern. Eine Mischung aus Liebe, Sehnsucht, Angst, Wut und Schmerz.
Der Psychoanalytiker Ernest Jones meint, dass der Eifersüchtige von seinem Liebesobjekt so abhängig sei wie ein Morphinist von seinem Rauschmittel. Und es gibt wirklich eine Vielzahl von Parallelen der Eifersucht zu Süchten wie Alkoholismus oder Abhängigkeit von Heroin oder Tabletten. Und das, obwohl von außen keine bewusstseinsverändernde Droge zugeführt wird. Deshalb kann man die Eifersucht zu den stoff*un*gebundenen Suchtformen zählen, bei denen der Körper sich so genannte Endorphine, das sind körpereigene Morphine, also seine Suchtmittel selbst produziert (siehe dazu Kapitel I.1–I.3).
Und in Beziehungen, in denen Eifersucht immer wieder eine zentrale

Rolle spielt, was bis zur regelrechten Hörigkeit führen kann, geht es immer wieder um die Herstellung dieses psychophysischen Erregungszustandes. Wenn hier die Sexualität im Vordergrund steht, nennt man den Zustand nicht mehr nur Eifersucht, sondern »Eifersex«. Ulla meint: »Eifersucht stimuliert und mobilisiert mich erotisch. Das ist prickelnd« (siehe dazu V.3).

Ursachen

Genauso verschieden wie ihre Ausprägungen ist auch die Entstehungsgeschichte der Eifersucht. Die einen litten in ihrer Kindheit unter fehlender, falscher oder zu viel Zuwendung des gegengeschlechtlichen Elternteils. Andere mussten in der Atmosphäre eines trostlosen Elternhauses aufwachsen, in denen die Ehe lieblos dahindümpelte. Und bei wieder anderen stand die Rivalität mit den Geschwistern, z. B. die Entthronung durch ein jüngeres Schwesterchen oder Brüderchen, im Vordergrund.

Aber nicht nur in der frühen Kindheit kann das Samenkorn der Eifersucht gelegt werden. Auch in der schwierigen Phase der Pubertät kann Eifersucht entstehen. Zu starke Akne, Scham über den Stimmbruch, das schlaksig-ungelenke Gehabe, Erschrecken über die erste Menstruation, vor allem aber verunglückte erste Kontaktversuche mit dem anderen Geschlecht und das Gefühl, kein richtiger Mann oder keine richtige Frau zu sein – all das kann zu einem tiefen Gefühl der Verunsicherung führen, ein idealer Nährboden für Eifersucht auch im späteren Leben.

Eifersucht – ein Gefühl aus der Steinzeit?

Eifersucht – ein Gefühl aus der Steinzeit der Liebe? Der US-Anthropologe Lionel Tiger hält Eifersucht für eine mächtige Naturkraft, die sich, wenn sie unsinnig wäre, sonst aus der menschlichen Spezies »herausgemendelt« hätte. Den Männern gesteht Tiger viel mehr Promiskuität zu. Denn dadurch verbessern sich – nach Ansicht des Psychobiologen – die Fortpflanzungschancen des jeweiligen Mannes. Die Eifersucht ist dieser Ansicht nach ein Hilfsmittel der Fortpflanzung.

Man muss sich das einmal vorstellen: In einer Frau reifen während ihres Lebens rund 400 Eizellen heran. Der Mann dagegen stößt bei jeder Ejakulation bis zu 200 Millionen Spermien aus. Auf jeden Fall so viel, dass er damit die gesamte Bevölkerung Deutschlands befruchten könnte. Vielleicht denken deshalb Männer durchschnittlich alle acht Minuten an Sex.

Für einen Mann ist aus soziobiologischer Sicht ein Sexualakt nur eine mehrminütige Muskelanspannung, für eine Frau dagegen vielleicht eine

neunmonatige Belastung – gar nicht gerechnet die jahrelange Erziehung des Kindes. Womöglich sind deshalb Frauen monogamer und wählen ihre Sexualpartner sorgfältiger. Das zumindest behaupten die Soziobiologen.
Ganz anders sehen das materialistisch orientierte Sozialwissenschaftler. Der sozialistische Sexualpsychologe Ernest Borneman meint denn auch, dass Eifersucht zu ihrer vollen Blüte erst in der bürgerlichen Gesellschaft kommen konnte. Er schreibt: »Eifersucht ist der sexuelle Niederschlag des Privateigentums.« Und der skandinavische Dichter August Strindberg schrieb schon im letzten Jahrhundert: »Die Eifersucht ist das schmutzigste aller Laster, in der Liebe gibt es keinerlei Eigentumsrecht.«
Was also? Gehört Eifersucht zur Natur des Menschen, oder ist sie wirklich nur ein Produkt von Erziehung und Zivilisation, letztlich ein kulturell vermittelter Umgangsstil der Geschlechter?
Völkerkundler haben in der Vergangenheit immer wieder von eifersuchtsfreien Gesellschaften berichtet, z. B. dem Südseevolk der Trobriander, bei dem Eifersucht kaum existiert haben soll. Es habe bei den Trobriandern kein Privateigentum gegeben und für Diebstahl nicht einmal ein Wort. Erwachsene hätten Kindersexualität akzeptiert, Krieg und Gewalt seien unbekannt gewesen.
In anderen Kulturen der Südsee stellen nach diesen Berichten Eingeborenenfrauen Freunden stolz die Freundin ihres Mannes vor. Und die Eskimos boten dem Gast gar die eigene Frau zum gefälligen Gebrauch an. Was an diesen Berichten der Realität entspricht und was nur der Idealisierung der »glücklichen Wilden« in die glorifizierenden Hände gefallen ist, ist im Nachhinein nicht nachzuprüfen. Aber es gibt auch Versuche, das genauer zu erforschen.
Der amerikanische Sozialpsychologe Ralph B. Hupka von der California State University hat bei einer Analyse anthropologischer Berichte festgestellt, dass wirklich in verschiedenen Kulturen der Grad der Eifersucht und die Art und Weise des Ausdrucks stark variieren. Er unterschied »schwach eifersüchtige Kulturen« und »stark eifersüchtige Kulturen«.
Zu den schwach eifersüchtigen Kulturen zählte er zum Beispiel das Volk der »Todas« in Südindien. Ihre Kultur förderte die Besitzansprüche nicht – weder Dingen noch Menschen gegenüber. Es gab kaum Einschränkungen, was sexuelle Befriedigung anging. Ehe und Nachkommenschaft war keine Voraussetzung für soziale Anerkennung. Worauf sollte man also eifersüchtig sein?
Ganz anders sah es bei den »Apachen«, einem nordamerikanischen In-

dianerstamm, aus. Er gehört – nach Hupka – zu den stark eifersüchtigen Gesellschaften. Bei den Apachen war sexuelle Befriedigung etwas, das man sich durch eine lange Zeit der Enthaltsamkeit verdienen musste, das also einen hohen Wert hatte. Deshalb musste man es eifersüchtig schützen. Für die Apachenmänner war die Treue der Ehefrauen so wichtig, dass sie, wenn sie für einige Zeit weggingen, von Verwandten ihre Frauen kontrollieren ließen.
Noch weiter gingen Stämme in Rhodesien: Ein betrogener Ehemann wurde von dem gesamten Stamm dadurch gerächt, dass die untreue Ehefrau und ihr Geliebter gepfählt wurden. Ähnlich wie nach islamischem Recht, wo die untreue Ehefrau gesteinigt wird.
Und dann gab und gibt es natürlich jede Menge Zwischenformen zwischen schwach und stark eifersüchtigen Gesellschaften:
Eine Uni-Frau in Neu-Mexiko weigerte sich z. B., die Wäsche des untreuen Ehemannes zu waschen. Auf der Insel Samoa biss eine eifersüchtige Ehefrau ihrer Rivalin in die Nase. Bei den Hidatsa-Indianern hatte der betrogene Ehemann zwar das Recht, seine Ehefrau zu töten, als nobel galt es aber, die Frau dem Rivalen zu schenken. Wenn er diesen verhöhnen wollte, gab er noch ein Pferd oder etwas anderes Wertvolles als Beigabe. Und diese Unterschiede gibt es bis heute auch bei den so genannten zivilisierten Völkern. So spielt die Eifersucht in südlichen Ländern eine viel größere Rolle, wo die Ehre des gehörnten Ehemannes bis zur Sippenblutrache gehen kann, als in den USA oder in Mittel- und Nordeuropa. Obwohl es natürlich auch hier mitunter zu Exzessen kommt.

Hilfen

Aber wie kann man dem Dämon »Eifersucht« das Gift aus dem Stachel ziehen? Eifersucht kann man nicht abschütteln wie eine lästige Laus und auch nicht wegoperieren wie eine störende Warze. Wenn es auch nicht möglich ist, sie auf schnellem Weg loszuwerden, so kann man immerhin lernen, einigermaßen angemessen mit ihr umzugehen.
Kehren wir zu Andreas zurück. Wie ist er mit seiner Eifersucht fertig geworden? »Der Schmerz war das Erste. Das war für mich das Wichtigste, das Zulassen des Schmerzes, der Trauer. Ich war dann ganz weit unten.«

Seine Frau war dann ausgezogen, wieder eingezogen und wieder ausgezogen. Der für solche Situationen häufige Wechsel von Trennung und Versöhnung wurde zu einem regelrechten Trennungs-Versöhnungs-Karussell. Bis Andreas von sich aus einen Trennungsstrich zog und sich nicht mehr nur als reagierendes Opfer verhielt. Als er seine Frau bat, auszuziehen, und es ihm gelang, eine innere Grenze aufzubauen, hatte er es geschafft: »Ich habe daraus gelernt. Das hieß dann für mich nach dieser Trennung, wirklich mich hinzusetzen und zu sagen: ›So, mein Lieber, was hast du gemacht? Was hast du die ganzen Jahre gemacht – und guck dir das mal ehrlich an. Du brauchst nicht zu werten, aber guck es dir mal an.‹ Und da waren halt viele Dinge, die mir wehgetan haben, ich musste mir dann selber wehtun ... Ich hatte irgendwann das Gefühl, ich hab noch nie in meinem Leben richtig geliebt. Ich hab mich fixiert, ich hab mich geklammert an meine Partnerin und hab alles, was mir viel bedeutete, in sie hineinprojiziert, auch Wünsche, die sie gar nicht erfüllen konnte, die ich selber nicht erfüllen konnte, denn ich hab mich selbst auch nicht lieben können. Also ich hab mich selbst gar nicht gerne gehabt.«

Heute meint Andreas:
»Ich habe vor zwei Jahren für mich neu angefangen, und so war auch diese Trennung, mit allem, was damit verbunden war, mit allem, was ich erlebt hab, für mich heute positiv. Für mich ist heute meine Entwicklung ein ganz wichtiger Schritt. Zum ersten Mal habe ich Verantwortung für mich übernommen, ich glaube, auch die Eifersucht oder die Fixierung auf eine Person war auch nichts anderes als Angst vor der eigenen Verantwortung. Verantwortung für mich selbst zu übernehmen, auch für meine Entscheidungen und für meine Gefühle, vor allen Dingen.«

Was viele Eifersüchtige nicht glauben – Eifersucht lässt sich ertragen und überleben, selbst wenn sie anfangs wie eine Stichflamme im Herz brennt. Nur locker und schnell lässt sie sich selten überwinden. Eifersucht kann man nun mal nicht einfach per Dekret abschaffen, sondern man kann höchstens darüber hinauswachsen. Denn Eifersucht ist nicht nur ein vielschichtiges Gefühl, sie hat auch viele Gesichter, hässlichere und schönere, solche voller Hass und solche voller besorgter Liebe. Wie schrieb doch Honoré de Balzac in »Der Ehekontrakt«:

»In der Eifersucht überlegener Menschen kann ein produktives, zu großen Dingen anreizendes Element liegen; die Eifersucht kleiner Geister führt zum Hass.«

3. Porno, Peepshow, Perversionen: Sex-Sucht

>»Lust will aller Dinge Ewigkeit,
>will tiefe, tiefe Ewigkeit.«
>
>Friedrich Nietzsche

»Als meine letzte Beziehung zu Ende gegangen war, da hatte ich wahnsinnige Schmerzen. Ich war nicht in der Lage, mich mit meinen Schmerzen auszuhalten. Ich habe einfach ein Betäubungsmittel gesucht in dem Moment. Ich war in Frankfurt einkaufen und hatte einen guten Tag gehabt, obwohl es mir, weil die Beziehung gerade zu Ende war, total beschissen ging. Plötzlich kommt mir der Gedanke: ›Du bist in Frankfurt, du könntest in den Puff gehen.‹ Und ich wollte das erst nicht. Ich habe den Gedanken verdrängt. Aber der ist immer stärker geworden, und ich wusste auch in dem Moment, ich tue mir damit weh. Ich wusste es ganz genau. Ich bin trotzdem gegangen. Ich konnte es nicht sein lassen. Ich wusste sogar, dass ich nachher mehr Probleme habe als vorher. Das war mir vom Kopf her klar. Aber dieser Drang, dieser Zwang, diese Besessenheit waren einfach stärker als ich, als mein Gefühl für mich. Das war wie ein Rausch. Ich habe mich danach zwar noch viel beschissener gefühlt, aber irgendwie hatte ich auch so eine Illusion, mal eine kurze Zeit zu vergessen, mal einfach loslassen zu können, entspannen zu können, eben so sein zu können, wie ich eigentlich gern wäre, nämlich gelöst, enthemmt, und sich mal gehen lassen. Dieser Illusion, die ich eigentlich nie realisieren konnte, der bin ich immer wieder hinterhergerannt. Und ich habe immer gedacht, ja, vielleicht geht es beim nächsten Mal.«

So beschreibt ein Betroffener seine Sex-Sucht. Und er ist kein Einzelfall: Sie rennen in Peepshows und masturbieren mehrmals täglich. Sie sind ständig auf der Suche nach einem Sexualpartner. Manche fordern von ihrem Partner tagtäglich fünfmal Sexualität. Andere brauchen ungewöhnliche sexuelle Stimuli, um zu sexueller Erregung oder zum Orgasmus zu kommen. Die Rede ist von Personen, die Sexualität wie eine Droge einsetzen. Man spricht deshalb von Sex-Süchtigen.

Sex-Suchtcharaktere

Der Psychologe John Money von der Johns-Hopkins-Universität in Baltimore (USA) unterscheidet heute im Wesentlichen drei verschiedene *Sex-Suchtcharaktere:*

- Menschen, die *ständig wechselnde Sexualpartner* haben. Sie streifen jeden Abend in Bars oder Parks umher, um jemanden »aufzureißen«. Das können Männer genauso wie Frauen sein, Homo- wie Heterosexuelle. Früher nannte man das »Don Juanismus« bei Männern oder »Nymphomanie« bei Frauen oder »Hypersexualität«.
- Personen, die *exzessive sexuelle Anforderungen* an ihren festen Partner stellen. Sie wollen z. B. tagtäglich fünf- bis zehnmal mit ihrer Frau schlafen und werden sonst ungenießbar, weil sie »das brauchen«, wie sie sagen.
- *»Paraphylitiker«* sind Menschen, die im wahrsten Sinne des Wortes *»daneben lieben«*. Sie sind abhängig von ungewöhnlichen sexuellen Stimuli, um sexuelle Erregung zu verspüren oder zum Orgasmus zu kommen. Hierzu zählen Masochismus und Sadismus, Sodomie und Pädophilie, Voyeurismus und Exhibitionismus – das, was man gemeinhin als Perversionen bezeichnet. Man rechnet hierzu auch die Beziehungen, in denen sich sexuelle Hörigkeit findet.

Die früher so genannten Perversionen gehen auf frühe Stufen der psychosexuellen Entwicklung zurück. Hintergrund ist oft die Unterdrückung lustvoller Empfindungen durch Erziehung, Erlebnisse von starker Scham, von Angst und von Demütigung in der Kindheit. Dies kann die Ursache von Aggressionen, Hass, aber auch von Bedürfnissen nach Strafe sein, wie man sie bei Masochisten findet. Und es ist gerade die spezifische Legierung von Aggression und Sexualität, die die Perversionen mitbestimmt. Andererseits kann in der Kindheit als lustvoll erlebte unreife Sexualität zur Fixierung an bestimmte sexuelle Reize führen.

Hörigkeit

Man unterscheidet heute *Hörigkeit* – mit mehr oder minder starker sexueller Tönung – nach mehreren Motiven:
- Hörigkeit durch Bindung an bestimmte sexuelle Stimuli (z. B. bestimmte Sexualpraktiken wie Sadismus, Masochismus), die die Ursache für die totale Abhängigkeit von bestimmten Personen sein können, mit denen man diese ausüben kann.
- Hörigkeit aus Angst vor Trennung. Aus Angst vor dem Alleinsein lässt der / die Hörige alles mit sich geschehen.
- Hörigkeit aus dem narzisstischen Wunsch, sich mit dem idealisierten Partner zu identifizieren.

Sigmund Freud, der Vater der Psychoanalyse, schrieb:
»Fast immer fühlt sich der Mann in seiner sexuellen Betätigung durch den Respekt vor dem Weibe beengt und entwickelt seine volle Potenz erst, wenn er ein erniedrigtes Sexualobjekt vor sich hat, was wiederum

durch den Umstand mitbegründet ist, daß in seine Sexualziele perverse Komponenten eingehen, die er am geachteten Weibe zu befriedigen sich nicht getraut.«
Und der Philosoph Bertrand Russel schrieb:
»Die Prostituierte bietet nicht nur den Vorteil, in jedem beliebigen Augenblick verfügbar zu sein, sondern zudem die Gewähr, daß sie, die ja kein Dasein außerhalb ihres Berufes führt, sich nie unliebsam bemerkbar macht, so daß der Mann, der sie aufsucht, nachher mit ungeschmälerter Würde zu seiner Frau, seiner Familie und seiner Kirche zurückkehren kann.«
Dabei ist der Hintergrund der Sex-Sucht oft die Suche nach Liebe und Geborgenheit und nicht nach Sex. Aber dass Sex kein Allheilmittel gegen Vereinsamung ist, ist für viele ein schmerzhafter Lernprozess. Betroffene erzählen:
»Mein Bedürfnis war Liebe, Wärme, Verständnis, Geborgenheit, Sicherheit und Schutz. Und was ich gekriegt habe, waren totaler Identitätsverlust, Selbsthass, Abscheu vor mir selbst, Ekel, abgrundtiefe Isolation, Schuldgefühle, mein Selbstwertgefühl war flöten gegangen, von Selbstachtung erst überhaupt nicht anzufangen, die war genauso im Arsch.«
»Enttäuschung, Ekel, Abscheu. Ich habe mich selbst gehasst. Ich habe mich selbst angewidert. Ich habe mich wahnsinnig geschämt und habe mich nicht getraut, mich anderen mitzuteilen. Ich habe dann auch wieder ›so getan‹, also nach außen hin eine Fassade aufrechterhalten. Es war furchtbar, moralische Schuldgefühle, Gewissensbisse. Es hat mich eigentlich alles daran gehindert, wirklich zu kapitulieren und mir einzugestehen, dass ich nicht damit umgehen kann.«
»Ich hab dann erst viel später gemerkt, dass ich diese Gefühle nicht herstellen kann, und musste einsehen, dass ich durch Sexualität nie diese Gefühle herstellen kann. Dass ich einfach gegenüber meiner Sexualität machtlos bin.«

Moralische Normen

»Die sexuelle Frage stand immer für die Frage nach dem Sinn des Lebens, nach Glück und Leidenschaft«, schreibt der Frankfurter Sexualwissenschaftler Volkmar Sigusch. Und fürwahr: Sexualität ist bis heute eines der großen Mysterien der Menschheit. Seit sich im Laufe der Evolution die menschliche Sexualität von der reinen Fortpflanzungsfunktion emanzipiert hat und sexuelle Lust auch unabhängig von dem Wunsch nach Nachkommen einen Wert an sich hat, ist die Frage nach dem Maß der Sexualität – wie viel von welcher Sexualität ist gut? – dem

Zeitgeist unterworfen. Während Luther »in der Woche zweimal« empfahl, stand die katholische Kirche, wie Uta Ranke-Heinemann in ihrem Buch »Eunuchen für das Himmelreich« eindrucksvoll belegt, der lustvollen Sexualität generell ablehnend gegenüber.
Die Sexualmoral der letzten Jahrhunderte unterlag starken Wandlungen. In der Kaiserzeit war sie anders als in der Weimarer Republik, im Nazi-Deutschland anders als in der Adenauer-Ära. Und seit den Studentenprotesten der 68er setzten sich ständig liberalere Sitten durch, bis Aids einen Riegel vorschob. Und selbst Aids hat diesen Trend nicht wirklich aufgehalten. Seit dem Auftreten von Aids ist noch nie so offen über Sexualität gesprochen worden. Wer sprach schon vor ein paar Jahren etwa offen über Anal- und Oralverkehr? Heute ist die Tendenz eher so, dass man sich immer weniger an äußeren Moralnormen orientiert. Man erlaubt sich mehr und tut das, was einem gefällt.

Untersuchungen
Nach einer Untersuchung, die an 1200 Bundesbürgern durchgeführt wurde, haben rund 35 Prozent der Befragten bereits sexuelle Handlungen ausprobiert, die die Mehrzahl der bundesdeutschen Bevölkerung für pervers hält, davon immerhin 10 Prozent seltsame Praktiken wie Sadomasochismus, Urophilie oder Nekrophilie. Auch wenn diese Untersuchung nicht repräsentativ ist, so gibt sie doch auch Hinweise auf die sexuelle Ausrichtung in bundesdeutschen Schlafzimmern. So schrieb die Zeitgeist-Zeitschrift »Wiener« unter dem Titel »Auf dem Futon ist die Hölle los«:
»Mit der Angst vor Aids kam das Ende des Seitensprungs, das Aus für den Quickie. Aber unsere Generation ist süchtig nach Sex. Alles, was uns jetzt noch bleibt: Mehr Akrobatik in den eigenen Betten!«
Der Sex der »safen« Jahre: Einerseits gibt es einen Rückzug in die feste Zweierbeziehung, aber was tun die, die keinen festen Partner haben?
Bei dieser Personengruppe ist ein eindeutiger Trend zu Sexualpraktiken festzustellen, bei denen es kaum zu Körperkontakt, vor allem aber immer seltener zu direkten Schleimhaut- oder offenen Sexualkontakten kommt. Nicht umsonst blühen »Internet- und Telefonsex«, »Pornographie« und »Peepshows«: akustischer und optischer Voyeurismus, käufliche Träume. Mit ihren Phantasien setzen sie sich nicht einer realen Ansteckungsgefahr aus, nach dem Motto: Die wahren Abenteuer sind im Kopf. »Onanie ist wenigstens Sexualität mit jemandem, den man liebt«, sagte ironisch Woody Allen.

Die Last der schnellen Lust

Die Last der schnellen Lust – verstärkt durch Aids-Angst. Was man früher krankhafte Wollust nannte, nennt man heute Promiskuität. Promiskuität versetzt – wie ein Aufputschmittel – kurzfristig in Hochstimmung. Und ebenso wenig wie das Aufputschmittel ist dieses Verhalten in der Lage, Verzweiflung, Depression und Kummer kurzfristig zuzudecken. Die schmerzvollen Gefühle werden allenfalls eine Weile zurückgehalten und gedämpft. Peter, 36, homosexuell, ist trotz Aids immer wieder auf der Szene:»Wenn ich mit einem Mann gehe, da weiß er praktisch schon die ersten fünf Minuten, was ich möchte, dass wir spätestens drei Stunden später Sexualität ausüben.«

Obwohl die Männer sicherlich den Löwenanteil unter den Sex-Süchtigen ausmachen, gibt es auch eine Reihe Frauen, die sexsüchtig sind. Beeindruckend wird die Sex-Sucht einer amerikanischen Intellektuellen in dem Film »Ich atme mit dem Herzen« vorgeführt. Maryse Holder, eine schon etwas ältere Lehrerin, treibt sich in Mexiko mit hübschen Jungs herum und berichtet in Briefen an ihre New Yorker Freundin detailliert ihre Sex- und Liebeserlebnisse.

Übergänge und Stationen

Die Übergänge von lustvollem und aktivem Sexualleben zu sexsüchtigem Verhalten sind fließend. Das unterscheidet die Sex-Sucht nicht von den stoffgebundenen Suchtformen wie Alkoholismus oder Drogenabhängigkeit. Dort spricht man von folgenden Stadien:
- Prodomalphase
- Kritische Phase
- Chronische Phase.

Diese Einteilung lässt sich auch auf die Sex-Sucht anwenden. Der amerikanische Psychologe Patrick Carnes unterscheidet folgende drei Stufen der Sex-Sucht:

1. Stufe:
Exzessive Masturbation, häufiger Gebrauch von Pornographie, ständiger Besuch von Peepshows oder Prostituierten. Diese Aktivitäten können sowohl homo- wie heterosexueller Art sein. Je nach Ausmaß und Bedeutung der sexuellen Aktivitäten werden sie von der Gesellschaft als tolerierbar und akzeptabel angesehen. Pornographie und Prostitution sind Gegenstand gesellschaftlicher Kontroversen. Die Sanktionen, die gegen Handlungen dieser Art verhängt werden (wenn es sich um Straftaten handelt), sind wenig effektiv. Da die Behörden mit wenig Nachdruck vorgehen, ist das Risiko für den Süchtigen gering. In dieser ersten

Stufe ist das Opfer vor allem der Sexsüchtige selbst. Die Bedeutung, die das spezifische Sexualverhalten für ihn hat, wächst. Mehr und mehr zentriert sich sein Leben um die Pornohefte, die Peepshow oder die Prostituierten.

2. Stufe:
Der Sexsüchtige verliert mehr und mehr die Kontrolle über seine Sexualphantasien und sein Sexualverhalten. Er braucht immer stärkere Reize, um den gleichen Gefühlszustand zu erreichen. Bei Sadomasochisten ist das der Übergang von »Soft S/M« zu »Hard-core S/M«. Bei anderen treten Exhibitionismus, Voyeurismus in den Vordergrund oder unsittliche Telefonanrufe und Berührungen von Menschen, die man nicht kennt. Diese Verhaltensweisen werden als öffentliches Ärgernis betrachtet. Für den Betroffenen besteht also ein Risiko. Wenn es zur Anzeige kommt, wird das Delikt strafrechtlich verfolgt.
Auf der 2. Stufe gibt es fast immer ein Opfer, das oft nicht seine Einwilligung zu dem Sexualkontakt gegeben hat. In dieser Stufe wird der Sexsüchtige zwar als krank, aber als weitgehend harmlos angesehen. Nicht selten ist er Gegenstand von Witzen (»Exhibitionisten- und Voyeuristen-Witze«).

3. Stufe:
Hier steht die Gewalt gegenüber Schwächeren im Vordergrund. Patrick Carnes nennt vor allem Kindesmissbrauch, Inzest, Notzucht. Jede dieser Handlungen stellt eine schwere Verletzung kultureller Normen dar. Da es immer ein schwächeres Opfer gibt, ist die Gefahr der Bestrafung für den Sexsüchtigen besonders hoch. Die Öffentlichkeit reagiert mit Wut und Empörung. Die Täter werden von der Gesellschaft als »entmenschlichte« Wesen angesehen, die der Hilfe nicht mehr wert sind. Hier entstehen dann Forderungen nach Zwangskastration oder Todesstrafe. Auch diese Sexualtäter sind Opfer. Sie brauchen dringend Hilfe.
Der Psychologe Stephan Hoyndorf nennt folgende Charakteristika von Sexualstraftätern:
- unzureichende Impulskontrolle
- wenig sexuelles Wissen und Erfahrung
- abweichende Sexualphantasien
- sexuelle Unzufriedenheit oder sexuelle Funktionsstörungen
- Minderwertigkeitsgefühle
- soziale Unsicherheit, Partnerschaftsprobleme
- Probleme mit der männlichen Rolle
- geringe Stressbewältigungskompetenz

- wenig Interessen, unbefriedigendes Freizeitverhalten
- kaum subjektiver Lebenssinn
- kein ausgeprägter Leidensdruck
- wenig Veränderungsmotivation
- wenig Willen zu tief greifender Auseinandersetzung mit der Problematik.

Nach Angaben des Bundeskriminalamtes standen im Jahr 2000 insgesamt 8301 Täter wegen Straftaten gegen die sexuelle Selbstbestimmung (§§ 174–184 StGB) vor Gericht. Dazu zählen u. a. exhibitionistische Handlungen, Verführung, sexuelle Nötigung und der sexuelle Missbrauch Abhängiger. Sicher werden diese Straftaten nicht ausschließlich von Sexsüchtigen begangen, aber sie stellen sicher einen hohen Anteil. Da die Dunkelziffer gerade in diesem Bereich sehr hoch ist, muss von einem Vielfachen an Tätern ausgegangen werden.

4. Psychotherapie und Selbsthilfe für Liebes- und Sexsüchtige

Abhängig von dem Schweregrad der Störung sind ambulante und stationäre Psychotherapie bzw. Selbsthilfegruppen sinnvoll. Wie bei den anderen stoff*un*gebundenen Suchtformen ist *ambulante Psychotherapie* bei psychologischen Psychotherapeuten und Ärzten mit der Zusatzbezeichnung Psychotherapie möglich. Hilfe findet man eventuell auch bei Ehe-, Partner- und Drogenberatungsstellen.
In verschiedenen Sucht- bzw. psychosomatischen Kliniken ist *stationäre Psychotherapie* möglich. Sie ist vor allem dann sinnvoll, wenn das Erleben und Verhalten ganz aus der Kontrolle geraten ist oder der/die Betreffende gar straffällig wurde.

Psychotherapie
Stephan Hoyndorf hält – verhaltenstherapeutisch orientiert – folgende Interventionsverfahren für sinnvoll:
Gewährleistung von Therapie- bzw. Veränderungsmotivation
- Aufbau einer therapeutischen Beziehung;
- Vermittlung einer motivierenden Problemdefinition;
- Verfahren zur Problemeinsicht (Rollenspiel etc.);
- Krisenintervention, Umwelt- und Partnerberatung.

Kontrolle des symptomatischen Verhaltens
- Verdeckte Sensibilisierung;
- Mentales Training;
- Selbstkontrolltraining.

Verbesserung der sexuellen Zufriedenheit
- Sexualaufklärung;
- Orgasmische Rekonditionierung;
- Therapie funktionaler Sexualstörung;
- Verfahren der sexuellen Bereicherung.

Verbesserung der interpersonalen Beziehungen
- Paartherapie;
- Training und Beratung in soziosexuellen Kompetenzen;
- Sozialtraining.

Stabilisierung der Persönlichkeit
- Kognitive Therapie;
- Problemlösetraining;
- Entspannungstraining;
- Logotherapeutische und biographische Verfahren.

Selbsthilfegruppen
Es gibt zwei Arten von Selbsthilfegruppen, die sich nach dem Konzept der Anonymen Alkoholiker mit den Beziehungssüchten auseinander setzen:
- Anonyme Liebessüchtige (z. Zt. ca. 30 Gruppen in der Bundesrepublik); und
- Anonyme Sexaholiker (z. Zt. ca. 20 Gruppen in der Bundesrepublik).

Beide arbeiten unterschiedlich streng bzw. konsequent (Anschriften siehe Adressenteil).

Patrick Carnes beschreibt die Behandlung der Sexsüchtigen innerhalb einer Selbsthilfegruppe als langfristigen Entwicklungsprozess. Der Süchtige durchläuft demnach in einem Zeitraum von etwa fünf Jahren die sechs »Phasen der Genesung«:

1. Entwicklungsphase
Die Unfähigkeit, das Leben zu bewältigen, zwingt den Süchtigen dazu, das Problem zuzugeben. Er schafft es trotzdem nicht, seine Sucht aufzugeben.
»Weil ich so isoliert war und nicht glauben konnte, dass es Hilfe für mich gibt, steckte ich fest.«

2. Krisen- / Entscheidungsphase
Der Süchtige verpflichtet sich, sich zu ändern (ausgelöst durch Einsicht, Angst, Druck, Straffälligkeit). Hier beginnt die wirkliche Genesung.
»Ich konnte nicht aufhören, bis ich anfing, andere sexuell anzugreifen. Das machte mir so viel Angst, dass ich bereit war, etwas zu tun.«

3. Schockphase
Verzweiflung, Ärger und Desorientierung durch Konfrontation mit dem Problem; »Doppelleben« zwischen Sucht und Therapie.
»Die Gruppe war für mich verwirrend, schmerzlich, beängstigend und erleichternd, aber ich wusste, dass ich dort hingehörte.«

4. Trauerphase
Allmähliche Akzeptanz der Realität; Trauer und Ärger über die »Kosten« der Sucht; Reflexion über das eigene Leben.
»Ich weinte vor Einsamkeit und darüber, dass ich mein Leben an die Sucht verloren hatte.«

5. Wiedergutmachungsphase
Produktivität, Erneuerung und Eigenverantwortung; Abschluss offener Angelegenheiten; angemessener Umgang mit eigenen Bedürfnissen.
»Ich übernahm mehr Verantwortung für mich. Ich beschloss, berufstätig zu werden und meine Begabungen zu fördern.«

6. Wachstumsphase
Eröffnung neuer Möglichkeiten; Umstrukturierung von Beziehungen und anderen Lebensbereichen.
»Ich kann über meine Beziehung sprechen, mit Scham und Isolation umgehen und Männern Grenzen setzen. Ich fühle mich meiner Sexualität sicher.«

In jeder Phase gilt es, entsprechende Aufgaben zu erfüllen, sonst kann kein reifer Übergang zur nächsten Phase erfolgen. Die Einbindung in die »12-Schritte-Gemeinschaft«, angelehnt an das Konzept der Anonymen Alkoholiker, zwingt den Betroffenen zur Aufrichtigkeit – er möchte stark sein und abstinent bleiben.

VI. Andere süchtige Verhaltensweisen

> *»Das Gewöhnliche ist häufig,
> das Exotische selten.«*
>
> Psychiater-Weisheit

Die in diesem Kapitel dargestellten Verhaltensweisen sind weit verbreitet und gehören zu unserem alltäglichen Verhaltensrepertoire. Sei es die Suche nach dem »Kick«, der Konsum als Trostpflaster, die Beschäftigung mit dem eigenen Körper oder der Ladendiebstahl – viele von uns kennen diese Verhaltensweisen. Nur in ausgesprochen seltenen Fällen entwickelt sich daraus wirklich süchtiges Verhalten, das den Kriterien von Sucht (siehe dazu Kapitel I) genügt. Immerhin, auch diese gewöhnlichen Verhaltensweisen existieren als Suchtformen und sind dann oft auch eine besonders massive Form der Selbst- bzw. Fremdschädigung.

1. Aufgepasst, zugefasst! – Diebstahl und Kleptomanie

»Wenn mich etwas tierisch ärgert, dann gehe ich auf die Zeil und denke, jetzt muss ich mich abreagieren. Jetzt zeig ich es euch. Ich habe erst mal so eine Wut, so ein Frustgefühl, hab aber gar keine Lust, zum hundertsten Mal jemand anzurufen und zu sagen, dass ich schon wieder mal durchhänge. Ja, mit dem Gefühl gehe ich dann irgendwo hin. Im Kaufhaus kommen die Ideen dann schon von selbst. Z. B. diesen Gürtel habe ich geklaut, den wollte ich mir kaufen, aber der war mir zu teuer; also hab ich ihn mir so geholt in dem anderen Laden«, erzählt Ruth (26), Soziologie-Studentin.
Sie nennen es »klaufen« – eine Mischung aus Kaufen und Klauen, wenn die jungen Leute von heute auf Diebestour in die Warentempel gehen. Ladendiebstahl scheint für viele eine Art Volkssport zu werden.
»Alles über's Klauen«, überschrieb eine Zeitgeist-Zeitschrift unlängst einen Artikel. Tenor: »So billig kann das Leben sein.« Aufgedeckt wurden »die Nehmerqualitäten der Deutschen« und »die tollsten Tricks der Langfinger«.
Zwei Testdiebe der Zeitschrift klauten innerhalb von zwei Tagen Diebesgut im Wert von 15 000 Euro in der Münchener Innenstadt. Vom Lippenstift bis zum CD-Player, vom Radio bis zum Pelzmantel. Alles, was man eben so zum Leben braucht. Ihre Devise: Je dreister, desto besser.
Aber nicht nur das halbseidene Zeitgeist-Journal, auch die stockseriöse FAZ übertitelte einen Bericht übers Klauen mit: »Ein Volk von Ladendieben?«
Also muss doch etwas dran sein an der zunehmenden Langfingrigkeit der Deutschen – und zwar nicht nur unter jungen Leuten – oder?

Zahlen
Laut der polizeilichen Kriminalstatistik von 1999 wurden 298 786 Ladendiebstähle von Männern und 195 960 von Frauen begangen. Der dabei entstandene Schaden liegt zwischen 40 und 50 Millionen Euro. Bei einer Dunkelziffer zwischen 1 : 10 und 1 : 20 kann man sich vorstellen, wie hoch der Anteil der Ladendiebe tatsächlich ist. Wie dramatisch die Auswirkungen auf den Einzelhandel sind, zeigt sich an dem, was die Bundesarbeitsgemeinschaft der Mittel- und Großhändler an Schäden aus Ladendiebstählen angibt: 2,5 Milliarden Euro. Schließlich werden

für die Überwachung in den Geschäften etwa eine Milliarde Euro ausgegeben, damit nicht mehr so viel gestohlen wird. Allerdings sind bei diesen Zahlen die in Hotels geklauten Handtücher, die in Restaurants gestohlenen Silberbestecke und all die anderen Kleinigkeiten nicht mitgerechnet.

Wanda ist 27 Jahre alt und Germanistin:
»Da stand eine Handtasche, und die Frau, der die Handtasche gehörte, stand mit dem Rücken dazu, und dann hab ich mich von hinten angeschlichen, hab die Handtasche genommen und bin weggelaufen. Dann habe ich das Geld rausgenommen und die Tasche weggeschmissen, weil ich ja nur das Geld wollte, um eben dafür was kaufen zu können. Eben das, womit ich meinte, mein Defizit ausgleichen zu können. Ich hab also viele solcher Situationen abgepasst, wenn jemand seine Sachen unbeaufsichtigt ließ. Genau das Beispiel mit dem Radio, das da stand, und der Besitzer ging spazieren, lässt sein Radio stehen, und ich nehme es und laufe weg.«

Der Stolz der Kleinbürger
Respektable Bürger entpuppen sich als kleine Diebe, wenn man auf das Thema Stehlen zu sprechen kommt. Bücher, CDs, Parfüm, Kleider – viele Langfinger grabschen danach. Studenten wie Hausfrauen, Ärzte wie Manager, Arbeiter wie Akademiker – in der richtigen Atmosphäre bekennen sich viele – nicht ohne Stolz – zum Kleindiebstahl.
Nina ist 29 Jahre alt und zurzeit arbeitslose Akademikerin:
»Das ist schon was Orgasmusartiges. Ja, das ist schon sehr erregend. Das Herzklopfen und auch so total ambivalente Gefühle, nicht entdeckt werden zu wollen, damit es ja niemand sieht, wie toll ich klaue – die Angst, erwischt zu werden. Da ist beides: einerseits Stolz und andererseits Ekel vor mir selber. Das geht so auf und ab, bis ich das irgendwie setze und ich denke: ›Scheiße, wieder mal.‹ Das wird so langweilig, dieses Klauen als Serienprogramm, es wiederholt sich, es ist anstrengend, total anstrengend ...
Da spielt, glaube ich, meine Einsamkeit eine Rolle. Ich weiß noch ganz genau, da gehe ich auf der Zeil, da ist ein Typ aus einer Diskothek, der mir gefällt, dann denke ich, der lehnt mich bestimmt ab, geh schnurstracks in den Kaufhof und klaue ein Kleid für 130 Euro, ein ganz hübsches Kleid. Und dann bleib ich in dieser Stimmung, und es ist mir ziemlich egal, was passiert, also der Typ löst das aus, der mich überhaupt nicht kennt, den ich mal gesehen habe.«

Wer es mit dem 7. Gebot (»Du sollst nicht stehlen«) allzu genau nimmt, gilt für viele als weltfremd. »Gelegenheit macht Diebe«, sagt der Volksmund. Wissenschaftlich ausgedrückt: Der situative Aufforderungscharakter in Selbstbedienungsläden verführt auch immer mehr zum Diebstahl. Die Reize werden immer eindringlicher, die inneren Impulse können nur schwer im Zaum gehalten werden. Manche behaupten deshalb: Die Konsumgesellschaft verführt ihre Kinder. Denn eine Kaufanregung ohne Klauanregung hat man bisher noch nicht erfunden.
»Jeder Diebstahl eines sonst einwandfreien Menschen ist ein Triumph der modernen Verkaufstechnik«, schrieb schon 1954 der Kriminologe Hans von Hentig: »Was zum Kaufen anregt, regt auch zum Klauen an.« Deshalb meint Bruno, der sich gern als »Gelegenheitsklauer« bezeichnet: »Es ist halt nicht so einfach mit dem Täter und Opfer, zu sagen der Klauer ist Täter und der Beklaute Opfer. Man muss sich ja nur mal so einen Supermarkt angucken. Ja, das ist eine Verführung, eigentlich zum Kaufen, aber auch zum Klauen. Der ganze kapitalistische Laden ist ja so aufgebaut, dass die Illusion geweckt wird, dass man nehmen kann, ohne zu bezahlen.«

Zufallsdiebe

»Die geheimen Verführer« – oder wie heißt es doch so schön in der Werbesprache: »Bedienen Sie sich!« Vielleicht verstehen das die Ladendiebe bei dieser Reizüberflutung und dem ständigen Aufforderungscharakter nur falsch und richten sich nach einem anderen Slogan: »Aufgepasst, zugefasst!«
Denn die meisten Diebstähle sind Impulsakte, ungeplant, sich aus der Situation ergebend. Zwei Hobbydiebe berichten:
»Ich habe das Gefühl, es ist so ein Impuls. Ich weiß, was ich tue, ist nicht in Ordnung, aber ich kann mich nicht selber kontrollieren. Ich versuche es immer, aber ab und zu kommt es schon wieder.«
»Also ich plane nicht zu klauen, sondern ich gehe in einen Laden, und es überfällt mich. Sehr gerne konsumiere ich beispielsweise im Supermarkt den Artikel und stelle ihn dann weg oder hab ihn schon aufgefressen, bevor ich zur Kasse schreite. Und es sind dann so Sachen, die ich nicht von vornherein überlege, sondern das ist dann eine Buttermilch oder Pralinen oder so was wie Süßigkeiten. Und dabei kommt es nicht auf den Preis an, sondern auf die Lust. Auf die Lust, mir was hineinzustopfen.«
Der Sizilianer Franco Barraci, der mit 25 fest angestellten Detektiven 15 Kaufhäuser im Rhein-Main-Gebiet überwacht und pro Jahr an die 20 000 Feststellungen von Ladendiebstählen erreicht, nennt diese Grup-

pe Zufallsdiebe: »Wie haben ca. 80 Prozent Zufallsdiebe, 10 Prozent von Beschaffungskriminalität, 9 bis 9,9 Prozent Profis, die die Ware wieder verkaufen, die davon leben, und ein ganz minimaler Anteil von Kleptomanen. Ich kenne nach 20 Jahren ca. fünf oder sechs Leute persönlich, die Kleptomanen sind, die in Kaufhäuser gehen und irgendwelche Erlebnisse suchen, wie z. B. eine Frau, die einen Orgasmus kriegt, wenn sie vom Hausdetektiv angesprochen wird. Diese Zufallsdiebe kommen aus allen Schichten. Ich hatte unter meinen Sonderfeststellungen acht Richter, Chefärzte, Polizisten – alle Berufe sind vertreten. Bei Studenten sind die Soziologen am häufigsten vertreten. Bei Hausfrauen klauen meist solche, die Probleme mit ihren Ehemännern zu Hause haben oder weil sie eine bestimmte Bluse wollen, die sie sich nicht leisten können.«
Obwohl es Ladendiebstähle immer gab – richtig zugenommen haben sie erst seit Einführung der Selbstbedienungsläden. Aber sind die Ladendiebe wirklich nur verführte Kunden, oder sind sie nicht zu einem großen Teil selbst verantwortlich?
Dabei haben die allermeisten Ladendiebe genügend Geld, um die Ware auf legalem Wege zu erwerben. Mitunter ist der Ladendiebstahl allerdings auch eine »Einstiegsdroge« für die professionelle Kriminalität. Manchmal beginnt aus Geldnot oder Neugier, was als Leidenschaft endet.
Natürlich ist Dieb nicht gleich Dieb. Wenn ein Kind in einem Geschäft ein paar Kaugummis stiehlt, ist das sicher etwas anderes, als wenn ein Erwachsener einen CD-Player in der Jackentasche verschwinden lässt. Aber nicht nur bezogen auf das Alter und die soziale Schicht gibt es Unterschiede, sondern eben auch, was das Motiv, die psychische Bedeutung des Diebesguts betrifft.
Und es gibt Unterschiede in der Verteilung der Geschlechter. Dr. Adelheid Kühne ist Privatdozentin mit dem Schwerpunkt forensische Psychologie an der Universität Hannover: »Das Vorurteil, dass vorwiegend Frauen Ladendiebstahl begehen, stimmt nicht. Man kann zwar sagen, wenn sie kriminell werden, dann stehlen sie, aber die Häufigkeit ist doch bei Männern beträchtlich größer, und zwar interessanterweise bei den sehr jungen Männern im Alter von sieben bis 21 Jahren und dann später bei Männern zwischen 40 und 50. Wie kommt es, dass Sieben- bis 21-Jährige so häufig stehlen? Ich denke, es stimmt schon, dass eine gewisse Verführbarkeit durch das Angebot im Supermarkt entsteht.
Sie klauen sicher, weil sie verführbar sind oder aber weil sie in der Gruppe Eindruck machen wollen, d. h., sie möchten Mitglied in der Gruppe werden oder sich in der Gruppe beweisen, um einen besseren

Status zu erringen. Interessant dabei ist aber, dass die Taten in der Regel als Einzelakte begangen werden, also nicht als Gruppentat; es tun sich nicht mehrere Jugendliche zusammen, sondern der Täter arbeitet einzeln. Gestohlen wird, unabhängig vom Alter, das, was dem Täter gefällt. Bei Frauen sind es Lebens- und Genussmittel, Kosmetikartikel, CDs und Bekleidung natürlich, während es bei den Jungen und Männern eher Schreib- und Spielwaren, Bücher, aber auch Genussmittel sind.«

Jugendliche Diebe

Dabei hat das Klauen in der Pubertät nur selten etwas mit der Krankheit Kleptomanie zu tun (dazu an späterer Stelle mehr), sondern es muss in vielen Jugendcliquen für alles Mögliche herhalten: Für den einen ist es eine Mutprobe oder heimlicher Protest. Für andere geht es darum, die Grenzen abzutesten, wie weit man also gehen kann, bevor man auf die Finger geklopft bekommt. Wieder andere wollen mit dem Klauen vor den Freunden prahlen. Und natürlich gibt es auch junge Leute, die das klauen, was sie sich sonst nicht leisten können, weil das Taschengeld nicht ausreicht.

Die Kinder kommen aus armen wie auch aus reichen Familien, aus gutbürgerlichen Schichten wie aus sozialen Randgruppen. Und fast alle Eltern sind auch gleichermaßen verdutzt, wenn »gerade ihr Kind« zum ersten Mal erwischt und von der Polizei nach Hause gebracht wird.

Lustklau und Frustklau

Es ist ja nicht ganz unberechtigt zu fragen, ob bei der Hundert-Euro-Übernachtung im Nobelhotel nicht vielleicht die Handtücher inklusive sind. Und so gibt es regelrechte Souvenirsammler, die voller Stolz ihren Gästen zu Hause die geklauten Preziosen vorführen.

Sicher – man kann den Diebstahl als eine unkonventionelle Form der Enteignung bezeichnen. Wie schrieb doch Maxim Gorki: »Wenn man dort, wo viel ist, ein wenig wegnimmt, dann ist das kein Diebstahl, sondern einfach eine Teilung.«

Stehlen als private Herstellung von Sozialismus. Der soziale Anarchist Pierre Proudhon sagte gar: »Eigentum ist Diebstahl.« Jeder Diebstahl sozusagen ein Nadelstich in den Hintern des Kapitalismus. Klauen ist für diese Leute eine Form ausgleichender Gerechtigkeit.

Bruno (32), der Gelegenheitsklauer, sagt: »Also, wenn du sagst, dass ich mir beim Klauen etwas nehme, ohne selbst was dafür zu geben, dann kann ich nur sagen: Ich habe keine Arbeit, privat läuft es beschissen, und dann soll ich noch selbstbewusst und cool durchs Leben gehen. Ich hab keinen Bock dazu, ich schaffe es auch nicht. Und in diesem Zustand von Selbstmitleid hole ich mir durch das Klauen Trost. Das ist, als ob mir ein Weihnachtsmann was schenkt. Nur gibt es da keinen Weihnachtsmann. Es ist für mich ein Geschenk, ich beschenke mich, ohne mich dafür zu strapazieren, finanziell. Das ist ein Trost.«

Zwar lässt sich der Lust-Klau vom Frust-Klau unterscheiden, aber meist ist es so, dass jede übermäßige Erregung – sei sie positiv oder negativ – zu elsterhaftem Klauverhalten führen kann. Aber genauso können Depressionen oder Leeregefühle der Anlass für Diebstähle sein.

»Es ist schon so, wenn ich in einer extremen Gefühlssituation drin bin, also wenn es mir extrem gut oder schlecht geht, dann greife ich leichter zu fremden Sachen, wenn ich irgendwie nicht auf meine Kosten komme.«

»Ich hatte auf alles einen Brass. Und das hat mich also irgendwie entspannt, das Klauen. Das war so der Höhepunkt, dass ich dachte, na ja, du verdienst 20 Euro am Tag und für fünf Euro klaust du wenigstens ein paar Lebensmittel. So eine Art Entschädigung.«

Das Thema Diebstahl hat viele Ebenen:
- Da gibt es die Sichtweise der Bestohlenen, die darauf drängen, dass ihr Schaden wieder gutgemacht wird.
- Da ist die Gesellschaft, die darauf pocht, dass ihre Grenzen eingehalten und Diebe zur Verantwortung gezogen werden.
- Eng damit zusammen hängen die gesamten moralischen Aspekte bis hin zu den religiösen, wie sie sich im 7. Gebot, »Du sollst nicht stehlen«, niederschlagen.
- Man kann aber auch nach den Motiven der Diebe fragen, weshalb sie stehlen, und was sie wirklich davon haben.

Und was geht in Ladendieben vor, während sie stehlen?
»Ja, zu Anfang fangen die Hände an zu schwitzen, und ich finde mich so stark, und ich habe ein ganz anderes Gefühl, wenn ich es geschafft habe, etwas in die Tasche zu stecken, und mit dem Objekt raus bin.«

»Wie ich die Angst spüre? Indem ich mich natürlich ängstlich umschaue, ob da nicht ein Hausdetektiv rumläuft, oder ob mich jemand beobachtet, vielleicht auch von der Kundschaft oder vom Personal, da konzentriere ich mich schon drauf. Wenn ich keine Angst hätte, dann könnte ich nicht klauen. Ich wäre zumindest nicht erfolgreich.«

Man kann das Stehlen auch als einen Akt ansehen, bei dem man versucht, das Loch in der Seele mit einem geklauten Gegenstand auszufüllen. Aber die Freude darüber ist selten von langer Dauer. Nach immer

kürzerer Zeit öffnet sich die innere Wunde wieder und muss erneut durch eine symbolische Selbstergänzung gestopft werden.
Gerhard, 32 Jahre alt, erzählt: »Also die Sachen, die ich geklaut habe, damit kann ich nichts anfangen. Sie erfreuen mich nicht länger, also ich freue mich dann ein paar Sekunden lang und mehr nicht. Ich finde schon, dass das eine Art schlechtes Gewissen ist.«

Klauen ist weder Kinderei noch Kavaliersdelikt, sondern eine Straftat. Wenn Ladendiebe erwischt werden, droht ihnen deshalb ein regelrechter »Show-down«. Betroffene berichten:
»In diesem Jahr bin ich zwei- oder dreimal erwischt worden, und ich wurde zur Polizei geladen, und ich habe Strafe gezahlt. Ich weiß jetzt nicht, wie es weiterläuft, ob es vor das Gericht geht oder so.«
»Also, wenn man erwischt wird, das ist ein Gefühl, das kann ich gar keinem erklären. Ich hab gemeint, ich habe keine Füße mehr unter mir. Ich bin so aufgeregt gewesen. Ich konnte nicht antworten, wenn ich etwas gefragt wurde. Ich hab immer nur ›ja, ja‹ gesagt.«
»Ich habe nur noch geweint, ich konnte nicht mehr ja und nein sagen. Die haben halt alles mitgenommen und mich als kriminell abgestempelt. Ich hab dann tagelang nur geweint, im Bett gelegen und geweint, also das war furchtbar. Ich kann das niemandem erklären.«

Bei etwa 5 Prozent aller Feststellungen von Ladendieben kommt es zu Tätlichkeiten. Franco Barraci, der Detektiv, erzählt aus seinem Alltag:
»Es kommt immer wieder zu tätlichen Auseinandersetzungen. Ich habe im Jahr durchschnittlich sieben bis acht Krankmeldungen, wenn meine Angestellten ärztlich behandelt werden müssen, weil die Täter aggressiv waren, d. h., sie versuchen entweder, sich mit dem Messer den Weg freizukämpfen, wie es gerade vor kurzem in einem Haus passiert ist, oder sich mit Schlägen zu verteidigen.«

Kleptomanie
Viele kennen Schlagzeilen wie diese: »Klauen ist schöner als Sex« oder »Orgasmus beim Diebstahl«. Nun kann man sich fragen, ob das chronische Stehlen vielleicht doch eine seelische Krankheit ist. Man spricht dann von »Kleptomanie«.
Kleptomanie, so definiert das DSM-IV, in dem alle psychiatrischen Krankheiten beschrieben sind, ist das »wiederholte Versagen, Impulsen zum Stehlen von Gegenständen zu widerstehen, die weder zum persönlichen Gebrauch noch wegen ihres Geldwertes benötigt werden«.
Die Gegenstände werden häufig weggeworfen, verschenkt oder gehor-

tet. Kleptomanen erleben ein zunehmendes Spannungsgefühl vor der Handlung. Der Akt des Stehlens ist für sie »Lust und Entspannung«.
Kleptomanen stehlen spontan, ohne Planung und ohne Mithilfe anderer.
Kleptomanie wird von vielen Menschen als suchtähnliches Verhalten angesehen. Der Begriff »Klau-Sucht« spricht für sich.

Wie grenzt man nun den »ordinären« Ladendiebstahl vom pathologischen Stehlen ab?
Pathologisches Stehlen (Kleptomanie) liegt dann vor, wenn:
- zwei oder mehr Diebstähle von einer Person durchgeführt werden, ohne sich selbst oder andere bereichern zu wollen;
- die Betroffenen einen intensiven Drang zum Stehlen beschreiben mit einem Gefühl von Spannung vor dem Diebstahl und Erleichterung nachher;
- die Betroffenen nach Abklingen der Spannung zunächst ein schlechtes Gewissen haben und trotzdem wieder stehlen.

Dr. Adelheid Kühne hat sich intensiv mit dem Thema Kleptomanie beschäftigt:
»Bei Kleptomanie, sagt man, besteht keine Bereicherungsabsicht, wobei derjenige, der etwas wegnimmt, kein Motiv für das Verhalten hat. Er handelt auch ohne jegliche Frage danach, ob er ertappt wird. Er sieht auch das entstehende Risiko nicht, wenn er etwas wegnimmt. Er kann sich nicht kontrollieren und fühlt sich auch nicht gehemmt, wenn vielleicht ein Hausdetektiv in der Nähe ist.«

Deshalb meint die Diplom-Psychologin Dr. Waltraut Bolz, die auch kleptomane Patienten in ihrer Praxis behandelt: »Ein Kleptomanie-Patient hat im Grunde in dem Moment, wo er im Kaufhaus ist, gar nicht erst die Alternative, anders zu reagieren. Einer, der einen Diebstahl begeht, ist im Grunde voll kontrolliert, kann sich entscheiden, ob er etwas in die Tasche steckt oder nicht. Aber der, der unter einer Kleptomanie leidet, hat diese Alternative nicht. Diese Sucht, dieser Drang, ist so stark, dass er im Grunde im jeweiligen Moment zugreifen muss, erst dann spürt er diese Entspannung, diese Erleichterung. Menschen mit Kleptomanie sind krank, sie gehören in therapeutische Behandlung und nicht ins Gefängnis.«

Schuldfähigkeit

Aber wer ist wirklich kleptoman, und wer stiehlt – juristisch gesprochen – mit Bereicherungsabsicht? Anders ausgedrückt: Wer ist für seine Tat verantwortlich, also schuldfähig?
Nach Ansicht des Rechtsanwalts Hans-Ulrich Endres ist der Anteil der wirklichen Kleptomanen verschwindend gering – noch unter 1 Prozent. Natürlich versuchen viele, die wegen Diebstahls vor Gericht stehen, den Klau-Zwang vorzutäuschen. Abgesehen davon, dass es nur selten gelingt, meint Endres, sei das nicht ganz ungefährlich: »Derjenige, der unter Kleptomanie leidet, fällt unter den § 20, 21 StGB. Wenn er unter diesen Paragraphen fällt, wird er überhaupt nicht bestraft, weil er für seine Tat nicht verantwortlich ist. Aber Vorsicht: Ein Kleptomane hat natürlich mit Sanktionen zu rechnen, d. h., da er unter einem unüberwindlichen Zwang steht, wird versucht, diesen Zwang zu heilen, indem er z. B. in eine geschlossene Anstalt eingewiesen wird. Das kann trauriger sein als für denjenigen, der aus Gewinnstreben stiehlt und ins Gefängnis geht.«

Dabei gibt es eine ganze Reihe von anderen psychiatrischen Krankheitsbildern, bei denen Kleptomanie eine Rolle spielt:
In einer Untersuchung von Monika Gerlinghof und Herbert Backmund wurde ein Zusammenhang von Kleptomanie und Magersucht bzw. Ess-Brech-Sucht festgestellt. 24 Prozent von insgesamt 63 Patientinnen waren durch kleptomanes Verhalten aufgefallen. Als Motive für das Stehlen geben die Frauen mit Essproblemen Rache, Ersatz für menschliche Zuwendung, Heißhungerattacken, Selbstbehauptung und Selbstbestätigung an. Vor allem Bulimie-Patientinnen erleben einen regelrechten Kontrollverlust. Sie fühlen sich zum Stehlen »gezwungen« und haben auch keinerlei Schuldgefühle.

Irmgard F. ist 36 und von Beruf Kauffrau. Sie bezeichnet sich selbst als Kleptomanin:
»Die Impulse waren so schlimm, dass ich gar nicht anders konnte. Ich bin in ein Geschäft reingekommen, da habe ich schon Herzklopfen gehabt. Ich habe manchmal Zeug gestohlen, was ich nie gebrauchen konnte. Hauptsache, ich hatte irgendetwas. Wenn ich nervlich fertig war, dann hab ich was mitgehen lassen, und dann war ich wieder beruhigt. Ach, das war ganz egal, was es war. Mal waren es Lebensmittel, mal ein Käse oder ein Pudding, manchmal waren es Kosmetika oder irgendetwas, das war ganz egal. Einmal habe ich ein Puppenkleid mitgenommen. Das war eine Sache, mit der ich gar nichts anfangen konnte; Din-

ge, die ich gar nicht kannte oder noch nie verwendet habe. Die haben dann rumgelegen, ich konnte nichts damit anfangen. Es musste irgendwas sein, damit die Sucht gestillt war. Also für mich war das so, wie wenn jemand trinkt, und er bekommt einen Schluck Alkohol, dann ist es gut. So war das für mich – das habe ich aber zu der Zeit noch nicht gewusst.«

Irmgard wurde sechsmal von Hausdetektiven gestellt und an die Polizei übergeben. Es kam mehrfach zu Gerichtsprozessen. Irmgard wurde, weil sie ihre Impulse zu Stehlen aufgrund der Kleptomanie nicht in den Griff bekam, verurteilt. Sie begann dann eine Psychotherapie bei Dr. Waltraut Bolz: »Ja, die Patientin hatte schon zweimal eine Bewährungsstrafe bekommen und war dann leider wieder rückfällig geworden, ungefähr drei Monate bevor die Therapie begann. Der Richter hatte sie in erster Instanz zu vier Monaten Gefängnis verurteilt. Die Patientin hatte mit ihrem Anwalt Berufung gegen das Urteil eingelegt, in der Hoffnung, dass sie – je länger sie nicht rückfällig wird – durch die Therapie ein milderes Urteil erwarten kann. Das Problem war, dass durch diese Verurteilung wieder so viele Ängste bei der Patientin mobilisiert und die depressiven Reaktionen enorm verstärkt wurden, sodass auch viel Zeit in der Therapie darauf verwendet wurde, diese Angst vor einer eventuellen Einweisung ins Gefängnis wieder abzubauen. Das ist uns aber gelungen, und zum Glück wurde die Strafe bei der Berufungsverhandlung wieder zur Bewährung ausgesetzt. Die Patientin ist seitdem wieder ganz erleichtert und kann sich heute eigentlich gar nicht mehr vorstellen, wieso sie damals so reagiert hat. Sie spürt jetzt überhaupt keinen Zwang mehr zu stehlen.«

Klauen: Ursachen
Was treibt die Menschen zum Klauen in die Kaufhäuser, wenn es nicht – wie an anderen Orten der Welt – die Armut ist?
Sigmund Freud stellte schon Anfang des letzten Jahrhunderts einen Zusammenhang zwischen sexueller Erregung und Kleptomanie her.
Hans-Jürgen Möller unterscheidet im Archiv für Psychiatrie und Nervenkrankheiten vier Motive beim Stehlen:
– Stehlen als sexuelle Ersatzhandlung
– Stehlen als emotionale Entlastungsreaktion
– Stehlen bei Bewusstseinstrübung
– Psychotisch motiviertes Stehlen.

Sozialpsychologen stellen den »Thrill«, den Nervenkitzel, in den Vordergrund.

Andere Psychologen behaupten, dass sich Kleptomane während des Stehlaktes in einer Art »Situations-Psychose« befänden. Wieder andere sprechen von einer »symbolischen Selbstergänzung«.

Irmgard F. nahm die Psychotherapie anfangs sehr zwiespältig wahr: »Es war für mich gut und doch nicht gut. Gut insofern, dass es endlich richtig ans Tageslicht gekommen ist, dass ich eine Therapie anfing. Nicht gut war, dass die Leute das erfahren haben. Das hat mich auch sehr belastet, denn ich bin überall schief angeschaut worden, im Dorf, jeder hat mich verachtet, und es hat lange gedauert, bis mich wieder jemand gegrüßt hat. Heute, muss ich sagen, nehmen sie mich wieder an, ich werde akzeptiert.

Ich weiß, dass das verkehrt war, was ich gemacht habe. Das weiß ich heute alles, und ich weiß auch, dass ich krank war. Jetzt habe ich damit abgeschlossen, ich habe mich im Griff. Das weiß ich heute ganz genau, und ich bin auch stolz auf mich.«

Hilfe für Kleptomane

Wie kann man die Klau-Sucht behandeln? Betroffene müssen versuchen, für sich selbst, aber auch mithilfe von Angehörigen und Freunden oder mit professioneller Unterstützung, folgende Schritte zu erarbeiten:

Schritte zur Selbsthilfe

- Warum ist das Stehlen nötig, welche Gründe treiben mich dazu?
- Suche nach Alternativen für die Regulierung der psychischen und körperlichen Anspannung, z. B. Erlernen von Entspannungstrainings.
- Stärkung der sozialen Kompetenz und Kommunikationsfähigkeit, Bewältigung evtl. Probleme in der Partnerschaft und am Arbeitsplatz.
- Festlegung von Selbstkontrollmöglichkeiten, die das Stehlverhalten frühzeitig unterbrechen (»Das Stehlen beginnt beim Entschluss, ins Kaufhaus zu gehen«); frühzeitige Überlegung alternativer Verhaltensweisen.
- Einbeziehung von Außenstehenden in die Verhaltenskontrolle; Selbstverantwortung für das eigene Verhalten muss aber im Vordergrund stehen.
- Rückfälle sollten nicht zu sehr dramatisiert werden. Sie sind eine Chance, sich das Problem wieder bewusst zu machen, und sollten nicht zur Aufgabe der Problemlösung führen.

Sind bei massiver Problematik die Selbstkontrollmaßnahmen allein nicht hilfreich und die grundlegenden Konflikte und Spannungen nicht lösbar, sollte eine (in der Regel ambulante) Psychotherapie in Betracht gezogen werden.

Als hilfreich hat sich hier u. a. die Verhaltenstherapie erwiesen, in der vor allem die Selbstkontrolle des Verhaltens gesteigert werden soll. Sie kann beispielsweise gut mit einer Hypnosebehandlung kombiniert werden. Hierbei werden wesentliche gedankliche Prozesse und Lernmechanismen gestärkt, die eine geplante Selbstkontrolle und Bewältigung begünstigen sollen. Bei zwanghaftem Stehlen hat sich das verhaltenstherapeutisch-hypnotische Konzept als sehr sinnvoll erwiesen.
Während die Verhaltenstherapie sich schwerpunktmäßig auf das konkrete Verhalten und dessen Änderung bezieht, geht es in der tiefenpsychologisch fundierten Therapie um die dahinter liegenden Probleme – warum klaut ein Mensch zwanghaft, was »fehlt« ihm tatsächlich?

2. Kaufrausch – Konsum als Trostpflaster

> »In unserer Zeit ist das Überflüssige
> leichter herzustellen als das Notwendige.«
>
> Karl Marx

»Frustkäufe gibt's auf jeden Fall, wenn's einem mies geht, und hat man viel Stress zu Hause oder im Job, tut man sich was Gutes, indem man durch die Geschäfte schlendert und einfach mal schaut. Vielleicht brauche ich eine Jeans oder ein neues T-Shirt. Oder vielleicht gehe ich einfach mal gut essen, um ein bisschen von dem Geld auszugeben, was ich in der Zeit mit viel Stress angespart habe und jetzt ausgeben kann. Man nimmt sich 200 Euro, geht durch die Geschäfte und guckt, was könnte mir denn gefallen.« (Hans-Georg, 24, Friseur)

Luxus ist angesagt in deutschen Landen. Immer mehr Bundesbürger – so scheint es – geraten regelmäßig in eine Art Kaufrausch. Mehr als 300 Milliarden Euro setzt der Einzelhandel jährlich um. Ein nicht unbeträchtlicher Teil davon für Luxusgüter. Besonders gefragt ist nämlich, was gut, teuer und stilvoll ist, denn: »Man gönnt sich ja sonst nichts.«

Markenbewusstsein

Während sich die einen mit schlichten Kaschmirpullis ab 200 Euro aufwärts kleiden, sind es bei den anderen spezielle Markennamen, die Exklusivität versprechen und Neid hervorrufen sollen:
»Benetton«, »Armani«, »Missoni«, »Chevignon«, »Dunhill«, »Boss« oder »Lacoste« sind jene In-Marken, auf die je nach Szene oder Bezugsgruppe für das angesagte Outfit geschworen wird: Man zeigt, was man hat – markengerecht.

Was dem einen sein nobler Seidenmorgenrock, sein CD- oder DVD-Player, ist dem anderen seine Rolex oder wenigstens die Imitation: Der Schein bestimmt heute das Bewusstsein.

Kevin ist 17 und geht zur Schule: »Das Erste, wonach ich schaue, ist die Optik des entsprechenden Stückes. Danach gehe ich erst nach der Marke. Obwohl ich sagen muss, dass die Marke für mich persönlich schon wichtig ist. Ich würde sagen Levi's, Chevignon und solche Sachen eben. Stücke, wo man bei anderen Menschen Neid erwecken kann. Statussymbole.«

Das Ergebnis einer Jugendstudie zeigt, dass schon Sechs- bis 14-Jährige als »markensüchtige Kids« das Gesicht verziehen, wenn man ihnen nicht die richtigen Klamotten schenkt.

Erika, eine 13-jährige Schülerin, erzählt: »Wenn ich dann in so 'ner Großstadt bin – ich war gerade in Paris –, da habe ich halt mehr Geld mitgenommen, weil's da unheimlich teuer ist. Ich hätte mir vielleicht schönere Klamotten, eben von richtigen Marken wie Benetton oder Chevignon gekauft. Aber da hat ein T-Shirt schon um die 80 Euro gekostet, das war ziemlich teuer.«

Gerade durch ihr gesteigertes Markenbewusstsein werden schon Kinder zu einem nicht zu unterschätzenden Wirtschaftsfaktor. Da werden nicht einfach ein Paar Turnschuhe gekauft, sondern es müssen schon welche von Reebok sein, es werden keine einfachen Jeans angeschafft, sondern mindestens Levi's oder Diesel, und auf dem T-Shirt macht sich schon seit Jahrzehnten das Krokodil ganz gut. Der langjährige Werbefachmann Ulrich Eike glaubt deshalb, dass Kinder immer mehr zu »wandelnden Markenspeichern« werden. Markengefühle würden bei den Kindern mehr und mehr das Selbstwertgefühl ersetzen. Und es besteht seiner Ansicht nach die Gefahr, dass die Konsumkinder zu übersättigten, undankbaren und maßlosen Zeitgenossen werden: »Die Werbung beeinflusst als geheime Miterzieherin kindliche Wünsche und Verhaltensweisen in einem immer stärkeren Maße. Die so genannte Markenartikelwerbung verändert und deformiert dabei, noch mehr als bei Erwachsenen, das Wesen der Kinder – so beginnen bereits Vorschulkinder an Markenartikel zu denken.«

Laura, 19, studiert Kommunikationsdesign:
»Also zumindest was die Kleidung angeht, steht bei vielen jungen Leuten das Markenbewusstsein im Vordergrund. Und wenn man so 'ne Markenjeans hat, egal ob Levi's, Chevignon oder Diesel, der zählt was, der ist anerkannt. Wenn man mit 'ner ›No-Name-Jeans‹ ankommt, dann hat das keinen Stellenwert, es wird nicht akzeptiert. Und deswegen, muss ich sagen, lasse ich mich dadurch auch beeinflussen und gehe bei der Kleidung hauptsächlich nach Marken.«

Penny-Power

Keine Frage, die Kids von heute sind ein bedeutsamer Wirtschaftsfaktor. Deshalb werden Kinder immer häufiger zur Zielgruppe von Marketing-Strategien: Wenn Ronald McDonald in Kindergärten »Umweltshows« veranstaltet, wenn Banken kostenlose Kinderkonten einrichten oder Kosmetikunternehmen noch halbe Kinder zu Werbeträgern in ihren Spots machen, so ist das nur ein kleiner Ausschnitt aus dem Werbesegen

der Spielwaren-, Süßigkeiten- und Nahrungsmittelproduzenten, der täglich auf Schul- und Kindergartenkinder niederprasselt.
Die Werbeprofis haben es natürlich nicht nur auf die Taschengelder der Kids abgesehen, obwohl auch schon diese Summe beträchtlich ist. Schon 1988 schätzte man die »Penny-Power« der Sieben- bis 15-Jährigen auf 1,7 Milliarden Euro, heute sind deutsche Kinder locker bei 3 Milliarden angekommen. Dabei sind die immer opulenter werdenden Geschenke an Geburts- und Feiertagen von Eltern, Oma und Opa und die direkten Einzahlungen auf die Kinderkonten noch nicht mal mit einbezogen.

Viele Eltern versuchen anscheinend, den Mangel an Zeit und Zuwendung durch ein »Mehr« an Geld zu kompensieren. Und die Kleinen wissen das vermeintlich schlechte Gewissen der Erzeuger famos auszuschlachten und fordern, fordern, fordern.
In einer Spiegel-Studie über die Konsumkinder stellt Joachim Kutschke einen »geradezu asozialen Hang zur individuellen Selbstverwirklichung« fest. Der führe dazu, dass die Kids nur auf eines aus sind: »Bedürfnisbefriedigung ohne Aufschub ... nach dem Preis wird nicht gefragt.«
Abgesehen davon, dass hier der anspruchsvolle gierige Konsument der Zukunft gezüchtet wird, haben die Kids schon heute einen starken Einfluss auf den Umsatz: Aus Untersuchungen weiß man, dass schon jetzt Kinder in einem hohen Maße (mit-)bestimmen, was in der Familie gekauft und konsumiert wird. Und sie wissen natürlich für sich selbst genau, was sie wollen. Egal, ob es um die Play-Station, das Handy oder um andere lebensnotwendige Dinge geht.
Dave, ein 16-jähriger Schüler, hat sich gerade ganz locker ein Mountain-Bike für knapp 1000 Euro aus den eigenen Ersparnissen gekauft: »Das ist ein Mountain-Bike von einer amerikanischen Firma, die heißt ›Specialist‹, und es ist mein Ein und Alles. Ja, ich hab gejobbt in den Ferien, und dann hatte ich das Geld. Ich meine, ich habe mein altes Rad noch verkauft, habe noch 400 Euro dafür bekommen, und den Rest habe ich noch vom Gesparten draufgelegt.«

Born to shop
Immer mehr gut situierte Verbraucher möchten das Gute und das Schöne – in Form von Waren. Das Praktische daran ist, dass das Kaufen eine »instant gratification«, eine sofortige Befriedigung, auslöst. Diese »symbolische Selbstergänzung« hält zwar nicht lange an, aber kurzfristig stopft sie doch das Selbstwertloch im Seelenkostüm.

Die Devise ist klar: Immer mehr, immer besser, immer teurer. Hierzulande, wo der primäre Bedarf nach Nahrung und Schutz weitgehend gedeckt ist, kann man sich getrost den Luxusbedürfnissen zuwenden. Für viele ist die Welt ein übervolles Warenhaus, in dem verprassen angesagt ist: »Born to shop«, zum Einkaufen geboren, heißt es auf einem Aufkleber. Oder wie der Lateiner sagt: »Consumo ergo sum« – ich konsumiere, also bin ich.

Hans-Georg, der Friseur, berichtet von seinen Kaufrausch-Erfahrungen: »Also ich denke, dass ich im Monat schon an Kleidung, Essengehen und Spaß haben mindestens 500 Euro verschleudere. Aber dann gibt es auch wieder so Monate, wo ich 1000 bis 2000 Euro ausgebe. Da wird dann gekauft auf Teufel komm raus; d. h., ich habe eine nette schnuckelige Boutique oder einen Geschenkartikelladen mit ausgefallenen Klamotten. Da gibt es dann z. B. einen Blazer für 200 Euro, der im Sommerschlussverkauf auf 70 Euro runtergesetzt ist. Dann kaufe ich natürlich im Schlussverkauf, dafür werden dann halt zwei oder drei Blazer und vier Hosen draus.«
Den einen zieht es zum Wühltischgewimmel oder auf die gemeine Schnäppchenjagd, den anderen lockt der ausgewählte Luxus. Genuss um jeden Preis ist angesagt. Und – wer mehr ausgibt, hat mehr vom Leben. Schließlich heißt es nicht umsonst: »Haste was, biste was.«
Maike ist 28 und Werbeassistentin: »Es ist also nicht so, dass ich jetzt im Kaufrausch besonders viel kaufen muss und mit viel nach Hause kommen will, um viel auszupacken. Ich glaube es ist eher ein gestreuter Kaufrausch. Es ist nie so, dass ich dann denke: Und jetzt noch ein Paar Schuhe dazu und einen Hut und eine Jacke; also es artet nicht aus. Ich fühle mich nicht willenlos. Es ist irgendwie schon kontrolliert.«

Generell kann man sagen: Die Lust am Materiellen nimmt gerade bei jungen Leuten zu. Klar, dass Geld dadurch einen regelrecht magischen Charakter bekommt, so als sei es ein Wunderstoff, mit dem sich alle Träume erfüllen lassen.
»Ja, also ich finde, Geld muss einfach sein, damit ich was kaufen kann. Deswegen macht es mich abhängig von allem. Ohne Geld kann ich mir keine Wohnung halten, ohne Geld kann ich kein Auto kaufen.« (Karin, 24, Fotosetzerin)
»Also, ich denke, Geld ist schon eine wichtige Sache. Deshalb sollte man versuchen, davon so viel wie möglich zu haben.« (Kevin, 17, Schüler)

Vom Konsumterror zum Konsumrausch
Verband man noch vor ein paar Jahren das Wort »Konsum« gern mit dem Zusatz »Terror«, so ist heute daraus eher der Konsumrausch geworden, und er ist für viele höchst lustvoll. So wird das Kaufen zum Ersatz für alles Mögliche: als Belohnung für den Berufstrott, die »alltäglichen Niederschläge« oder als Frustkauf bei Liebeskummergeschädigten. Karin: »Ich habe z. B. heute einen Frustkauf gemacht und habe es nicht bereut: eine CD. Also, ein Trostpflaster ist das ganz bestimmt, für die stressige Woche, viel Arbeit gehabt, und man denkt sich, jetzt reicht's. Ich muss mir was Gutes tun. Dann kommt der Gedanke: Ach, das wollte ich mir schon lange kaufen, und man greift den Gedanken wieder auf, und man hat das Gefühl, sich etwas zu gönnen.«
»Was zu Kaufrausch zu sagen ist? Also, da steckt schon was dahinter, das Wort beinhaltet es ja auch eigentlich. Es ist wirklich berauschend.« (Hans-Georg)

Kaufsucht
Die Leute, die sich durch das Einkaufen immer wieder und hauptsächlich in einen Rauschzustand versetzen und sich damit die Nerven beruhigen, nennt man »Kaufsüchtige«. Kaufsucht kann eine regelrechte psychische Krankheit sein, mit all den Symptomen einer Suchterkrankung. Was mit ein paar Euro beginnt, endet nicht selten im finanziellen Ruin: Unbezahlte Rechnungen, überzogene Konten und hohe Kredite, die es abzuzahlen gilt, sind ebenso Kennzeichen der »shopaholics« wie die mit unbenutzten Waren überfüllten Wohnungen. Ähnlich wie der Spielsüchtige alles in den Automaten steckt, trägt der Kaufsüchtige alles in die Geschäfte. Die Palette reicht von Kosmetika über Kleider bis hin zu Elektroartikeln und Autos – je nach Volumen von Geldbeutel und Bankkonto.

Untersuchungen
Nach einer repräsentativen Untersuchung des Emnid-Instituts waren schon in den 90er Jahren 9 Prozent der über 14-Jährigen in Westdeutschland kaufsuchtgefährdet. Vor allem junge Menschen sind empfänglich für die Verlockungen der Konsumgesellschaft und können diesen nur schwer widerstehen. Sie setzen das Kaufen als Droge zur Bewältigung ihrer Alltagskonflikte ein.
Professor Gerhard Scherhorn, der eine große Kaufsucht-Studie an der Universität Stuttgart-Hohenheim durchgeführt hat, nennt zwei wichtige Gründe für die Entstehung der Kaufsucht:
• Zum einen leiden Kaufsüchtige unter einem sehr schwach ausgepräg-

...vertgefühl. Dies wurde meist schon in der Kindheit geprägt, ...ern wurde zu wenig eigene Entscheidungsfreiheit gewährt, ...n oft nicht mit ihren Bedürfnissen und Gefühlen akzeptiert ...n daher auch nicht, ihre eigenen Gefühle überhaupt wahrzu- ... Ihren Selbstwert hoffen Kaufsüchtige dann mit materiellen ...höhen zu können.

...ten, ebenso wichtigen Grund für die Kaufsucht sieht Scher- ... Warenüberangebot unserer Gesellschaft, in der alles nur ...egt ist, den Menschen zum Kaufen zu verführen.

... findet sich in allen Schichten, Alters- und Einkommens-

..., dass Frauen eher von der Kaufsucht betroffen sind, ...deshalb, weil das Einkaufen für den täglichen Bedarf immer noch eher Frauensache ist.
»Shopaholics« sind einem inneren Zwang ausgesetzt, der sie Dinge kaufen lässt, die sie gar nicht benötigen und die sie sich nicht leisten können. Die Kaufsucht in ihrer ausgeprägtesten Form zeigt alle typischen Suchtkriterien, von Kontrollverlust über Entzugserscheinungen und Dosissteigerung bis hin zur Zentrierung aller Interessen um das Kaufen. Kaufsüchtige schirmen sich durch das Kaufen von ihrer Umwelt ab, von der sie scheinbar nur Kränkungen erfahren, isolieren sich mehr und mehr und schränken andere Aktivitäten und Interessen – nicht selten aus Geldmangel – ein.

Symptome
Das Verhalten von Kaufsüchtigen lässt sich folgendermaßen beschreiben: Sie verspüren den Zwang, unkontrolliert Dinge einzukaufen, die sie nicht brauchen und oft nicht bezahlen können. Es entsteht ein wachsender innerer Suchtdruck, der erst beim Kauf der Ware schwindet. Fast immer haben Kaufsüchtige ein vorübergehendes Glücksgefühl beim Kauf und Schuldgefühle danach.
Das Gekaufte stopft die »Löcher in der Seele« eben nur kurzfristig. Neben den hohen Schuldenbergen sind auch die seelischen und körperlichen Folgen schlimm genug: Schuldgefühle, Nervosität, Erschöpfungszustände.
Allerdings handelt es sich nur im Extremfall wirklich um Sucht – denn wer zieht nicht gerne mal los, um sich für eine gute Leistung zu belohnen? Wenn man ab und zu aus Lust oder Frust ein paar Klamotten oder CDs kauft, hat das noch lange nichts mit Sucht zu tun. Immerhin kann es dazu werden, wenn sich das Verhalten chronifiziert und zum ständigen Problemlösemechanismus wird.

Oft ist süchtiges Kaufen allerdings nur ein Begleitsymptom
süchtigen Verhaltensweisen bzw. stoffgebundenen Sucht
wird dann als Ausweichmittel benutzt, wenn das Hauptsucht
zugänglich ist.

Checkliste: Bin ich kaufsüchtig?
- Ich kaufe Dinge in der Hoffnung, mich besser zu fühlen.
- Ich habe ein schlechtes Gewissen, wenn ich eingekauft habe.
- Ich kaufe Dinge, die ich mir eigentlich nicht leisten kann.
- Einkaufen ist meistens der Höhepunkt meines Tages.
- Die freie Zeit am Tag verbringe ich meist mit Einkaufen.
- Ich habe das Gefühl, zu wenig Kontrolle über den Umgang mit meinem Geld zu haben.
- Meine Wohnung ist voller Dinge, die ich noch nie benutzt habe.
- Ich kaufe ein, um mich von Stress und schlechter Laune abzulenken.

Die Kehrseite unserer schönen bunten Warenwelt, in der alles nach dem Motto »kaufe jetzt, zahle später« scheinbar ohne Anstrengung zu erwerben ist, zeigt sich in der immensen Verschuldung der Bundesbürger: Parallel zu dem, was uns die Politiker und die Industrie im großen Maßstab vormachen, ist die Verschuldung der Privathaushalte enorm. Etwa 60 Prozent aller Haushalte in Deutschland haben Kreditverträge. Da sind die Hypotheken der Häuslebauer ebenso erfasst wie die Schuldner bei Versandhäusern, Versicherungen oder Banken.

Vor allem in den neuen Ländern, wo viele aus Mangel an Geschäftstüchtigkeit von Kredithaien (aber auch von scheinbar seriösen Banken) über den Tisch gezogen wurden, sitzen heute viele Familien auf einem Schuldenberg.

An die 500 Schuldnerberatungsstellen gibt es in Deutschland, wovon allerdings nur etwa 200 ausreichend ausgestattet und mit entsprechend geschulten Mitarbeitern besetzt sind. Sie sind häufig so überlaufen, dass eine angemessene individuelle Beratung sehr schwierig ist.

In Untersuchungen hat man herausgefunden, dass es mehrere große Ursachenkomplexe gibt, die Menschen in die Überschuldung führen:
- Die zunehmende Arbeitslosigkeit und die monatlichen Einkommensschwankungen in vielen Haushalten.
- Unvorhergesehene Ereignisse wie Krankheit, Unfälle, Scheidungen, persönliche Krisen.
- Die Zunahme des bargeldlosen Zahlungsverkehrs, mit dessen Umgang vor allem Personen mit niedrigem Bildungsniveau Schwierigkei-

ten haben. Schecks oder Kreditkarten erscheinen wie Zauberdinge, mit denen man sich all das leisten kann, was man schon immer haben wollte und was laut Werbung zum erfüllten Leben gehört. Dass später doch eine Rechnung gestellt wird, wird aus dem Bewusstsein verbannt.
Was in Percy Adlons Film »Rosalie goes shopping« eher satirisch abgehandelt wird – nämlich die Kaufsucht einer Frau, verkörpert von Marianne Sägebrecht, die keiner Verlockung der bunten Werbewelt widerstehen kann –, ist in Wirklichkeit oft gleichzeitig banal und brutal.

Miguel, heute 31 Jahre alt, ist das Opfer einer Mutter, die lange Jahre der Kaufsucht verfallen war und ihm als Erblast einen Haufen Schulden überlassen hat. Und das kam so: Da sie selbst bei keiner Versandfirma mehr Kredit bekam, bestellte sie auf Miguels Namen, während er in einem Heim war, über Jahre alle möglichen Dinge – Damenkleider, Haushaltsgeräte, Elektroartikel, kistenweise Kaffee, Möbel und Luxusgüter aller Art. Insgesamt beliefen sich »seine« Schulden auf über 7000 Euro, ohne dass Miguel etwas davon wusste. Sie fälschte seine Unterschrift, reagierte nicht auf Mahnungen, Zahlungsbefehle und Gerichtsbeschlüsse, sodass Miguel auf einem Schuldenberg von über 40 000 Euro sitzt.
»Also, was da alles gekauft worden ist, das kann man nur spekulieren. Der Anwalt selbst kann auch keine genauen Angaben machen, weil die Zeit schon so weit zurückliegt und die ganzen Bestellscheine im Reißwolf sind. Der Bestellwert war vor neun Jahren 7000 Euro und beläuft sich jetzt mit Gerichtskosten, Zinsen und Mahnkosten auf 42 000 Euro.«
So hat Miguel durch die Kaufsucht seiner Mutter und die hinterlassenen Schulden immer wieder seine Arbeitsstelle verloren. Immer dann, wenn die Gläubiger sich an seinen Arbeitgeber gewandt haben, um ihre Ansprüche auf seinen Lohn anzumelden.
»Im Moment sieht meine Situation finanziell so aus, dass ich die letzten zwei Monate auf dem Sozialamt war, um meine Miete dort abzuholen. Momentan mache ich nebenher kleine Gartenarbeiten, da ich ja seit drei Jahren Gärtner bin. Ich kann nichts Festes machen, solange mein Name in der Schufa steht; die erkundigen sich eben. Deshalb habe ich momentan keine Aussicht auf feste Arbeit. Ich könnte eigentlich jederzeit einen Superjob annehmen, ich bin qualifiziert als Schlosser, als Kunstschmied, Schweißer, Gärtner, eben ein Allround-Mann.«

Die Situation von Miguel sieht auch zukünftig nicht rosig aus. Er versucht, zusammen mit dem Bad Homburger Rechtsanwalt Boutros As-

four, die finanzielle Lage, in die er unverschuldet geraten ist, auf juristischem Wege zu bereinigen:
»Die Frage der Schuldregulierung sieht so aus: Wenn das bei den Inkassobüros ist, dann sind diese ja nicht die eigentlichen Gläubiger, sondern die verwalten die Angelegenheiten von anderen Firmen, die mal Dinge an den Kunden geliefert haben und die selbst nicht in der Lage waren, das Geld einzutreiben. Die Inkassobüros bekommen die Aufforderung zum Eintreiben. Manchmal passiert es, dass Titel durch Mahnbescheide bzw. Vollstreckungsbescheide geschaffen werden. D. h., man kann aus diesen Titeln vollstrecken. Das bedeutet, der Gerichtsvollzieher wird hingeschickt, um den Mann zu pfänden oder Lohnpfändungen vorzunehmen.«

Selbsthilfe für Kaufsüchtige
Seit 1976 gibt es in den USA Selbsthilfegruppen mit dem Namen »Debtors Anonymous« (Anonyme Schuldner), in denen sich Kaufsüchtige treffen. Sie arbeiten nach folgenden »banalen« Grundregeln:
- Mache heute keine Schulden
- Gewinne Klarheit über deine finanzielle Situation
- Orientiere dich an deinem Ausgabeplan.

Inzwischen gibt es auch in Deutschland Selbsthilfegruppen für Kaufsüchtige und Verschuldete: Allerdings bestehen sie häufig nur kurze Zeit, da die Betroffenen sofort aussteigen, wenn sie ihr Problem wieder einigermaßen im Griff haben.
Für diejenigen, die ihr Problem – ob mit oder ohne fremde Hilfe – anpacken möchten, haben Ellen Mohr Catalano und Nina Sonenberg (die Autorinnen des Buches »Kaufen, Kaufen, Kaufen«, Stuttgart 1996, Trias) Tipps zusammengestellt:
»Der wichtigste Schritt ist die genaue Beobachtung des eigenen Verhaltens. Hierbei kann ein ausführliches Einkaufsprotokoll hilfreich sein. Das macht zwar viel Arbeit, deckt aber die Bedingungen für den täglichen Kaufrausch genau auf. Im Protokoll sollen die Gedanken, Gefühle, Situationen und Personen, die mit dem Wunsch zum Einkaufen in Verbindung stehen, aufgeschrieben werden. Und zwar vor, während und nach jedem Einkauf. Außerdem sollte besonders auf solche Situationen geachtet werden, in denen man dem Einkaufsdrang widerstehen konnte (z. B. ›Was habe ich in der Zeit getan, die ich nicht mit Einkaufen verbracht habe?‹). Auf lange Sicht sollte der Betroffene versuchen herauszufinden, was er eigentlich braucht, was ihm in seinem Leben fehlt.
Neben dieser langfristigen Methode zur Ergründung der ursächlichen

Strukturen und Situationen soll natürlich die konkrete Verhaltenskontrolle verbessert werden. Dazu schreibt man am besten vor jedem Einkauf genau auf, was man unbedingt braucht, und passt den Inhalt des Geldbeutels entsprechend an. Vor allem sollte man Kreditkarten und Schecks möglichst zu Hause lassen. Für manche Betroffene ist es hilfreich, einen Freund oder eine Freundin mitzunehmen, da man sich automatisch kontrolliert fühlt. Wenn der Leidensdruck – beispielsweise durch Verschuldung – sehr stark ist und der Betroffene das Problem nicht selber lösen kann, gibt es natürlich die Möglichkeit, sich einer Selbsthilfegruppe anzuschließen oder die Hilfe eines Psychologen in Anspruch zu nehmen.«

3. Auf der Suche nach dem »Kick« – Extremsituationen als Lebenselixier

> *»Wer mit dem Wagnis paktiert,*
> *hofft auf neue Wirklichkeit.*
> *Ob aus Verzweiflung, Neugier oder Sehnsucht –*
> *er ist bereit, mit seinem Leben*
> *der Erstarrung zu trotzen.*
> *Es sind meist die Sensibleren und immer die Suchenden,*
> *die sich der Droge anvertraun.*
> *Mein Herz schlägt für die Süchtigen.*
> *Sie verschreiben sich dem Leben,*
> *ohne es besitzen zu müssen.*
> *Sie leben mit ihrer Schwäche.«*
>
> Konstantin Wecker, *»Ketzerbriefe eines Süchtigen«*

Die Suche nach Extremsituationen ist so alt wie die Menschheit. Sich selbst überwinden, die eigenen Grenzen überschreiten, Neues erforschen, es genauer wissen wollen, experimentieren mit riskanten Situationen – all das gehört zur Evolution der Menschheit. »Testing the lines« nennen es die Psychologen, »die Grenzen testen«. Und dieses Abchecken der eigenen Grenzen gibt es bis heute. Wenn Leute über glühende Kohlen laufen (Feuerlaufen) oder aus fahrenden S-Bahn-Zügen klettern, um dort Graffiti anzubringen (S-Bahn-Surfen), wenn sie sich an Gummiseilen von hohen Türmen stürzen oder sich auf riskante Bergtouren begeben, dann ist der Stress für sie Lust. Ob das Ganze Wahnsinn ist, ob Todesmut oder Lebensmüdigkeit – wer will das schon sagen? Auf jeden Fall geht es bei diesen selbst gewählten Angstsituationen darum, das Risiko in den Griff zu bekommen. Man bezeichnet diese Reizsucher deshalb auch als »Kontra-Phobiker«, die nach dem Motto leben: »Wo die Angst ist, geht's lang.« Für viele sind diese Extremsituationen wie ein Ritt auf dem Tiger. Und das Gefühl, vom Rücken des Tigers jederzeit in dessen Maul landen zu können, macht ihnen diese »Angst-Lust«, diesen Thrill. Der Reiz des Risikos:
Die Psychoanalytiker deuten die Ambivalenz dieser Personen dem Risiko gegenüber als den Versuch, die als verschlingend erlebte Mutterfigur unter Kontrolle zu halten. Einerseits lieben und brauchen sie die Mutter, andererseits fühlen sie sich von ihr dominiert, verschlungen. Deshalb müssen sie gegen das geliebte Objekt kämpfen, um es zu bezwingen.

Angefangen hat es mit dem »Bungee-Jumping« vor fast zehn Jahren. Inzwischen sind alle möglichen Extremsportarten »in«, und es tauchen jedes Jahr neue exotische Namen – meist zunächst in den USA – auf:
- »Sky-Surfing«: Fallschirmspringen mit einem an den Füßen festgeschnallten kleinen Surfbrett
- »Rafting«: Wildwasserfahrten mit dem Schlauchboot
- »Trash-Skiing«: auf Skiern steile Geröllhänge runterrasen
- »House-Running«: an einem Seil senkrecht die Hochhauswände runterrennen
- »Lift-Surfing«: auf Dächer oder unter den Boden von Fahrstühlen klettern und sich an den Liftseilen die Schächte entlanghangeln
- »Kite-Skiing«: ein Mix aus Skifahren und Drachenfliegen
- »Base-Jumping«: Fallschirmsprünge von Hochhäusern, Brücken oder Sendemasten (bisher drei Tote)
- »S-Bahn-Surfen«: auf dem Dach oder an der Wand von Zügen »mitfahren« (bisher über 20 Tote)
- »Ultimate-Fighting«: Kampfsport ohne Regeln, inklusive Tritte und Würgegriffe

Nicht direkt zu den Extremsportarten zählen andere Freizeitbeschäftigungen der Spaß-Gesellschaft, wie das »Stage-Diving« auf Techno-Partys oder Musikkonzerten (gerne auch im Ecstasyrausch), wobei man sich von der Bühne in die tobende Masse stürzt in der Hoffnung, von den anderen getragen zu werden. Auch das Schlamm- und Öl-Catchen und die beliebten Schaum-Partys sollen den ultimativen Kick bringen. Anders suchen z. B. die Fußballfans nach ihrem »Flow«-Erlebnis bei der Randale in und um die Stadien. In Hannover finden alljährlich die – angeblich politisch motivierten – »Chaostage« statt, ein ähnliches Spektakel präsentieren die Berliner bei den »Kreuzberger Nächten« (1. Mai), wobei in beiden Städten der »Punk« abgeht.

Bergsteigen und »Freeclimbing«

Wenn Reinhold Messner unbedingt alle 14 Achttausender besteigen muss (Gipfelfoto inklusive), wenn der belgische Bergsteiger Jean Bourgeois im Himalaja das Bewusstsein verliert, mehrere Tage als verschollen gilt und für tot gehalten wird, dann doch wieder auftaucht und schon bald danach wieder dem Ruf der Berge folgt, dann spricht man von Gipfelsüchtigen. Dabei sind es nicht nur die gipfelstürmenden Kultfiguren, die es zu Höchstleistungen in dünner Luft treibt. Immer mehr wird das Erklimmen »schwindelnder Höhen« zu einem Massenphänomen. Immer öfter suchen Normalbürger (mitunter in abenteuerlichen Ausrüstungen) die Sinndefizite des Alltags beim Kampf mit dem Berg zu kompensieren. Besonders beim Eisklettern in den »Gefrierfächern der Erde« oder beim »Freeclimbing« zeigt sich, wie leicht die Suche nach Sinn in Sucht umschlägt. Das Austesten der eigenen Grenzen wird schnell zum Spiel auf Leben und Tod: Der 36-jährige Reinhard Karl wurde z. B. beim Klettern im Himalaja von einer Eislawine begraben.

Der Psychologe und Bergsteiger Ulrich Aufmuth hat darüber ein Buch geschrieben: »Zur Psychologie des Bergsteigens« (Fischer Taschenbuch Verlag, Frankfurt a. M., 1988). Seiner Ansicht nach vergrößern sich die Defizite unseres Selbsterlebens sprungartig. Deshalb verschaffe uns das Bergsteigen ein positives Körper- und Leistungserlebnis.

Aber von dieser positiven Sichtweise des Bergsteigens bis zur Besessenheit der Gipfelextremisten ist mitunter nur ein schmaler Grat. Und ob es dabei immer der Berg ist, der ruft, oder das Geld, das lockt, das sei dahingestellt. Immerhin: Die Bergleidenschaft kann schnell in diese Bergbesessenheit umschlagen. Der polnische Bergsteiger Jerzy Kokuschka, der alle 14 Achttausender bestieg, nennt sein Bergsteigen denn auch »meine Sucht«.

Zur Massenbewegung – gerade bei jungen Leuten – wurde das »Freeclimbing«, das Klettern ohne Seil. Inzwischen wird hier eine jährliche Weltmeisterschaft ausgetragen.

Auto- und Motorradrennen

Was Reinhold Messner für die Bergsteiger ist Niki Lauda für die Autofahrer. Nachdem er 1976 in einem Formel-1-Rennen auf dem Nürburgring bei 200 Stundenkilometern die Gewalt über seinen Wagen verlor, sich überschlug und 45 Sekunden in seinem brennenden Ferrari saß, war er kurz darauf wieder auf der Piste. Verbrannte Kopfhaut, verstümmeltes rechtes Ohr und verletzte Augenlider konnten ihn davon nicht abhalten. Erst im Herbst 1979 – drei Jahre später – zog er sich aus dem Rennsport zurück, um eine eigene Fluglinie zu gründen. Das Geld war es nicht, was ihn auf die Piste trieb. Er formulierte es ganz einfach: »Mal sehen, wie ich's pack«, sagte er in einem Interview.

Der Motorradprofi Toni Mang spricht von einer Suche nach Grenzsituationen. Er sagt: »Wenn ich stürze, denke ich nur: Wo bin ich? Wann kommt die Leitplanke? Ich denke nicht, jetzt ist es aus.« Auch dann ist noch höchste Anspannung und Wachsamkeit das Ziel. Toni Mang: »Ich konzentriere mich auf den Sturz und die Frage: Wie kann ich alles unter Kontrolle halten?«

Wenn die 20-jährigen GTI-Fahrer bei ihrer samstäglichen Fahrt in die Disco voll aufdrehen oder die Porsche-Fahrer die linke Spur auf der Autobahn mit der Lichthupe freizupusten versuchen, dann sind das

Schwachformen dieses Phänomens, sozusagen Volksausgaben dieser Auto-Abenteuer.

Wenn daraus ein Beruf wird: Stuntmen und andere

Eine ganz andere Dimension erhalten die Suche nach und der Umgang mit Extremsituationen, wenn daraus ein Beruf und damit ein erzwungener Lebensstil wird. Die Rede ist nicht nur von Reinhold Messners Gipfeldrang oder von Niki Laudas Geschwindigkeitsrausch, den sie bis heute publizitätsträchtig vermarkten, die Rede ist zum Beispiel auch von dem Dompteur René Strickler, der im Käfig von dem Königstiger Tosca angegriffen wurde und sich drei Minuten lang zwischen den Zähnen von Tosca befand. Ergebnis: ein völlig zerfleischtes Bein, ein vielmonatiger Krankenhausaufenthalt. Und jetzt steht Strickler wieder in der Manege. Zwar nicht mit Tosca, aber mit seinen anderen Raubtieren. Noch krasser ist diese Sucht nach dem Adrenalinstoß bei Stuntmen, einer Berufsgruppe, bei der die Gefahr zum Alltag wird. In einer Pilotstudie der niederländischen Psychologin Dr. Susanne Piet an sechs Stuntmen (*Report Psychologie* 11/12, 1988) wurde gezeigt, dass derjenige, der sich für einen solchen Beruf entscheidet, meist zu einem bestimmten Persönlichkeitstypus gehört. Man nennt ihn »sensation seeking personality« (siehe dazu Kapitel VII: Gibt es eine Suchtpersönlichkeit?).

Grenzerfahrungen und ihre Grenzen

Und diese Mobilisierung aller Kräfte des Körpers im Augenblick der Gefahr eint sie alle: die Bergsteiger und die Rennfahrer, die Drachenflieger und Ozeanruderer, die Tiefseetaucher und die Snowboarder. Der Körper signalisiert Alarm, und alle Energien werden bereitgestellt: höchste Anspannung, höchste Wachsamkeit. Und dieser Zustand ist auch euphorisierend. Adrenalin wird ausgeschüttet, die Endorphine haben das Sagen (siehe dazu I.1 und I.3). Im Augenblick eines Sturzes zum Beispiel hat ein Motorradfahrer durchschnittlich eine Pulsfrequenz von 190 (im Ruhezustand 70–80, beim normalen Autofahren 100–130). Er kommt – um in der Rennfahrersprache zu bleiben – in den roten Bereich des Drehzahlmessers. Sich bis nahe an die Bewusstlosigkeit unter Kontrolle zu haben, während der Körper auf Hochtouren läuft, gibt vielen das Gefühl, »total zu leben«. Gefühle von grenzenloser Freiheit, ekstatische Momente, Erlebnisse von höherem Bewusstsein, atemberaubende Glücksgefühle, Erlebnisse von Einheit mit Gott werden von den Extremsituationssuchern beschrieben. Der Arzt Hannes Lindemann, der 1955 in einem Einbaum den Atlantik überquerte, schwärmt: »Manchmal

vernehme ich Stimmen aus meinem Inneren, während es draußen mäuschenstill ist ... Ich bin glücklich, unendlich glücklich – wie auf einer anderen Welt, auf einer sonnigen Welt, auf der es keinen Körper gibt. Eine ätherische Welt ist das, die mich mit einem nicht fassbaren Wohlbefinden und Wonnegefühl erfüllt. Ich muss bei Gott sein, beim Sinn des Lebens, ich bin ein Es, ein Wesen, das ist zeitlos, kosmisch ...«
Viele beschwören deshalb den Sinn dieser »Grenzerfahrungen«. Charles Lindbergh beschrieb die Gefühle bei seinem Transatlantik-Flug im Jahr 1927 folgendermaßen: »Für einen unbestimmten Zeitraum schien ich von meinem Körper abgetrennt, so als ob ich ein Bewusstsein gewesen wäre, das sich im Raum, über der Erde und im Himmel ausgebreitet hätte. Ungehindert von Zeit und Materie, frei von der Erdanziehungskraft, die den Menschen an die schweren irdischen Probleme der Welt bindet. Mein Körper verlangt keine Aufmerksamkeit. Er ist nicht hungrig. Ihm ist weder warm noch kalt. Er hat sich damit abgefunden, nicht gestört zu werden. Warum habe ich all dies auf mich genommen, ihn hierher zu bringen? Ich hätte ihn wohl besser in Long Island oder St. Louis zurücklassen sollen ... Das ätherische Bewusstsein braucht keinen Körper für seine Reisen. Es braucht kein Flugzeug, keine Maschine, keine Instrumente; nur die Loslösung vom Fleisch, die durch die Umstände, wie ich sie erlebt habe, möglich wird.«
Wenn man Drogenabhängige von ihren *ersten* Erfahrungen mit Kokain oder Heroin berichten lässt, gibt es eine ganze Menge Parallelen. Da wird es nur zu verständlich, dass der Berufsalltag der Extremisten als lasch und langweilig erlebt wird und man immer wieder den »Kick« oder den »kosmischen Schauer« sucht. Und da man Ekstasegefühle nur selten wiederholen kann, sucht man schnell nach stärkeren Reizen. Wenn sich Reinhold Messner ohne Sauerstoffgerät in immer dünnere Luftschichten vorwagt oder der Turm, von dem sich der Stuntman Rainer Novak stürzt, immer höher sein muss, wenn der Polarforscher Robert Perroni sich auf immer gefährlichere Eisexpeditionen einlässt, dann ist das der »More-Effekt«, die Dosissteigerung ihrer Droge »Extremsituation«. Sie gehen in die Annalen ein. Von denen, die – wie der im Himalaja verunglückte Reinhard Karl – bei riskanten Unternehmungen sich überschätzen und umkommen, spricht man bestenfalls eine Schlagzeile lang.

Das Jogger-High
Über die positiven Seiten des Joggens (wie auch anderer Sportarten) ist viel geschrieben worden. Es geht auch nicht darum, den 1,5 Millionen bundesdeutschen Joggern das Laufen zu vermiesen. Denn die meisten

betreiben das ja in einem Maß, das sinnvoll und verträglich ist: Gelobt sei, was fit macht.

Aber es gibt auch hier – wie es in einer Studie der Universität Paderborn heißt – »Lauf-Süchtige«. Nach dieser Studie (beschrieben in *Psychologie Heute,* 6/84) gilt ein Mensch dann als laufsüchtig, wenn er 24 bis 36 Stunden nach dem letzten Lauf Entzugserscheinungen hat. Sie zeigen sich in Spannung und Unruhe, in Reizbarkeit und Unwohlsein, Angst und Schuldgefühlen.

Dass man sich »besoffen laufen« kann, ist schon längst keine Neuigkeit mehr. In einer Untersuchung an 424 Läufern stellte z. B. der Amerikaner Kenneth E. Callen fest, dass fast alle schon mehrfach Bekanntschaft mit tranceartigen Bewusstseinszuständen verschiedener Tiefe gemacht haben. Ein gutes Drittel versucht sich durch rhythmisches Atmen in Trance zu versetzen, andere »mesmerisieren« die immer gleichen Wörter oder Melodien, und wieder andere zählen ihre Schritte, Runden oder entgegenkommende Fußgänger. Manche haben regelrechte »Out-of-Body-Erlebnisse« oder halluzinieren sich gar als Olympiasieger. Wieder andere haben innere Bilder von schönen Landschaften oder erotische Erlebnisse beim Laufen. Allerdings ist den Läufern ihr »veränderter Bewusstseinszustand« meist klar, selbst dann, wenn sie ihre Umgebung regelrecht vergessen. So wird das Gefühl beim Laufen mitunter zum Ersatz für andere Drogenerfahrungen. In der oben erwähnten Studie an der Universität Paderborn wurden 26 männliche Alkoholiker (Durchschnittsalter 45 Jahre) untersucht, die sich einer sechsmonatigen Entwöhnungsbehandlung unterzogen. Die Frau eines Betroffenen berichtet: »Das Trinken hat er aufgegeben, dafür läuft er nur noch.«

»Lieber laufsüchtig als Alkoholiker«, dieses Motto mag als Ergebnis der Studie gelten, der zufolge sich durch dreimaliges Laufen pro Woche – im Vergleich zu einer Kontrollgruppe – die Ängste stark reduzieren und die Stressbelastbarkeit erhöht wird.

S-Bahn-Surfen

Wie in den USA machte sich auch hier in der Bundesrepublik ein merkwürdiger »Sport« breit: S-Bahn-Surfen. Beim S-Bahn-Surfen klettern junge Leute – es sind zu über 90 Prozent männliche Jugendliche – aus fahrenden S-Bahnen auf das Dach, machen Handstand auf dem Trittbrett oder bemalen, kopfüber aus den Fenstern hängend, die Außenseiten der S-Bahnen mit Graffiti. Vor allen Dingen in Berlin und Hamburg sind die S-Bahn-Surfer zugange. »Irres feeling, total geil«, sagen sie über ihre Erfahrungen. Im Frühjahr 1989 passierte der erste tödliche

Unfall beim S-Bahn-Surfen in Hamburg. Inzwischen sind trotz vermehrter Sicherheitsvorkehrungen der Verkehrsmittelunternehmen in Deutschland schon mehr als 20 S-Bahn-Surfer umgekommen.

Feuerlaufen
In der Esoterik-Szene gilt das Feuerlaufen noch immer als ein Beweis für die immense Macht der Gedankenkräfte. Dass man barfüßig über glühende Kohlen (zwischen 2000 und 4000 Grad Celsius) laufen kann, ohne sich die Füße zu verbrennen, ist für viele noch immer ein Rätsel. Aber es ist möglich, wie inzwischen sogar in Livefernsehsendungen bewiesen wurde. Inzwischen gibt es eine ganze Reihe von »Feuerlauf-Seminaren«, in denen die Personen in Trance über glühende Kohlen laufen.

Extrem-Bügeln
Was wie ein Scherz klingt, ist für etwa 40 deutsche Männer und Frauen eine neue Trendsportart geworden. Unter extremen Bedingungen schaffen die »Sportler« das perfekt geglättete Hemd. Erfunden hat das »Extreme-Ironing« 1997 der Engländer Phil Shaw, und im September 2002 richtete die »German Extreme Ironing Section« (GES) in München die erste Weltmeisterschaft im Bügeln aus. Der GES-Gründer Kai Zoßeder fieberte dem Ereignis voller Stolz entgegen: »Das Bügelergebnis entscheidet.« Ob unter Wasser, in der Luft, auf Berggipfeln oder in ungewöhnlichen Körperhaltungen – beim Free-Style-Wettbewerb gilt: Hauptsache knitterfrei.
Das Beispiel zeigt: Der Erlebnishunger der Menschen kann sogar mit einst lästigen alltäglichen Pflichten gestillt werden, wenn man sie nur in einen möglichst verrückten Kontext setzt. Und wer weiß, wenn der Antrag zur Anerkennung des Extrembügelns als eigenständige Sportart vom Deutschen Sportbund genehmigt wird, werden wir uns bald mit Wettkämpfen im Extrem-Fensterputzen oder Extrem-Kochen die Langeweile am Sonntagnachmittag austreiben.

Inflation von Suchtformen
Schwachformen dieser Suche nach der Gänsehaut gibt es überall: Den Todestag auspendeln oder Gläserrücken gehören ebenso dazu wie Jahrmarktsvergnügungen, z. B. Achterbahnfahren, Dreierlooping oder Geisterbahn, aber auch Skateboarding und BMX-Fahrradfahren. Dabei sind diese Schwachformen uralt:
Theresa von Avila bezeichnete sich selbst als »betsüchtig«. Der Verhaltensbiologe und Tierforscher Irenäus Eibl-Eibesfeldt spricht von einer

»Tugendsucht« und macht dafür in seinem Buch »Der Mensch, das riskierte Wesen« (S. 78 f.) das Hormon Oxytozin verantwortlich, das die Bereitschaft, mit anderen enge Verbindungen einzugehen, verursacht. Der *Spiegel* spricht von einer »Vitamin- und Gesundheitssucht«. Der *Stern* berichtet von ungewöhnlichen Patienten des Florenzer Krankenhauses Santa Maria Nuova: Es handelt sich um Touristen, die über Schwindelgefühle, Herzrhythmusstörungen, Depressionen und Verfolgungswahn klagen. Ausgelöst wird das Ganze – nach Ansicht der Ärzte – durch das pralle Überangebot an Kulturgütern der toskanischen Hauptstadt: Michelangelos David als Auslöser des »Stendhal-Syndroms«, wie die Ärzte das Berauschtsein durch Kunstwerke nennen.
Journalisten sprechen von einer »Sucht nach Neuigkeiten«. Die Betroffenen werden »Infoholics« genannt. »Nichts ist älter als die News von gestern«, sagen sie. Die einen sprechen von Sucht nach Grandiosität, also etwas Besonderes zu sein bzw. Meisterwerke zu schaffen, während andere vorgeben, sich an Kreuzworträtseln zu berauschen oder sich zu »betrinken« an dem Häkeln von Deckchen.
Man könnte wohl noch sehr viel mehr zusammentragen an »normalen« Verhaltensweisen, die in der Alltagssprache als »Sucht« etikettiert werden. Zwar kann man wirklich fast alles Mögliche benutzen, um vor der Realität zu fliehen, es handelt sich aber wohl nur in extremen Einzelfällen um wirklich süchtige Verhaltensweisen (Kriterien hierzu sind in Kapitel I zu finden).

4. Die Suche nach dem kosmischen Schauer: Okkultismus, Esoterik und Sekten

Okkulte Praktiken
Auch bestimmte okkulte Praktiken können süchtige Züge haben. Satansmessen, Gläserrücken, Geisterbeschwörungen und Voodoo-Zauber haben – vor allem auf junge Leute – anscheinend eine magische Anziehungskraft.
In einer Untersuchung am Psychologischen Institut der Universität Freiburg stellte Professor Johannes Mischo eine geradezu epidemische Ausbreitung der »Droge Okkultismus« fest. Ob Pendeln, Teilnahme an Seancen oder Gläserrücken – viele Schüler hatten Erfahrungen mit okkulten Praktiken. Nach Mischos Meinung können unkontrollierte Kontakte mit dem Übersinnlichen »regelrecht süchtig« machen. Der Hauptaspekt dabei ist wohl, dass durch den Glauben an Geister ein magisches Weltbild entsteht, dem man sich ausgeliefert fühlt. Man ist nicht mehr Herr seines eigenen Lebens, sondern gelenkt und »besessen« von bösen oder guten Geistern. Die okkulten Praktiken wirken mitunter so bewusstseinsverändernd wie eine Droge. Und auch hier muss die Dosis oft erhöht werden. Eine süchtige Entwicklung kann beginnen. Und manchmal ist es zweitrangig, ob es sich um »milde« okkulte Praktiken (Pendeln, Astrologie) handelt oder um »Hardcore-Esoterik« wie Satanismus.
Eindringlich ist eine »Satanskarriere« und die Auswirkungen auf das Leben in dem autobiographischen Buch »Die Satanspriesterin« beschrieben worden (Eichborn Verlag, Frankfurt 1989). Wer solche »Weihefeiern für Satan«, »mystische Geschlechtsakte«, »Blutstropfen für Luzifer« initiiert, endet gar nicht selten in der geschlossenen Abteilung psychiatrischer Kliniken.
Im Jahr 2002 wurden die Täter im so genannten »Satansmord von Witten« zu mehrjährigen Haftstrafen verurteilt. Das junge Paar hatte sich als »direktes Instrument des Satans« gesehen (oder es zumindest nach außen verkündet) und gemeinschaftlich einen Menschen auf grausame Weise getötet. Sie gaben an, die Tat sei ihnen von Satan »befohlen« worden.
Schon im Jahr 1986 brachte sich in Bensheim an der Bergstraße ein Liebespaar (17 und 23 Jahre) durch die Auspuffgase eines Autos um. Die beiden jungen Leute gehörten einer Gruppe an, die man heute »Grufties« oder »Gothic« nennen würde, die nachts in Schlossruinen im Fackelschein schwarze Messen zelebrieren. In einem Abschiedsbrief heißt es: »Ein großes Omen nahm mit Hartmuts Tod seinen Anfang und wird

mit Sicherheit noch einige Personen … mit seiner Sogwirkung in den Tod ziehen.«

Gerade in den neuen Bundesländern gab und gibt es bei jungen Leuten immer mal wieder Serien von mysteriösen Todesfällen und/oder Selbstmorden, deren Hintergründe nur schwer aufzuklären sind. Experten vermuten dahinter manchmal einen »Gothic«- oder »Gruftie«-Hintergrund.

Der Attentäter von Erfurt, der in seiner Schule am 26. April 2002 16 Menschen und sich selbst umbrachte, hatte zwar keinen esoterischen Hintergrund, dafür waren es bei ihm Video- und Computerspiele, die anscheinend als Vorlage für seine Bluttat dienten (mehr siehe dazu im Kapitel VI.6 über Computer- und Internet-Sucht oder in meinem Buch »Hinter jeder Sucht ist eine Sehnsucht«, Herder-Spektrum, Freiburg 2002).

Sekten: Vergiftete Paradiese

Das Seelenheil steht hoch im Kurs zu Beginn des neuen Jahrhunderts. Sekten, esoterische Psychogruppen und spirituelle Bewegungen haben Hochkonjunktur.

Mehr oder minder abstruse Ideen werden in der Szene propagiert und immer absurdere Techniken praktiziert. Und ganz nebenbei wird natürlich viel Geld damit verdient. Schätzungen zufolge lag der Jahresumsatz im Esoterikbereich bereits 1996 bei 9 Milliarden Euro (*Focus* 14/96). Nach Expertenaussagen hat er sich – obwohl es immer noch keine repräsentativen statistischen Untersuchungen dazu gibt – in den letzten Jahren noch erhöht.

Was ist daran bedenklich? Soll doch jeder (wie schon der Alte Fritz vor mehr als 200 Jahren sagte) nach seiner Façon glücklich werden, könnte man denken, und: »Die Kirchen sind ja auch nicht viel besser …«

Allerdings erscheinen die Zahlen von ca. 300 religiösen und spirituellen Sondergemeinschaften, Kulten und Psychogruppen in Deutschland (mit insgesamt an die zwei Millionen Mitgliedern) doch besorgniserregend – zumal immer mehr Menschen, die mit Gruppierungen der Szene längere Zeit Kontakt hatten (oder deren verzweifelte Angehörige), bei den Weltanschauungs- und den Sektenberatungsstellen in letzter Zeit vermehrt anklopfen und um Rat und Hilfe bitten.

Dabei kann man nicht jede spirituelle oder alternative Gruppe per se als problematisch und/oder gefährlich einstufen, nur weil die Ideologie und das Glaubenssystem nicht der etablierten christlichen Religion entspricht. Schließlich ist zu bedenken, dass es bei der (mitunter durch die Kirchen initiierten bzw. unterstützten) »Sektenhatz« oft auch um die

Wahrung eigener Interessen der traditionellen Institutionen geht, da diesen (aus den unterschiedlichsten Gründen) die Mitglieder weglaufen. – Auf dem »Markt der Weltanschauungen« sind diese Gruppen schließlich Konkurrenten – und gerade bei jungen Leuten nicht gerade erfolglos.
Außerdem darf man den alltäglichen Aberglauben und die magischen Neigungen – die fast jeder an sich selbst schon mal bemerkt hat – nicht verteufeln oder vorschnell mit radikalen Ideologien gleichsetzen. Denken wir beispielsweise an Ereignisse wie die Sonnenfinsternis 1999, die Tausende Bürger nach Süddeutschland pilgern ließ – wahrscheinlich nicht ganz unbeeindruckt von den altertümlichen Prophezeiungen um die Verdunkelung der Sonne am helllichten Tag. Oder denken wir nur an die vielen Ängste, die mit dem Jahrtausendwechsel verknüpft worden waren. Glücklicherweise haben wir auch diesmal den Weltuntergang überlebt.
Die Menschen leben seit Urzeiten mit Kulten, Religionen und Übersinnlichem und scheinen dies – aus welchem Grund auch immer – zu brauchen. Vor allem, wenn die Gesellschaft insgesamt in Turbulenzen gerät oder der Betreffende in persönliche Krisen (Arbeitslosigkeit, Scheidung, Tod eines Angehörigen etc.), dann brauchen viele eine hoffnungsgebende, gute Instanz – gleichgültig, ob man sie Gott, Allah, Jehova oder sonst wie nennt, die einem klare Regeln und Rituale, Verhaltensanweisungen und Sicherheit gibt.
Man kann es auch so sagen: Je schlimmer die Zeiten und je kleiner oder verwirrter der Geist, desto konkreter muss das Gottesbild und desto dogmatischer muss das Glaubenssystem sein. Und sowohl Dogmatismus wie auch Fanatismus scheinen zu allen Religionen und Weltanschauungen zu gehören wie der Teufel zum Weihwasser.
Der »gute Glaube« – im Sinne von Urvertrauen – soll dem Menschen schließlich in erster Linie dienen und ihn nicht zur abhängigen Marionette von mehr oder weniger absurden Glaubensdogmen oder korrupten Sekten- und Kirchenführern machen.

Die Esoterik- und Sektenszene ist unbestritten ein für Laien undurchschaubarer Dschungel, der sich ständig verändert und neue Blüten treibt. Neben altbekannten Splittergruppen traditioneller Religionen (z. B. »Zeugen Jehovas«, »Neuapostolische Kirche«) und esoterischen Kulten (»Scientology«, »Fiat Lux«, »Universelles Leben«) entwickeln sich immer neue »Weltanschauungskreationen« (weitere Informationen siehe mein Buch: »Psychomarkt, Sekten, destruktive Kulte«; Bonn 1996, Deutscher Psychologen Verlag).
Vielfach fehlen allerdings die Kriterien zur richtigen Einschätzung sol-

cher Gruppierungen: Was genau macht eine Gruppe problematisch und sogar gefährlich? Wodurch wird sie zum »destruktiven Kult«, der die Menschen zu Abhängigen macht, sie ausbeutet und zerstört?

Was kostet Erleuchtung?
»Man bekam nur vier bis fünf Stunden Schlaf, man musste ständig pünktlich sein, sonst musste man zur Strafe Kniebeugen machen.« Mitglieder von »Ananda Marga«, einem hinduistischen Kult, der inzwischen in Deutschland kaum noch von sich reden macht, mussten auf Friedhöfen meditieren, um Essen betteln, Ehen mit Unbekannten schließen und brachen gar nicht selten auch das Gesetz. Der Guru segnete das fleißige Mitglied und erteilte jedem einen »missionarischen Auftrag« – irgendwo in der Welt: von Berlin über Indien bis ins südkoreanische Seoul.
In England und Dänemark soll es (wie in den USA) regelrechte »Straflager« der Scientologen (»Rehabilitation Project Force« – RPF) geben, in denen Scientology-Abweichler (sofern sie höhere Ränge bekleiden) landen. Die RPFs sollen von »Ethikoffizieren« des Scientology-internen »Office of Special Affairs« (OSA), einer Art sekteninterner Geheimdienst, und/oder der SeaOrg, einer SC-Eliteeinheit, überwacht werden. Die »Sträflinge« müssen hier – nach Angaben von Scientology-Aussteigern – mitunter wochenlang mehr oder weniger sinnvolle Arbeiten und sonstige erniedrigende Tätigkeiten verrichten (bis zu 16 Stunden am Tag), dürfen sich nur im Laufschritt im RPF bewegen und müssen in Erdgräben auch schon mal längere Zeit strammstehen, wenn ein SC-Oberer vorbeiläuft. Nachts dürfen sie dann noch Scientology-Lehren büffeln oder werden zusätzlich Praktiken der Persönlichkeitsumformung unterzogen, die an Gehirnwäsche-Methoden erinnern.
In vielen radikalen Gruppen sind Strafarbeiten für kleine und kleinste Verfehlungen an der Tagesordnung.
Demütigungen durch Strafe und Selbstgeißelung (z. B. beim katholischen Opus Dei) sollen den Selbstwert der Mitglieder abtöten und sie zu willenlos-ergebenen »Gläubigen« machen. Das erinnert doch allzu sehr an die Züchtigungsmaßnahmen der mittelalterlichen Kirche.

Viele Wege führen heutzutage zur vermeintlichen Erleuchtung: Ob esoterische Lebensgemeinschaft, Satanskult, Christliche Sekte, ob magisch-abstruse Praktiken und naturreligiöser Schamanismus oder die salonfähig gewordenen Motivations-Seminare von Trainern wie dem Niederländer Ratelband (»Tschakka, du schaffst es!«), Jürgen Höller, dessen Unternehmen »Inline AG« inzwischen pleite ist, oder dem »Money-Coach« Bodo Schäfer.

Sie versprechen den schnellen Aufstieg auf der Karriereleiter oder praktisch-einfache Hilfe für jede Lebenskrise. »Sorge dich nicht – lebe!«, »Nichts ist unmöglich« und »Du kannst alles schaffen!« sind die Leitsprüche der Berufsoptimisten. Die Seminare und Workshops zur Karriere- und Lebensplanung erfreuen sich eines ständig steigenden Zulaufs, und die Leiter derselben sind moderne Gurus von heute geworden.

Menschen aller Schichten und Altersklassen und aus allen Berufszweigen laufen von Seminar zu Seminar, um Selbstwert, Motivation und Erfolg zu steigern, und fühlen sich von schnellen und scheinbar so leicht umzusetzenden Tipps und dem sich spirituell gebenden Weltanschauungsverschnitt angezogen, nehmen schlimmste Entbehrungen auf sich und geraten gar nicht selten in finanzielle Notlagen.

Und das alles dafür, sich zu bizarren Verhaltensweisen animieren zu lassen: So zahlen Topmanager aus aller Welt Tausende Euro, um schreiend durch den Schwarzwald zu rennen oder Steilwände zu erklimmen, um die eigenen inneren Blockaden abzubauen. Man kann nur sagen: Wen das glücklich macht und wer das nötige Kleingeld aufbringen kann, den soll man nicht aufhalten: Die Welt ist schließlich groß genug, dass jeder darauf Unrecht haben kann.

Von Helfern und Heilern

Eine andere Gruppe bilden die verschiedenen »Heiler«, die mehr oder weniger seriöse Behandlungen für alle Arten von Krankheiten anbieten. Angefangen bei Meditationsverfahren und Yoga über »Energietherapien«, »Geomantie« und »Wallfahrtheilungen« bis hin zur »Radionik«. Die Versprechungen wirken mitunter größenwahnsinnig und gehen bis hin zur Heilung von Erkrankungen wie Krebs, Multipler Sklerose und schwerer Herzleiden.

Für viele von der Schulmedizin aufgegebene (»austherapierte«) Patienten sind das Strohhalme, an die sich Verzweifelte klammern. Allerdings wird auch tatsächlich immer wieder von spektakulären Spontanremissionen berichtet, wobei man natürlich nie genau sagen kann, ob die Genesung überhaupt etwas mit den alternativen Behandlungsmethoden zu tun hat oder ob ganz andere Faktoren die zentrale Rolle gespielt haben. Es steht außer Frage, dass es oft allein die Hoffnung ist, die bei einer lebensbedrohlichen Erkrankung die erkrankten Menschen am Leben erhält – diese sollte man dem Patienten nicht nehmen. Und das tut die effizienzorientierte Drei-Minuten-Medizin nur allzu oft. Es geht darum, die Gratwanderung zwischen »Hoffnung geben« und »Illusionen zerstören« auf eine menschliche Weise hinzubekommen.

Ganz abgesehen davon, dass die Alternativtherapien die menschliche Zuwendung in den Vordergrund stellen (was per se schon heilend sein kann), wird der Mensch ganzheitlich betrachtet (und nicht wie in der Schulmedizin als »die Lunge von Zimmer 7«).

Allerdings sind all diese Ansätze – vor allem, wenn sie von vornherein an die Stelle einer »normalen« Therapie treten – mit äußerster Vorsicht zu betrachten.

Besonders dramatisch sind Fälle, in denen die Ideologie jegliche traditionelle medizinische Hilfe untersagt, sodass Eltern sich z. B. weigern, einer lebensrettenden Operation des Kindes zuzustimmen, wie in den letzten Jahren des alten Jahrtausends mehrfach geschehen.

Fatale Folgen kann auch die Arbeit so genannter »Wunderheiler« haben, wenn sie die Notlage von Menschen gezielt ausnutzen. So versprach ein selbst ernannter Heiler beispielsweise mehreren Krebspatienten eine schnelle Heilung – ohne Chemotherapie und Bestrahlung. Die Patienten überlebten nicht, der »Heiler« wurde immerhin zu einer Haftstrafe verurteilt.

Wie im hier aufgeführten Fall kann solch eine Alternative fatale Folgen haben: Scharlatane nutzen das Leid der Patienten finanziell und mitunter auch auf deren gesundheitliche Kosten aus.

Übergänge: Vom Milieu zur Sekte

Nun ist natürlich nicht alles, was in der Psycho- und Esoterikszene passiert, schon per se problematisch und gefährlich – und schon gar nicht sind all die Anbieter auf dem Markt Sektierer. Man kann unter soziologischen Gesichtspunkten folgende Übergänge unterscheiden:

- **Milieus** sind durch Atmosphären gekennzeichnet, in denen bestimmte Weltanschauungen, Menschenbilder, Glaubenssysteme, Lebensstile und Methoden vorherrschen. Typisches Beispiel: Psychoszene.
- **Märkte** zeichnen sich durch die wirtschaftlichen Dimensionen aus. Hier herrschen Marktprinzipien und Marktstrukturen vor. Der Tenor ist: »Was sich verkauft, wird angeboten«.
  Beispiele sind die durch die Stadthallen von Kleinstädten tourenden »Esoterik-Märkte«, auf denen von indianischen Ohrenkerzen über heilende Edelsteine bis hin zu Computerhoroskopen und Mind-Machines alles angeboten wird, was der Esoterikfreak verlangt.
- **Bewegungen** entwickeln sich häufig aus Milieus und Märkten. Hier ist schon ein gewisser Inhalt und eine Tendenz oder Richtung vorhanden. Oft findet man eine gewisse Protesthaltung gegenüber »dem Alten«, und es gibt eine Anfangseuphorie, die durch die »Hoffnung auf das Neue« gekennzeichnet ist. An den Rändern sind die Gruppengren-

zen noch diffus und unklar, und es gibt Übergänge zu ähnlichen Bewegungen. Beispiele hierfür sind die UFO- oder die Reiki-Bewegung.
- **Gruppierungen** hingegen sind schon fester gefügt, sie haben einen »gemeinsamen Nenner« mit klaren Inhalten und Zielen, eventuell wird ein Verein, ein Institut o. Ä. gegründet. Es gibt Mitgliedschaften, Mitgliedsbeiträge etc. Die Außengrenzen sind klar, es bilden sich (offizielle und / oder inoffizielle) Führerfiguren heraus, die das Sagen haben, aber oft auch wechseln. Die Prozesse sind allerdings noch durchsichtig.
- **Sekten / Kulte** sind dadurch gekennzeichnet, dass es (über-)klar definierte Inhalte gibt. Die Gruppenstrukturen sind starr, es gibt eine steile Hierarchie, meist eine zentrale Figur, die alles bestimmt. Entscheidungsprozesse sind meist undurchsichtig. Die Außengrenzen sind starr, und es gibt klare Feindbilder.

Der Begriff *Sekte* hat in unseren Breitengraden einen »durch kirchliche Verlästerung angehängten negativen Beigeschmack«, sagte der Soziologe Max Weber schon im letzten Jahrhundert. Von der Wortbedeutung her kommt es aus dem Lateinischen und ist abgeleitet von den Wörtern »sequi« (folgen) oder von »secare« (abspalten).

Theologisch spricht man von einer Sekte, wenn die Minorität bestimmte Glaubenswahrheiten der Majorität nicht anerkennt, sie sich also abspaltet oder einem falschen Glauben folgt.

Sozialpsychologisch spricht man dann von einer Sekte, wenn sie sich vom Umfeld abkapselt, einen Absolutheitsanspruch hat und das totale Engagement des Mitgliedes fordert (mehr siehe dazu die Checkliste in diesem Kapitel).

Fazit: Nicht alles, was sich auf der Esoterikszene tummelt, ist eine Sekte, aber aus manchem kann sich eine Sekte entwickeln.

Bedingungslose Hingabe
»Man muss sein Ich aufgeben. Das ist wie ein Tropfen Wasser, der mit dem Ozean verschmilzt. Er wird eins mit dem Ozean, d. h., er wird unheimlich groß. Er erweitert sich selbst. Wenn man also das eigene Selbst in das kosmische Selbst übergibt, wird es unheimlich groß; wird eins mit dem kosmischen Selbst.« So beschreibt Jennifer, ehemaliges Mitglied der Gruppe »Ananda Marga«, die zugrunde liegende Ideologie.

Wenn sich jemand einer spirituellen Gruppierung anschließt, hat das zweifelsohne mit einer persönlichen Suche zu tun – einer Suche nach der tieferen Bedeutung des Lebens, dem Sinn des Daseins.

Aber was bringt einen Menschen dazu, sich (ganz oder teilweise) für eine Idee aufzuopfern, sich auf der Suche nach sich selbst zu verlieren, um einer Gruppe bedingungslos zu dienen?
Der Wunsch nach intensiver Gemeinschaft und starker seelischer Verbindung führt manche Menschen (ähnlich wie in Phasen extremer Verliebtheit) in eine starke psychische Abhängigkeit, sodass sie nicht mehr in der Lage sind, ihr Leben eigenständig zu führen. Individuelle Werte und Normen weichen übergeordneten Gruppenparadigmen, die den Willen des Einzelnen ausschalten bzw. verkümmern lassen. In extremen Formen kann diese oft als »Bewusstseinskontrolle« oder gar als »Gehirnwäsche« bezeichnete Beeinflussung zum totalen Identitätsverlust führen.
»Und wenn man dann noch wenig schläft und fastet, teilweise ohne Wasser, und ständig diesen Singsang dazu, das bewirkt natürlich was im Bewusstsein. Ich hatte intensive Glücksgefühle, also totale Hochphasen ... und das hat mir unheimlich Energie gegeben; die Gewissheit: Das ist mein Weg, das ist richtig so, und ich möchte noch tiefer eintauchen in den kosmischen Ozean. Ja, so bin ich dann dabei geblieben, obwohl es ein sehr entbehrungsreiches Leben war.« (Jennifer, 31 Jahre)

Zudem stürzen sich die Adepten dieser neureligiösen Gruppierungen gar nicht selten in finanzielle Schwierigkeiten, da die Leistungen (Seminare, Meditationen, Therapien), die die Gruppe anbietet, meistens kostenpflichtig sind. Hier gilt auch wie für andere Süchte, dass eine stetige Dosissteigerung nötig ist, um sich tatsächlich noch wohl zu fühlen. Das bedeutet konkret: Ist man erst mal abhängig, werden auch die Kosten und damit die Verschuldung immer höher, was den Ausstieg und die Überwindung der psychischen Abhängigkeit zusätzlich erschwert.

Grade der Mitgliedschaft
Nun ist natürlich nicht jedes Gruppenmitglied in der gleichen Weise an die Gruppe gebunden. Man kann ganz grob fünf Grade der Mitgliedschaft unterscheiden:

- *»Harter Kern«:* Das sind Personen, die ausschließlich für die Gruppe tätig sind. Sie missionieren draußen, leben, arbeiten und wohnen allerdings vollständig in der Organisation.
- *Vollmitglieder* haben meist noch einen eigenen Beruf außerhalb der Gruppe. Ihr Engagement, ihre Freizeit, die Lebensplanung ist jedoch völlig auf die Gruppe ausgerichtet. Zum Teil leben sie in der Gruppen-WG, zum Teil haben sie eine eigene Wohnung.

- *Teilzeitmitglieder* haben meist die Initiation/Einweihung erhalten, nehmen regelmäßig an den Gruppenveranstaltungen teil, befolgen die Ge- und Verbote der Gruppe, behalten aber ihr persönliches und berufliches Umfeld bei und richten ihr Leben nur teilweise auf die Gruppe aus.
- *Konsumenten* sind Personen, die (eventuell trotz Initiation) eine lockere Verbindung zur Gruppe pflegen, ansonsten aber ihr Leben eigenständig führen.
- *»Eso-Flipper«* sind Leute, die nur einzelne Angebote der Gruppe nutzen (manchmal sind es auch Exmitglieder), die im Grunde keine wirkliche Bindung an die Gruppe haben und die zwischen den verschiedenen Angeboten in der Szene hin und her flippen.

(Siehe hierzu auch den Abschnitt »Personen auf dem Psychomarkt«.)

Suchtanteile
Ist die psychische Abhängigkeit von einer Gruppe überhaupt im Kontext der Sucht zu betrachten? Hilfreich erscheint hier die Anwendung der allgemeinen Kriterien für süchtiges Verhalten:

- *Kontrollverlust*: Der Betroffene bestimmt sein Handeln größtenteils nicht mehr selbst. Im Falle der Zugehörigkeit zu einer so genannten Sekte gibt das Mitglied je nach Bindungsgrad die Entscheidungsgewalt an eine höher gestellte reale Person (Guru, Meister) ab. Diese Verantwortungsübergabe wird oftmals von den Führungspersonen zu Profit- und Machtzwecken missbraucht.
- *Entzugserscheinungen*: Diese äußern sich natürlich nicht in gleicher Weise wie bei einer körperlichen Sucht, sondern eher auf psychischer Ebene. Wenn die Personen Rituale, Gebete, Meditationen etc. nicht ausführen dürfen oder wollen, können Ängste, Depressionen und generelle Unsicherheit die Folge sein.
- *Wiederholungszwang*: Um den Entzugserscheinungen zu entgehen, wird mit allen Mitteln versucht, die alten Muster und Situationen wiederherzustellen.
- *Dosissteigerung* (»More-Effekt«): Die Betroffenen selber manövrieren sich – abhängig vom Grad der Bindung an die Gruppe – immer weiter in den Sog der Ideologie hinein, verinnerlichen die Dogmatik immer stärker. Folglich müssen sie auch die Rituale und Praktiken exzessiver betreiben.
- *Interessenabsorption/Zentrierung*: Alle Kontakte, Erinnerungen und Werte aus der Zeit vor der Gruppenmitgliedschaft werden vom harten Gruppenkern, bzw. den Vollmitgliedern, so weit es geht, ausgeblendet

oder negativ interpretiert, sodass die Gruppe als zentraler und eventuell einziger Bezugspunkt der Person bestehen bleibt. Ein Rückzug in das alte Leben wird so immer schwerer.

Diese Betrachtung macht deutlich, dass die Verhaltensweisen der Betroffenen tatsächlich süchtige Anteile enthalten können. Je stärker das tägliche Leben ritualisiert wird, je zwanghafter die Person sich selbst Verhaltensweisen auferlegt, desto stärker ist die Abhängigkeit bzw. Sucht. Der Wunsch nach Eigenständigkeit wird auf Verhaltensebene mit Riten, auf kognitiver Ebene mit Dogmen erstickt. Durch das Verkümmern individuell-eigener Werte und Denkstrukturen wird die Abhängigkeit immer stärker.

Allerdings wird die Person weniger nach einem konkreten Stoff oder einer Praktik süchtig, sondern eher nach dem hervorgerufenen Gefühls-, Erlebnis- oder Bewusstseinszustand. So erleben manche Menschen bei Workshops oder Seminaren zur Bewusstseinserweiterung regelrechte Rauschzustände und suchen diese deshalb immer wieder auf.

Wunsch nach Erlösung
Wie ist der enorme Interessenzuwachs für die mehr oder weniger bizarren, lebensfremden oder auch aggressiven Kulte zu erklären?

Entscheidend ist sicherlich – neben den ganz persönlichen Triebfedern – die gesellschaftliche Entwicklung der letzten Jahrzehnte. So weicht der grenzenlose Optimismus in Bezug auf Wirtschaftswunder, Profit, Gesundheit und Freiheit in den letzten Jahren einer fortschreitenden Ernüchterung. Stetiger Anstieg der Arbeitslosigkeit, allgemeine wirtschaftliche und politische Unsicherheit, die Angst vor kriegerischen Auseinandersetzungen und unheilbaren Krankheiten steigern den Wunsch nach Sicherheit und Erlösung. Wenn es auf dieser Welt kein wahres Seelenheil gibt, muss man sich eben anderweitig orientieren – was hat man schon zu verlieren? Da weder die Politik noch die traditionellen religiösen Organisationen greifbare Antworten oder konkrete Hilfen anbieten können, lassen sich die Wünsche und Ängste der Menschen mitunter mühelos in »spirituelle« Bahnen lenken. Vor allem, wenn nicht mal mehr der Arbeitsplatz oder die intakte Familie (hohe Scheidungsraten, »Patchwork-Familien«, »Lebensabschnittspartner« etc.) als stützende Elemente vorhanden sind.

Der Wunsch nach einer alles übersteigenden grenzenlosen Macht – im positiven Sinne – kommt in der Geschichte der Menschheit vor allem dann auf, wenn unüberwindbare Krisen das Leben erschüttern: »Wenn's um die Hütte stürmt und schneit, das ist die große Zeit der Religion.«

Wo sich der Mensch (einzeln oder in der Gemeinschaft) selbst nicht mehr helfen kann, sehnt er sich nach einem »Gott, der alles richtet«. Trotzdem erscheint die enorme Expansion des Psycho- und Esoterikmarktes in Zeiten der Konsum- und Informationsgesellschaft irgendwie paradox – geht es doch vielen Menschen hierzulande nicht wirklich schlecht. Neben den materiellen Befürchtungen scheinen vor allem Werteveränderungen und der Mangel an Orientierung die Ursache für die Rast- und Wurzellosigkeit der Menschen zu sein. Die Welt wird mehr und mehr vernetzt, die Möglichkeiten wachsen unbegrenzt, wir werden von Reizen überflutet, kein Weg ist mehr klar vorgeschrieben. Diese Zwickmühle zwischen grenzenloser Freiheit und Orientierungslosigkeit versucht der moderne Mensch zunehmend mit einer Hinwendung nach innen, zum spirituellen Selbst, zu kompensieren.

Die Abkehr von Konsum- und Leistungsgesellschaft scheint für viele auch der Erfüllung des inneren Seelenheils zu dienen.

Personen auf dem Psychomarkt

So unterschiedlich sich die Gruppierungen auf dem Psychomarkt präsentieren, so verschieden sind auch die Motive der einzelnen Leute, die sich auf dem Psychomarkt tummeln. Auch wenn eine Typologisierung nicht alle Tendenzen und Einstellungen wiedergeben kann, lassen sich folgende Hauptgruppen von Personen in der Szene finden:

- Die *Sucher* sind Menschen auf der Suche nach einem anderen Leben; nach Selbsterfahrung, Bewusstseinserweiterung, Abenteuer, Grenzerfahrungen und Lebenssinn. Sie haben den starken Wunsch nach »Initiation« und Verwandlung (»Geburt des wahren Menschen«).
- Die *Enttäuschten* dagegen sind Menschen, die mit ihrem Leben, der Gesellschaft und der Welt im Allgemeinen unzufrieden sind. Sie lehnen sich gegen das »falsche« Leben auf und leben im Protest dagegen.
- Die *Orientierungslosen* kommen mit der hohen Komplexität der heutigen Zeit nicht zurecht und suchen nach einfachen klaren Regeln und Strukturen, an denen sie sich orientieren können.
- Menschen in akuten *persönlichen Krisen* (Arbeitslosigkeit, Pubertätskrisen, »Midlife-Crisis«, Tod des Partners) suchen unmittelbaren Halt, da die Lebensstruktur wegbricht.
- Menschen mit schweren *chronischen seelischen Problemen*, die oftmals schlechte Erfahrungen mit dem traditionellen Hilfssystem gemacht haben (3-Minuten-Medizin, Drehtür-Psychiatrie), klammern sich an jede noch so geringe Hoffnung.

Je nachdem, aus welchem Motiv das Interesse an spirituellen Kulten entsteht, so ist auch die Gefahr für den Einzelnen, sich blindlings in die Szene zu stürzen, unterschiedlich groß. Der Sucher, der sich bewusst und ohne akuten Leidensdruck neu orientieren möchte, kann unter Umständen kritischer und überlegter an sein Ziel herangehen als ein Mensch in einer extremen Krise, der sich an jeden Strohhalm klammert.

Spirituelle Gruppe oder gefährliche Sekte?
Ist eine religiöse oder spirituelle Gruppierung automatisch problematisch?
Es wäre falsch zu behaupten, dass alle unkonventionellen spirituellen Gruppierungen eine Gefahr für die Gesellschaft darstellen – man sollte dabei nicht vergessen, dass aus der kleinen christlichen Urgemeinde seinerzeit eine Weltreligion entstanden ist. Den Menschen muss die freie Wahl des Glaubensbekenntnisses zugestanden werden – ob nun christlich, buddhistisch, naturreligiös oder wie auch immer.
Genauso bedenklich wie der Zuwachs der immer wieder beklagten »gefährlichen Sekten« ist die eine gesellschaftlich beherrschende »Monopol-Religion«, die keine anderen neben sich duldet. Unter dieser Situation hat unsere Kultur schließlich die letzten Jahrhunderte gelitten (inklusive Religionskriege, Inquisition, Hexenverbrennung und Verfolgung Andersgläubiger).

Nicht zuletzt deshalb schwindet offensichtlich das Vertrauen in die konventionellen Institutionen, vor allem bei den Jüngeren. Die Kirchen wirken für diese vielfach verstaubt und wenig progressiv (wenn sich allerdings auch da eine langsame Änderung anzudeuten scheint), und so ist es verständlich, dass viele sich neu orientieren wollen. Die einen reagieren mit totaler Abkehr von jeglicher religiösen Überzeugung und konzentrieren sich ausschließlich auf ihr diesseitiges Leben. Andere wenden sich alternativen, unkonventionellen Gruppierungen zu, um ihren Glauben an eine über allen Dingen stehende Macht dort auszuleben. Viele Eso- und Psycho-Gruppen bieten tatsächliche Lebenshilfe und geben den Betroffenen Halt in schwierigen Situationen.
Es muss auf jeden Fall unterschieden werden zwischen »harmlosen« Veranstaltern von Esoterik-Seminaren und Workshops, die keiner straff strukturierten Gruppe angehören, und Gruppierungen, die andere Menschen gezielt an ihre Organisation binden wollen.
Manche Gruppen verfolgen gemeinnützige Ziele und engagieren sich für sozial schwache Menschen und Minderheiten, andere benutzen die-

se imageträchtigen Aktivitäten, um Mitglieder zu ködern – und hinter der Fassade zeigt sich ein ganz anderes Bild der Gruppierung. Wie bei jeder Ideologie gibt es »schwarze Schafe«, die ihren Einfluss und ihre Macht missbrauchen und ihre Anhänger ausbeuten.

Gerade weil das Feld so unübersichtlich ist und die Gruppierungen so verschieden sind, ist es nötig, objektive Kriterien zur differenzierten Beurteilung (bezüglich Problematik und Gefährlichkeit) zu finden. Hierzu soll die folgende Checkliste dienen. Sie ist in sechs Kategorien unterteilt, nach denen man die einzelne Gruppierung beurteilen kann:

- **Ideologie: Theorie, Glauben, Ziele**
»Überwertige Idee« / »Allmachtsphantasie«: Mithilfe der Lehre kann das Paradies auf Erden oder der »Neue Mensch« hergestellt werden.
Wahrheitsmonopol: Die Gruppe beansprucht, das einzig gültige Welterklärungssystem zu haben.
Schwarz-Weiß-Denken: Das Denken und Handeln ist von einfachen Gut-Böse- oder Richtig-Falsch-Mustern geprägt.
Endzeitvision: Den Ungläubigen droht der Weltuntergang.
Rettungsplan: Den Gläubigen werden Lösungen und Heil versprochen.
Expansiver Machtanspruch: »Wir müssen die Welt retten.«

- **Die zentrale Figur: Führer, Guru, Meister(in)**
Führerkult: Er oder sie wird als Gott oder Heiliger verehrt, ist »allmächtig«, »hellsichtig« oder hat andere Wunderfähigkeiten.
Führungsstil: Er oder sie hat oberste, nicht kritisierbare Autorität, verlangt kritiklose Loyalität und beansprucht das Wahrheitsmonopol (s. o.).
Charismatisierung: Heiligenverehrung und idealisierende Legendenbildung werden propagiert.

- **Gruppenstruktur: Elitegemeinschaft**
Abschottung nach außen: Die Gruppe ist ein geschlossenes System mit starren Außengrenzen.
Hohe Gruppenkohäsion: Die Gruppe hält fest zusammen, überwacht, kontrolliert und bestraft sich gegenseitig; eventuell gibt es eine interne Sondersprache.
Steile Hierarchie: Befehlsgewalt der Oberen, absoluter Gehorsam des einfachen Mitglieds, gestaffeltes Informationssystem.
Elitebewusstsein: Mitglieder fühlen sich als Avantgarde zur Rettung der Welt; Missionierungszwang und / oder Märtyrerideologie prägen das Gruppenbewusstsein.
Ausbeutung: Mitglieder lassen sich mehr oder weniger freiwillig materiell und / oder als billige Arbeitskräfte ausnutzen.

Subversive und illegale Tätigkeiten: Die Gruppierung glaubt, über dem Gesetz zu stehen, und drängt Mitglieder dazu, illegale Tätigkeiten zu begehen; dadurch werden sie erpressbar.

- **Einfluss auf das Mitglied: Bewusstseinskontrolle**

Entindividualisierung: Forderung der totalen Hingabe, die Gruppe und die Ideologie sind wichtiger als der Einzelne.
Alltägliche Lebensgestaltung: Vorschriften für Essen, Kleidung, Körperpflege, Tagesgestaltung, Ausgangs- und Kontaktsperren, Telefon- und Briefkontrollen; Beziehungen und Sexualität werden reglementiert.
Materielle Abhängigkeit: Mitglieder haben kein Privateigentum und / oder kein Geld; ihre Arbeit wird nicht bezahlt, und sie sind nicht kranken-, unfall- oder rentenversichert. Pässe, Führerscheine etc. werden gemeinsam aufbewahrt.
Magisches Denken: »Alles ist vorbestimmt«, »Gott will es so«.
Persönliche Lebensgeschichte: Beziehungen zur Herkunftsfamilie, zu Partnern und Freunden werden abgebrochen; Schule, Studium und Beruf werden aufgegeben; die Lebensgeschichte wird uminterpretiert.
Kultidentität: Das Mitglied bekommt einen neuen Namen, bewegt sich fast ausschließlich in der Gruppe und unterliegt einer allmählichen »Umwertung aller Werte«; damit gehen Realitätsverlust und die Untauglichkeit zum Leben außerhalb der Gruppe einher; es entwickelt sich eine psychische Abhängigkeit.

- **Techniken der Persönlichkeitsveränderung**

Beeinflussung des Bewusstseins: Einsatz von emotionsmobilisierenden, emotionsblockierenden, euphorisierenden und bewusstseinsverändernden Techniken (Hyperventilation, Chanten, Zungenreden, Geißelungen, exzessive Meditation etc.).
Wiederholte Labilisierung durch Fasten, Schlafentzug, körperliche und psychische Überforderung, sensorische Deprivation etc.
Spirituelles Erlebnis: Ziel, das von der Gruppe als Geburt des wahren Menschen interpretiert wird (»Selbstfindung«).

- **Kontakte nach außen und Umgang mit Ehemaligen und Kritikern**

Manipulative Anwerbemethoden: Potenzielle Mitglieder werden mit unrealistischen Versprechungen geködert.
Bunkermentalität: Die Gruppe kapselt sich massiv ab (»innen der Himmel, außen die Hölle«); Verschwörungstheorien, Verfolgungswahn.
Austritt: Es gibt keinen legitimen Grund auszusteigen; Ehemalige werden zu »vogelfreien« Unpersonen erklärt und teilweise erpresst.
Einschüchterung: Kritiker werden bedroht und mit öffentlichen Diffamierungen, Telefonterror, Gerichtsprozessen oder sogar mit körperlichen Attacken mundtot gemacht.

Die aufgeführten Kriterien sollen helfen, die verschiedenen Gruppierungen aus der Esoterikszene und dem religiösen Psychomarkt in differenzierter Weise zu beurteilen. Es geht hierbei nicht um einzelne Merkmale, sondern um das Gesamtprofil der Vereinigung. Erst die genaue Betrachtung des Gruppenprofils lässt Rückschlüsse auf die Problematik und die Gefährlichkeit der Ideologie und der Gruppe zu. Der Kult ist demnach umso destruktiver einzuschätzen, je stärker die kritischen Merkmale ausgeprägt sind.

Der Ausstieg
Grundsätzlich lassen sich drei Formen des Ausstiegs unterscheiden:

Exiting
Das Mitglied entschließt sich freiwillig und in eigener Verantwortung, die Gruppe zu verlassen. Der/die Betroffene muss sehr willensstark und standhaft sein und versuchen, draußen angemessene Unterstützung zu finden.

Expulsion
Das Mitglied wird durch Ausschluss zum Verlassen der Gruppe gedrängt und/oder gezwungen. Der/die Betroffene hat keinen Einfluss auf das Geschehen, er/sie fühlt sich dadurch weiterhin abhängig und minderwertig und möchte (wegen der Idealisierung) eventuell später in die Gruppe zurückkehren. Allerdings kann dies natürlich zu einer reflektierten Betrachtung der eigenen Abhängigkeit führen.

Extraction
In diesem Fall ist der Ausstieg von außen provoziert. Schaffen Außenstehende es, dem Betroffenen langfristig seine Abhängigkeit vor Augen zu führen, ohne dabei seinen Selbstwert zu schädigen, stehen die Chancen für den Ausstieg gut.
Allerdings muss der Aussteiger den Ausstieg wirklich selbst wollen und die neue Orientierung verinnerlichen, sonst fühlt er sich erneut in der Rolle des abhängigen Opfers. Wichtig ist dann vor allem ein langer Atem und der allmähliche Aufbau von Beziehungen außerhalb der Gruppe und die Rückbesinnung auf die »gute alte Zeit«.
Gefährlich wird es, wenn die Angehörigen versuchen, den Betreffenden gegen seinen Willen aus der Gruppe zu holen (ihn quasi entführen), und ihn einer »Deprogrammierung« unterziehen. Die Angehörigen begehen damit einen Gesetzesbruch (Straftatbestand: Freiheitsberaubung) – ganz abgesehen davon, dass sie den Betreffenden vielleicht durch vor-

schnelles Handeln ungewollt massiv emotional an die Gruppe binden, weil er sich nur vordergründig an die Vorstellungen der Angehörigen anpasst, dabei aber insgeheim die Gruppe idealisiert. Im schlimmsten Fall kann das zu einer Rückkehr in die Gruppe führen, die dann (eventuell) einen Prozess gegen die Angehörigen anzettelt.

Entscheidet sich ein Gruppenmitglied trotz der starken Bindung und Hörigkeit, die Gruppe zu verlassen, ist das meist der Beginn einer noch stärkeren psychischen Belastung als die Mitgliedschaft selbst. Um negatives Feedback und Imageschädigung der Gruppe durch den Aussteiger zu verhindern, wird ihm der Weg nach draußen zur Hölle gemacht. Mit Drohungen, psychischer und (wenn auch in seltenen Fällen) auch körperlicher Gewalt soll der Abtrünnige eingeschüchtert und zum Dableiben gezwungen werden. Falls sich der Ausstieg nicht verhindern lässt, soll das ehemalige Mitglied zumindest so viel Angst haben, dass es seine Geschichte für sich behält. Oft werden Aussteiger über Jahre hin immer wieder bedroht und zum Schweigen gebracht.
Das Schwierige dabei ist, dass sich diese Art von Gewalt nicht so einfach nachweisen lässt. Deshalb kommen viele dieser Fälle gar nicht erst zur Anzeige.
Einerseits verursachen die konkreten Umstände des Ausstiegs starke Ängste, andererseits kommt es zum Verlust der Lebensstruktur, da für den Aussteiger (natürlich abhängig von der Länge der Mitgliedschaft) meist keine Welt außerhalb der Gruppe existiert hat, da alle Kontakte abgebrochen waren. Der Mensch fällt gerade in der Anfangszeit in ein soziales, im schlimmsten Fall auch in ein finanzielles Loch. Oft brauchen Betroffene professionelle Hilfe und Unterstützung durch Selbsthilfegruppen während des Ablösungsprozesses. Ängste, Panikanfälle, Depressionen oder Zwangsverhalten sind oft Folge dieser massiven Belastung.
Ein 36-jähriger Aussteiger aus einer christlich-fundamentalistischen Gruppe, der sich zu einer Therapie entschlossen hatte, gibt z. B. im Erstgespräch seiner Psychotherapie an, unter Schlafstörungen, Depressionen und unter Magenschleimhautentzündung zu leiden. Insgesamt dauerte die Ablösung von der kirchlichen Gemeinschaft ca. drei Jahre und war mit heftigen emotionalen Turbulenzen verbunden. Am Ende der Therapie sagt er: »Ich weiß heute, dass ich keine Religion, keinen Glauben, kein Sinnsystem mehr unhinterfragt lassen kann. Ich werde mir die Mühe machen müssen, selbst meinen Weg zu finden. Das ist schön und erschreckend zugleich.«

Hilfe für Sektenmitglieder und Aussteiger

Da diese Art der »Sucht« sehr stark mit Angst, Druck und Beeinträchtigung der Lebensqualität verknüpft ist, ist es oft sinnvoll, professionelle Unterstützung in Anspruch zu nehmen.

Dabei ist es zweitrangig, ob der Betroffene noch Mitglied einer Gruppe ist, gerade im Begriff ist auszusteigen oder den Ablöseprozess schon abgeschlossen hat.

Ein derart komplexer Problembereich wie die Sektenmitgliedschaft verlangt eine enge Vernetzung von Beratungstätigkeit, praktischer Lebenshilfe und individueller Psychotherapie, um dem Betroffenen akute Hilfe zu leisten, eine neue Lebensstruktur aufzubauen und ihn so vor eventuellen Rückfällen zu bewahren.

Beratung

Hilfesuchende können sich zunächst an verschiedene Beratungsstellen wenden: Es gibt spezielle Sektenberatungsstellen, aber auch die allgemeine Lebens-, Familien- und Erziehungsberatung bietet vor allem für Angehörige von Sektenmitgliedern (und wenn es sich um jugendliche Mitglieder handelt) eine gute Anlaufstation. Hier kann sowohl eine allgemein informierende, aber auch problemorientierte Beratung (z. B. Vorgehensweise während und nach einem Ausstieg; Umgang mit Sektenmitgliedern in der Familie) stattfinden. Außerdem können Betroffene hier Adressen von auf das Psychomarkt-/Sektenthema spezialisierten niedergelassenen Psychotherapeuten erhalten – auch wenn es davon in Deutschland noch nicht sehr viele gibt.

Psychotherapie

Die ambulante Therapie setzt eine gewisse Motivation und Problemorientierung des Betroffenen voraus. Die Therapieform ist grundsätzlich nicht festgelegt. Es kommt vor allem auf die individuelle Problematik, die gewünschten Ziele und die Kopplung an das soziale Beratungs- und Versorgungssystem an. So kann die Therapie sowohl im verhaltenstherapeutischen oder tiefenpsychologisch fundierten Setting stattfinden, wobei auch andere Psychotherapiemethoden zum Einsatz kommen können, wenn es die Indikation erlaubt.

Selbsthilfegruppen

Auch der Anschluss an eine Selbsthilfegruppe kann dem Betroffenen zusätzliche Hilfestellung geben. Vor allem, wenn es um den Austausch von sekteninternen Erfahrungen geht, aber auch, um »draußen« wieder erste soziale Kontakte zu knüpfen.

Grundsätzlich sollten bei der Behandlung bzw. Betreuung folgende Problembereiche berücksichtigt werden:
- Bewältigung der Sektenerfahrung und Behandlung der konkreten psychischen Folgen der Mitgliedschaft (Ängste, Depression, Einsamkeit, Identitätsverlust, Selbstwertminderung)
- Wiedereingliederung in normale gesellschaftliche Strukturen; Hilfe bei der Knüpfung sozialer Kontakte, bei der Job- und Wohnungssuche
- Aufarbeitung der früheren Lebenssituation und Ergründung der Ursachen für den Einstieg (langfristig).

Die Resozialisation, das Hauptziel der integrativen Behandlung, verläuft in drei Phasen:
- *Floating*: Diese Phase schließt sich direkt an den Ausstieg an. Der Betroffene befindet sich noch »zwischen den Welten«, schwankt zwischen Sektenrealität und gesellschaftlicher Realität; starke Emotionen wie Wut, Trauer, Verzweiflung stehen noch im Vordergrund.
- *Re-Entry*: Hiermit wird der bewusste Wiedereintritt in die gesellschaftlichen Strukturen bezeichnet. Die Phase ist geprägt von praktischen Problemen wie Wohnungssuche, Abschluss der Ausbildung, Wiederaufnahme der Arbeit, Aufbau neuer sozialer Kontakte oder Reaktivierung alter Kontakte.
- *Kognitive Reorganisation*: In dieser Phase lassen die extremen emotionalen Reaktionen nach; der Betroffene nimmt eine ausgewogenere Haltung gegenüber der ehemaligen Gruppe ein und lernt, zwischen Nutzen und Fehlentwicklung im Kontext der Mitgliedschaft zu differenzieren.

Ist die Wiedereingliederung des Aussteigers erfolgreich, so kann man sich längerfristig mit der Aufarbeitung der persönlichen Problematik befassen. Für jede Art der tief greifenden Psychotherapie ist es wichtig, dass die Person wieder einigermaßen festen Boden unter den Füßen hat. Eine qualifizierte Beratung und Betreuung von (ehemaligen) Sektenmitgliedern erfordert – neben der therapeutischen Kompetenz – ein umfassendes Wissen über die verschiedenen Gruppierungen und die Beschaffung aktueller Informationen aus der Psycho- und Sektenszene. Außerdem muss der Berater über einen gesicherten und angemessenen Umgang mit persönlichen Sinn- und Wertfragen verfügen.

5. Der Körper als Suchtpartner: Von Hypochondern, »Operationsfreaks«, »Schnipplern« und »Amputationspersönlichkeiten«

Hypochondrie

»Der eingebildete Kranke«, das Theaterstück von Molière, ist eine sehr alte Beschreibung jenes Krankheitsbildes, das auch süchtige Züge tragen kann. »Mit mir ist irgendetwas nicht in Ordnung«, diese Klage bei Ärzten ist nicht immer Ausdruck einer wirklichen körperlichen Erkrankung, sondern hat oft einen seelischen Ursprung. Die Diagnose »Hypochondrie« wird von vielen allzu oft mit Simulantentum in Verbindung gebracht. Für Psychologen ist Hypochondrie meist Ausdruck einer tiefer liegenden Persönlichkeitsstörung.

Hypochonder konzentrieren sich sehr stark auf körperliche Empfindungen und überbewerten diese. Sie verbringen täglich Stunden damit, ihren Körper zu beobachten, abzutasten und zu untersuchen – und das meist heimlich. Auch hinter dem Gesundheitsfanatismus mancher Müsli-Freaks und Jogging-Adepten verbirgt sich häufig eine Hypochondrie. Haben sie Seitenstechen, ist das ein Anzeichen für einen Herzfehler. Heiserkeit heißt für sie Kehlkopfkrebs, Kopfschmerzen deuten ihrer Meinung nach auf einen Hirntumor hin.

Hypochonder sind meist in einer Atmosphäre von Krankheit aufgewachsen, gegen die sie sich durch ständige Kontrolle zu schützen versuchen. In den USA rechnet man mit drei bis vier Millionen Hypochondern. Aber sie sind für Ärzte und Pharmaindustrie ein gutes Geschäft: An die 20 Prozent des Gesundheitshaushaltes der USA geht auf ihr Konto.

Für Hypochonder sind ihre vermeintlichen Krankheiten Ausdruck ihrer eigenen Empfindung von Wertlosigkeit. An ihnen glauben sie zu erkennen, dass sie in Wirklichkeit schwach und hilflos sind – wie gut sie auch nach außen hin mit ihrem Leben zurechtkommen, in ihrem Inneren fühlen sie sich oft wertlos. Egozentrik, verdeckter Narzissmus, Geiz, Zuverlässigkeit, Starrsinn und Gewissenhaftigkeit bei der Erfüllung unwesentlicher Aufgaben charakterisieren den typischen Hypochonder. All das dient dazu, ihre Selbstunsicherheit zu bemänteln. Was sich äußerlich als Erkrankung darstellt, ist oft der Versuch, dieses diffuse Gefühl im Körper zu manifestieren, um es einzugrenzen.

Der amerikanische Psychologe Robert Meister unterscheidet drei Stadien der Hypochondrie:

- Hypochondrie in ihrer »milden« (und häufigsten) Form:
  Symptome: *Übermäßige Beschäftigung mit dem eigenen Körper ohne wirkliche körperliche Probleme.* Hierzu können schon Müsli-Freaks, Frischluft-Fanatiker und Gesundheits-Jogger zählen.
- Wenn die Beobachtung des und die Beschäftigung mit dem eigenen Körper und der eigenen Gesundheit sich weiterentwickelt, entsteht mehr und mehr die *Überzeugung, an einer oder mehreren Krankheiten zu leiden.*
- In dem schwersten Stadium (das relativ selten ist) verbringt der Hypochonder den *größten Teil seiner Zeit* damit, alle verfügbaren Möglichkeiten medizinischer und anderer *Diagnosen* und *Hilfen* auszuschöpfen.

Was ist das Süchtige daran? Der Körper wird zum Hauptmedium, auf dem alle – auch die seelischen – Konflikte und Probleme ausgetragen werden. Alles andere wird unwichtig, das Leben zentriert sich – wie bei anderen Süchtigen – um ihr Suchtmittel – um den eigenen Körper.

Münchhausen-Syndrom: Operationsfreaks

Eine schärfere Form der Hypochondrie ist die so genannte »Skalpell-Sucht«. Man nennt sie auch *»Münchhausen-Syndrom«* und meint damit, dass es Patienten gibt, die bei Ärzten sehr glaubhaft bestimmte Beschwerden vortäuschen können und sich daraufhin immer wieder operieren lassen.

In meiner Praxis in Offenbach hatte ich einen Patienten, der insgesamt 26 (mehr oder weniger unsinnige) Operationen hinter sich hatte, bis ihn ein einsichtiger Arzt dazu bringen konnte, seine Probleme psychotherapeutisch anzugehen. Der Hintergrund war eine massive Hypochondrie.

Der Münsteraner Chirurg Fritz Zastrow berichtet sogar von einer 42-jährigen extrem krankheitskundigen Frau, die eine regelrechte Klinik-Odyssee hinter sich hatte: Sie hat rund 30 Kliniken an 23 Orten durchlaufen und sich als Pseudo-Patientin mit Blinddarmentzündung, Kniegelenkschmerzen, Darmlähmung und Bauchschmerzen einliefern lassen – ohne dass wirklich ausgeprägte Erkrankungen zu erkennen waren.

Nach Zastrows Ansicht genießen diese Patienten – neben der Zuwendung durch das Krankenhauspersonal – die durch die psychotropen Medikamente herbeigeführten traumähnlichen Dämmerzustände und das Gefühl, dass ihre »Krankheit« nun endlich besiegt würde. Sie leben in der Illusion, dass man den von ihnen als negativ erlebten Teil ihres Lebens mit dem Skalpell von ihnen wegschneiden könnte. Sie opfern –

weil Teile des Körpers hierbei nur als Symbol stehen – mehr und mehr davon und begeben sich in immer riskantere Operationen.

Einige der schneidefreudigen Ärzteschaft machen dieses Spiel gerne mit. Ganz abgesehen von den sich in der Randzone bewegenden Schönheitsoperationen: 10 000 neue Nasen und 15 000 straffere Busen pro Jahr spielen den Ärzten immerhin 80 Millionen Euro ein.

Die Ärzte sind demnach – im Gegensatz zu den Krankenversicherungen und den Rentenversicherungsträgern – die Gewinner. Es gab schon Fälle, bei denen Patienten von ihren Leistungsträgern wegen Betruges angezeigt wurden. Im schlimmsten Fall entstehen allerdings nicht nur für die Geldgeber Schäden, sondern für die Betroffenen selbst: Das Vortäuschen einer Herzschwäche mithilfe von Medikamenten kann lebensgefährlich sein, und unnötige Operationen machen das Leben ja nun auch nicht gerade lebenswerter.

Gar nicht so selten werden auch die Kinder der Münchhausen-Patienten in das Krankheitssyndrom mit eingebaut. Beim so genannten *»Münchhausen-by-proxy-Syndrom«* (oder Münchhausen-Stellvertreter-Syndrom) schleifen vor allem Mütter ihre Kinder zu Ärzten und in Kliniken, um durch das angebliche Leid der Kinder auf sich und die eigene Situation aufmerksam zu machen. Durch die inszenierte Abhängigkeit der Mutter wird – abgesehen von den körperlichen Schäden der Kinder – der kindliche Ablöseprozess unterbunden. Besonders dramatisch war die Aufdeckung von mehreren Fällen in England, in denen Mütter – teilweise erfolgreich – versuchten, den plötzlichen Kindstod ihres Neugeborenen vorzutäuschen.

Experten schätzen, dass etwa vier Prozent aller Krankenhauspatienten solche »Pseudo-Patienten« sind, wobei man nicht vergessen darf, dass diese Leute meist selbst wirklich von ihrer komplizierten Krankheit überzeugt sind.

Schmerzvolle Erlösung: Selbstverletzendes Verhalten

Eine ganz andere Art der Messer-Sucht ist das selbstverletzende Verhalten, das vor allem bei Menschen mit psychischen Problemen (vor allem junge Frauen) zu beobachten ist – aber auch bei anderen. Die so genannten »Schnippler« bearbeiten und verstümmeln ihren eigenen Körper mit allem, was scharf und spitz ist. Die Haut wird mit Messern eingeritzt, Glasscherben werden geschluckt, der Körper wird mit Fingernägeln und Zähnen bearbeitet, angesengt oder verätzt.

Was an die Bußprozessionen und Selbstgeißelungen des Mittelalters oder an die Stammesrituale von Naturvölkern erinnert, gehört heute leider zum ganz normalen Psychotherapie- und Psychiatrie-Alltag. Etwa

250 000 Menschen in Deutschland leiden an dieser sich selbst zum Objekt der eigenen Zerstörungswut machenden Erkrankung.
Die Auslöser und Ursachen dieser selbstzerstörerischen Verhaltensweisen sind so unterschiedlich wie die Verletzungen. Manche Jugendliche brauchen diese Messerrituale, um sich durch die Schmerzen selbst zu spüren, sich selbst zu bestrafen, aber vielleicht auch sich einer Gruppe zugehörig zu fühlen und sich quasi elitär vom Rest der Welt abzugrenzen.

Esoterische und religiöse Hintergründe
Mitunter hat das Ganze auch einen esoterischen oder gar satanistischen Hintergrund. – Nicht umsonst finden sich Selbstverletzungsaspekte auch in den Geißelungen und Selbstkasteiungen verschiedener Religionen, angefangen von islamischen Fanatikern, die sich mit rasierklingenbestückten Peitschen bei Prozessionen selbst malträtieren, über die philippinischen Christen, die sich an Ostern – in der Nachfolge Christi – mit teilweise nicht ganz rostfreien Nägeln leibhaftig ans Kreuz schlagen lassen, bis hin zu innerkirchlichen, dogmatischen christlichen Sekten wie Opus Dei, die sich der Selbstquälerei mit stachelbesetzten Bußgürteln und Selbstgeißelungen verschrieben haben, um ihre leiblichen Begierden abzutöten. Genauso aber auch in manchen satanistischen Kulten, um Schmerz- und Ekelschwellen zu überschreiten (siehe dazu auch das Kapitel »Die Suche nach dem kosmischen Schauer: Okkultismus, Esoterik und Sekten«).

Psychische Störungen: Ich blute, also bin ich
Andere versuchen im Rahmen schwerer psychischer Störungen – wie Depression oder Schizophrenie – ihre Schuldgefühle oder Wahnideen zu bewältigen und sich teilweise selbst zu bestrafen. Kinder und Frauen, die Opfer einer Vergewaltigung geworden sind, wollen ihren Körper nicht mehr akzeptieren und versuchen dadurch Schuld und Scham »abzustreifen«.
Bei manchen stark geistig beeinträchtigten Menschen wird selbstverletzendes Verhalten oft als einziger Ausdruck von Gefühl für das eigene »Selbst« betrachtet. Ähnlich wie bei Borderline-Patienten dient der Schmerz dem »Erfühlen« der eigenen Körper- und Ich-Grenzen.
»Besser den leichten, vergänglichen körperlichen Schmerz ertragen als den großen seelischen. Ich konnte mit dem Schneiden meine Gedanken, in denen ich mich gefangen fühlte, durchtrennen.« So erklärt eine Patientin selbst ihren Verletzungsdrang. Ein bizarres »Motto« könnte demnach etwa lauten »Ich blute, also bin ich«. Sich selbst zu spüren, die in-

nere Leere zu übertönen, den durchlittenen Schmerz nach außen kehren, um die Seele zu schützen – das sind meist die Motive, die den Menschen zu solch paradoxen Handlungen veranlassen.
Die Wunden verschaffen dem selbst ernannten Opfer eine kurzzeitige Befriedigung. Der Schmerz wird durch körpereigene Endorphine gedämpft, und die Patienten erleben oft einen regelrechten Rausch (ähnlich wie bei sadomasochistischen Praktiken, siehe dazu das Kapitel über Sex-Sucht). Die innere Spannung wird durch die Abfuhr von Aggression gelöst. Das Opfer einer Vergewaltigung beispielsweise wandelt den Hass auf den Täter durch Selbstvorwürfe in Selbsthass um. Dieser intrapsychische Konflikt wird dann mit autoaggressiven Handlungen gelöst. Einer Heidelberger Studie zufolge erlebten 65 Prozent der sich selbst verletzenden Patienten einer Klinik sexuellen Missbrauch, 42 Prozent wurden körperlich misshandelt und über 70 Prozent waren in ihrer Kindheit emotional vernachlässigt worden. »Lieb war Papa nur, wenn ich krank war.« Diese Zahlen bestätigen die Auffassung, dass Gewalt und fehlende psychosoziale Schutzfaktoren in der Kindheit das Risiko für zerstörerische Verhaltensweisen erhöhen. Viele »Schnippler« fühlten sich als Kind vernachlässigt und unerwünscht. So haben die wenigsten ein gesundes Selbstwertgefühl entwickeln können. Etwa 80 Prozent der Patienten sind weiblich, was u. a. dadurch zu erklären ist, dass Männer ähnliche Konflikte anders lösen: Sie fügen anderen Gewalt zu.
Passen solche Verhaltensweisen auch in das Muster »Sucht«? Die Selbstverletzungen werden zwanghaft, in fast regelmäßigen Abständen durchgeführt. Auch eine Art Dosissteigerung kann beobachtet werden, denn die Schnitttiefe, der Blutverlust und die Häufigkeit des Verhaltens werden gesteigert. Viele »Schnippler« versuchen ihr Verhalten in den Griff zu bekommen, was aber nur schwer gelingt. Sogar spezifische Entzugserscheinungen werden häufig beobachtet. So treten bei Patienten, die an der Ausübung ihrer Sucht gehindert werden Symptome wie Ängstlichkeit, Irritation, Halluzinationen und mitunter sogar Wahnvorstellungen auf.

Therapie
Die Behandlung dieser tief sitzenden Störung ist ein langwieriger Prozess. Da die Verstümmelung meist »nur« ein Begleitsymptom im Rahmen einer viel weiter zu fassenden Problematik ist, muss bei der Therapie hochgradig individuell vorgegangen werden. Natürlich steht kurzfristig die Schadensbegrenzung im Vordergrund; auf lange Sicht muss die Psychotherapie sich aber den eigentlichen Ursachen widmen. Die Patienten haben fast immer das Gefühl für den eigenen Körper ver-

loren. An diesem Punkt setzen die Therapeuten verstärkt an: Die Beschäftigung mit dem eigenen Körper – beispielsweise mit Massagen, Bädern und Bewegungstraining – ist ein erster Schritt zum angemessenen Umgang mit sich selbst, bevor man die seelischen Konflikte überhaupt angemessen bearbeiten kann.

Da die Zerstörungsschübe oftmals mit traumatischen Ereignissen aus der Kindheit zusammenhängen, wird vielfach die »Traumazentrierte Psychotherapie« angewendet, so auch von Professor Dr. Ulrich Sachsse im Niedersächsischen Landeskrankenhaus Göttingen: »Es scheint, als wollten die Betroffenen ihren Körper dafür bestrafen, dass es ihn überhaupt gibt.« Während der Therapie sollen die Patienten zunächst emotional gefestigt werden und lernen, sich zu entspannen. Erst wenn sowohl die Beziehung zum Therapeuten als auch die Patientin innerlich stabil genug ist, wird das zurückliegende Trauma aufgearbeitet. Die oftmals massiv depressiven und ängstlichen Patienten brauchen eine sehr verlässliche und vertrauensvolle, tragfähige Beziehung zu dem behandelnden Therapeuten, der sie nicht für ihr Verhalten verachtet.

Amputationspersönlichkeiten: Das Fremde im eigenen Körper
Was für ein Leidensdruck muss einen Menschen beherrschen, wenn er sich wünscht, von einem seiner Körperteile getrennt zu werden? Der 30-jährige Amerikaner Louis Perlman erlebte über Jahre hinweg sein linkes Bein als so fremd, als gehöre es nicht zu ihm. Da ihm offensichtlich niemand helfen konnte, fasste er den Entschluss, sich von seinem Bein zu trennen, und legte sich auf die Schienen eines Zuges. Er konnte – nachdem ein Zug sein Bein abgefahren hatte – durch eine OP gerettet werden und hatte sich auf diesem Umweg erfolgreich sein Bein amputiert, was kein Arzt für ihn machen wollte. Von diesem Zeitpunkt an ging es Perlman besser, er fühlte sich wieder eins mit seinem Körper. Diese makabere Geschichte ist – wenn auch selten – kein Einzelfall. Menschen, die an solchen Entfremdungssymptomen leiden, versuchen sich Arme oder Beine abzufrieren oder gar wegzuschießen.
Der Psychologe Dr. Gregg Furth litt unter ähnlichen Körperwahrnehmungen und versuchte dem Phänomen mithilfe seines Psychologiestudiums auf die Spur zu kommen und behandelt seither Patienten mit diesem Problem.
Ein schottischer Chirurg namens Dr. Robert Smith nahm die Gefühle und Ängste seiner Patienten ernst und amputierte zwei von ihnen auf deren ausdrücklichen Wunsch ein völlig gesundes Bein. Danach wurden ihm diese Operationen von seiner Klinikleitung verboten.

Bei diesen »freiwilligen Amputationen« ist eine enorm schnelle Heilung nach dem Eingriff beobachtet worden.
Die Ursachen solcher Entfremdungssymptome sind weitestgehend unklar. Aus psychologischer Sicht leiden die Menschen an einer so genannten »Amputationspersönlichkeitsstörung«, aber was sagt das über die Ursachen aus?
Ein kurz gefasster psychoanalytischer Erklärungsversuch: Diese Menschen entwickeln schon sehr früh in ihrer Kindheit (vielleicht sogar schon in der Säuglingszeit) ein unvollständiges Körper-Selbstbild, in dem dieser (später zu amputierende) Arm oder dieses Bein eben nicht vorkommt, also nicht repräsentiert ist. Wenn sich dieses Körper-Selbstbild nicht korrigiert, kann es im Laufe der Entwicklung dazu kommen, dass der Wunsch entsteht, dieses nicht zu einem gehörende Körperteil zu amputieren.
Neurologen beobachten ähnliche Phänomene bei Patienten mit schweren Gliedmaßenverletzungen, wenn die Nerven noch nicht wieder richtig zueinander gefunden haben. Hier ist die Ursache allerdings körperlich begründet, und im Laufe der Rehabilitation legen sich die Symptome so gut wie immer.

Transsexualität: »Raus aus meiner Haut!«

Wie müssen sich Menschen fühlen, die – seit sie denken können – meinen, im »falschen« Körper, im falschen Geschlecht geboren zu sein? Sie fühlen sich in ihrem Körper gefangen, können sich nicht mit ihrem äußerlichen Geschlecht identifizieren. Bei den meisten Transsexuellen beginnen die Probleme schon vor der Pubertät. Allerdings überfordern die hormonellen Umstellungen vor allem in der Pubertät die Betroffenen, und sie wehren sich gegen das »Frau- bzw. Mann-Sein«.
Das Umfeld bringt diesen Jugendlichen häufig kein Verständnis entgegen. Die Eltern drängen sie oft, zu ihrem Äußeren zu stehen, und kaufen noch mehr Püppchen und Kleidchen oder Rennautos, um das Kind in die gesellschaftlich als richtig anerkannte geschlechtliche Bahn zu lenken.
Der Leidensdruck in der ohnehin schwierigen Phase der pubertären Identitätsfindung – nicht nur auf geschlechtlicher Ebene – wird oft so stark, dass die Betroffenen versuchen, ihren ungeliebten Körper zu verstümmeln oder sich gar das Leben zu nehmen.
Die moderne Medizin eröffnet leidenden Transsexuellen allerdings schon seit einiger Zeit eine »wunderbare« Alternative:
Wer in seinem Körper nicht glücklich ist, kann – wenn auch erst nach mehreren medizinischen und psychologischen Untersuchungen – seine

Geschlechtsidentität umwandeln lassen. So werden aus unglücklichen Männern mithilfe von Operationen, Implantaten und Hormonen Frauen, die sich »wohl in ihrer Haut fühlen«, wenn nicht ein Leben lang, so doch für einige Zeit. (Die Umwandlung von Frauen in Männer ist schwieriger und auch seltener.)
So paradox es sich anhört: Erst jetzt fühlt sich der Geist im Einklang mit seinem Körper.

Blutspenden als Highmacher
An der Universität Wisconsin (USA) wurde bei 1846 Patienten eine Art »Blutspende-Sucht« festgestellt. Die Psychologin Fane Allyn Piliavon berichtet (in der Zeitschrift *Psychologie Heute*) davon, dass die Anfänger unmittelbar vor dem Blutspenden – ähnlich wie ein Fixer – Angst vor dem ersten »Schuss« hätten. Aber unmittelbar nachdem die Kanüle die Haut durchstochen hat, spätestens wenn das Blutspenden vorbei ist, fühlen sich viele »warm durchflutet«. In einem Fragebogen geben sie danach an, dass sie sich entspannt, sorglos, freundlich und spielerisch fühlten. Deshalb suchen manche von ihnen immer wieder diese Situationen. Ab dem vierten Mal haben sie keine Anfangsangst mehr. Die Blutspende-Routiniers machen es – nach dieser Studie – deshalb immer wieder, weil das Gefühl der Leere im Kopf und das körperliche Gesamtgefühl danach so angenehm sei.

6. Computer- und Internetsucht: Versunken im Info-Overflow

Renovierung der Wirklichkeit: Medien, Computer und Co.
Die künstlichen Welten wachsen. Mehr und mehr greifen die Medien nach uns. Das Leben aus zweiter Hand durchdringt immer stärker unsere sinnliche Realität. Die »intellektuellen Sinnesmodalitäten« Sehen und Hören werden überfordert (weil medial überflutet), die »emotionalen« Geruch, Geschmack und Bewegungssinne (die kinästhetischen) verkümmern – wie psychologische Langzeituntersuchungen zeigen – immer mehr. Die Wahrnehmung unserer Wirklichkeit verändert sich radikal. Dabei stehen wir erst am Beginn einer neuen Entwicklung: Der »Homo sapiens« wird allmählich umgebaut zum »Homo medialis«, einem Medienmenschen. Die schon Ende der 80er und Anfang der 90er Jahre des letzten Jahrhunderts erschienenen Bücher von Neil Postman, »Wir amüsieren uns zu Tode« und »Das Technopol«, beschrieben die Situation drastisch. Und es ist eher schlimmer, als Postman befürchtete:
Medien regulieren und begleiten immer stärker unseren Alltag. Fernsehen, Radio, Walkman, CD-Player, Video, DVD, Handys, Computer, Internet – für immer mehr (vor allem junge) Leute scheint ein Leben ohne sie kaum noch vorstellbar.
Der Computer ist schon fast zum täglichen »Lebensmittel« geworden, ohne den kaum noch etwas in dieser Gesellschaft funktioniert. Er ist eine Art Wundermaschine, die fast alles kann und mit der man fast alles machen kann: mit Freunden in Australien chatten oder ihnen sogar im Cyberspace begegnen (»r-b-two«), die Bankgeschäfte tätigen, eine Pizza bestellen oder sich auf Sexseiten tummeln. Und in dieser immer künstlicher werdenden Welt können wir immer schwerer unterscheiden, was wirklich und was irreal ist. So wird wohl »De-Realisation« zunehmend ein Krankheitsbild der Zukunft werden. Denn Kinder und Jugendliche wachsen ganz selbstverständlich mit Fernsehern, Computern und Videospielen auf, die natürliche Welt verblasst allmählich neben den schnellen bunten Bildern. Die »Freunde mit dem viereckigen Gesicht«: Fernseher und Computer übernehmen – positiv ausgedrückt – immer häufiger Erziehungsaufgaben, vermitteln Wissen und Werte.
Ironisch könnte man fragen: Ist dieser enorme mediale Wissens- und Kompetenzzuwachs nicht eine Bereicherung auf der ganzen Linie – gerade für junge Leute, die sich fit machen müssen für die zukünftige Medienwelt? Untersuchungen an Vorschulkindern ergaben, dass dem

»homo medialis« schon heute entscheidende motorische und sensorische Fähigkeiten verloren gehen. Etwa 70 Prozent der untersuchten Kinder waren bei dem Test beispielsweise nicht in der Lage, längere Zeit auf einem Bein zu stehen oder auf der Stelle zu hüpfen. Die gesamte Körperorientierung leidet unter der bewegungsarmen, einseitigen Freizeitbeschäftigung. Auf neurologischer Ebene kann man ebenfalls eine »Verkümmerung« sinnesbezogener und sozialemotionaler Fähigkeiten beobachten. Das Bedienen eines Computers beansprucht größtenteils die linke Gehirnhälfte, die für sprachlich-logisches und rationales Denken zuständig ist. Die rechte Hirnhälfte wird dagegen unterfordert: Erziehen wir uns mit dem übermäßigen Medienkonsum die psycho-emotionalen Krüppel der Zukunft?

Gar nicht selten erleben Kinder schon heute einen Computer als »irgendwie lebendig« – die Frage ist nur noch: »So wie wir?« (mehr zu diesen Fragen siehe mein Buch »Hinter jeder Sucht ist eine Sehnsucht«, Herder-Spektrum, Freiburg 2002).

Und immer öfter scheint – für Erwachsene – die Maschine menschliche Nähe zu ersetzen. Der Computer wird zum Partner, zu dem der User oftmals eine seltsam innige Beziehung aufbaut (s. u.).

So entsteht mehr und mehr das, was der am 10. Mai 2002 verstorbene Gesellschaftskritiker David Riesman schon 1950 prophezeite: die einsame Masse.

PC-Junkies

Jeder hat sein eigenes Bild vom schmächtigen, unscheinbaren, etwas zerfahren und abgedreht wirkenden Computerfreak, der nächtelang ohne Schlaf auskommt und völlig in seiner Welt von »Bits« und »Bytes« versackt ist.

Es ist wohl kein Zufall, dass der prototypische Computerfreak oft Probleme im Umgang mit anderen Menschen hat und dass ihm deshalb der nüchterne Kontakt zur Maschine so viel leichter fällt. Am Bildschirm kann also auch der so genannte »soziale Analphabet« zu Anerkennung und Erfolgserlebnissen kommen – vor allem in der Interaktion mit der entsprechenden Bezugsgruppe.

Die Faszination Computer erklären einige Psychologen mit dem Phänomen des »Flow-Erlebens«. Der »Flow« beschreibt einen Zustand, der beispielsweise bei der Leistungsmotivation angestrebt wird: Der Macher – hier der User – geht völlig in der Tätigkeit auf und vergisst alles um sich herum. Er wird »eins mit der Maschine«. Der Computer fördert dieses Erleben besonders, da der Benutzer eine unmittelbare Reaktion auf seine Eingabebefehle erhält und die Handlungssequenzen fließend ineinander übergehen. Der User motiviert sich also durch die Maschine ganz automatisch selbst, und es kommt zum regelrechten Rausch: Scheinwelten, in denen man spielerisch ganze Völker lenken und beherrschen, die dunklen Mächte besiegen oder die Welt vor bösartigen Weltraummonstern retten kann, sind für viele doch um einiges spannender als eine Realität voller Hausaufgaben, Liebeskummer und Familienstress. Und so gibt es inzwischen so genannte »Lan-Partys«, bei denen sich mitunter Hunderte von Computerfreaks zur Ballerspielerei europaweit für zwei Tage vernetzen, um sich gegenseitig virtuell abzuknallen. So kann auch der etwas schüchterne Außenseiter Einfluss und Anerkennung, die er vielleicht im Alltag nicht kriegt, aus der Beschäftigung mit dem Computer ziehen.

Im schlimmsten Fall endet die Ballerei aber eben auch in der Realität, wie im April 2002 bei dem Massaker von Erfurt.

Schlaraffenland Internet

Dabei sind die Medien ja erst einmal ein Zugewinn für den, der sie angemessen zu nutzen weiß. Vor allem das Internet ist seit ein paar Jahren der Renner.

Das Internet kann man als riesiges Informations- und Kommunikationsmedium beschreiben, in dem fast alles möglich ist:

- Der schnelle Chat mit dem »Brieffreund« in Neuseeland oder Kanada mit direktem Blickkontakt über die Web-Cam;
- die Teilnahme an Auktionen und die Bestellung aller möglichen Waren und Serviceleistungen von der Abendessenlieferung bis zur Buchung des Karibikurlaubs;
- der unbegrenzte Informationstransfer über Suchmaschinen und Lexika;
- die Netzwerk-Spiele Skat, Schach und Trivial Pursuit oder der direkte Draht zum Online-Kasino fürs ganz große Geld;
- das sekundenschnelle Versenden von elektronischer Post in jeder Form;
- die Befriedigung auch noch so schräger sexueller/erotischer Bedürfnisse zu jeder Tages- und Nachtzeit;
- die Suche nach der großen Liebe.

Das alles und noch viel mehr bietet uns das Schlaraffenland Internet.

Die fünf Säulen des Internet

Die Zahl der aktiven Internet-Nutzer ist in den letzten Jahren rasant gestiegen. Waren es 1997 erst 4,1 Millionen Deutsche (6,5 Prozent der Bevölkerung), surften 2001 schon fast 25 Millionen Bundesbürger online

(38,8 Prozent). Bis 2005 sollen – nach Schätzungen – mehr als zwei Drittel der Deutschen im Netz sein. Und weltweit nutzen schon heute ca. 670 Millionen das Internet (ca. 12 Prozent der Weltbevölkerung). Allerdings lebt mehr als die Hälfte der Nutzer in den reichen Ländern dieser Welt. Das Computernetz um den Erdball wird immer engmaschiger, das schon vor 50 Jahren von McLuhan postulierte »Globale Dorf« wird immer stärker verdrahtet. Bei diesen Steigerungsraten wird man sich in ein paar Jahren gar nicht mehr vorstellen können, wie das Leben auf dieser Welt ohne Internet ausgesehen hat.

Das World Wide Web setzt sich aus zahlreichen vernetzten Computern auf der ganzen Welt zusammen, ist Tag und Nacht geöffnet, kennt keine Landesgrenzen und nur wenig Kontrollinstanzen und besteht im Grunde ausschließlich aus digitaler Information. In den 70er Jahren wurde es aus der Taufe gehoben, als die US-Army und mehrere Universitäten versuchten, unterschiedliche Computernetze zusammenzuschalten.

Heute erfüllt das Internet vorwiegend fünf Funktionen:
- Hilfe bei Suche nach Infos: weltweite Vermittlung von Wissen und Informationen
- Kontakt- und Beziehungspflege (weltweit, einfach und schnell)
- E-Commerce: Internet-Geschäfte mit weltweitem Konkurrenzvergleich
- E-Banking: Bankgeschäfte über den Heimcomputer
- Erotik und Sex: schleimhautkontaktfreie Begegnungen im Cyberspace ohne Aids-Gefahr (siehe dazu auch das Kapitel über Sex-Sucht)

»E-Mail für dich«

Die elektronische Post, E-Mail genannt, ermöglicht das unkomplizierte Versenden von Mitteilungen und Daten jeglicher Art. Die schon vor über 30 Jahren eingeführte Elektronikpost ist der meistgenutzte Internetdienst und ersetzt vor allem für viele junge Leute schon lange den ordinären Postbrief (»Schneckenpost«). Ist ja auch viel bequemer, und lustige Bildchen kann man auch gleich mitschicken. Kritiker glauben, dass vor allem bei den Jugendlichen das Sprachgefühl, aber auch der tiefgründige Inhalt persönlicher Briefe verloren geht. Ein hoher Anteil der versandten Objekte sind so genannte »Fun-Mails«, die meist ausschließlich Witze und spaßige Cartoons beinhalten. Und so ist – neben dem Moorhuhnschießen – in den Intranets vieler Unternehmen eine regelrechte Fun-Mail-Subkultur entstanden, mit der man sich die Arbeitsfron versüßt. Inzwischen sind die Arbeitgeber allerdings hellhörig geworden und fangen an, die Tätigkeiten ihrer Mitarbeiter am PC zu überprüfen. Erschreckend viele Menschen vernachlässigen nämlich ihre

Arbeit und plaudern mit Freunden und Bekannten oder bestellen die letzten Weihnachtsgeschenke vom Schreibtisch aus.

»Smalltalk« und »Blind Dates«: Distanz schafft Nähe

Das Internet bietet den Usern so genannte »Chat-Rooms«, in denen sich Menschen aus der ganzen Welt treffen und über alle erdenklichen Themen reden können. Ist man einmal mit seinem »Nickname« eingeloggt, kann man ganz ungezwungen seine Meinung zu Themen wie »Braucht Dolly noch mehr Busen?« oder »Rettet Grönlands Wale!« zum Besten geben.

Beim Chat senden sich zwei oder mehrere Personen schriftliche Nachrichten unter ihrem Pseudonym (»Nickname«). Man kann sich bei unangenehmen Fragen ganz bequem wieder ausklinken oder tolle Storys über sich erfinden – alles quasi anonym. Aus mehr oder weniger tiefgründigen Gesprächen entstehen oft erstaunlich intensive Freundschaften und auch Liebesbeziehungen (s. u.).

Besonders beliebt sind die speziellen Flirt-Rooms für einsame Herzen. Hier gibt es den Partner nach Maß – zumindest virtuell. Die räumliche Distanz schafft Nähe. Sofern sich beide Beteiligten einigermaßen ehrlich präsentieren, ist diese Art der Kontaktaufnahme durchaus viel versprechend. Der Psychologe Gavin hat beobachtet, dass die Paare sich im Internet erst über mehrere Wochen kennen lernen, bevor das erste reale Treffen stattfindet. Die Beziehungen stünden so »auf einem festen Fundament und haben deshalb eine größere Aussicht auf Erfolg«. Im Netz werden alle Äußerlichkeiten zunächst ausgeblendet, und das Wort zählt hier mehr als der Schein. Kirstin hat ihren jetzigen Freund im Internet kennen gelernt: »Er hätte wie Quasimodo aussehen können – mir wäre das egal gewesen, ich hatte mich längst in ihn verliebt.« Natürlich ist Ehrlichkeit eine zwingende Voraussetzung: Denn wenn statt Pamela Anderson das bebrillte Mauerblümchen mit Damenbart erscheint und der vermeintliche Brad Pitt in erster Linie durch Bierbauch und fettige Haare ins Auge sticht, wünscht man sich schnellstmöglich an seinen Bildschirm zurück.

Immerhin halten laut *Focus* (Nr. 17, April 2002) über 30 Prozent der Nutzer das Internet für besonders geeignet, um persönliche Kontakte zu knüpfen. Man führt zunächst ganz unverbindliche Gespräche, wenn man mutig ist, kann man sich auch mal über die Web-Cam präsentieren und eventuell ein Blind Date organisieren.

»Wir – meine sieben Kinder und ich – haben uns von unserem chatsüchtigen Vater und Ehemann vor acht Wochen getrennt, nachdem wir ihm ein Jahr immer wieder versucht haben zu helfen, teilweise auf seinen eigenen Wunsch. Ich habe mich überreden lassen, das Chatten ›zu erleben‹ (ähnlich wie ein Alkoholiker seine Freunde und Partner zum Mittrinken animieren will). Ich saß mit ihm zusammen vor dem PC und erlebte live mit, wie er mit anderen Frauen Kontakte knüpfte, die ebenso wie er im realen Leben keine Möglichkeiten mehr sahen, ihre Probleme in den Griff zu bekommen, oder deren einziger Kommunikationspartner der PC war, weil sie alle lebenden Wesen bereits verloren hatten.« So schildert eine Ehefrau und Mutter die Erfahrungen mit ihrem Ehemann auf der anonymen Webseite für Onlinesüchtige und Angehörige.

»Rapid intimacy«
Das Phänomen der schnellen Selbstoffenbarung im Internet (»rapid intimacy«) hängt einerseits mit der Anonymität zusammen – denn »es bleibt ja unter uns«. Aber auch die Sehnsucht nach Nähe und die innere Einsamkeit, unter der viele Menschen leiden, begünstigt die schnelle Preisgabe persönlicher Träume, Wünsche und Phantasien. Der Gesprächspartner kann hochgradig idealisiert werden, ohne dass im nächsten Moment – wie in der Realität – diese Vorstellung schon wieder enttäuscht wird.

Cybersex
Zum klassischen Telefonsex bietet das Internet eine komfortablere und preiswertere Alternative: Sex aus dem Computer. Hier landen die skurrilsten Sexpraktiken und erotischen Spielchen in Ton und Bild direkt im eigenen Wohnzimmer. Jegliche Phantasie wird befriedigt – passiv oder interaktiv. Frauen werden bombardiert mit obszönen Mails, Männer als zahlende Kunden angeworben.

»Mein Mann surft seit Jahren bei jeder sich ihm bietenden Gelegenheit (allein zu Hause oder wenn er sich sicher ist, dass ihn niemand stört) auf Hardcore-Seiten im Internet. Es fing mit den üblichen Sexseiten an, ging dann aber weiter zu Themen wie Sex mit Tieren, Sex mit alten Frauen, Sex mit sehr dicken Frauen und was weiß ich noch. Ich war, als ich es erfuhr (konnte am Rechner nachrecherchieren, was er sich ansah), tief geschockt, und unsere Beziehung hat darunter stetig gelitten. Trotz allem machte er ständig weiter, und ich stellte einmal die Theorie auf, dass durch die sexuelle Abnutzung der Weg zu immer neueren und ›verbotenen‹ Themen bereitet wird. Wie ich feststellte, ist es nun so weit: Letztens fand ich Cookies von Seiten auf unserem Rechner, wo wirklich sehr, sehr junge Teenager dargestellt waren. Man kann auch sagen: Kinder. Nachdem ich ihn darauf ansprach, meinte er, es sei Neugierde gewesen, ob Kinderpornos wirklich so einfach im Netz zu finden seien. So einfach kann die Erklärung aber nicht sein, und er stimmte meiner lange gehegten Theorie der Abnutzung zu. Ich weiß, dass Kinderpornos nicht seine Welt sind, bin aber total verunsichert, ob nicht der Weg dahin führen kann.« (Helga, 43)

Die unbegrenzten Einspeisungen ins WWW machen eine Kontrolle der Inhalte verschiedener Webseiten fast unmöglich. Gerade im Bereich des Online-Sex tun sich leider immer häufiger ethisch-moralische Abgründe auf: Kindesmissbrauch vor laufender Kamera, Gewaltszenen im Pornoformat und Vermittlung und Verkauf von Frauen und Kindern aus aller Welt als Sexobjekte.

Internetsucht: Gefangen im Netz
Von »Internet-« – oder »Online-Sucht« ist immer häufiger die Rede. Denn in den unendlichen Weiten des Internets scheinen sich viele zu verlieren. Hier Auszüge aus dem Chat eines Betroffenen:

»Hallo,
ich bin 26 Jahre alt und halte mich für internetsüchtig. Chatten online, Spiele, usw., die ganze Bandbreite. Was bei mir noch dazukommt ist, dass ich immer versuche, meine Internetgeschwindigkeit voll auszuschöpfen. Ich hab ISDN und bin nicht zufrieden, wenn ich nicht mindestens so um die 7ksec habe. Das führt dazu, dass ich beim Chatten ständig irgendetwas downloaden muss, egal was, auch wenn ich das meiste danach wieder lösche.
Es kommt sogar vor, seit ich die Flatrate habe, dass ich morgens (oft ohne geschlafen zu haben) schnell noch eine möglichst große File suche, damit noch ein Download läuft, wenn ich abends nach Hause komme.
Ich weiß nicht mehr, was ich tun soll. Ich merke oft gar nicht, was ich da tue, bis mal wieder die Festplatten voll sind. Ich wäre schon froh, wenn ich nur normal internetsüchtig wäre.
Über Freunde im realen Leben kann ich nicht klagen, ich kriege regelmäßig Besuch von Freunden, die sich Sachen abholen, die ich für sie runtergeladen habe. Dadurch fühle ich mich irgendwie nützlich und geliebt, weil ich ihnen ja einen Dienst erweise. Wie diese Freunde allerdings zu mir stehen würden, wenn ich es nicht mehr tun würde, weiß ich nicht, was mir noch zusätzlich Angst macht, damit aufzuhören, weil ich dann vielleicht niemanden mehr hätte.

Bitte helft mir, ich komme mir echt völlig blöd vor, aber ich weiß nicht, was in mir vorgeht ...«

»Online- oder Internetsucht« nennt man den exzessiven, unkontrollierten Gebrauch des Mediums Internet. Der/die Betroffene wird vom Internet beherrscht, statt es selbst zu beherrschen. Onlinesucht ist die zunehmende Verlagerung der persönlichen Realität des Süchtigen ins Internet statt der Integration des Internets in die Welt des Süchtigen. So entsteht für ihn eine Art Hyper-Realität, viel besser als die gewöhnliche Realität der Normalos.
Der User kann nicht mehr ohne PC und Internet, er nimmt seine realsinnliche Umwelt nur nach am Rande wahr, vernachlässigt seinen Partner, die Freunde und die Familie. Der Betroffene reduziert die sinnliche Realität mehr und mehr. Seine neuen Internet-Freunde scheinen ihm ehrlicher und »echter« zu sein.

»Ich habe seit zwei Jahren Internet und war eigentlich von Anfang an suchtgefährdet, aber es hielt sich immer noch in Grenzen. Doch seit etwa einem halben Jahr spitzt sich die Situation immer weiter zu. In der Woche bin ich, trotz Schule, jeden Tag mindestens fünf Stunden online, am Wochenende mindestens 15 Stunden am Tag. Meine Freunde (die ich ohnehin so gut wie nicht mehr habe) sind mir längst unwichtig und meistens sogar lästig geworden, und ich fühle mich in der ›Offline-Welt‹ nicht mehr wohl. An manchen Tagen habe ich Angst, vor die Tür zu gehen, oder kriege Panik, wenn ich zu weit vom PC entfernt bin. Ich schwänze immer häufiger die Schule, um länger online sein zu können, und auch weil ich mich in der Schule extrem unwohl fühle. Meine Eltern drohen damit, dass ich das Internet für immer gesperrt bekomme, wenn ich mich nicht mindestens zweimal in der Woche verabrede und einem Sportverein oder Ähnlichem beitrete. Und wenn rauskommt, dass ich schwänze, bin ich sowieso erledigt. Ich kann mir ein Leben ohne Internet aber absolut nicht vorstellen, es ist so was wie mein Zuhause geworden, ich habe alle meine Freunde dort, und ohne Internet will und kann ich nicht leben. Ich habe das Gefühl, dass alle Probleme jeden Moment über mir einstürzen werden ... Ich weiß nicht mehr, was ich machen soll ...« Diese E-Mail schrieb jemand mit dem Nickname »Nancy« an die anonyme Webpage für Onlinesüchtige. Dort ist Platz für alle Erfahrungen mit der eigenen Internetsucht oder der von Freunden und Angehörigen. So wie »Nancy« geht es inzwischen vor allem vielen jungen Leuten. Aber immer öfter vernachlässigen auch Mütter und Väter ihre Familie, um die Nächte in Chat-Rooms oder auf Sex-Seiten zu verbringen.

Ist Surfen eine Sucht?

Internetsucht wurde zum ersten Mal 1997 in den USA thematisiert. In der Online-Publikation *ABC NEWS* mit dem Titel »Sandra Hacker« beschrieb E. J. Gong Jr. das Leben einer dreifachen Mutter, die in Cincinnati verhaftet worden sei, weil sie ihre Kinder völlig vernachlässigt hatte, um ungestört im Internet zu versinken. Sie habe 12 Stunden täglich online verbracht, während sie ihre vor Hunger schreienden Kinder in ihrem heruntergekommenen Apartment gelassen habe. Diese seien dann nach Unterbringung der Mutter im Gefängnis in die Obhut der Fürsorge übergeben worden.

Dieser Text löste eine wahre Flut von Veröffentlichungen über das Thema aus. Dass sich der früher im Scherz verwandte Begriff »Internetsucht« zu einer weit verbreiteten Problematik entwickeln könnte, hatte damals wohl niemand für möglich gehalten.

Die deutsche Selbsthilfegruppe »Hilfe zur Selbsthilfe für Onlinesüchtige e. V.« (HSO) beschreibt das Verhalten der Betroffenen wie folgt:

»Auffallend bei allen uns bisher bekannt gewordenen Fällen von Onlinesucht ist in erster Linie der rasch eintretende Kontroll- und Realitätsverlust. Damit verbunden ist die extrem schnell zu beobachtende Vernachlässigung von Partnern und Kindern, bis hin zum totalen Abwenden von der Realität, Aufgabe des sozialen Umfeldes. Onlinesüchtige leben ihr Leben im Netz, verlassen kaum noch das Haus und sind sich ihres Fehlverhaltens definitiv nicht bewusst.«

Suchtkriterien

Trotz langjähriger Bemühungen gibt es bisher keinen einheitlichen Kriterienkatalog für Internetsucht.

Die international verbindlichen Klassifikationssysteme, ICD-10 und DSM-IV, mit denen psychische Krankheiten diagnostiziert werden, tun sich immer noch schwer damit, eine Sucht ohne Suchtmittel anzuerkennen.

Allerdings findet sich in dem von der American Psychiatric Association (APA) herausgegebenen »Diagnostischen und statistischen Manual psychischer Störungen« (DSM-IV) außerhalb des Suchtkapitels die so genannte Gruppe der »Störungen der Impulskontrolle«. Dort wird z. B. Spielsucht als Störung beschrieben. Die Kriterien des krankhaften Spielens wurden auf das Internet übertragen. So hat die APA analog zur Definition der krankhaften Spielsucht zehn Kriterien für eine Beurteilung krankhafter Internetnutzung veröffentlicht.

Zehn Kriterien krankhafter Internetnutzung (APA):

- Das Internet beschäftigt mich; ich denke daran, auch wenn ich offline bin.
- Ich brauche immer mehr Zeit im Internet, um zufrieden zu sein.
- Ich bin unfähig, meinen Internetgebrauch zu kontrollieren.
- Ich werde unruhig und reizbar, wenn ich versuche, meinen Internetkonsum einzuschränken oder darauf zu verzichten.
- Das Internet ist für mich ein Weg, um vor Problemen zu fliehen oder schlechtes Befinden (Hilflosigkeits- oder Schuldgefühl, Angst, Depression) zu bessern.
- Ich lüge meiner Familie oder Freunden gegenüber, um das Ausmaß meiner Beschäftigung mit dem Internet zu verbergen.
- Ich habe schon Arbeit, Ausbildungs- oder Karrieremöglichkeiten oder zwischenmenschliche Beziehungen wegen des Internets in Gefahr gebracht.
- Ich gehe ins Netz, auch wenn ich exzessive Gebühren zahlen müsste.
- Ich bekomme im Offline-Zustand Entzugserscheinungen.
- Ich bleibe immer wieder länger online, als ich mir vorgenommen habe.

Wenn vier dieser Kriterien zutreffen und sie über mindestens 12 Monate bestehen, dann wird von Internetsucht gesprochen.
Diese und andere konkrete Kriterien aus verschiedenen Literaturquellen wurden von den Autoren Hahn und Jerusalem zu fünf abstrakten Suchtmerkmalen zusammengefasst:

- *Einengung des Verhaltensraums*: Lange Zeitspannen im Internet
- *Kontrollverlust*: Weder Abstinenz noch Reduzierung möglich
- Durch die Dosissteigerung: *Toleranzentwicklung*
- *Entzugserscheinungen*: Unruhe, Nervosität, psychisches Verlangen (»craving«)
- *Negative soziale Konsequenzen*: Job, Leistung, soziale Beziehungen werden beeinträchtigt

Faszination WWW

Was bringt uns dazu, lieber mit wildfremden Menschen über vernetzte Leitungen zu kommunizieren, anstatt uns mit alten Freunden auf ein Bier in der Stammkneipe zu treffen? Die Tatsache, dass man bei Minusgraden sowieso nicht gern das Haus verlässt, kann wohl nicht der einzige Grund sein. Neben der als angenehm empfundenen Anonymität sehen Wissenschaftler die Ursache vor allem in der inneren Einsamkeit vieler Menschen. Wer sich in der Realität nicht verstanden und geborgen fühlt, findet vielleicht in der virtuellen Welt Anerkennung und

Freunde. Es scheint schier unmöglich, im World Wide Web für ein Problem, das einen gerade beschäftigt, nicht irgendjemanden zu finden, der ein offenes Ohr und Zeit dafür hat.

Die nur selten perfekte reale Welt kann im Internet stilisiert, idealisiert und perfektioniert werden. Irgendwann glaubt der Betreffende dann an die Selbstperfektionierung und Stilisierung und hält sie für real. Der Internetpartner dient hierbei vor allem als Projektionsfläche der eigenen Wünsche und Vorstellungen, sodass man mit jedem Chat im Grunde auf eine Reise zu seinem inneren Selbst geht. Aus der anfänglichen Faszination kann sich denn auch leicht ein Teufelskreis entwickeln: Wenn die Realität zunehmend vernachlässigt wird, die realen Beziehungen und Freundschaften zerbrechen, hat der Betroffene noch mehr Anlass, sich völlig in die virtuelle Gegenwelt sinken zu lassen.

Die amerikanische Psychologin Kimberley Young von der Universität Pittsburgh (Autorin des Buches »Caught in the Net«) hat verschiedene Abhängigkeitsfaktoren beschrieben:

- *Cybersexual Addiction*: Cyberpornographie oder Chat in den nicht jugendfreien Sex-Chaträumen
- *Cyber-Relationship Addiction*: Cyberromanzen dominieren das Leben der Surfer so sehr, dass die realen Beziehungen darunter leiden
- *Net Compulsions*: Extremes Shopping oder Teilnahme an Auktionen im Internet
- *Information Overload*: Versinken im Informationsmeer des Netzes
- *Computer Addiction*: Obsessives Spielen oder Programmieren

Gabriele Farke, die Gründerin der Selbsthilfegruppe »Hilfe zur Selbsthilfe für Onlinesüchtige e. V.« (HOS) war früher selbst dem Internet verfallen und beschreibt in ihren Büchern »Sehnsucht Internet« und »Hexenkuss.de« ihre Erlebnisse:

»Aus der anfänglichen Faszination, internationale Kontakte zu interessanten Menschen aus aller Welt knüpfen zu können, ohne sie ›live‹ treffen zu müssen, wurde bereits nach einigen Wochen des Chattens eine Abhängigkeit, die über einen Zeitraum von 2,5 Jahren mein Leben bestimmte. Ich wurde süchtig danach, Menschen »von innen« kennen zu lernen, ohne Beeinflussung der virtuellen Wahrnehmung, ohne Vorurteil.

Durch die daraus resultierenden sehr intimen Gespräche, in denen die Seele einen Zugang zum Zuhörer findet, kapselte ich mich von meinem ›realen‹ Umfeld immer mehr ab. Die mir bis dato wichtigsten Menschen

in meinem Leben verloren radikal an Bedeutung, sodass ich letztendlich keinerlei Einladungen mehr von der Familie, Nachbarn oder Freunden folgte. Sogar für meine Tochter fand ich kaum noch Zeit. Ich hörte ihr nicht mehr zu. Ich ›musste‹ ins Internet, denn meine Gedanken bewegten sich ausschließlich darum, nichts verpassen zu wollen, neue Leute kennen zu lernen, Kontakte zu pflegen – virtuelle Kontakte.
Während dieser Zeit war mir nicht klar, was mit mir passierte, welche Magie das neue Medium bereits auf mich ausübte. Während der Arbeitszeit kam es immer häufiger vor, dass ich »mal eben kurz« in den Chat ging, meine E-Mails abrief, und ich konnte es nicht erwarten, mich endlich ungestört zu Hause einzuloggen.
Mein Interesse an der Arbeit in einem Universitätsinstitut verlor ich nach 25-jähriger Berufstätigkeit täglich mehr. Ich wurde öfter krankgeschrieben, ein Umstand, den ich mir nie zuvor geleistet hatte. Schließlich schlief auch der Kontakt zu meinen Kollegen ein, denn sie konnten mit meinen Internet-Erlebnissen nicht mithalten und wurden für mich als Gesprächspartner uninteressant, da sie mich eh nicht verstanden. Nach einem Jahr Online-Nutzung und -Abhängigkeit kündigte ich meinen Job, um mich ›anderen Zielen zu widmen‹, wie ich es vor meinem Professor formulierte. Ich wurde also arbeitslos und versuchte, neue Berufswege im Internet zu finden, dem Medium, das ich nicht mehr wegdenken konnte aus meinem Leben.«

Betroffene
Wie groß die Zahl der Onlinesüchtigen wirklich ist, kann man nicht mit Bestimmtheit sagen. Allerdings spricht der starke Zulauf zu den verschiedenen Internetsucht-Selbsthilfegruppen für sich.
Im Jahr 1999 wurde im Auftrag der Humboldt-Universität Berlin die erste Pilotstudie zum Thema Internetsucht in der Bundesrepublik durchgeführt. Von den über 7000 befragten Internetnutzern zwischen zehn und 60 Jahren erfüllen 3,2 Prozent die von den Forschern aufgestellten Kriterien der Internetsucht. Hochgerechnet entspräche das etwa einer Zahl von 650 000 bei 25 Millionen Nutzern in Deutschland. Diese Gruppe verbringt durchschnittlich 34,6 Stunden pro Woche im Netz. Weitere 6,6 Prozent der Befragten wurden mit 28,6 Online-Stunden pro Woche als Risikogruppe eingestuft (hochgerechnet ca. 1,4 Millionen).
Aber wer ist besonders gefährdet? Kimberley Young meint, dass Leute, die viel freie Zeit haben und einen eher isolierten Lebensstil pflegen, stärker betroffen sind als andere. Generell kann man sagen, dass labile Menschen gefährdeter sind als Menschen mit einem gesunden Selbstwertgefühl, die mit beiden Beinen fest im Leben stehen. Und je stabiler

die soziale, berufliche und gesellschaftliche Einbindung ist, desto geringer ist die Gefahr, dieser (wie jeder anderen) Sucht zu verfallen. Allerdings kann es auch Menschen »erwischen«, die sich selbst bis dato als »absolute Realisten« bezeichnen. Trotzdem hätten sich viele Internetsüchtige vor ihrem exzessiven Verhalten niemals als »gefährdet« gesehen und müssen jetzt zugeben, dass sie über Onlinesucht bis zu ihrer eigenen Betroffenheit eher geschmunzelt haben. Schumacher (1998, S. 38) vertritt die Meinung, dass die Menschen, die unter Internetsucht leiden, sowieso ein generelles Suchtproblem hätten. Würden sie sich nicht im Netz verlieren, hielten sie sich an der Flasche, dem Spielautomaten oder dem Joystick fürs Videospiel fest.

Hilfe und Selbsthilfe

Klingt es nicht eher paradox, einem Internetsüchtigen zu empfehlen, sich einer Online-Selbsthilfegruppe anzuschließen? Man trifft sich mit einem Alkoholiker ja auch nicht unbedingt in seiner Stammkneipe, um über seine Probleme zu reden.

Was zunächst komisch scheint, kann für manche genau die richtige Strategie sein. Hat der/die Betroffene schon völlig das Vertrauen in die reale Welt verloren, den Kontakt zu Freunden abgebrochen, so kann das Internet als Vertrauensbasis genutzt werden. Hier fühlen sich Betroffene heimisch. Und die Anzahl der anonymen Hilferufe per E-Mail, die auf den Webpages für Onlinesucht landen, ist enorm. So gibt es inzwischen neben spezialisierten Fachleuten und Selbsthilfegruppen auch zahlreiche virtuelle Beratungsangebote im Netz.

Das Hauptziel der bekanntesten Gruppe »Hilfe zur Selbsthilfe für Onlinesüchtige« (HSO) besteht in der Wiedereingliederung des Betroffenen in das reale soziale Umfeld. Im Vordergrund stehen vor allem die Gruppengespräche und eine kontinuierliche menschliche Begleitung der Betroffenen. Außerdem gibt die Gruppe auch Hilfestellung für die Angehörigen der Internetsüchtigen.

Trainingsschritte für den kontrollierten Umgang mit dem Internet:

- Stellen Sie Ihren Computer in einen anderen Raum, entfernen Sie ihn unter allen Umständen aus Ihrem unmittelbaren Sichtfeld und Wohnbereich.
- Gewöhnen Sie sich an, den Computer nach jeder Sitzung vollständig herunterzufahren und auszuschalten.
- Erstellen Sie sich schriftlich einen Tages- und später Wochenplan, wann Sie online sein möchten, wie oft und wann Sie täglich Ihre E-Mails abholen wollen.

- Stellen Sie einen Wecker neben Ihre Tastatur und aktivieren Sie den Alarm für die von Ihnen *zuvor* schriftlich fixierte Beendigung Ihrer täglichen Onlinezeit.
- Sprechen Sie mit Ihren Familienangehörigen, Freunden und anderen Betroffenen über Ihr Verhalten im Internet.
- Nehmen Sie sich nicht vor, völlige Abstinenz zum Internet zu üben, denn Sie haben sich unter Umständen an den Fortschritt gewöhnt wie an ein Telefon, außerdem haben Sie eine »Ersatz-Familie« im Netz gefunden (scheinbar).
- Finden Sie ein neues Hobby oder frischen Sie ein altes wieder auf.
- Werden Sie Mitglied in einer Selbsthilfegruppe und bringen Sie Ihre eigenen Erfahrungen dort real und »face to face« ein. Sie helfen damit auch anderen Betroffenen und haben eine neue Aufgabe, einen starken Halt.
- Schreiben Sie Ihre Erlebnisse nieder, Sie verarbeiten durch das geschriebene Wort unter Umständen eine ganze Menge und erkennen dadurch erst bewusst Ihr Fehlverhalten.
- Verabreden Sie sich mit Ihren Online-Bekanntschaften nicht online, sondern offline.
- Wenn Sie deutlich bemerken, dass eine längere Onlinebeziehung eher die Distanz sucht ,als dass er / sie ein reales Treffen mit Ihnen anstrebt, bestehen Sie auf diesem Treffen oder beenden Sie diesen Kontakt direkt und ohne Wenn und Aber (wenn ihm / ihr wirklich etwas an Ihnen liegt, wird er / sie in ein Treffen einwilligen oder Sie anrufen bzw. einen Brief schreiben).

Dr. Oliver Seemann bietet an der Uniklinik München eine Ambulanz für Internetabhängige im Web an. Betroffene können per E-Mail oder Telefon Kontakt aufnehmen. Auch Kimberley Young integrierte in ihrem »Center for On-Line Addiction« eine »Virtual Clinic«, in der man sich Ratschläge für etwa 15 US-Dollar abholen kann. Young beschreibt ihre Therapiemethode wie folgt: »Mein Ansatz für eine Behandlung ist ähnlich wie derjenige für Essstörungen. Statt totaler Abstinenz werden Techniken zur Mäßigung geübt. Das Internet hat ja durchaus sinnvollen Nutzen im beruflichen oder akademischen Leben. Deshalb ist Mäßigung der Schlüssel: Essstörungen sind ja auch nicht mit völliger Abstinenz von der Nahrungsaufnahme zu heilen ... Zeit-Management beginnt damit, die Anzahl der Stunden, die man mit verschiedenen Online-Aktivitäten verbringt, zu zählen. Dann setzt man neue Ziele, zum Beispiel von 40 Stunden in der Woche auf 20 herunterzukommen, und man macht einen genauen Plan, wann man online sein will. Es kann helfen, einen Wecker neben den Computer zu stellen, der einem sagt, dass es nun Zeit ist, aufzuhören.«

Werteverfall?

»Wieso finden es eigentlich alle so schlimm, onlinesüchtig zu sein, ich denke mal, ich bin süchtig, und mir macht es Spaß, ich vermisse nix aus meinem früheren Leben. Ich spiele vor allem übers Internet und gehöre fast zu den besten Spielern weltweit, und das gibt mir ein gutes Gefühl, mein Clan braucht mich, und das macht mich glücklich. Im Internet wird man so akzeptiert, wie man ist. Ich bin froh, dass ich mein Internet habe, und möchte nie wieder ohne leben.« (Statement eines bewussten Internet-Users)

Dabei sind es nicht nur Internet und Computer, die von vielen »Bedenkenträgern« für problematisch gehalten werden. Viele Kritiker der Medien sehen diese allesamt als Gefahr für die jungen Menschen: Ob Ballerspiele, Horrorfilme oder brutale Internetseiten – große Teile der Gesellschaft sehen in ihnen eine Gefahr für die kindliche Seele. Aber werden Kinder vor dem Bildschirm wirklich zu gefühlskalten Monstern? Verschiedene Studien belegen, wie sehr sich Kinder vom aggressiven Verhalten ihrer Vorbilder »anstecken« lassen. Der Psychologe Bandura zeigte den Kindern in seinen Versuchen verschiedene Filme mit aggressiven Handlungen oder ließ Schauspieler ein Gewaltszenario vorspielen. Vor allem jene Kinder, die außerdem noch zusätzlich frustriert wurden, legten später ähnlich aggressive Verhaltensweisen an den Tag wie im Film.

Ob gewalttätige Filmszenen allein jedoch Jugendliche zu schrecklichen Bluttaten animieren können, ist fraglich. Immer wieder steht das Thema Medien und Gewalt ganz oben auf der Tagesordnung – vor allem seit im April 2002 ein Erfurter Schüler in seinem ehemaligen Gymnasium ein Blutbad angerichtet und 17 Menschen getötet hatte, ist das Thema immer wieder angesagt. Der bisher schwerste Amoklauf in Deutschland lässt die Diskussion über strengere Kontrollen und Verbote der Medieninhalte wieder hochkochen. Allerdings wäre es zu einfach, die Gewalt in den Medien als ausschließliche Ursache für solch grausame Taten gelten zu lassen, ohne die persönliche Entwicklung, die Frustration und die Verzweiflung des Täters genau zu betrachten. Die bildliche Animation zur Gewalt ist nur *ein* Faktor, der die Entstehung solcher Taten begünstigt, aber nicht die einzige Wurzel.

Immer mehr Menschen fürchten, dass durch den exzessiven Medien- und Internetkonsum echte emotionale Beziehungen verkümmern, dass Menschen zum gefühlskalten roboterähnlichen Wesen mutieren und menschliche Eigenschaften auf der Strecke bleiben. Zudem führe die unaufhörliche Datenflut zum »Information-Overflow« und mitunter zu massiven Orientierungsproblemen – gerade bei Heranwachsenden. Was ist echt und wirklich und was falsch und gefährlich, woran kann man sich halten? Im Cyberspace ist alles möglich und fast alles erlaubt. Vor allem Kinder brauchen aber Grenzen, die ihnen helfen, richtig und falsch, gut und schlecht, Realität und Schein voneinander zu trennen. Die Abkehr von der realen Welt, sei es aus Angst, Trotz, Wut oder Unbeholfenheit, kann den Menschen – wie alle anderen Drogen – in ungute Abhängigkeiten stürzen. Aber deswegen darf man nicht jede Art von Fortschritt verteufeln. Schließlich nutzt heutzutage fast jeder die positiven Möglichkeiten der digitalen Datenverarbeitung privat und/oder im Beruf – so wie man auch gerne mal ein Glas Wein trinkt, ohne gleich abhängig zu werden. Es kommt vielmehr auf den adäquaten Umgang des Einzelnen mit dem Medium an.

Eichenberg und Ott warnen in ihrem Artikel »Internetabhängigkeit: Massenphänomen oder Erfindung der Medien?« davor, kulturellen Vorurteilen über neue Medien aufzusitzen. Denn gerade das Netz biete vielfältige Möglichkeiten, mit anderen Menschen in Kontakt zu treten, Freundschaften zu knüpfen, Cyberaffären oder das Gemeinschaftsgefühl in Gruppen zu genießen. Hinter der Interneteuphorie stecke in der Regel keine pathologische Techniksucht, sondern die ganz normale Lust auf all das, was neu ist, Spaß macht und zufrieden stellt. Denn oft fessele uns am Internet gerade die Möglichkeit der menschlichen Begegnung. Würden wir etwa jemanden als »kommunikationssüchtig« diagnostizieren, der sich ständig mit Freunden trifft und unterhält?

Zwar wurde jede neue technische Errungenschaft zunächst mit Skepsis betrachtet – sei es die Erfindung der Dampfmaschine, der Eisenbahn und des Flugzeugs oder das Aufkommen der Rockmusik. Solche Entwicklungen lassen sich nicht aufhalten – zumindest nicht mit Gesetzen oder Verboten. Genauso wenig ist der Siegeszug des Handys, des Computers oder des Internets aufzuhalten.

Wir haben aber die Möglichkeit, Einfluss auf die Nutzung dieser Medien zu nehmen, uns zu sensibilisieren und andere aufzuklären. Schließlich sollen die neuen Medien unseren Alltag bereichern und nicht regieren. Wir sollten uns bemühen, den neuen Entwicklungen nicht mit blinder Euphorie zu verfallen, sondern uns den Medien mit einer gesunden Portion Skepsis zu nähern – und sie dann angemessen zu nutzen.

VII. Gibt es eine Suchtpersönlichkeit?

> »Du hast mir wunderbare Nächte versprochen
> und dass ich mich gehen lassen kann.
> Deine Träume werden wahr, hast du gesagt.
> Du hast nichts über das Aufwachen gesagt.«
>
> Ein ehemaliger Drogenabhängiger

Sucht ist eine Verwahrlosung des Innenlebens. Gleichgültig ob in drogen- oder stoff*un*gebundener Form, sie ist eine der krankhaften Arten der Daseinsbewältigung und der Sinnerfüllung. Der entscheidende Auslöser von Suchtverhalten ist ein zu schwach ausgeprägtes Selbstwertgefühl, das sich in mangelnder Selbstsicherheit oder in übertrieben grandioser Weise zeigt. Es ist auffällig, dass sich Süchtige von äußeren Einflüssen leicht irritieren lassen. Scheinbar banale Dinge, die auf sie zukommen, bringen sie schnell aus dem seelischen Gleichgewicht. Sie nehmen sich vieles zu sehr zu Herzen, lassen vieles an sich heran und sind aufgrund dieser Irritierbarkeit starken Stimmungsschwankungen unterworfen.

1. »Syndrom-Shift«: Symptomverschiebung

So wie bei den stoffgebundenen Suchtformen die »Polytoxikomanie« (die Benutzung mehrerer Suchtmittel) immer häufiger wird, gibt es auch bei den stoff*un*gebundenen Suchtformen immer öfter Mischformen, d. h., ein süchtiges Verhalten wird durch ein anderes ersetzt. So habe ich in der 25-jährigen Beschäftigung mit dem Thema Sucht ein merkwürdiges Phänomen beobachtet: Da werden Alkoholiker mithilfe der Anonymen Alkoholiker (AA) trocken. Die Euphorie darüber hält eine ganze Weile, vielleicht ein, zwei Jahre an. Plötzlich tauchen sie in einer anderen Selbsthilfegruppe, nämlich den Anonymen Spielsüchtigen (AS) auf, weil sie inzwischen zwar nicht mehr trinken, dafür aber angefangen haben, süchtig zu spielen. Mit den Anonymen Spielern gelingt es ihnen, ihre Spielsucht in den Griff zu kriegen. Wieder Euphorie. Dann tauchen sie bei einer OA-Gruppe auf. OA – Overeaters Anonymous – ist eine Selbsthilfegruppe von Esssüchtigen. Sie haben inzwischen ihre Ess-Sucht entdeckt. Mit OA kriegen sie auch die Essprobleme geregelt. Wieder Euphorie, und zwei Jahre später sind sie dann bei den Anonymen Liebessüchtigen (AL).
Ich will die Arbeit der Selbsthilfegruppen nicht abwerten, ich finde ihre Arbeit sehr wichtig, verdienstvoll und gut. Schließlich wird das Suchtmittel ja immer ungefährlicher. Aber gehen sie nicht am Wesentlichen – nämlich der Veränderung von Suchtstrukturen – vorbei? Und ist es vielleicht schon das Ziel aller Suchttherapie, das Suchtmittel möglichst wenig gefährlich werden zu lassen? Kann man süchtige Persönlichkeitszüge vielleicht gar nicht grundsätzlich verändern?

2. Suchtpersönlichkeit

Das führt mich zu der Frage: Gibt es eine »Suchtpersönlichkeit«, und wenn ja, wie sieht sie aus? Diese Frage wird von den Experten heiß diskutiert. Endgültige Ergebnisse liegen noch nicht vor. Was vorliegt, sind Meinungen, die abhängig sind vom jeweiligen Menschenbild und der psychotherapeutischen Ausrichtung. Es gibt allerdings einige Hinweise darauf, dass Menschen, die süchtig geworden sind, bestimmte Gemeinsamkeiten haben. Sie alle suchen zunächst eine Veränderung des Gefühls-, Erregungs- oder Bewusstseinszustandes. Gemeinsamer Tenor: Raus aus dem, was jetzt ist. Nur die Fluchtrichtung ist unterschiedlich: aufputschend, dämpfend, halluzinogen.

Der Hintergrund für das wiederholte Aufsuchen dieser Zustände ist fast immer ein schwach ausgeprägtes Selbstwertgefühl. Wie entsteht es? Dieses schwache Selbstwertgefühl entsteht durch eine Vielzahl von seelischen Verletzungen oder Defiziten, die sich im Laufe der Entwicklung eines Menschen ansammeln und kumulieren. Jemand wächst unter Bedingungen auf, die einen Mangel an Selbständigkeit fördern wie z. B. gestörte familiäre Verhältnisse, wenig Vermittlung von Gefühlen der Geborgenheit, Zuwendung und Liebe oder aber auch Überfürsorge. Wer in einem Klima aufwächst, das ihm wenig Möglichkeiten gibt, Gefühle zu äußern, mit Gefühlen angemessen umzugehen – der wird möglicherweise süchtig.

Man unterscheidet in der Suchtdiskussion heute folgende Faktoren, die die Entwicklung einer Sucht beeinflussen:

- genetische Faktoren
- konstitutionelle Faktoren
- frühkindliche Situation
- »Familientradition«
- »Peer-Group«
- Lebensstil
- kritische Lebensereignisse
- kulturelle Bedingungen: Verfügbarkeit der Droge, einstellungsbedingte Toleranz.

Genetische Faktoren

In der Zwillingsforschung und aufgrund ethnographischer Vergleiche wurde z. B. herausgefunden, dass Menschen unterschiedlich auf Alkohol reagieren, und zwar sowohl körperlich wie psychisch. So fand man bei Untersuchungen an Orientalen, dass kleine Alkoholmengen (bei ca. 75 Prozent der Probanden) Hautrötungen und andere unangenehme Reaktionen wie Übelkeit hervorriefen. Ähnliche Ergebnisse fand man in Japan. Diese angeborene Alkoholsensibilität schützt Menschen durch diesen »Stoppmechanismus« offenbar davor, alkoholabhängig zu werden. Nicht zuletzt deshalb sind dort andere Suchtmittel vorherrschend.

Konstitutionelle Faktoren
Die körperlich-konstitutionellen Aspekte der Suchtstrukturen werden vor allem von traditionellen Psychiatern betont. Dr. Valverius vom Karolinska Institut Stockholm hält z. B. die Existenz eines »vererbbaren konstitutionellen Faktors« für gegeben, der sich seiner Ansicht nach auch im zentralen Nervensystem niederschlägt.

Frühkindliche Situation
Vor allem psychoanalytische Autoren sprechen von der Bedeutung der frühkindlichen seelischen Entwicklung für die Entstehung von Sucht. Man spricht von »oraler Gier« und meint damit eine Metapher für einen »verschlingenden Weltbezug«. Danach schreit – verursacht durch eine Vernachlässigung als Säugling und Kleinkind – der spätere Erwachsene nach »immer mehr«, ohne dass der Süchtige wirklich etwas davon hat. Selbst »alles« ist – trotz anfänglicher Befriedigung – zu wenig.
Als Zweites wird von Psychoanalytikern ein *narzisstisches Defizit*, entstanden in der frühkindlichen Phase, angenommen. Dieses Gefühl der inneren Leere, der Bedeutungslosigkeit und Selbstverachtung soll durch das süchtige Verhalten betäubt werden: »Je größer die Löcher in der Seele, desto größer müssen die Perlen in der Krone sein« (siehe dazu VII.4).

Familientradition
Wenn Menschen in ihrer Familie nicht lernen, unabhängig zu werden und Verantwortung für ihr Leben zu übernehmen, kann das zu einer süchtigen Entwicklung führen. Vor allem lerntheoretisch orientierte Psychologen sprechen von dem »Einfluss der in der Familie gelernten ›Konfliktlösemechanismen‹« für Probleme. Wenn von den Eltern mit ausweichenden suchtähnlichen Verhaltensweisen Probleme gelöst werden, gleichgültig ob es sich um Alkoholkonsum oder um Flucht ins Essen oder in Arbeit handelt, übernehmen Kinder – unabhängig vom Suchtmittel – die Suchtstrukturen durch »Modell-Lernen«.

Peer-Group
Unter »Peer-Group« versteht man die Bezugsgruppe von Gleichaltrigen, deren Normen man übernimmt. Die Bedeutung der Peer-Group

ist – nach Ansicht von Sozialpsychologen – besonders stark in der Jugendzeit, wenn sich die jungen Leute aus dem Normensystem des Elternhauses befreien. Wenn in diesen Peer-Groups der süchtige Umgang mit Drogen als positiv angesehen wird bzw. süchtige Verhaltensweisen (z. B. Automatenspiele, Peepshow-Besuche) als erstrebenswert dargestellt werden, beeinflusst das mitunter die Suchtkarriere.

Lebensstil
Im Lebensstil des Erwachsenen finden sich natürlich Niederschläge aller oben beschriebenen Faktoren. Ob nach den Normen dieses Konglomerats »Lebensstil« süchtige Verhaltensweisen erlaubt sind, davon kann ebenfalls eine Suchtentwicklung abhängen.

Kritische Lebensereignisse
Wenn der berufliche Alltag geprägt ist durch chronischen Stress, Unterforderung oder als sinnlos erlebte Tätigkeit, kann auch das eine Suchtentwicklung beeinflussen, ebenso wie andere kritische Lebensereignisse (z. B. Scheidungen, Trennungen, Entlassungen etc.).

Kulturelle Bedingungen
Ob bestimmte Drogen oder süchtige Verhaltensweisen in Kultur und Gesellschaft toleriert oder sanktioniert werden, davon hängt die süchtige Entwicklung ebenso ab wie von der Zugänglichkeit der Drogen. Beispiele für die Bedeutung der gewerblichen Suchtmittel in Gesellschaften sind der Haschischkonsum in Europa oder das Alkoholverbot in islamischen Ländern.

Der Psychoanalytiker Raymond Battegay meint in seinem Buch »Die Hungerkrankheiten; Unersättlichkeit als krankhaftes Phänomen«:
»Der Mensch benötigt, besonders in seiner frühen Kindheit, aber auch später, materielle und gefühlsmäßige ›Nahrung‹. Wird sie ihm versagt, so können sich das ganze Leben hindurch Hungerkrankheiten einstellen: die Mager- oder Fettsucht, Magen-Darm-Störungen, Beeinträchtigungen des Selbstwerterlebens, unbändiger Tätigkeitsdrang mit daraus folgenden Herz-Kreislauf-Erkrankungen, Bluthochdruck, Süchte verschiedener Art, allgemeine Unersättlichkeit bis zur Eroberungs- und Zerstörungswut.«
Raymond Battegay bezeichnet die Süchtigen in ihrer Unersättlichkeit als Prototypen der Hungerkranken, da sie danach streben, eine frühkindliche erlittene Mangelerfahrung in Bezug auf Liebe und Stimulation durch Einverleibung von »Objekten« wettzumachen. Und das kön-

nen Drogen genauso sein wie Essen, Spielen, übermäßige Aktivitäten, Fernsehen oder Liebe. Generell spricht man von folgenden Charakteristika für süchtige Personen:
- starke gefühlsmäßige und psychovegetative Sensibilität und Labilität;
- geringe emotionale Integration, die sich in Abwehr von Gefühlen und impulsiv-selbsterzogenem Verhalten äußert;
- Schwierigkeiten, reife Kontaktbeziehungen zu anderen Menschen aufzubauen;
- angstbesetzte Befindlichkeit;
- Stimmungslabilität;
- hypochondrische und konversionsneurotische Symptome;
- depressive Grundstruktur;
- geringe Selbstachtung und hohes persönliches Anspruchsniveau;
- Risikobereitschaft.

Ob man deshalb schon auf eine Suchtpersönlichkeit schließen kann, ist eher fraglich. Immerhin: Es gibt bestimmte gemeinsame Merkmale von Süchtigen und von Suchtkarrieren.

3. Stadien der Sucht

Wie gesagt: Bei all den genannten Suchtformen findet man eine ähnliche Suchtstruktur. Die Personen sind aus dem Gleichgewicht geraten, sind fixiert auf ihr Suchtmittel, an das sie immer häufiger denken. Langsam engt sich der Blickwinkel auf die Sucht ein; alles, was nicht direkt mit der Sucht zu tun hat, wird uninteressant. Die Kontakte zu den Mitmenschen werden immer geringer. Langsam verliert der Süchtige – ähnlich wie ein Fixer oder Tablettenabhängiger – die Kontrolle über sein Verhalten.
Die Entwicklung von normalem Verhalten zur Sucht läuft auch bei den stoff*un*gebundenen Süchten – grob unterteilt – in drei Stadien ab:
- Die *Einleitungsphase* der Sucht, die kaum vom normalen Verhalten zu unterscheiden ist. Genuss und Spaß stehen im Vordergrund. Das Verhalten wird aber immer zwanghafter. Es wird zur unhinterfragten Gewohnheit.
- Die *kritische Phase,* in der die betreffende Person die Sucht noch kontrollieren kann, in der aber z. B. bei der »Arbeitssucht« der Betreffende beginnt, sich »besoffen zu arbeiten«, oder der Fresssüchtige beginnt, ganze Kühlschränke leer zu essen. Für den Arbeitssüchtigen ist das die Zeit, in der es ihm Angst macht, wenn der Terminkalender nicht voll ist und er sich deshalb überflüssig vorkommt. Er teilt sich die Arbeit so ein, dass er nicht aufhören muss und sogar sonntags arbeiten darf.
- In der *chronischen Phase* hat der Süchtige keine Kontrolle mehr über sein Suchtverhalten. Er ist, wie der Alkoholiker nach dem ersten Schluck, der Sucht völlig ausgeliefert. Beim Arbeitssüchtigen z. B. ist das die Zeit, in der er ganze Tage und Nächte zwanghaft durcharbeitet, immer weniger schläft, die Kontakte zu den Mitmenschen immer geringer werden. Er ist nur noch an Dingen, Themen, Theorien interessiert, die mit der Arbeit zu tun haben, kaum mehr an Menschen: Alles wird ihm zum Objekt. Sein ganzer Lebensstil ist auf Arbeit ausgerichtet. Jetzt treten die harten körperlichen Symptome auf: Organerkrankungen wie Herzinfarkt, Magengeschwür oder Hypertonie sind nicht selten.

Bei Esssüchtigen entwickelt sich das ähnlich – das Essen wird zum Hauptlebensinhalt, und ein Teufelskreis entsteht: »Warum frisst du?« – »Weil ich mich schäme.« – »Warum schämst du dich?« – »Weil ich fresse.«

Beim Fernsehen oder bei Computerspielen (vor allem im Cyberspace) kann sich zwar die gleiche Art der Abhängigkeit entwickeln, sie erreicht aber seltener diesen totalen Stellenwert im Leben wie beim Essen, Arbeiten oder bei Glücksspielen.

Bei all den Unterschieden, die es sicher zwischen Drogen- und Alltagssüchten gibt, ist ihre Genese, ihre Entstehungsgeschichte, doch oft sehr ähnlich. Die verschiedenen Suchtformen sind – wenn sich eine Suchtstruktur chronifiziert hat – austauschbar, gehen ineinander über, überlagern sich oder wechseln sich ab.
So kann süchtiges Rauchen, vermehrter Alkoholkonsum und süchtiges Essen die Arbeitssucht ablösen oder unterbrechen, genauso wie Kaufsucht, Spielsucht oder Sexgier das Fressen ersetzen kann. Vielfach treten auch hier mehrere Suchtarten gleichzeitig als Mischformen auf und bedingen sich gegenseitig.
Arbeiten und Essen z. B.: Da arbeitet jemand süchtig, und zur Belohnung schiebt er sich – genauso süchtig – ein opulentes Mahl ein. Oder Essen und Fernsehen: Da ist man enttäuscht über den letzten Fressanfall und dreht dann den Fernseher an, um das Ganze zu vergessen.

Die Frage der Schuldfähigkeit
Willi Schumacher beschreibt (in »Festschrift für Werner Sarstedt«, Verlag Walter de Gruyter, Berlin 1981) fünf Kriterien, wonach stoff*un*gebundene Suchtformen bei der Beurteilung von Schuldfähigkeit vor Gericht (im Fall von Spielsucht und sexuellen Abhängigkeiten) als krankhaft anerkannt werden sollten:
1. der Symptomcharakter der Störung;
2. der Wiederholungszwang;
3. die Progredienz;
4. die Entdifferenzierung der Persönlichkeit;
5. das Auftreten von Entzugserscheinungen.

»Oft habe ich euch reden hören
von einem, der Schlechtes tut,
so als wäre er nicht einer von euch,
sondern ein Fremder für euch
und ein Eindringling in eure Welt.

Aber ich sage euch:
wie das Heilige und Rechte sich nicht erheben kann
über das Höchste, das in jedem von euch ist,
so kann das Böse und Schwache nicht tiefer fallen
als das Niedrigste, das ebenso in euch ist.

Und wie kein einziges Blatt gelb wird
ohne das stille Wissen des ganzen Baumes,
so kann,
wer Unrecht tut,
nicht Unrecht tun
ohne den verborgenen Willen von euch.«

Khalil Gibran

VIII. Die Alltäglichkeit der Sucht

> *»Krankheiten befallen uns nicht*
> *aus heiterem Himmel,*
> *sondern entwickeln sich aus den*
> *täglichen kleinen Sünden wider die Natur.«*
>
> Hippokrates, *Vater der Heilkunde*

Den einen steht der mundverziehende Ekel im Gesicht, anderen tritt der zarte Schmelz des Mitleids in die Augen, und wieder andere reden ganz sachlich von Krankheit, wenn das Thema Sucht zur Sprache kommt. Die einen fühlen sich verärgert, abgestoßen, gestört durch den »letzten Dreck« und wollen die Betroffenen einsperren. Die anderen wollen helfen und machen sich mitunter zu Helfern der Sucht. Nur die wenigsten denken bei Sucht an sich selbst. Jedoch – so fremd ist sie uns in unserem eigenen Verhalten nicht. Sucht ist keine fremde Macht, die von außen angreift, Sucht ist eine Lebenshaltung, eine Einstellung, mit der wir dem Leben begegnen. Süchtig zu werden ist eine allgemeine menschliche Möglichkeit – für jeden von uns.

Beginnen tut es immer ganz harmlos. Wir alle kennen solche Situationen: Da trinkt man »mal einen über den Durst«, frisst sich total zu, weil's halt so gut schmeckt, oder hockt den ganzen Abend vor der Glotze. Der eine berauscht sich mit seinem Walkman, der andere braucht dazu die magische Kraft des Computers, und ein Dritter joggt für sein »High« durch den Park. Da arbeitet man ein paar Nächte durch, weil etwas »ganz dringend« fertig werden muss, oder man flüchtet sich – weil man sich so dünnhäutig fühlt – in die Liebesbeziehung, um die Welt zu vergessen.

Kaum jemand käme auf den Gedanken, die oben aufgezählten Verhaltensweisen schon als Sucht zu bezeichnen, falls sie nicht tagtäglich oder jede Woche vorkommen und der oder die Betreffende nicht wirklich Spaß dabei hatten. Kommen diese Mechanismen allerdings regelmäßig vor und werden sie benutzt, um Konflikten dadurch ständig auszuweichen oder vor ihnen davonzulaufen, ist die Sache schon nicht mehr ganz so einfach. Diese Art der »Problemlösung« führt selten sehr weit, aber ist das schon Sucht? Oder Abhängigkeit? Oder nur Gewohnheit? Oder ganz normal? (Siehe dazu Kapitel I.4)

1. Die Ausweich-Gesellschaft

> *»Mehr ist besser als Weniger.*
> *Das ist das Credo der Habgier.«*
>
> Gregory Bateson

Eines ist klar: In einer so schnelllebigen, vom Stress dominierten Zeit, in der man von Reizen aller Art überflutet wird, in der alles Mögliche an einem zerrt und zoppelt, schleppt jeder von uns eine ganze Reihe von Konflikten und Problemen mit sich herum, die im Augenblick einfach nicht lösbar sind. Wir haben jede Menge Gründe zu fliehen. Und jeder Mensch hat seine Mechanismen entwickelt, um mit diesem Stress fertig zu werden, einer echten Konfliktlösung auszuweichen oder sie zumindest aufzuschieben. Allen diesen Situationen gemeinsam ist das Ausweichen vor den Schwierigkeiten, die da sind, vor der Auseinandersetzung mit ihnen, um sie bewusst und willentlich anzugehen und direkt zu lösen.

Zur Ehrenrettung des Ausweichens: Ausweichen gehört zu dem Repertoire unseres Verhaltens. Nicht mehr hinsehen müssen, sich mit etwas anderem beschäftigen ist ein legitimer und oft auch ein sinnvoller Mechanismus, um nicht verbissen an einem Problem zu hängen, sondern sich zu erlauben, auszuspannen und erfrischt mit einer neuen Sichtweise an das Problem heranzugehen. Genauso wie der Versuch, die Probleme direkt lösen zu wollen oder sie einfach hinzunehmen, ist das Ausweichen sinnvoll und hat seine Berechtigung.

Aber sind wir nicht zu einer »Ausweich-Gesellschaft« geworden? Ist Ausweichen nicht unser Hauptmechanismus geworden, um mit unseren Problemen umzugehen? Und ist das nicht die Hauptursache für eine immer weiter um sich greifende »Versüchtelung«?

»Horror vacui«: Die Angst vor der Leere

Zwar schrieb das amerikanische Nachrichtenmagazin *Newsweek* in seiner ersten Ausgabe von 1988: »Gier ist nicht mehr chic.« Aber das war wohl mehr ein Wunschtraum als Realität. Denn bis heute gelten in unserer Konsumgesellschaft die vier Gebote des Wohlstandes: noch mehr, noch größer, noch besser, noch bequemer. Auch wenn wir langsam an die Grenzen des Wachstums stoßen, sind Wohlstand, Geld, Macht und Ansehen unsere Leitbegriffe. Lebensqualität hieß in den letzten 50 Jah-

ren vor allem: konsumieren können. »Ich konsumiere, also bin ich«, war die Philosophie der Bewohner der Industriestaaten. »Homo consumens« nannte der Psychoanalytiker Erich Fromm diese Spezies Mensch.
»Haste was, biste was«, hieß und heißt es. Und wenn man nur genügend zusammengerafft hat, dann ist man wer. Da sich dahinter oft eine tiefe Leere verbirgt, dienen Konsum und Luxus als Trostpflaster für den fehlenden Sinn. Die seelischen Mangelerscheinungen werden mit materiellen Gütern ausgeglichen: Handy, Laptop, Sportwagen und Markenkleidung (vor allem bei Jugendlichen) als Verbandsmaterial für seelische Wunden. Aber wenn das Glück (oder dessen Abklatsch) käuflich wird, weshalb soll man sich dann um etwas anderes bemühen als um das Geld, das man dazu braucht? Dabei hält das materielle Surrogat für das Seelenheil nur kurz vor. Ganze Industriezweige bauen darauf auf, dass man immer mehr, immer Besseres und Neueres braucht, um sich kurzfristig die Illusion der Vollständigkeit zu erhalten. Nach dem Motto »Wenn etwas gut ist, ist mehr davon besser« versucht man die innere Leere zu bekämpfen, aber der »Horror vacui«, die Angst vor dieser inneren Leere, lässt sich so nicht bewältigen.
Der Psychologe Wolfgang Schmidbauer schreibt: »Das Suchtmittel ermöglicht eine Ersatz-Identität. Es ist ein Mittel, zu ordnen, in der Hand und unter Kontrolle zu behalten, was sonst unkontrolliert und bedrohlich wäre. Mir fehlt etwas. Wenn ich süchtig bin, *weiß ich genau*, was mir fehlt. Die Sucht ist eine subjektive Lösung des Sinnproblems in der Wohlstandsgesellschaft. Sie ist keine gute Lösung. Meist überwiegt auf lange Sicht ihr Schaden den Nutzen. Aber manchmal scheint mir, dass wir gar keine bessere haben.«

Im Nebelpalast der Wünsche
Wir verlieren immer mehr den Kontakt zu unseren Grundbedürfnissen. Wir essen nicht mehr, was uns sättigt, sondern das, was uns angeboten oder eingeredet wird. Wir wissen gar nicht mehr, was wir *wirklich brauchen*. Wir wissen nur noch, was wir *wollen*. Habgier ist zum Leitmotiv der Erwerbsgesellschaft geworden. »Bereichert euch«, heißt die Parole. Bereits vor über hundert Jahren hat Karl Marx geschrieben: »In unserer Zeit ist das Überflüssige leichter herzustellen als das Notwendige.« Und das trifft für heute noch in viel stärkerem Maße zu.
Joseph Kirschner schreibt in seinem Buch »Die Kunst, ohne Überfluss glücklich zu leben«: »Dieser Überfluss hat uns bequem und hilflos gemacht. Weil wir dem Versprechen glauben, wir könnten alles kaufen, was uns glücklich macht, ließen wir jene Eigenschaften verkümmern, mit denen wir uns aus dem verhängnisvollen Kreislauf des Überflusses

selbst befreien könnten … So rafft die Seuche Überfluss, die der viel gepriesene Fortschritt gebracht hat, die Menschen hinweg. Wir, die wir noch am Leben sind, klammern uns an die Hoffnung, dass es uns nicht als Nächsten erwischt. Inzwischen suchen wir weiter Zuflucht bei dem, was uns vermutlich auch eines Tages zum Verderben wird – wir flüchten vor der Realität des Lebens in immer neuen Überfluss.«
Wir sind genauso abhängig vom Konsum geworden wie ein Fixer von seinem Stoff. Denn gerade wegen des Überflusses, den wir uns geschaffen haben und den wir für so wichtig halten, haben wir verlernt zu unterscheiden, was uns nützt und was uns schadet oder einfach nur wertlos ist. Wenn wir es genau betrachten, treiben nicht mehr *wir* den Fortschritt voran, sondern der Fortschritt treibt *uns* einer ungewissen Zukunft entgegen: »Die ich rief, die Geister, werd ich nun nicht los.«

2. Die »Versüchtelung« grassiert

> »Wir sind eine Gesellschaft von Süchtigen,
> denn wir bedienen uns nicht mehr der Dinge,
> sondern die Dinge haben uns in der Hand.«
>
> Konstantin Wecker, »Ketzerbriefe eines Süchtigen«

So entstand in den letzten Jahren eine schleichende »Versüchtelung« unserer Gesellschaft. Immer mehr Menschen können heute nicht mehr unterscheiden, ob das, was sie tagtäglich tun oder konsumieren, wirklich notwendig ist, ob es ihnen gut tut, ob sie es wirklich brauchen: »Nimm, was du kriegen kannst, es ist doch egal, wovon dir schlecht wird«, hieß es in einem Spruch an der Frankfurter Universität. So werden Sehnsüchte durch Werbung und Konsumangebot umfunktioniert in eine Art Kaufsucht. Da werden Wünsche geweckt, die nicht vorhanden sind: der Supermarkt und das Kaufhaus als »Haschwiese« und »Opiumhöhle« für Otto Normalverbraucher.

Schließlich sehen wir uns täglich mit einem Füllhorn von »Drogen« im weitesten Sinne konfrontiert, Fernsehen, Videospiele und Internet, Musik, Konsum aller Art. All das sind »medielle« Drogen, die uns glauben machen wollen, die Welt bestehe aus lauter Glück. Wir alle haben ein Bedürfnis nach Ruhe, Glück und Geborgenheit, aber können diese mediellen Drogen uns wirklich helfen, mit dem Alltag fertig zu werden? Wir werden in eine Scheinwelt entführt, der nüchterne Alltag wird verdrängt.

Andere versuchen durch Autoraserei und Motorradrennen zu entfliehen. Die gesamte Freizeit wird dem Vehikel und der Illusion von Freiheit mit der Maschine gewidmet. Die Geschwindigkeitsexzesse auf den Straßen, aber auch waghalsige Unternehmungen anderer Art, so zum Beispiel Bergtouren auf hohe Gipfel, die nicht ohne Risiko sind, zeigen, dass die Menschen nicht zufrieden sind mit einem ruhigen Leben, sondern Grenzerfahrungen machen möchten (siehe dazu Kap. VI.3). So kann man Sucht als Leiden, das anfangs in der Form von Vergnügungen auftritt, bezeichnen. Es ist »der Hintereingang zum Paradies«, aus dem man auch ganz schnell wieder rausfliegt.

Innenweltverschmutzung

Die einen besaufen sich, andere qualmen sich zu oder laufen einem Sekten-Guru hörig hinterher. Für die einen reicht ein James-Bond-Film, um sich zu vergessen, andere müssen am Spielautomaten hängen oder sich in die Peepshow stürzen. Ob Sport, Sex oder Sauberkeit – es gibt nichts, was nicht süchtig machen kann. Denn der Wunsch, einmal erlebte Lust zu wiederholen, steckt in jedem von uns. Ein bisschen flüchten, um ein bisschen standzuhalten, das ist für viele alles, was noch drin ist. Viele sind so Opfer der eigenen Begierden, von denen sie nicht einmal wissen, ob es ihre wirklichen Wünsche und tiefen Bedürfnisse sind oder ob es nur durch Werbung und Medien eingeredete Begierden sind, die sie unhinterfragt als »ihre eigenen« angenommen haben. Der Grad der »Innenweltverschmutzung« durch ständige Reizüberflutung und künstliche Bedürfnisweckung ist inzwischen so groß, dass nur noch wenige aus tiefstem Herzen und in nüchterner Zufriedenheit sagen können: »Das brauche ich wirklich.« Sehr viel öfter torkeln sie in einer Art »Nebenpalast der Wünsche« hin und her. Heute sind sie von diesem begeistert, morgen lehnen sie es total ab, und übermorgen hängen sie ihr Herz an das Gegenteil. Ein Ausdruck eines sinnlos erlebten Lebens und ein ungehörter – und vielleicht sogar unbewusster – Schrei nach »Religio«, nach Gebundenheit.

Aber selbst auf dem Markt der Religionen und Philosophien haben wir die Freiheit der Wahl – aber wir haben die Kriterien verloren, nach denen wir auswählen können. Stattdessen bekommen wir selbst hier alles Mögliche angeboten: Philosophien, Religionen und Weltbilder von der Stange. Und jede hat einen totalen Anspruch, die einzig richtige zu sein. Diese Orientierungslosigkeit ist der beste Nährboden für die »Versüchtelung« unserer Gesellschaft: Leute, die nicht wissen, wer sie sind, was ihnen gut tut oder fehlt, was sie wollen und wo der Sinn liegt, sind extrem anfällig für das erstbeste Angebot. Sie sind leicht manipulierbar: Die Wirtschaft und Werbung als Dealer unserer alltäglichen Sucht! Wie viel von dem, was wir als unseren Wohlstand bezeichnen, basiert gerade darauf? Wie nötig hat diese Wirtschaft genau diese leicht manipulierbaren »Menschen ohne Eigenschaften«, die glauben, dass ein neues Auto, eine neue Schrankwand, ein neues Deospray, ein tolles Essen, die neue Videoproduktion oder ein besserer Beruf ihnen wirkliche »Individualität« verleihen?

Immer mehr Genüsse – immer weniger genießen
Die Außengelenktheit des zivilisierten Menschen ist so weit fortgeschritten, dass sie immer weniger wissen, wer sie sind, was sie wollen. Und diese »einsame Masse« liegt im Interesse der Industrie. Denn viele der wirklichen Bedürfnisbefriedigungen sind nicht durch Geld zu kaufen: Liebe, Geborgenheit, Sinn sind nicht käuflich und auch nicht leicht zu haben. Dazu bedarf es einer anderen Art von Energieeinsatz, als nur auf den Knopf am Fernseher zu drücken, ein Auto zu kaufen oder schnell eine Versicherung abzuschließen. Dazu bedarf es der ernsthaften Auseinandersetzung mit sich selbst und den anderen. Und das ist nicht schnell und leicht zu haben, sondern erfordert hohen Energieaufwand. Das alte Wort »Selbsterkenntnis« ist heute zu »Selbsterfahrung« verkommen, die man sich schnell mal an einem Wochenendworkshop »reinzieht«.
Und auch mit vielen anderen altehrwürdigen Begriffen ist Schindluder getrieben worden. Sie sind vermarktet worden – von Medien und der »Psycho-Industrie«. Und das alles unter dem Siegel der Selbsterkenntnis, der Lebensqualität oder des Genusses. »Immer mehr Genüsse – immer weniger genießen«, ist ein Artikel in der Zeitschrift *Psychologie Heute* überschrieben, in dem das Thema »echte Genussfähigkeit und unechte Genüsse« im Vordergrund steht:
»Noch nie war die Möglichkeit, sich Genüsse zu verschaffen, so groß. Und doch – trotz allgegenwärtiger Genussangebote und Aufforderungen scheint uns langsam, aber sicher die Fähigkeit zu genießen abhanden zu kommen. Ein Paradox? Nein, denn die meisten Genüsse, die uns angeboten werden, sind Pseudo-Genüsse, Ersatz für wirklich genussvolles (Er-)Leben.«
So heißt es in dem Beitrag von Holger Probst. Für ihn ist die fast totale Außengelenktheit des zivilisierten Menschen die Ursache für den Verlust von Sinn und von wirklichen Sinnesfreuden – auch im Essen. Er plädiert für ein Wiedergewinnen selbstbeherrschter Lebensbereiche – Freiräume, in denen man selbst die Verantwortung trägt. Dazu ist ein Infragestellen der immer künstlicher werdenden Bedürfnisse nötig: Man soll nur kaufen, was man wirklich braucht, und nicht, was gerade besonders günstig angeboten wird oder neu auf dem Markt ist. Man soll nur essen, was der Körper verlangt – und nicht die Gier. Dazu ist es notwendig, den Überfluss gerade beim Essen zu erkennen, und man muss sich selbst freiwillig Beschränkungen und Verzicht auferlegen und auf seine Körpersignale achten. Letztendlich ist es eine Aufforderung zur Selbsterkenntnis und Selbstdisziplin. Erst das ermöglicht eine langsame Rückgewinnung der eigenen, echten Genussfähigkeit.

Solange man immerzu im Strom der Reizüberflutung hin- und herschwappt, ist ein wirklich befreiender Genuss gar nicht möglich. Ein Ausstieg aus dem sich immer schneller drehenden Konsumkarussell ist dringend nötig. Wie sagte doch der Philosoph Martin Heidegger: »Verzicht nimmt nicht, Verzicht gibt.« Und Theresa von Avila meinte: »Die Genügsamkeit lacht häufiger und herzensfroher als die Genusssucht. Genügsame Menschen sind deshalb so angenehm im Umgang, weil sie nicht ständig klagen und jammern über die Not der Zeit.«

Und der Futurologe Robert Jungk schreibt: »Glück – das beginnen wir aufgrund der Erfahrungen der letzten Jahre zu sehen – kann nicht erjagt werden. Weder die Anhäufung von Geld und Gut noch hemmungslose Völlerei setzen sich in Glücksgefühl um. Besitz wird von einer bestimmten Größe an zur Belastung, zur Verantwortung, zum Gegenstand ängstlicher Sorge. Schrankenloses Genussstreben bewirkt Übersättigung und Langeweile.«

Der inzwischen verstorbene Psychoanalytiker Erich Fromm geht mit vielen von uns hart ins Gericht, wenn er über den Menschentyp schreibt, der ständig arbeitet, um sich das leisten zu können, was ihm künstlich aufoktroyiert wurde. Er schreibt:

»In Wirklichkeit ist seine Geschäftigkeit und seine Faulheit dasselbe, nämlich der Mangel an innerer Aktivität. Wir sehen das ja heute. Eine große Zahl von Menschen ist zwanghaft tätig, zwanghaft aktiv, und dann haben sie die Sehnsucht, ebenso faul zu sein, wie sie vorher aktiv waren. Es gibt natürlich auch andere, die treiben dann Sport, was oft eine andere Form der zwanghaften Aktivität ist, aber für sehr viele besteht das Glück darin, gar nichts zu tun, so faul zu sein, wie man nur kann. Und das ist dann die ›Erholung‹. Aber in Wirklichkeit ist diese Erholung ebenso passiv, wie die Arbeit war. Und beide gehören eben zusammen, die passive Arbeit und die passive Erholung. Und wenn man sich lang genug erholt hat, kommen doch schon die Probleme wieder auf, und dann fängt man vielleicht an, nachzudenken, ja, und dann muss man eben wieder arbeiten, um das Nachdenken zu verhindern ...«

3. Was kann man tun? – Vorbeugung

> »Wenn wir die Menschen nur nehmen,
> wie sie sind, so machen wir sie schlechter.
> Wenn wir sie behandeln, als wären sie,
> wie sie sein sollten, so bringen wir sie
> dahin, wohin sie zu bringen sind.«
>
> Johann Wolfgang von Goethe

Zusammengefasst kann man sagen, dass stoffgebundenen wie stoff*un*gebundenen Suchtformen gemeinsam ist, dass sie – in welchem Stadium auch immer – ausweichendes Erleben und Verhalten sind. In diesem Sinne ist Sucht immer Ablenkung vom Problem, nie Hinlenkung. Sie ist der Ausdruck einer Fixierung auf einen Nebenschauplatz. Es stehen nie das wirkliche Problem und angemessene Lösungsversuche im Vordergrund, sondern man klebt an Unwesentlichem, an einer Nebensache – eben dem Suchtmittel. Bezieht man die alltäglichen Mittel zum Süchtigwerden mit ein, dann ist die Gefahr der »Versüchtelung« unserer Gesellschaft nicht so einfach von der Hand zu weisen. Dabei liegt die Hauptgefahr darin, dass man diese »Drogen« ohne große Probleme an jeder Ecke erstehen kann: Der Dealer ist überall. Wichtig ist nicht so sehr das Suchtmittel oder das Suchtverhalten, wichtig ist (1) die darunter liegende Suchtstruktur und (2) die Verbreitung dieser Struktur in der Gesellschaft.

Meiner Meinung nach kann jede Aktivität süchtig entgleisen. Dabei gibt es natürlich graduelle Unterschiede – sowohl was die Intensität des Erlebens als auch was die Intensität und Geschwindigkeit der Schädigung angeht. Konkret: Bis sich jemand mit Arbeiten, Spielen, Essen und Lieben körperlich und psychisch zerstört, dauert normalerweise länger als durch Heroin, Kokain oder Alkohol – und der Grad der Schädigung ist normalerweise auch weniger massiv. Trotzdem: Wenn der Vater arbeitssüchtig, die Mutter esssüchtig ist, muss man sich nicht wundern, wenn der Sohn zu Drogen greift.

Wenn ich so etwas behaupte, geht es mir nicht um die Aufweichung des Suchtbegriffs – und schon gar nicht um eine Abschaffung der Anerkennung der stoffgebundenen Süchte als Krankheiten im Sinne der RVO. Mir geht es darum, darauf hinzuweisen, dass auch die stoff*un*gebundenen Suchtformen gefährlich sein können.

Es gibt allerdings einen wichtigen Unterschied zwischen den »stoff-

*un*gebundenen Suchtformen« und den Formen der Drogensucht im engeren Sinne: Anders als beim Alkoholiker, der weiß: »Wenn ich das nächste Glas Bier anfasse, ist's passiert!«, ist die Schwierigkeit bei Arbeits-, Liebes- und Fresssüchtigen, dass sie ein Mittelmaß finden müssen. Essen müssen sie, arbeiten müssen sie, und lieben sollten sie auch. Das Problem ist hier also: zu essen, ohne süchtig zu essen; zu lieben, ohne in einen Anfall zu rutschen, und zu arbeiten, ohne darin zu versinken. Obwohl man Spielen, Musikhören und Fernsehen nicht unbedingt zum Leben braucht, kann es doch auch sinnvolle Tätigkeit sein, die nicht zur Sucht ausarten muss, wenn man sie ausgewählt einsetzt. So ist der Weg aus den Alltagssüchten ein Weg über einen schmalen Grat, den man sich mühsam durch einen kontrollierten Umgang immer breiter treten muss. Gerade weil bei den stoff*un*gebundenen Suchtformen die Übergänge zwischen normalem/gesundem Verhalten zu süchtigem Verhalten sehr viel stärker verwischen als bei den stoffgebundenen, ist es wichtig, nicht erst dann zu beginnen, wenn das Kind schon in den Brunnen gefallen ist; nicht erst dann anzufangen, wenn man bereits süchtig geworden ist. Das Zauberwort heißt Vorbeugung. Und das geht nicht, indem man anderen etwas *vorschreibt*, sondern dadurch, dass man es als Eltern, Lehrer etc. *vorlebt*.

Wie heißt es doch so schön: »Wenn der Abt zum Glase greift, greifen die Mönche nach dem Krug.« Aber das Vorleben funktioniert nur dann, wenn man selber auf seine süchtigen Anteile schaut, sich überlegt, wie man selber mit Alkohol, Zigaretten, Essen, Arbeiten, Lieben umgeht. Wenn man selbst in der Lage ist, für sich ein befriedigendes und sinnvolles Leben zustande zu bringen, dann ist das die beste Prophylaxe für sich und die anderen. Bei sich selbst anfangen ist die Devise, nicht, die anderen missionieren: »Lass dich nicht gehen, gehe selbst.«

4. Live fast, love deep, die young:
Von den positiven Seiten süchtigen Lebens –
Versuch einer Ehrenrettung

> »Realität ist etwas für Leute,
> die mit Drogen nicht zurechtkommen.«

Bisher habe ich in diesem Buch fast ausschließlich über die negativen Aspekte von Sucht gesprochen. Aber es gibt – zumindest im Anfangsstadium – auch positive Seiten süchtigen Lebens. Schließlich ist das Wort »Sucht« (wenn es auch etymologisch auf das Wort »siuk« für »siech«, »krank« zurückgeht) zumindest vom Klang her verwandt mit »Suche«. Lassen Sie uns deshalb zurückkehren zu der Sehnsucht, die am Beginn einer Sucht-Karriere steht. »Nur wer die Sehnsucht kennt, weiß, was ich leide«, schrieb schon vor zwei Jahrhunderten Goethe. Und der Wunsch, sich ganz anders zu fühlen, etwas nicht Alltägliches zu erleben, sich zu entgrenzen, außer sich zu sein, steckt in jedem von uns. Die Sehnsucht nach Ekstase, nach einem ganz anderen, grenzenlosen Leben ist uns Menschen angeboren.

»Genug ist nicht genug, ich lass mich nicht belügen. Schon Schweigen ist Betrug, genug kann nie genügen«, singt Konstantin Wecker. Und so gab es zu allen Zeiten Menschen, die sich der Grenzenlosigkeit, der Ekstase, der Ewigkeit verschrieben: *Dichter* wie Novalis, Baudelaire, Edgar Allan Poe oder Aldous Huxley, Charles Bukowski und Gottfried Benn, *Musiker* wie Wolfgang Amadeus Mozart, Charlie Parker, Jimi Hendrix, Janis Joplin und Elvis Presley, *Schauspieler* wie Marilyn Monroe und James Dean.

Es war letzten Endes die Kompromisslosigkeit und Radikalität ihrer Kunstwerke und ihres Lebens, die sie zu Kultfiguren machten. Oft war es der frühe Tod, der ihr Image zu steinernen Denkmälern in unseren Herzen meißelte: »Live fast, love deep, die young«, »Lebe schnell, liebe tief, sterbe jung«, die Philosophie der Beatnikgeneration war ein radikaler Bruch mit der gutbürgerlichen Vernunft: Lieber ein kurzes und intensives als ein langes und langweiliges Leben. Und diese Ideologie entwickelte sich nicht erst im 20. Jahrhundert. Schon zwei Jahrhunderte früher schrieb der englische Dichter William Blake: »Die Straße der Ausschweifungen führt zum Palast der Weisheit.« Auch im alten Indien unterschied man zwei Wege: Den Weg des *Yoga*, den Weg des »Jochs«, der Selbstdisziplin und Selbstkasteiung, und den des *Tantra*, den Weg der Ekstase.

Besessene gab und gibt es in allen Bereichen: Große Politiker wie Alexander der Große, der als knapp 30-Jähriger seine Armeen bis an die Grenzen Indiens schickte, oder Napoleon, der die Angewohnheit hatte, drei Schreibern drei verschiedene Briefe gleichzeitig zu diktieren, weil sein Gedankenstrom so schnell war, dass ein Schreiber allein ihm nicht folgen konnte, zählen genauso dazu wie der rätselhafte Lawrence von Arabien, ein gebürtiger Engländer, der Anfang des Jahrhunderts ganz Arabien in Unruhe versetzte und mit einem Motorrad umkam.
»Gibt es überhaupt ein gesundes Genie?« Diese rhetorische Frage stellte der Arzt und Dichter Gottfried Benn, selbst hochgradig süchtig. Und wie schrieb ein anderer Dichter: »Ich denke über meine Zukunftsaussichten als Schriftsteller nach. Rosig sind sie nicht gerade. Entweder ich zügle meine Neugier und meine Risikobereitschaft, und schreibe Glattes. Oder ich nehme mein Herz in beide Hände, schreibe Sätze, die Sprengkörpern ähneln – und ende übel.«
Deshalb verachten viele Künstler auch die gutbürgerliche Forderung nach dem maßvollen Leben. »Weshalb maßvoll?«, fragen sie und: »Nach wessen Maß?«
Der Psychologe Roland Fischer (siehe dazu Kapitel I.2) liefert ihnen wissenschaftliche Munition: Er meint, dass es nicht nur »Schizophrenie« gibt, sondern auch »Normophrenie«, die krankhafte Bindung an Normen, an das normale Leben und Verhalten – ein Frontalangriff auf das bürgerliche Alltagsbewusstsein.
Aber woher kommt dieser Wunsch nach Entgrenzung, nach Totalität, nach Eins-Sein mit dem Kosmos, nach Identität von Innenwelt und Außenwelt, auch bei seelisch gesunden Menschen? Ein Erklärungsversuch: Wir Menschen sind »physiologische Frühgeburten«, d. h., wir sind nicht wie andere Lebewesen direkt nach der Geburt allein lebensfähig, sondern brauchen noch mehrere Jahre einen »sozialen Uterus«, der uns nährt und schützt. Wenn man sich vorstellt, dass wir aus einem Mutterleib kommen, der die Illusionen von Ganzheit vermittelt – wir leben in einem dunklen, feuchten, warmen intrauterinen Milieu, wir werden über die Nabelschnur automatisch ernährt, Anstrengung ist uns fremd. In dieser Zeit werden die Grundstrukturen unseres Bewusstseins gelegt. Man kann sagen, dass die Situation im Mutterleib der Ursprung aller Paradiesvorstellungen ist (mehr dazu in meinem Buch »Was erlebt ein Kind im Mutterleib?«, Herder-Taschenbuch, Freiburg 2003, 7. Auflage). Der »Daseinswechsel« Geburt ist ein dramatischer Prozess. Wenn man so will, werden wir aus dem (wenn auch in den letzten Monaten sehr engen) Paradies verstoßen. Alles verändert sich radikal: Wir müssen uns durch den engen Geburtskanal hindurchquälen, werden abgenabelt, be-

finden uns in einem grellen, lauten Milieu (Luft statt Wasser), müssen selbst atmen, schreien, wenn uns was nicht passt (wir z. B. Hunger haben, es zu kalt ist), müssen lernen zu sehen, unsere Körperbewegungen koordinieren, irgendwann sprechen und schreiben. Wir werden geschlechtsreif, erwachsen, aber immer ist diese lustvolle Erfahrung der totalen Einheit mit der Umwelt im Mutterleib, in der unsere Bedürfnisse quasi automatisch befriedigt wurden, in unserem Gedächtnis gespeichert, und vor allem in schwierigen Situationen tritt bei manchen die Sehnsucht danach offen zutage. »Regression« nennen das die Psychologen. Und die Suchtmittel (seien es Drogen oder stoff*un*gebundene Suchtverhaltensweisen) vermitteln – zumindest am Anfang – diese Illusion der Grenzenlosigkeit, sind für viele deshalb letztlich Symbol für die Situation im Mutterleib.

Dabei wird der Wunsch nach Ekstase nicht ausschließlich aus Konflikten geboren. Vielleicht gehört es einfach zu uns als Menschen, dass wir uns mehr wünschen, als wir haben. Schließlich erleben wir die Welt auch nur mit fünf Sinnesmodalitäten – weshalb sollte nicht das als Faktum schon genügen, dass wir mehr von der Welt mitbekommen wollen als das, was uns die Sinne vermitteln?

Die Kulturanthropologin Felicitas D. Goodman meint denn auch, dass wir unter einem »Ekstase-Entzug« leiden und dass uns dadurch der Sinn verloren gegangen ist. Sie beschwört die Bedeutung von »Grenzerfahrungen« für unsere seelische Gesundheit. Hierzu hat unsere Kultur aber keine Rituale mehr – ganz im Gegensatz zu vielen Naturvölkern. Vielleicht ist das Fehlen von Ekstase-Ritualen die Ursache dafür, dass immer häufiger aus dem positiven Wunsch nach Entgrenzung eine fatale Suchtkarriere wird. Denn das weiß man aus vielen Studien, dass dort, wo es einen in (meist religiöse) Rituale eingebetteten Gebrauch von Drogen und Ekstasetechniken gibt, weniger Süchtige leben.

Wie dem auch sei: Der Wunsch, sich ganz anders zu fühlen, etwas nicht Alltägliches zu erleben, außer sich zu sein, der Wunsch nach Hochgefühl, nach Ekstase ist in jedem von uns. Und genauso das Bedürfnis, einmal erlebte Lust immer wieder erleben zu wollen. Diese beiden ganz normalen Eigenschaften – der Wunsch nach Grenzerfahrung, nach Zerstörung oder Überwindung der engen Ich-Grenzen und der Wiederholungszwang – sind der Nährboden, in dem unsere Süchte ihre Wurzeln schlagen. So gesehen, sind die Ursprünge der Sucht in vielen von uns vorhanden. Die Frage ist denn auch schon fast philosophisch: Trägt das menschliche Leben in sich den Wunsch, sich zu überwinden, die Grenzen zu sprengen?

Wäre unser Leben nicht in vielem »ärmer« ohne unsere Fähigkeit, süchtig zu werden? Denn diese Fähigkeit macht, dass wir nicht nur nippen am Becher des Lebens, sondern ihn – eventuell sogar bis zur bitteren Neige – austrinken, dass wir nicht nur gelangweilte oder gar blasierte Beobachter des Lebens bleiben, sondern engagiert mitsprechen und mittun, unseren »Einsatz bringen«. Es ist der »Januskopf« der Sucht, dass sie einerseits kurzfristig eine tiefe Befriedigung zu geben vermag, dass sie langfristig aber auch in die Zerstörung führen kann. Wichtig ist, beides zu können: intensiv hineinzugreifen ins volle Leben und voll zu genießen, aber auch sich zurückziehen zu können und unbeteiligter Beobachter zu sein.

Wie schrieb doch der Frankfurter Psychiater Hans-Jürgen Bochnik: »Eine kleine Leidenschaft kann bei fehlender Selbstbeherrschung zur Sucht führen, eine große bei größerer innerer Stärke zu ungewöhnlichem, ungefährlichem Erlebnisreichtum.«

5. Wie geht die Gesellschaft mit diesen Suchtformen um?

Alles, was spektakulär ist und einen Neuigkeitswert hat, ist ein gefundenes Fressen für die Massenmedien. Deshalb werden diese »neuen Süchte« gern aufgegriffen und mitunter marktschreierisch zu kruden Sensationsartikeln verarbeitet. Ein seriöses Herangehen an das Thema ist selten – aber es geschieht. Mitunter mutet das Ganze wie eine Inflationierung der Suchtformen an, mit dem Ziel, alles zur Sucht zu erklären. Deshalb wenden sich manche Drogenfachleute angewidert ab und sprechen von einer »Sucht nach neuen Süchten« (Dr. Wolfgang Bellaire, Universitäts-Nervenklinik Saarbrücken) oder einem »Modeetikett Sucht« (Dr. Hans-Ludwig Kröber, Psychiater, Heidelberg).
Die Öffentlichkeit greift indes begierig nach diesen »Süchten«. Ganz anders die Expertenwelt: Dort hält man sich oft bedeckt, obwohl in vielen Beratungsstellen die Spiel-, Ess- und Liebessüchtigen immer häufiger werden. Zwar gab es schon mehrere Tagungen und Kongresse zu dem Thema:

- »Süchtiges Verhalten« (1984, Deutsche Hauptstelle gegen die Suchtgefahren);
- »So genannte neue Süchte« (1984, Katholische sozialethische Arbeitsstelle);
- »Neue Süchte in der Diskussion« (1986, Katholische sozialethische Arbeitsstelle);
- »Sucht ohne Drogen?« Stoff*un*gebundene Suchtformen (1988, Berufsverband deutscher Psychologen) u. a.

Allerdings war die Ambivalenz diesem Thema gegenüber oft stark zu spüren. Auch das Niveau und die Ernsthaftigkeit diesem Thema gegenüber ließen (und lassen) mitunter zu wünschen übrig. Gut zu belegen ist das durch die KSA-Veröffentlichung des Vortrages auf der Tagung »Neue Süchte in der Diskussion« von Hans-Joachim Maes, »Über die Fahrradsucht«, in dem er sich über diese »Neuen Süchte« lustig macht.
Das führt zu der heiklen Frage, wer eigentlich Nutzen aus den stoff*un*gebundenen Suchtformen zieht. Und beim Umgang der Nutznießer mit dem Thema der Innenweltverschmutzungen durch stoff*un*gebundene Suchtformen kann man folgende Phasen feststellen, wenn der gesellschaftliche und politische Druck immer größer wird:

- *Ignorieren und Totschweigen.* Motto: »Das Problem existiert überhaupt nicht.«
- *Abwiegeln und Herunterspielen.* Die Schäden werden als so gering

und banal eingeschätzt, dass man sie vernachlässigen könne. Die Betroffenen werden beleidigt, indem man ihnen vorwirft, sie allein seien selbst schuld. Kritische Journalisten und Wissenschaftler werden diffamiert. Motto: »Wer daran glaubt, ist ein Panikmacher.«
- *Ablenkung von sich als Verursacher.* Suche nach anderen Ursachen und Schuldigen. Motto: »Wir waren's nicht, haltet den Dieb« oder Verallgemeinerung der Ursachen: »Das gehört zum menschlichen Leben.«
- *Anerkennen der generellen Problematik,* aber Verweis darauf, dass es noch nicht genügend wissenschaftliche Erkenntnisse über die Schäden gebe. Motto: »Wir wissen noch zu wenig.«
- *Aufblähen des Erkenntnisproblems und Heraufsetzen der Beweisstandards.* Motto: »Das Problem ist viel komplexer, als wir glaubten. Wir müssen noch viel mehr forschen.«
- *Der Versuch, Wissenschaftler zu kaufen,* indem man Studien und Forschungsprojekte veranlasst, finanziert oder unterstützt, die den eigenen Standpunkt stützen. Motto: »Wer beißt schon in die Hand, von der er gefüttert wird.«
- Die »Forschungs«-Ergebnisse der gekauften Wissenschaftler werden von (meist freien) *Journalisten,* die als *verdeckte Public-Relations-Agenten* arbeiten, in die Massenmedien gebracht, um so die öffentliche Stimmung in ihrem Sinn zu beeinflussen, zumindest aber eine (scheinbar wissenschaftlich fundierte) Gegenposition zu entwickeln.
- Versuch der *Beeinflussung von Opinion-Leadern, Mediatoren, Multiplikatoren und Funktionären* in wichtigen Organisationen (Parteien, Verbänden, Gewerkschaften, Kirchen etc.) in ihrem Sinn.
- *Verdecktes Drohen mit Vernichtung der Arbeitsplätze,* wenn schließlich doch gesetzliche Regelungen o. Ä. zur Einschränkung unternommen werden.

Die Abfolge der einzelnen Phasen liegt nicht fest, sondern kann wechseln. Sie wurde und wird – in leichten Abwandlungen – von der Zigarettenindustrie, der Zucker- und der Spielautomatenindustrie angewandt. Als in den 50er Jahren Ärzte auf die Gefahren des Rauchens und den Zusammenhang mit Lungen-, Rachen- und Kehlkopfkrebs hinwiesen, lief die Zigarettenindustrie dagegen Sturm. Sie argumentierte, dass das überhaupt nicht bewiesen sei, und zerrte sogar mehrere Ärzte vor Gericht. Heute – nach 35 Jahren – ist der Zusammenhang ganz klar bewiesen, und so gut wie jeder kennt ihn.

Ich glaube, dass für die stoff*un*gebundenen Suchtformen die Situation ganz ähnlich ist, und zwar bis in die Details. Es gibt viele Leute, welche die stoff*un*gebundenen Suchtformen verharmlosen, die Gefahren herunterspielen und nicht wahrhaben wollen. Die Motive dahinter sind manchmal offensichtlich, wie bei der Spielautomatenindustrie, wo es um Profite geht, oder bei den Krankenkassen, die für die Kosten der Suchttherapie aufzukommen haben.

Ganz unverständlich bleibt jedoch die Ablehnung des Begriffs der stoff*un*gebundenen Sucht durch ehemalige Alkoholiker. Die einzige Erklärung, die mir dazu einfällt, ist, dass sie vielleicht um die Exklusivität ihres Stigmas »Abhängigkeit« fürchten.

Damit die oben genannten Strategien nicht zum Erfolg führen, ist die Rolle der nicht käuflichen Journalisten wichtig, die sich an den Betroffenen und ihren Problemen orientieren, statt sich vor irgendeinen finanziell angetriebenen PR-Karren spannen zu lassen.

Eine ganz andere Dimension: Jede Gesellschaft unterstützt Verhaltensweisen, die ihr nutzen, und bestraft Verhaltensweisen, die ihr schaden. Auf den Suchtbereich übertragen heißt das: Alkoholismus und Drogenabhängigkeit schaden der Gesellschaft sehr direkt. Sie haben – abgesehen von dem Ausfall der Arbeitskraft der Betroffenen – immense Folgekosten: Kriminalität, Gefängnisaufenthalte, Entzugsbehandlungen und Therapien; für all das hat die Gesellschaft direkt aufzukommen. Man spricht davon, dass z. B. ein langjähriger Fixer die Gesellschaft zwischen einer halben und einer Million kostet. Bei den stoff*un*gebundenen Suchtformen sind die Kosten für die Gesellschaft oft nicht unmittelbar sichtbar. Ob sich einer krank arbeitet, eine sich krank frisst oder bis zur Dusseligkeit fernsieht, ist aus soziologischer Sicht für die Gesellschaft seine/ihre Privatsache. Anders ist es, wenn sich daraus direkte Folgekosten für die Gesellschaft ergeben. Wenn ein Spielsüchtiger aus Geldnot stiehlt und Scheckbetrügereien begeht oder ein Sexsüchtiger andere belästigt, dann ist der Gesetzgeber aufgerufen. Und in diesen Bereichen sind ja die ersten gesetzlichen Regelungen zu erwarten. Nicht zuletzt deshalb wird sich die Gesellschaft erst dann wirklich mit diesen süchtigen Verhaltensweisen auseinander setzen, wenn ihr Schaden entsteht. Es sei denn, sie schaut nicht nur auf die kurzfristigen Auswirkungen dieser Suchtformen. Wenn man davon ausgeht, dass *langfristig* dann eine Gesellschaft am stabilsten ist, wenn möglichst große Teile der Bevölkerung ein befriedigendes und sinnvolles Leben führen, dann sind diese stoff*un*gebundenen Suchtformen sicherlich ein Hindernis auf diesem Weg – ganz abgesehen von der Frage, wie viel Leid sie über einzelne Mitglieder der Gesellschaft bringen. Wie schrieb doch Bertolt Brecht:

»Was nicht fremd ist, findet befremdlich.
Was gewöhnlich ist, findet unerklärlich.
Was da üblich ist, das soll euch erstaunen.
Was die Regel ist, das erkennt als Mißbrauch.
Und wo ihr Mißbrauch erkannt habt,
Da schafft Abhilfe!«

IX. Zusammenfassung und Ratschläge

1. Fachsprache / Alltagssprache
Nicht der Begriff »Sucht« ist wichtig. Wichtiger sind die Verhaltensweisen, die damit beschrieben werden. Trotzdem: Es ist notwendig, zwischen dem klinisch-psychologischen Terminus »Sucht« und der Verwendung »Sucht« in der Alltagssprache zu unterscheiden. Man kann folgende Abstufungen feststellen:

Gebrauch	Genuss
Missbrauch	Rausch
Ausweichendes Verhalten	Abweichendes Verhalten
Gewöhnung	Abhängigkeit
Süchtiges Verhalten	Suchtkrankheit

2. Definition
Sucht ist gekennzeichnet durch ein chronisches Ausweichen vor scheinbar unlösbaren Konflikten. Der willentliche Einfluss (*Kontrollverlust*) auf das Suchtverhalten geht mehr und mehr verloren. Es besteht ein unwiderstehliches Verlangen, das süchtige Verhalten immer wieder zu befriedigen (*Wiederholungszwang*). Das süchtige Verhalten bekommt eine *zentrale Funktion* im Leben des Betroffenen. Es wird der wichtigste Problemlösungsmechanismus. Das Leben zentriert sich mehr und mehr um das Suchtverhalten (z. B. bei Spielern oder Arbeitssüchtigen). Es wird *Fluchtburg* und dient oft zur Belohnung für die Härten des Alltags (z. B. bei Esssüchtigen, »Shopaholics« und »Couch potatoes«). Ähnlich wie bei den stoffgebundenen Süchten gibt es eine Dosissteigerung (*»More-Effekt«*): Es wird noch mehr gegessen, gespielt, gearbeitet oder ferngesehen. Es wird langsam alles egal. Wenn das Suchtverhalten nicht ausgeführt werden kann, zeigen sich *Entzugserscheinungen*: Aggressivität, Schlaflosigkeit oder Umsteigen auf andere Formen der Sucht.

3. Gemeinsamkeiten
Jedes Verhalten kann – im Extrem betrieben – Züge von Sucht bekommen, sozusagen süchtig entgleisen.

4. Unterschiede
Die Unterscheidung zwischen den einzelnen Suchtverhaltensweisen ist sekundär. Allerdings ist der Gebrauch mancher Mittel oder bestimmter

Verhaltensweisen »gefährlicher« als anderer. D. h., es ist selbst- (oder fremd-)destruktiver und führt schneller zu süchtigen Entgleisungen. Der Missbrauch von Heroin, Kokain, Alkohol oder Glücksspiel etc. führt zur schnelleren und intensiveren Selbstzerstörung als Sucht- und Fluchtmittel wie Essen, Arbeiten, Fernsehen, Internet oder Sexualität.

5. Suchtstrukturen
Wichtiger als die Unterschiede zwischen den verschiedenen Suchtverhaltensweisen ist das Entwickeln und das Erlernen von Suchtstrukturen, süchtigem Erleben und Verhalten, also süchtigem Umgang mit dem eigenen Leben. Wenn sich erst einmal eine generelle Suchtstruktur entwickelt hat, ist es zweitrangig, welches Mittel, welche »Alltagsdroge« dort den Platz ausfüllt.

6. Persönlichkeitsstruktur
Ob jemand eine generelle Tendenz hat, süchtig mit sich und der Welt umzugehen, hängt eng mit der Persönlichkeitsstruktur des Betreffenden zusammen.

7. Sozialisationsinstanzen
Die Persönlichkeitsstruktur eines Menschen entwickelt sich nicht im luftleeren Raum. Zentrale Sozialisationsinstanzen sind die Eltern, die Familie, die Schule, die Gruppe der Gleichaltrigen, der Arbeitsplatz, die Massenmedien etc.

8. Süchtiger Umgang
Es wird weniger der konkrete Gebrauch von »Alltagsdrogen« in der Familie, in der Schule oder Peer-Group gelernt als der süchtige Umgang mit problematischen und unproblematischen Situationen. Das ist auch abhängig von der Vielfalt der Angebote: TV-Konsum, Internet, Kaufrausch werden »normal«.

9. »Versüchtelung«
Die generelle Tendenz, mit sich, den anderen und der Welt süchtig umzugehen, verbreitet sich. Man kann von einer langsamen »Versüchtelung« immer größerer Teile der Bevölkerung ausgehen. Der süchtige Umgang wird mehr und mehr das Normale.

10. Prophylaxe/Therapie
Im Sinne einer sinnvollen Prophylaxe und Therapie ist es notwendig, die Ausgrenzung des Süchtigseins aufzugeben und selbst die eigenen

süchtigen Anteile zu überprüfen und eventuell sein Leben entsprechend zu reformieren.

Ratschläge zur Vorbeugung von süchtigem Verhalten

Wenn der Sohn spritzt, die Tochter kokst, die Mutter zu viele Tabletten schluckt oder der Vater säuft, dann ist bereits das Ende einer langjährigen süchtigen Entwicklung erreicht. Es fängt meist mit ganz harmlosen »Alltagssüchten« an. Im süchtigen Umgang mit dem Essen, dem Fernsehen, der Liebe, der Arbeit oder dem Spielen wird eine süchtige Grundstruktur gelegt. Der Weg zu gefährlichen Suchtstoffen wird dadurch geebnet.

- *Bewusstsein.* Was gibt es bei Ihnen an eingefahrenen »automatischen« Verhaltensmustern (z. B. in Stresssituationen der Griff zur Zigarette, zur Belohnung Pralinen, nach der Arbeit fernsehen)? Machen Sie sich diese bewusst und experimentieren Sie damit.
- *Wann? Wo? Mit wem?* Schauen Sie genau hin – wann, wo, in welchen Situationen, in welcher Verfassung, mit wem Sie, Ihr Partner oder Ihr Kind vor allem süchtig essen, arbeiten, fernsehen, Sex haben oder spielen.
- *Suchtmacher.* Was ist es, das Sie an Genussmitteln oder Genussverhaltensweisen auf keinen Fall missen möchten? Gibt es »Suchtmacher« darunter?
- *Nervosität.* Achten Sie darauf, ob Sie nervös werden, wenn etwas davon nicht greifbar ist.
- *Hinlenkung statt Ablenkung.* Achten Sie darauf, wenn Sie etwas – in der Hauptsache oder zum großen Teil – zur Ablenkung tun. Was ist es, wovor Sie weglaufen? Gibt es nicht eine sinnvollere Möglichkeit?
- *Keine Ersatzbefriedigung.* Tun Sie so wenig wie möglich als billigen Ersatz für etwas, was Sie wirklich brauchen oder wollen.
- *Suchtfreie Woche.* Können Sie etwas von dem, was Sie täglich tun, einmal für eine begrenzte Zeit sein lassen? Legen Sie periodisch eine suchtfreie Woche ein.
- *Weniger kann mehr sein.* Achten Sie mehr auf Qualität als auf Masse bei allem, was Sie gebrauchen.
- *Vorbild statt Vorschrift.* Es nützt wenig, wenn man versucht, den Kindern *vorzuschreiben*, dass sie nicht so viel rauchen, spielen, trinken, fernsehen oder essen sollen. Es ist wichtiger, es *vorzuleben*. Wenn die Eltern in der Lage sind, für sich selbst ein ehrliches, befriedigendes und sinnvolles Leben zu gestalten, dann hat Sucht und süchtiges Verhalten wenig Chancen. Und das ist die beste Vorbeugung dagegen, dass aus Kindern Süchtige werden.

Anhang

Weiterführende Literatur

Allgemein

Aktion Jugendschutz, Landesarbeitsstelle Schleswig-Holstein (Hrsg.): Rausch und Realität – Drogen im Kulturvergleich. Kiel 1983 (Neuland).

Assfalg, R. u. Rothenbacher, H.: Diagnose der Suchterkrankung. Hamburg 1987 (Neuland).

Battegay, R.: Die Hungerkrankheiten – Unersättlichkeit als krankhaftes Phänomen. Bern, Stuttgart, Wien 1982 (Huber).

Csikszentmihalyi, M.: Flow – Das Geheimnis des Glücks. Stuttgart 1992 (Klett-Cotta).

Deutsche Hauptstelle gegen die Suchtgefahren (Hrsg.): Jahrbuch Sucht 2002. Geesthacht 2001 (Neuland).

Deutsche Hauptstelle gegen die Suchtgefahren (Hrsg.): Abhängigkeit bei Frauen und Männern (Schriftenreihe zum Problem der Suchtgefahren; Bd. 32). Freiburg im Breisgau 1990 (Lambertus).

DHSG (Hrsg.): Familie der Suchterkrankung. Hamm 1977 (Hoheneck).

Endriss, R.: Drogen und Recht. 1984 (Dreisam).

Fengler, J. (Hrsg.): Handbuch der Suchtbehandlung. Beratung – Therapie – Prävention. Landsberg/Lech 2002 (ecomed).

Gassmann, R.: Neue Süchte – Streit um ein gesellschaftliches Phänomen. Hamburg 1988 (Neuland).

Goddenthow, D.-W.: Alles fängt so harmlos an. Freiburg 1988 (Herder).

Gross, W.: Was ist das Süchtige an der Sucht? Geesthacht 1998, 2. Auflage (Neuland).

Gross, W.: Hinter jeder Sucht ist eine Sehnsucht, Freiburg 2002, 7. Auflage (Herder Spektrum).

Harten, R.: Normal und süchtig. Geesthacht 1992, 6. Auflage (Neuland).

Harten, R.: Sucht – Begierde – Leidenschaft. München 1991 (Ehrenwirth).

Heide, M. u. Lieb, H. (Hrsg.): Sucht und Psychosomatik: Beiträge des 3. Heidelberger Kongresses. (Schriftenreihe des Fachverbandes Sucht e.V.). Bonn 1991 (Nagel).

Hodgson, R. u. Müller, P.: Der abhängige Mensch. Was tun gegen Süchte, Gewohnheiten, Zwänge? München 1985.

Internationale Klassifikation psychischer Störungen (ICD-10), Bern / Göttingen / Toronto 1991 (Huber).

Körkel, J. (Hrsg.): Der Rückfall der Suchtkranken – Flucht in die Sucht? Berlin, Heidelberg, New York 1988 (Springer).

Korczak, D. (Hrsg.): Die betäubte Gesellschaft – Süchte: Ursachen, Formen, Therapien. Frankfurt a. M. 1986 (Fischer).

Ludwig, R. u. Neumayer, J. (Hrsg.): Die narkotisierte Gesellschaft? Neue Wege

in der Drogenpolitik und akzeptierende Drogenarbeit. Marburg 1991 (Schüren).
Merfert-Diete, C. u. Soltau, R. (Hrsg.): Frauen und Sucht – Die alltägliche Verstrickung in Abhängigkeit. Reinbek bei Hamburg 1984 (Rowohlt).
Neidert, R., Schenk, J. u. Stoffers, M.: Zur aktuellen Suchtproblematik. Hamm 1986.
Quensel, S.: Mit Drogen leben – Erlaubtes und Verbotenes. Frankfurt / Main 1985 (Campus).
Pattersen, M.: Der sanfte Entzug – Ein neues biomedizinisches Verfahren. Stuttgart 1988 (Klett-Cotta).
Poppelreuter, S. u. Gross, W.: Nicht nur Drogen machen süchtig, Weinheim 2000 (Psychologie Verlags Union, PVU, Beltz).
Russland, R.: Suchtverhalten und Arbeitswelt – Vorbeugen, aufklären, helfen. Frankfurt a. M. 1988 (Fischer).
Sahihi, A.: Drogen von A–Z – Ein Handwörterbuch. Weinheim 1990 (Beltz).
Saß, H., Wittchen, H.-U. u. Zaudig, M. (Deutsche Bearbeitung und Einführung): Diagnostisches und Statistisches Manual Psychischer Störungen DSM-IV. Göttingen 1996 (Hogrefe).
Schwoon, D. R. u. Krausz, M. (Hrsg.): Suchtkranke – Die ungeliebten Kinder der Psychiatrie. Stuttgart 1990 (Enke).
Thamm, B. G.: Drogenfreigabe – Kapitulation oder Ausweg? Hilden 1990 (Deutsche Polizeiliteratur).
Tretter, F., Lehmann, A., Aurin, O., Merfert-Diete, C. u. Schneider, K.: Sucht und Literatur. Freiburg i. Br. 1989 (Lambertus).
Völger, G. u. Welck, K. v. (Hrsg.): Rausch und Realität – Drogen im Kulturvergleich, Bd. 1–3. Reinbek bei Hamburg 1982 (Rowohlt).
Weber-Hagedorn, B. u. Siller, G.: Sucht – Die Diktatur des Zuviel: Mit Übungen und Spielen für Berater, Betroffene und Angehörige. Offenburg 1988 (Burckhardthaus-Leatare).
Wilson-Schaff, A.: Im Zeitalter der Sucht – Wege aus der Abhängigkeit. Hamburg 1989 (Hoffmann und Campe).
Zehentbauer, J.: Körpereigene Drogen – Die ungenutzten Fähigkeiten unseres Gehirns. Düsseldorf 2001 (Patmos).
Zoja, L.: Sehnsucht und Wiedergeburt – Ein neues Verständnis der Drogensucht. Stuttgart 1986 (Kreuz).

Spielen

Ahrens, M.: Das große Geld. München 1987 (Heyne).
Brakhoff, J. (Hrsg.): Glück – Spiel – Sucht – Beratung und Behandlung von Glücksspielern. Freiburg i. Br. 1989 (Lambertus).
Düffort, R.: Ratgeber für Spieler und ihre Angehörigen. Freiburg i. Br. 1986 (Lambertus).
Harten, R. (Hrsg.): Spielsucht. Hamburg 1988 (Neuland).
Meyer, G.: Geldspielautomaten mit Gewinnmöglichkeiten – Objekte pathologischen Glücksspiels. Bochum 1983.

Meyer, G.: Glücksspieler in Selbsthilfegruppen. Hamburg 1989 (Neuland).
Meyer, G. u. Bachmann, M.: Glücksspiel – Wenn der Traum vom Glück zum Alptraum wird. Berlin, Heidelberg 1993 (Springer).
Wahl, C.: Spielsucht – Verfall bei vollem Bewusstsein. Broschüren der »Anonymen Spieler«. Hamburg 1988 (Neuland).
Weber-Hagedorn, B.: Ich spiele um zu gewinnen. Praktische Erfahrungen aus der ambulanten Arbeit mit Spielern und deren Angehörigen, in: Partner 25, 16–21, Kassel 1991.

Börse

Cole, B. M.: Die Rattenfänger der Wall Street – Wie Analysten die Börsenwelt manipulieren. Frankfurt a. M. 2002 (Campus Sachbuch).
Filc, Wolfgang: Gefahr für unseren Wohlstand – Wie Finanzmarktkrisen die Weltwirtschaft bedrohen. Frankfurt 2001 (Eichborn).
Freiberg, Till: Die Abzocker – Ein Finanzberater packt aus. Stuttgart / München 2002 (DVA).
Goyke, F.: Das Lexikon rund ums Geld. Berlin 2001 (Schwarzkopf & Schwarzkopf).
Klimeta, H.: Die 12 Aktienirrtümer – Was Börsengurus verschweigen. Stuttgart / München 2001 (DVA).
Labarde, P. u. Maris, B.: Börse oder Leben – Die große Manipulation. Stuttgart / München 2000 (DVA).
Lachmair, W.: Vorsicht Luftgeschäfte – Schwindelhafte Kapitalanlagen, die Anbieter und ihre Tricks. Frankfurt a. M. 2001 (Eichborn).
Meyer, G.: Im Wertpapier-Fieber, Berlin 2000, (Suchtreport 4/2000).
Schumacher, M.: Die Kursmacher: Analysten – Astrologen oder neue Finanzelite? Stuttgart / München 2001 (DVA).

Essen

Aktion Jugendschutz: Essen wir uns krank? Hamburg 1987 (Neuland).
Allabadi, C. u. Lehnig, W.: Wenn Essen zur Sucht wird. München 1982 (Kösel).
Bauer, B.: Bulimie – Behandlungsanleitung für Therapeuten und Betroffene. Weinheim 1992 (Psychologie Verlags Union, PVU, Beltz).
Bick, M. (Hrsg.): Warum sollen wir Dicken uns dünne machen? Reinbek bei Hamburg 1980 (Rowohlt).
Bruch, H.: Der goldene Käfig – Das Rätsel der Magersucht. Frankfurt a. M. 2002, 17. Auflage (Fischer).
Erper, H.: Die Sucht mager zu sein. Zürich 1990 (Kreuz).
Karren, U.: Die Psychologie der Magersucht. Bern, Stuttgart, Toronto 1986 (Huber).
Langsdorff, M.: Die heimliche Sucht, unheimlich zu essen. Frankfurt a. M. 2002, überarb. Neuausgabe (Fischer).
Liebs, E.: Das Köstlichste von allem. Zürich 1988 (Kreuz).
Mader, P.: Gestörtes Essverhalten. Hamburg 1986, 3. Auflage (Neuland).
MacLoad, S.: Hungern, meine einzige Waffe. München 1983 (Kösel).

Orbach, S.: Anti-Diätbuch I und II. München 1980 und 1984 (Frauenoffensive).
Schneider-Henn, K.: Die hungrigen Töchter. München 1988 (Kösel).

Arbeiten

Breitenstein, R.: Wenn Männer zu viel arbeiten – Rausch, Ritual, Ruin. München 1990 (Langen-Müller / Herbig).
Fassel, D.: Wir arbeiten uns noch zu Tode – Die vielen Gesichter der Arbeitssucht. München 1991 (Kösel).
Gesamtverband Suchtkrankenhilfe: »Arbeitssucht« (Broschüre) Nicol-Verlag, Kassel (o. J.).
Gross, W.: Arbeitssucht, in: Was ist das Süchtige an der Sucht? Geesthacht 1995, 2. Auflage (Neuland).
Gross, W.: Karriere(n) in der Krise – Die seelischen Kosten des beruflichen Aufstiegs (Bonn 1997), Deutscher Psychologen Verlag (DPV).
Gross, W.: Karriere 2000 – Hoffnungen – Chancen – Perspektiven – Probleme – Risiken (Bonn 1998), Deutscher Psychologen Verlag (DPV).
Hesse, J. u. Schrader, H. C.: Die Neurosen der Chefs. Frankfurt a. M. 1994 (Eichborn).
Hofstetter, H.: Die Leiden der Leitenden. Köln 1988 (Datenkontext).
Machlowitz, M.: Workaholism. Yale University 1976.
Mentzel, G.: Über die Arbeitssucht, in: Zeitschrift für psychosomatische Medizin und Psychoanalyse, 25/1979.
Orthaus, J., Knaak, A. u. Sanders, K.: Schöner schuften – Wege aus der Arbeitssucht. Köln 1993 (Kiepenheuer & Witsch).
Poppelreuter, S.: Arbeitssucht, Weinheim 1997 (Psychologie Verlags Union).
Psychologie Heute: Arbeit – Die seelischen Kosten. Weinheim 1982 (Kösel).
Rohrlich, J.-B.: Arbeit und Liebe. München 1982 (Kösel).
Seibel, H. D. u. Lühring, M.: Arbeit und psychische Gesundheit. Göttingen 1988 (Hogrefe).

Liebe und Sexualität

Carnes, P.: Wenn Sex zur Sucht wird. München 1991 (Kösel).
Carnes, P.: Zerstörerische Lust – Sex als Sucht. München 1987 (Heyne).
Fuchtmann, E. (Hrsg.): Identität und Sexualität. Freiburg i. Br. 1988 (Lambertus).
Keen, S.: Die Lust an der Liebe – Leidenschaft als Lebensform. Weinheim 1984 (Beltz).
Norwood, R.: Wenn Frauen zu sehr lieben. Reinbek bei Hamburg 1988 (Rowohlt).
Wieck, W.: Männer lassen lieben. Stuttgart 1987 (Kreuz).
Wilson-Schaef, A.: Co-Abhängigkeit. Wildberg 1986.

Kleptomanie

Beek, M. i. d.: Der Zwang zu stehlen: Psychologische, soziologische und juristische Aspekte der Kleptomanie. Bonn 1991 (Bouvier).

Kaufen

Damon, J. E.: Shopaholics – Serious help for addicted Spenders (orig.). Los Angeles 1988 (Price Stern Sloan Inc.).

Mohr-Catalano, E., Sonenberg, N.: »Kaufen, Kaufen, Kaufen«. Stuttgart 1996 (Trias).

Scherhorn, G. u. a.: Kaufsucht – Bericht über eine experimentelle Untersuchung. Stuttgart 1990.

Wesson, C.: Kaufrausch. Bergisch Gladbach 1994 (Bastei-Lübbe).

Schuldnerberatung

Just, W. u. a.: Sozialberatung für SchuldnerInnen. Freiburg i. Br. 1994 (Lambertus).

Münder, J. u. a.: Schuldnerberatung in der sozialen Arbeit. Münster 1992 (Votum).

Extremsituationen

Apter, M.: Im Rausch der Gefahr. München 1994 (Kösel).

Aufmuth, U.: Zur Psychologie des Bergsteigens. Frankfurt a. M. 1994, 4. Auflage (Fischer).

Erdmann, W.: Allein gegen den Wind – Nonstop in 343 Tagen um die Welt. Bielefeld 2002 (Delius-Klasing).

Schulze, G.: Die Erlebnis-Gesellschaft. Frankfurt a. M. 1992 (Campus).

Semler, G.: Lust an der Angst. München 1994 (Heyne).

Simpson, J.: Sturz ins Leere. München 1991 (Piper).

Selbstverletzung

Eckhardt, A.: Im Krieg mit dem eigenen Körper – Autoaggression als Krankheit. Hamburg 1994.

Hirsch, M. (Hrsg.): Der eigene Körper als Objekt – Psychodynamik selbstdestruktiven Verhaltens. Berlin, Heidelberg 1989 (Springer).

Klosinski, G.: Wenn Kinder Hand an sich legen: Selbstzerstörerisches Verhalten bei Kindern und Jugendlichen. München 1999 (Beck).

Levenkron, S.: Der Schmerz sitzt tiefer – Selbstverletzung verstehen und überwinden. München 2001 (Kösel).

Lummas, G.: Verschlossene Seele – Erfahrungen mit Selbstverletzung. Frankfurt a. M. 1999 (Rita G. Fischer).

Sachsse, U.: Selbstverletzendes Verhalten: Psychodynamik – Psychotherapie. Das Trauma, die Dissoziation und ihre Behandlung, 5. Aufl. Göttingen 1999.

Smith, G.: Selbstverletzung – »Damit ich den inneren Schmerz nicht spüre«. Stuttgart 2001 (Kreuz).

Sekten

Gasper, H., Müller, J. u. Valentin, F.: Lexikon der Sekten, Sondergruppen und Weltanschauungen: Fakten, Hintergründe, Klärungen. Freiburg i. Br. 2000 (Herder).

Gross, W.: Psychomarkt – Sekten – Destruktive Kulte, Bonn 1996 (Deutscher Psychologen Verlag, DPV).

Gross, W.: Sekten / Esoterik und Sucht: Psychische Abhängigkeiten in Esoterikszene und neureligiösen Gruppierungen – Theorie und Therapie in:

Poppelreuter, S. u. Gross, W.: Nicht nur Drogen machen süchtig, Weinheim 2000 (Psychologie Verlags Union, PVU, Beltz).

Nordhausen, F. u. Billerbeck, L.: Psycho-Sekten: Die Praktiken der Seelenfänger. 1997 Berlin (Ch. Links Verlag).

Nordhausen, F. u. Billerbeck, L.: Der Sekten-Konzern: Scientology auf dem Vormarsch. 1993 Berlin (Ch. Links Verlag).

Stamm, H.: Sekten – Im Bann von Sucht und Macht. Ausstiegshilfen für Betroffene und Angehörige. München 1996 (DTV).

Internet

Farke, G.: Sehnsucht Internet. Kilchberg / Schweiz 1998 (Smart Books).

Farke G.: Hexenkuss.de: Liebe, Lüge, Lust und Frust im Internet. Langenfeld 1999 (Deller).

Gross, W.: Fernsehen, Videospiele, Computer, Mind-Mashines, Cyberspace und Internet. In: Hinter jeder Sucht ist eine Sehnsucht, Freiburg i. Br. 2002 (Herder Spektrum).

Hahn, A. u. Jerusalem, M.: Internetsucht: Entwicklung eines diagnostischen Instruments und Befunde aus drei Online-Studien. Posterhandout anlässlich des 42. Kongresses der Deutschen Gesellschaft für Psychologie. Jena 2000.

Young, K. S.: Caught in the Net – Suchtgefahr Internet. München 1999 (Kösel).

Periodika und Zeitschriften zum Thema Sucht

Informationsdienst Konsum und Sucht
Kath. Sozialethische Arbeitsstelle e. V.
Jägeralle 5, 59071 Hamm
Tel. (0 23 81) 98 02 00, Fax (0 23 81) 9 80 20 99
www.ksa-hamm.de

Kind – Jugend – Gesellschaft
Zeitschrift für Jugendschutz der
Bundesarbeitsgemeinschaft Kinder- und Jugendschutz e. V.
Mühlendamm 3, 10178 Berlin
Tel. (0 30) 400 40-301/-302, Fax (0 30) 40 04 03 33
www.bag.jugendschutz.de

Konturen
Deutscher Orden Suchthilfe
Königstr. 12, 90402 Nürnberg
Tel. (09 11) 2 06 09 14, Fax (09 11) 2 06 09 30
www.konturen.de

Partner-Magazin
Gesamtverband für Suchtkrankenhilfe im Diakonischen Werk
der evangelischen Kirche in Deutschland e. V.
Kurt-Schumacher-Str. 2, 34114 Kassel
Postfach 101366, 34013 Kassel
Tel. (05 61) 1 09 57 30, Fax (05 61) 77 83 51
www.sucht.org

Sucht Aktuell
Fachverband Sucht e. V.
Walramstr. 3, 53175 Bonn
Tel. (02 28) 26 15 55, Fax (02 28) 21 58 85
www.sucht.de

Sucht Magazin
Ramsteiner Str. 20, CH-4052 Basel
Tel. (00 41 61) 3 12 49 00, Fax (00 41 61) 3 12 49 02
www.suchtmagazin.ch

Suchtmedizin in Forschung und Praxis
Justus-Liebig-Str. 1, 86899 Landsberg
Postfach 1752, 86887 Landsberg
Tel. (0 81 91) 12 55 64, Fax (0 81 91) 12 54 92
www.scientificjournals.com

Suchttherapie
Prävention, Behandlung, wissenschaftliche Grundlagen
c/o ZIS
Martinistr. 52, 20246 Hamburg
Tel. u. Fax (0 40) 4 28 03 51 21
www.zis-hamburg.de

Sucht – Zeitschrift für Wissenschaft und Praxis
Redaktionsbüro
c/o IFT Institut für Therapieforschung
Parzivalstr. 25, 80804 München
Tel. (0 89) 36 08 04 15, Fax (0 89) 36 08 04 19
www.zeitschrift-sucht.de

Weggefährte
Kreuzbund e. V. – Bundesgeschäftsstelle
Münsterstr. 25, 59065 Hamm
Postfach 1867, 59008 Hamm
Tel. (0 23 81) 6 72 72 23, Fax (0 23 81) 6 72 72 33
www.kreuzbund.de

Adressen

Allgemein

Bundesarbeitsgemeinschaft der freien Wohlfahrtspflege e. V.
Oranienburger Str. 13–14, 10178 Berlin
Tel. (0 30) 24 08 90, Fax (0 30) 24 08 91 33
www.bagfw.de

Bundesarbeitsgemeinschaft Kinder- und Jugendschutz e. V.
Mühlendamm 3, 10178 Berlin
Tel. (0 30) 40 04 03 00, Fax (0 30) 40 04 03 33
www.bag.jugendschutz.de

Deutsches Rotes Kreuz e. V. (DRK)
Generalsekretariat – Team 42
Carstennstr. 58, 12205 Berlin
Tel. (0 30) 85 40 43 70, Fax (0 30) 85 40 44 86
www.rotkreuz.de

Informationskreis Drogenprobleme e. V.
Händelallee 7, 10557 Berlin
Tel. (0 30) 3 91 22 88

Arbeiterwohlfahrt Bundesverband e. V. (AWO)
Oppelner Str. 130, 53119 Bonn
Postfach 410163, 53023 Bonn
Tel. (02 28) 6 68 51 57, Fax (02 28) 6 68 52 09
www.awo.org

Bundesministerium für Gesundheit
Am Propsthof 78a, 53121 Bonn
Postfach 170208, 53108 Bonn
Tel. (02 28) 94 10, Fax (02 28) 9 41 49 37
www.bmgesundheit.de

Fachverband Sucht e. V.
Walramstr. 3, 53175 Bonn
Tel. (02 28) 26 15 55, Fax (02 28) 21 58 85
www.sucht.de

Paritätischer Wohlfahrtsverband –
Gesamtverband e. V. – Referat Gefährdetenhilfe
Heinrich-Hoffmann-Str. 3, 60528 Frankfurt
Tel. (0 69) 6 70 62 69, Fax (0 69) 6 70 62 09
www.paritaet.org

Arbeitsgemeinschaft Katholischer Fachkrankenhäuser für Suchtkranke e. V.
Karlstr. 40, 79104 Freiburg
Postfach 420, 79004 Freiburg
Tel. (07 61) 20 03 78, Fax (07 61) 20 03 50

Deutscher Caritasverband e. V.
Referat Basisdienste und besondere Lebensfragen
Karlstr. 40, 79104 Freiburg
Postfach 420, 79004 Freiburg
Tel. (07 61) 20 03 69, Fax (07 61) 20 03 50
www.caritas.de

Bund für drogenfreie Erziehung e. V. (BdE)
Postfach 1422, 21496 Geesthacht
Tel. u. Fax (0 40) 71 09 48 10

Deutscher Frauenbund für alkoholfreie Kultur e. V.
In der Welle 24, 58091 Hagen
Tel. u. Fax (0 23 31) 7 60 38

Deutscher Guttempler-Orden (I.O.G.T.) e. V.
Adenauerallee 45, 20097 Hamburg
Tel. (0 40) 24 58 80, Fax (0 40) 24 14 30
www.guttempler.de

Deutsche Guttempler-Jugend (DGJ)
Moorkamp 5, 20357 Hamburg
Tel. (0 40) 4 90 89 39

Deutsche Hauptstelle gegen die Suchtgefahren e. V. (DHS)
Westring 2, 59065 Hamm
Postfach 1369, 59003 Hamm
Tel. (0 23 81) 9 01 50, Fax (0 23 81) 90 15 30
www.dhs.de

Deutsche Gesellschaft für Suchtforschung
und Suchttherapie e. V. (DG-Sucht)
Wilhelmstr. 125, 59067 Hamm
Postfach 1453, 59004 Hamm
Tel. (0 23 81) 41 79 98, Fax (0 23 81) 41 79 99

Katholische Sozialethische Arbeitsstelle e. V. (KSA)
Jägerallee 5, 59071 Hamm
Tel. (0 23 81) 98 02 00, Fax (0 23 81) 9 80 20 99
www.ksa-hamm.de

Fachverband Drogen- und Rauschmittel e. V. (FDR)
Odeonstr. 14, 30159 Hannover
Tel. (05 11) 1 83 33, Fax (05 11) 1 83 26
www.neuland.com/fdr

Bundesverband für stationäre Suchtkrankenhilfe e. V.
Kurt-Schumacher-Str. 2, 34117 Kassel
Tel. (05 61) 77 93 51, Fax (05 61) 10 28 83
www.suchthilfe.de

Gesamtverband für Suchtkrankenhilfe im
Diakonischen Werk der Evangelischen Kirche
in Deutschland e. V. (GVS)
Kurt-Schumacher-Str. 2, 34117 Kassel
Postfach 101366, 34013 Kassel
Tel. (05 61) 10 95 70, Fax (05 61) 77 83 51
www.sucht.org

Bundeszentrale für gesundheitliche Aufklärung (BzgA)
Ostmerheimer Str. 220, 51109 Köln
Postfach 910151, 51071 Köln
Tel. (02 21) 8 99 20, Fax (02 21) 8 99 23 00
www.bzga.de

Deutsche Gesellschaft für Suchtpsychologie e. V. (dg sps)
Wörthstr. 10, 50668 Köln
Tel. (02 21) 7 75 71 56, Fax (02 21) 7 75 71 80
www.suchtpsychologie.de

Daytop-Gesellschaft für soziale Planung und Alternativen
– Gemeinnützige Gesellschaft mbH
Kaiserstr. 1, 80801 München
Postfach 440447, 80753 München
Tel. (0 89) 33 31 30, Fax (0 89) 39 46 98

Phönix-Haus für soziale Integration
Gemeinnützige Gesellschaft mbH
Kaiserstr. 1, 80801 München
Postfach 440447, 80753 München
Tel. (0 89) 33 47 11, Fax (0 89) 39 46 98

Akzept e. V. – Bundesverband für akzeptierende
Drogenarbeit und humane Drogenpolitik
Am Roggenkamp 48, 48165 Münster
Postfach 470111, 84075 Münster
Tel. (02 51) 2 75 72, Fax (0 23 82) 8 11 79
www.akzept.org

Psychologisches Forum Offenbach (PFO)
Bismarckstr. 98, 63065 Offenbach
Tel. (0 69) 82 36 96-36 Fax: (0 69) 82 36 96-37
E-Mail: pfo-mail@t-online.de
Internet: www.pfo-online.de

Gesellschaft gegen Alkohol- und Drogengefahren e. V. (GAD)
Am großen Gleichberg 2, 98631 Römhild
Tel. (03 69 48) 87 20 38, Fax (03 69 48) 87 20 57

Nichtraucher-Initiative Deutschland e. V. (NID)
Carl-von-Linde-Str. 11, 85716 Unterschleißheim
Tel. (0 89) 3 17 12 12, Fax (0 89) 3 17 40 47
www.nichtraucherschutz.de

Kliniken
Psychosomatische Klinik
Bernbacher Str. 3, 76332 Bad Herrenalb
Tel. (0 70 83) 207-1/-2

Klinik am Korso
Fachzentrum für gestörtes Essverhalten
Ostkorso 4, 32545 Bad Oyenhausen
Tel. (0 57 31) 2 00 31 34

Fachklinik Thomener Höhe
54552 Darscheid
Tel. (0 65 92) 20 10

Klinik für psychosomatische Medizin
Sebastian-Kneipp-Allee 4, 87730 Grönenbach
Tel. (0 83 34) 7 93 53

Amelung Klinik
Altkönigstr. 16, 61462 Königstein
Tel. (0 61 74) 29 80

Selbsthilfe und ambulante Therapie

Berufsverband Deutscher Psychologen (BDP)
Bundesgeschäftsstelle
Glinkastr. 5–7, 10117 Berlin
Tel. (0 30) 20 67 98-60/-61, Fax (0 30) 22 60 56 98
www.bdp-verband.org.

Nationale Kontakt- und Informationsstelle
zur Anregung und Unterstützung von Selbsthilfegruppen (NAKOS)
Albrecht-Achilles-Str. 65, 10709 Berlin
Tel. (0 30) 8 91 40 19, Fax (0 30) 8 93 40 14
www.nakos.de

Selbsthilfe junger Suchtkranker
Bundesweite Koordinationsstelle der Caritas
Große Hamburger Str. 18, 10115 Berlin
Tel. (0 30) 2 80 51 12, Fax (0 30) 2 82 65 74

Stiftung Synanon
Bernburger Str. 10, 10963 Berlin
Postfach 610244, 10923 Berlin
Tel. (0 30) 55 00 00, Fax (0 30) 55 00 02 20
www.synanon.de

Beratungsstelle Selbsthilfegruppen
i. d. Psychosozialen Ambulanz Uniklinikum
Theodor-Stern-Kai 7, 60596 Frankfurt a. M.
Tel. (0 69) 63 01-74 80/-63 04/-63 08

Kreuzbund e. V.
Selbsthilfe- und Helfergemeinschaft
für Suchtkranke und deren Angehörige
Münsterstr. 25, 59065 Hamm
Postfach 1867, 59008 Hamm
Tel. (0 23 81) 67 27 20, Fax (0 23 81) 6 72 72 33
www.kreuzbund.de

Psychologisches Forum Offenbach (PFO)
Bismarckstr. 98, 63065 Offenbach am Main
Tel.: (0 69) 82 36 96-36 Fax: (0 69) 82 36 96-37
E-Mail: pfo-mail@t-online.de
Internet: www.pfo-online.de

Spielsucht
Anonyme Spieler (AS) und
Angehörige Anonymer Spieler (AN)
Eilbeker Weg 20, 22089 Hamburg
Tel. (0 40) 2 09 90 09

www.glücksspielsucht.de
www.spielsucht-hilfe.de

Börsensucht
Psychologisches Forum Offenbach (PFO)
Bismarckstr. 98, 63065 Offenbach am Main
Tel. (0 69) 82 36 96-36 Fax: (0 69) 82 36 96-37
E-Mail: pfo-mail@t-online.de
Internet: www.pfo-online.de

www.neue-armut.de
www.psychiater.org/boersensucht/ambulanz.htm

Essstörungen
Anonyme Esssüchtige (OA)
Postfach 106206, 28062 Bremen
Tel. (04 21) 32 72 24

Frankfurter Zentrum für Essstörungen e. V.
Hansaallee 18, 60322 Frankfurt
Tel. (0 69) 55 01, Fax (0 69) 5 96 17 23

Cinderella – Aktionskreis Ess- und Magersucht
Westendstr. 35, 80339 München
Tel. (0 89) 5 02 12 12, Fax (0 89) 5 02 25 75

www.cinderella-rat-bei-essstoerungen.de
www.essprobleme.de
www.bulimie-online.de
www.magersucht-online.de

Arbeitssucht
Anonyme Arbeitssüchtige (AAS)
c/o KISS Altona
Gaußstr. 21, 22765 Hamburg

Psychologisches Forum Offenbach (PFO)
Bismarckstr. 98, 63065 Offenbach am Main
Tel. (0 69) 82 36 96-36 Fax: (0 69) 82 36 96-37
E-Mail: pfo-mail@t-online.de
Internet: www.pfo-online.de

www.arbeitssucht.de
www.workaholics-hilfe.de

Liebessucht/Sexsucht

AS Deutschland (Anonyme Sexaholiker)
Postfach 1262, 76002 Karlsruhe

Anonyme Liebessüchtige (AL)
Postfach 34, 63814 Mainaschaff

www.sa.org
www.sexsucht-hilfe.de

Kaufsucht

www.kaufsucht.org
www.bag-schuldnerberatung.de/infothemen.html

Sekten

Sekten-Info Essen e. V.
Rottstr. 24, 45127 Essen
Tel. (02 01) 23 46 46/-48)
www.sekten-info.de

Psychologisches Forum Offenbach (PFO)
Bismarckstr. 98, 63065 Offenbach am Main
Tel. (0 69) 82 36 96-36 Fax: (0 69) 82 36 96-37
E-Mail: pfo-mail@t-online.de
Internet: www.pfo-online.de

Informations- und Beratungsstelle für Sekten- und Kultfragen
Postfach, CH-8055 Zürich
Tel. (0 14 54) 80 82, Fax (0 14 54) 80 80
www.infosekta.ch

http://www.AGPF.de
http://www.ezw-berlin.de
http://ksa-hamm.de=20
www.kulte.de
www.kultinfo.org=20

http://www.religio-de

Selbstverletzung
www.versteckte-scham.de
www.selbstverletzung.com
www.rotetraenen.de

Internetsucht
Hilfe zur Selbsthilfe für Onlinesüchtige e. V. (HSO)
Bundesgeschäftsstelle
Gossenbusch 3, 40764 Langenfeld
Tel. (02 12) 2 64 28 10, Fax (02 12) 2 64 28 08

www.onlinesucht.de

Anregungen, Kritik, Informationen?

Werner Gross
c/o Psychologisches Forum Offenbach (PFO)
Bismarckstr. 98
63065 Offenbach am Main
Tel.: (0 69) 82 36 96-36, Fax: (0 69) 82 36 96-37
E-Mail: pfo-mail@t-online.de
Internet: www.pfo-online.de